高等职业教育智能制造专业群
"三新一融"系列教材

U0748294

机械制图

主　编

赵云波　　杨春花
董云菊

副主编

周水芳　　杨　钊
陈　宇　　胡海莲
张　荧

中国教育出版传媒集团
高等教育出版社·北京

内容简介

本教材以够用、实用为原则,按照机械设计制造类专业教学标准选取教材内容,与职业技能相关证书对接,采用最新颁布的《技术制图》《机械制图》等国家标准,融入课程思政元素,运用"互联网+"技术,加入动画、微课、最新技术、拓展学习内容等课程资源。

本教材总共有十个项目,主要包括机械制图基本知识与技能,点、直线、平面的投影,立体的投影,组合体的投影,轴测图的绘制,图样的基本表达方法,标准件与常用件的绘制,零件图的绘制与识读,装配图的绘制与识读,计算机绘图基础。

本教材适用于高等职业院校、职业本科院校、成人继续教育机械设计制造类专业,也可提供相关技术人员参考。重点培养学生识图与绘图的能力,以制图基本知识、三视图、零件图、装配图的绘制与识读为重点,内容由浅入深,图文并茂,易懂易学,并配有习题集,方便学生和教师使用。

授课教师如需本书配套的教学课件,请登录"高等教育出版社产品信息检索系统"(http://xuanshu.hep.com.cn/)搜索下载,首次使用本系统的用户,请先进行注册并完成教师资格认证。

图书在版编目(CIP)数据

机械制图/赵云波,杨春花,董云菊主编.--北京:高等教育出版社,2024.8

ISBN 978 - 7 - 04 - 062135 - 8

Ⅰ.①机… Ⅱ.①赵… ②杨… ③董… Ⅲ.①机械制图-高等职业教育-教材 Ⅳ.①TH126

中国国家版本馆 CIP 数据核字(2024)第 083333 号

Jixie Zhitu

策划编辑	吴睿韬	责任编辑 吴睿韬	封面设计 贺雅馨	版式设计	马 云
责任绘图	黄云燕	责任校对 胡美萍	责任印制 沈心怡		

出版发行	高等教育出版社	网 址	http://www.hep.edu.cn
社 址	北京市西城区德外大街 4 号		http://www.hep.com.cn
邮政编码	100120	网上订购	http://www.hepmall.com.cn
印 刷	辽宁虎驰科技传媒有限公司		http://www.hepmall.com
开 本	787mm×1092mm 1/16		http://www.hepmall.cn
印 张	19.75		
字 数	480 千字	版 次	2024 年 8 月第 1 版
购书热线	010 - 58581118	印 次	2024 年 8 月第 1 次印刷
咨询电话	400 - 810 - 0598	定 价	49.80 元

本书如有缺页、倒页、脱页等质量问题,请到所购图书销售部门联系调换

前　言

　　本套教材的编写过程紧密跟随新时代的步伐，确保内容和教学方法的现代化与创新；以新业态教育为核心，致力于强化工程教育的实践性和前瞻性，以更好地适应技术和产业的快速发展；采用了多样化的新形态来呈现教学资源，充分利用数字化和多媒体技术，以增强学习体验。除此"三新"理念之外，教材还贯彻了"一融"的教育理念，将学生的价值观念塑造、知识体系构建和综合能力培养紧密融合，实现教育的全面性和深远影响，最终设计了本套"三新一融"系列教材。本套教材承载着创新教育的使命，致力于强化工程教育的实践性和前瞻性，以更好地适应科技进步和产业发展。

　　工程图样是工程技术人员用来表达设计思想，进行技术交流及指导生产的重要技术文件与依据，是"工程界的语言"。因此，掌握工程图样的绘制与识读是一名工程技术人员必须具备的最基本的素养和能力。

　　本教材以党的二十大精神为指引，坚持科技是第一生产力、人才是第一资源、创新是第一动力，强化教材对学生创新精神、创造能力和工匠精神的培养。教材内容在选取上与职业技能相关证书对接，与"机电一体化专业群"对接，结合最新的技术制图、机械制图等国家标准，重点培养学生识图与绘图的能力，以制图基本知识、三视图、零件图、装配图的识读与绘制为重点，内容由浅入深、图文并茂、易懂易学，并有配套习题集，方便学生和教师使用。

　　本教材在编写上有以下特色：

　　1. 教材在内容设置上以任务引入学习内容，围绕任务实施进行知识介绍，并配套任务工单，让学生更容易掌握解决问题的方法和步骤。

　　2. 采用"互联网+"技术，融入动画、微课等课程资源，增加学习过程中的趣味性和可学性，让教材内容更丰富多彩。

　　3. 教材内容中融入职业道德、职业素养、工匠精神、优秀传统文化等思政元素，让学生在学习专业知识和技能的同时，接受思想政治教育。

　　4. 校企合作共同完成教材编写，教材中的计算机绘图部分与广州中望龙腾软件股份有限公司合作编写，采用最新版本中望机械 CAD 教育版，介绍相关绘图方法与步骤。

　　本教材由云南机电职业技术学院的赵云波、杨春花、董云菊任主编，周水芳、杨钊、陈宇、胡海莲、张荧任副主编。其中，项目一由赵云波编写，项目二、项目三由所有编者共同编写，项目四由胡海莲编写，项目五由张荧编写，项目六由陈宇编写，项目七由周水芳编写，项目八由董云菊、杨春花编写，项目九由杨钊编写，项目十由广州中望龙腾软件股份有限公司巫平编写，全书由赵云波负责统稿，由中国机械总院集团云南分院有限公司正高级工程师韩玉稳担任主审。

此外，本教材的编写还得到了许多老师的帮助和支持，在此谨表感谢。由于编者水平有限，教材中难免出现疏漏和欠妥之处，恳请读者批评指正。

编者

2024 年 5 月

目 录

绪　论

一、学习目的

　　机械制图是工科学生必修的专业基础课,作为高等职业院校机电类专业的学生,通过本课程的学习,能够掌握工程图样识读和绘制的技能,了解并养成遵守国家制图标准的职业习惯,培养学生严谨认真、一丝不苟的工匠精神,为后续专业课的学习和将来的工作打下坚实的基础。

二、学习内容

　　本课程的学习内容包括:机械制图的国家标准、机械制图的基本知识、平面图形的绘制、尺寸的标注、投影的形成、点线面的投影、立体的投影、截交线和相贯线的绘制、组合体的投影、轴测图的绘制、图样的基本表达方法、标准件与常用件的绘制、零件图和装配图的绘制与识读、计算机绘图基础等。

　　通过本课程的学习,重点培养以下能力:

　　1. 绘制一般平面图形的能力

　　通过本课程的学习,应掌握一般平面图形的绘制方法,能正确使用各种绘图工具和仪器,掌握正确的绘图步骤及绘图技巧。

　　2. 具有遵守国家标准的基本素质

　　国家标准是工程图样绘制与识读的准绳,了解并自觉遵守国家标准,是本课程学习的基本要求,是工程技术人员应具备的基本素质。

　　3. 具有空间想象能力

　　空间想象能力是工程技术人员的一项基本能力,需要经过大量的练习和实践才能培养出来。在本课程的学习过程中,练习和实践的时间会比其他课程更多。

　　4. 具有绘图与识图的能力

　　绘制与识读机械图样是机电类专业学生应具备的能力,通过学习,掌握这两项能力,是本课程的基本要求。

　　5. 养成认真负责、严谨细致的工作作风

　　工程图样是"工程界的语言",工程图样的绘制必须遵守机械制图国家标准,不能随意改动,在本课程的学习过程中,要养成认真负责、严谨细致的工作作风。

三、学习方法

本课程实践性较强,主要培养学生的空间思维能力、绘图与识图能力。课程中所讲授的内容与以往学习的基础理论课程不同,学习者要采用新的学习方法,如可以通过制作模型、勾画草图等方法,培养空间想象能力。具有了基本的空间想象能力,就能更好地掌握图样的绘制与识读技能。

另外,要多做多练,认真完成配套习题集的作业,掌握制图国家标准和规定。

四、参考学时分配

本教材内容比较全面,适合机电类专业学生学习,在实际教学中,授课教师可根据具体的专业特点选择相关的模块进行讲授。本教材的学时分配如下,供参考。

序号	学习项目	学时分配		
		理论	实践	小计
1	项目一　机械制图基本知识与技能	6	2	8
2	项目二　点、直线、平面的投影	4	2	6
3	项目三　立体的投影	6	2	8
4	项目四　组合体的投影	6	2	8
5	项目五　轴测图的绘制	2	2	4
6	项目六　图样的基本表达方法	6	2	8
7	项目七　标准件与常用件的绘制	6	2	8
8	项目八　零件图的绘制与识读	4	2	6
9	项目九　装配图的绘制与识读	2	2	4
10	项目十　计算机绘图基础	10	10	20
	总计	52	28	80

项目一　机械制图基本知识与技能

学习目标

1. 掌握国家标准中关于图纸幅面的大小和格式,标题栏格式和绘制,文字、数字、字母的书写规则,比例的概念及选用,图线的种类、画法及应用,尺寸标注的基本规则及标注方法等的相关规定;
2. 掌握常用绘图工具和仪器的使用方法;
3. 掌握常用几何作图的方法,能够正确抄画平面图形;
4. 掌握草图的绘制方法,能够徒手绘制草图。

看中国从古
至今如何
"标准化"

学习重点和难点

1. 学习重点
(1)国家标准中的基本规定:图纸幅面和格式、标题栏、比例、字体、图线、尺寸注法;
(2)几何作图方法:等分线段、六等分圆周及正六边形、斜度及锥度、圆弧连接;
(3)平面图形的作图方法(包括尺寸及线段分析、作图顺序)。

2. 学习难点
(1)国家标准在绘图过程中的贯彻执行,特别是图线的绘制和尺寸的标注;
(2)平面图形的绘制,特别是连接圆弧的圆心及切点的求法。

图样是生产过程中的重要技术资料和主要依据。要完整、清晰、准确地绘制出机械图样,除需要有耐心细致、认真负责的态度外,还要求掌握正确的作图方法,熟练地使用绘图工具,必须遵守国家标准中关于技术制图、机械制图的各项规定。

任务 1.1 制图基本规定的学习

为了便于技术交流、档案保存和各种出版物的发行,使制图规格统一,国家标准化管理委员会颁布了一系列有关制图的国家标准。在绘制技术图样时,必须掌握和遵守有关的规定。

📖 相关知识 ▶▶

1.1.1 图纸幅面和格式(GB/T 14689—2008)

1. 图纸幅面尺寸

绘制技术图样时,应根据图样大小选择合适的图幅尺寸。国家标准规定,应优先采用表1-1-1中规定的基本幅面尺寸,必要时也允许加长幅面,但应按基本幅面的短边成整数倍增加。基本幅面尺寸关系及加长幅面尺寸如图 1-1-1 所示,其中粗实线部分为基本幅面(第一选择),细实线部分为加长幅面(第二选择),虚线部分为加长幅面(第三选择)。加长后幅面代号记作:基本幅面代号×倍数。如 A3×3,表示按 A3 幅面短边 297 mm 加长 3 倍,即加长后图纸尺寸为 420 mm×891 mm。

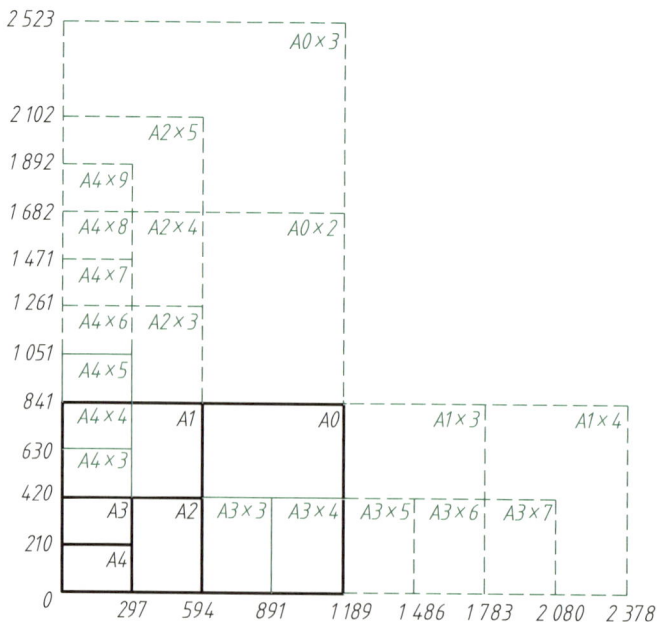

图 1-1-1 基本幅面尺寸关系及加长幅面尺寸

表 1-1-1 图纸基本幅面尺寸   mm

幅面代号		A0	A1	A2	A3	A4
尺寸 $B×L$		841×1 189	594×841	420×594	297×420	210×297
图框	a	25				
	c	10			5	
	e	20			10	

基本幅面图纸中，A0 幅面约为 $1\ m^2$，长边是短边的 $\sqrt{2}$ 倍，因此 A0 图纸的长边 $L=$ 1 189 mm，短边 $B=841$ mm，A1 图纸的面积是 A0 图纸的一半，其余依次类推。

2. 图框格式和尺寸

在图纸上必须用粗实线画出图框，图框有不留装订边和留有装订边两种格式，如图 1-1-2 所示，尺寸按表 1-1-1 中的规定绘制。加长幅面的图框尺寸，按所选用的基本幅面大一号的图框尺寸确定。同一产品中所有图样均应采用同一格式。

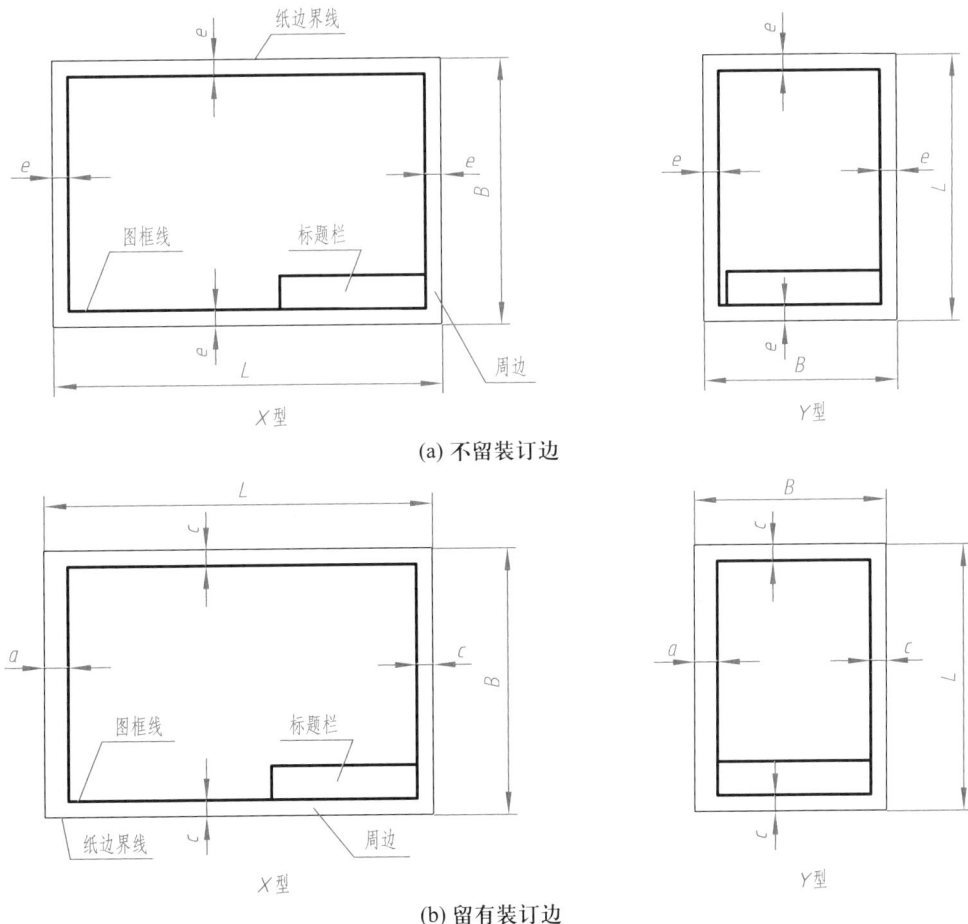

(a) 不留装订边

(b) 留有装订边

图 1-1-2 图框格式

1.1.2　标题栏（GB/T 10609.1—2008）

为使绘制的图样便于管理及查阅,每张图样都必须有标题栏。通常标题栏应位于图框的右下角,若标题栏的长边置于水平方向并与图纸长边平行,则构成 X 型图纸;若标题栏的长边垂直于图纸长边,则构成 Y 型图纸,如图 1-1-2 所示。读图的方向应与看标题栏的方向一致。

《技术制图　标题栏》（GB/T 10609.1—2008）中规定了两种标题栏分区形式,如图 1-1-3 所示,推荐使用图 1-1-3（a）所示的形式。

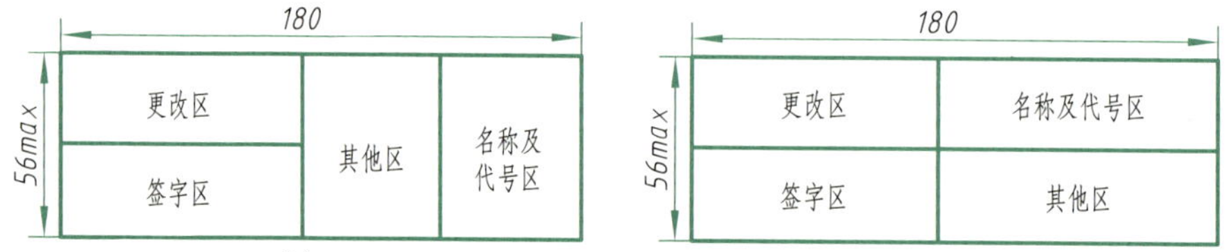

图 1-1-3　标题栏分区形式

图 1-1-3（a）所示分区形式的标题栏格式、分栏及尺寸如图 1-1-4 所示。

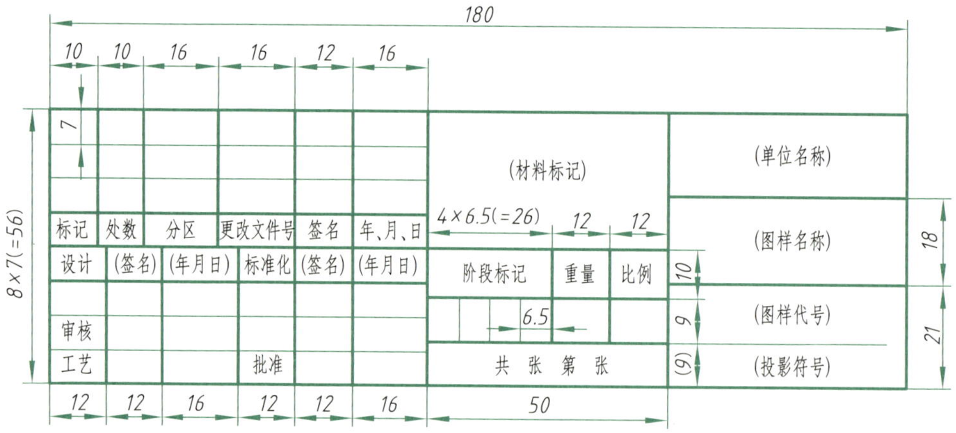

图 1-1-4　标题栏格式、分栏及尺寸

标题栏填写要求见表 1-1-2。

表 1-1-2　标题栏填写要求

区名		填写内容
更改区	标记	按有关规定或要求填写更改标记
	处数	填写同一标记所表示的更改数量
	分区	必要时按有关规定填写,如 B3
	更改文件号	填写更改所依据的文件号
	签名和年月日	填写更改人姓名和更改时间

续表

区名		填写内容
签字区	设计	设计人员签名,并填写时间
	审核	审核人员签名,并填写时间
	工艺	工艺人员签名,并填写时间
	标准化	标准化人员签名,并填写时间
	批准	批准人员签名,并填写时间
其他区	材料标记	对于需要填写该项目的图样,一般应按相应标准或规定填写所使用材料的标记
	阶段标记	按有关规定从左到右填写图样的各生产阶段标记(S、A、B)
	重量	填写所绘制图样相应产品的计算质量,以 kg 为计量单位时,允许不写计量单位
	比例	填写绘制图样时所采用的比例
	共×张　第×张	填写同一图样代号中图样的总张数及该张所在的张次
名称及代号区	单位名称	填写绘制图样单位的名称或单位代号,必要时也可不填写
	图样名称	填写所绘制对象的名称
	图样代号	按有关标准或规定填写图样的代号
	投影符号	标注第一角画法或第三角画法的投影识别符号

1.1.3　比例(GB/T 14690—1993)

比例是指图中图形与其实物相应要素的线性尺寸之比,分为原值比例、缩小比例、放大比例三种。画图时,应尽量采用 1:1 的比例,必要时也可采用其他比例画图,但所用比例应符合表 1-1-3 中规定的系列。不论采用缩小或放大比例绘图,在图样上标注的尺寸均为机件设计要求的尺寸,而与比例无关。比例一般应标注在标题栏中的比例栏内,必要时可在视图名称的下方或右侧标注比例。

表 1-1-3　比 例 系 列

种类	比例	
	第一系列	第二系列
原值比例	1:1	
缩小比例	1:2　1:5　1:10 $1:2\times10^n$　$1:5\times10^n$　$1:1\times10^n$	1:1.5　1:2.5　1:3　1:4　1:6 $1:1.5\times10^n$　$1:2.5\times10^n$　$1:3\times10^n$ $1:4\times10^n$　$1:6\times10^n$

续表

种类	比例	
	第一系列	第二系列
放大比例	2:1 5:1 $1\times10^n:1$ $2\times10^n:1$ $5\times10^n:1$	2.5:1 4:1 $2.5\times10^n:1$ $4\times10^n:1$

注：n 为正整数。

1.1.4 字体(GB/T 14691—1993)

图样中除了表达机件形状的图形外,还应有必要的文字、数字、字母,以说明机件的大小、技术要求等。字的大小应按字号规定选用,字号代表了字的高度。高度(h)的公称尺寸系列为 1.8 mm、2.5 mm、3.5 mm、5 mm、7 mm、10 mm、14 mm、20 mm,字体高度均按$\sqrt{2}$的比率递增。

1. 汉字

图样上的汉字应采用长仿宋体,写汉字时字号不应小于 3.5 mm,字宽一般为 $h/\sqrt{2}$。

长仿宋体汉字的特点是:横平竖直、起落有锋、粗细一致、结构均匀,如图 1-1-5 所示。

字体端正 笔画清楚
排列整齐 间隔均匀
横平竖直 注意起落 结构均匀 填满方格

图 1-1-5 长仿宋体汉字

2. 字母和数字

在图样中,字母和数字可以写成斜体或直体,斜体字字头向右倾斜,与水平基准线成75°,在技术文件中,字母和数字一般写成斜体。字母和数字分为 A 型和 B 型,B 型的笔画宽度比 A 型宽,我国采用 B 型。用作指数、分数、极限偏差、注脚的字母和数字,一般应采用小一号字体。字母和数字的书写示例如图 1-1-6 所示。

ABCDEFGHIJKLMNOPQRSTUVWXYZ
abcdefghijklmnopqrstuvwxyz

0123456789 0123456789

图 1-1-6 字母和数字的书写示例

1.1.5 图线(GB/T 17450—1998、GB/T 4457.4—2002)

1998 年我国发布了国家标准《技术制图 图线》(GB/T 17450—1998),规定了 15 种图线的基本线型。基本线型适用于各种技术图样,各技术领域也有各自的图线应用规定。如 GB/T 4457.4—2002《机械制图 图样画法 图线》中规定了机械图样中选用的 4 种基本线型及其应用场合。表 1-1-4 中列出的是机械制图中使用的由 4 种基本线型派生出的 9 种图线,如图 1-1-7 所示为常用图线应用示例。

表 1-1-4 机械制图图线形式及应用

图线名称	代码	图线形式	线宽	一般应用
细实线			0.5d	过渡线、尺寸线、尺寸界线、剖面线、重合断面的轮廓线、指引线、螺纹牙底线及辅助线等
波浪线	01.1		0.5d	断裂处边界线、视图与剖视图的分界线
双折线		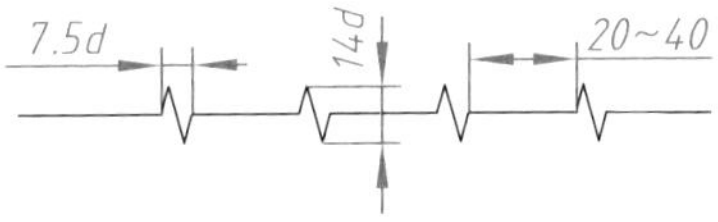 7.5d 14d 20~40	0.5d	断裂处边界线、视图与剖视图的分界线
粗实线	01.2		d	可见轮廓线、剖切符号用线
细虚线	02.1	 12d 3d	0.5d	不可见轮廓线
粗虚线	02.2	 12d 3d	d	允许表面处理的表示线
细点画线	04.1	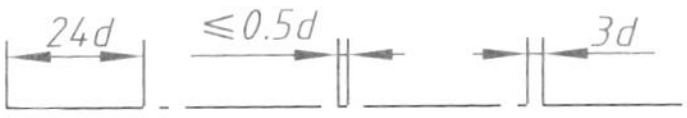 24d ≤0.5d 3d	0.5d	轴线、对称中心线、剖切线等
粗点画线	04.2	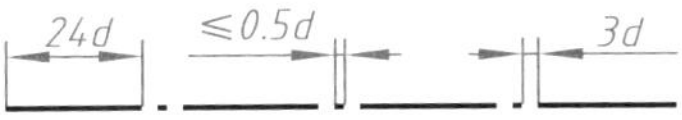 24d ≤0.5d 3d	d	限定范围表示线
细双点画线	05.1	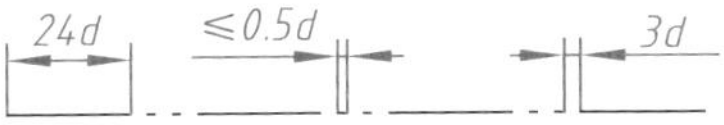 24d ≤0.5d 3d	d	相邻辅助零件的轮廓线、可动零件的极限位置的轮廓线、轨迹线、中断线等

注:(1) d 为线宽代号,可分别表示细线或粗线线宽,d 的数值应按图样的类型和尺寸大小在下列数系中选取:0.13 mm、0.18 mm、0.25 mm、0.35 mm、0.5 mm、0.7 mm、1.0 mm、1.4 mm、2.0 mm。

(2) 机械图样中采用的线型分粗、细两种线宽,其宽度比为 2∶1,线型代码中小数点前为基本线型代码,小数点后"1"表示细线,"2"表示粗线,GB/T 4457.4—2002 中规定优先采用粗(细)线宽分别为 0.5(0.25)mm 和 0.7(0.35)mm 的两种图线组别。

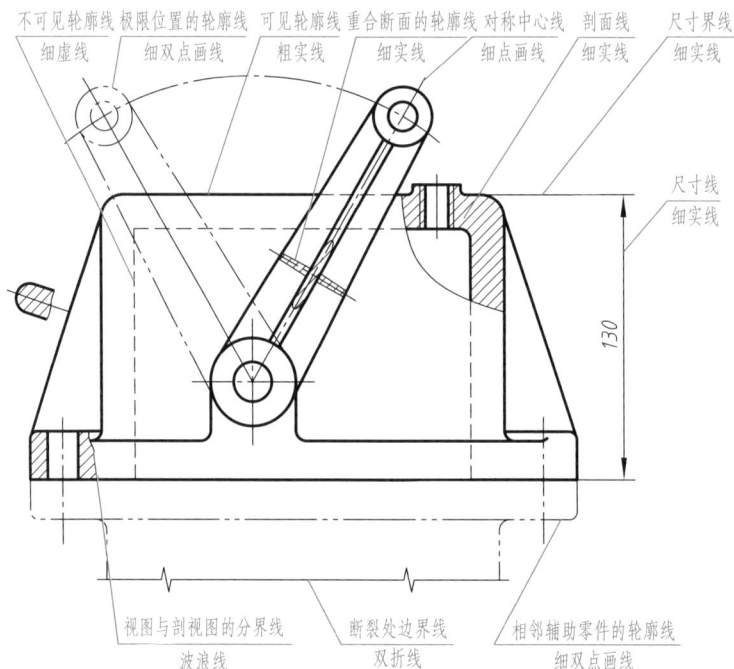

图 1-1-7 常用图线应用示例

手工绘制图样时应注意：

（1）同一图样中同类图线的宽度应基本一致,细虚线、细点画线及细双点画线的线段长度和间隔应各自大致相同。

（2）两条平行线之间的距离应不小于粗实线的两倍宽度,其最小距离不得小于 0.7 mm。

（3）绘制圆的对称中心线时,圆心应为画线的交点,且要超出图形的轮廓线约 3～5 mm,如图 1-1-8（a）所示。

（4）在较小的图形上绘制细点画线和双细点画线有困难时,可用细实线代替。

（5）细虚线与细虚线相交,或细虚线与其他线相交,应在画线处相交,不留空隙。当细虚线处在粗实线的延长线上时,粗实线应画到分界点,而细虚线应留有空隙;当细虚线圆弧与细虚线直线相切时,细虚线圆弧应画到切点,而细虚线直线应留有空隙,如图 1-1-8 所示。

（a）

（b）

图 1-1-8 对称中心线的绘制及虚线连接处的画法

微课
尺寸标注的规定

1.1.6 尺寸注法（GB/T 4458.4—2003、GB/T 16675.2—2012）

1. 基本规则

（1）机件的大小应以图样上所标注的尺寸数值为依据,与图形的大小及绘图的准确度无关。

（2）图样（包括技术要求和其他说明）中的尺寸以 mm 为单位时,不需标注单位符号（或名称）。若采用其他单位,则应注明相应的单位符号。

（3）图样中所标注的尺寸为该图样所示机件的最后完工尺寸,否则应另加说明。

（4）机件的每一个尺寸一般只标注一次,并应标注在反映该结构最清晰的图形上。

2. 尺寸的组成及其注法

图样中的尺寸一般由尺寸界线、尺寸线（含尺寸线终端）和尺寸数字组成,如图 1-1-9 所示。

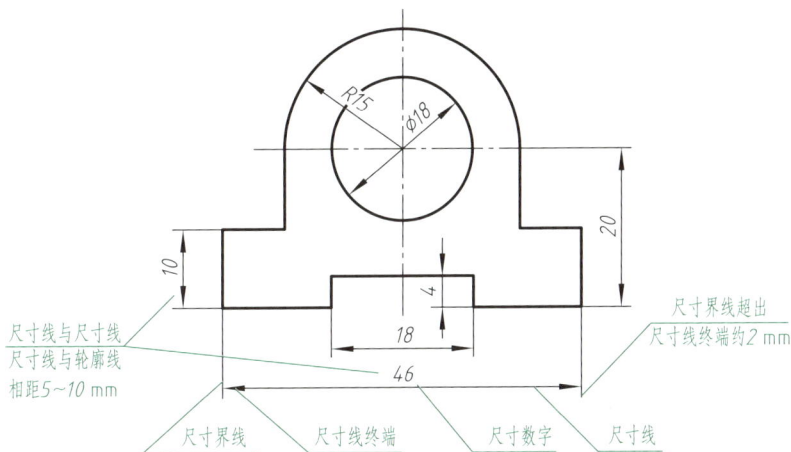

图 1-1-9　尺寸的组成

（1）尺寸界线

尺寸界线用细实线绘制,并应由图形的轮廓线、轴线或对称中心线处引出,也可以利用轮廓线、轴线或对称中心线作尺寸界线。尺寸界线一般应与尺寸线垂直,并超出尺寸线终端 2 mm 左右。

（2）尺寸线

尺寸线用细实线绘制,必须单独画出,不能与其他图线重合或画在其延长线上。

（3）尺寸线终端

尺寸线终端有两种形式,如图 1-1-10 所示。同一图样中只能采用一种尺寸线终端。

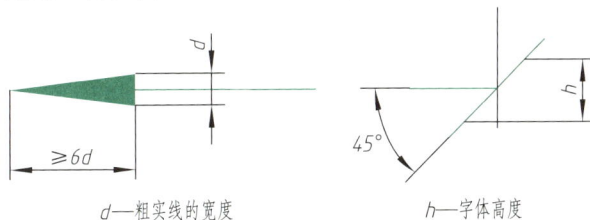

d—粗实线的宽度　　　　h—字体高度

图 1-1-10　尺寸线终端

　　箭头:适用于各种类型的图样,箭头尖端与尺寸线接触,不得超出也不得离开。

　　斜线:用细实线绘制,图中 h 为字体高度。当尺寸线终端采用斜线形式时,尺寸线与尺寸界线必须垂直。

　　(4)尺寸数字

　　线性尺寸的数字一般应注写在尺寸线的上方,也允许注写在尺寸线的中断处。同一图样内字高要一致,位置不够可引出标注。尺寸数字不可被任何图线通过,否则必须把图线断开,见图 1-1-9 中的 $R15$ 和 $\phi18$。

　　国家标准中还规定了一些不同类型的尺寸符号和缩写词,见表 1-1-5。

表 1-1-5　尺寸符号和缩写词

名称	符号和缩写词	名称	符号和缩写词
直径	ϕ	正方形	□
半径	R	深度	▽
球	S	沉孔或锪平	⊔
均布	EQS	埋头孔	∨
厚度	t	锥度	◁
45°倒角	C	展开	⌒→
斜度	∠	参考尺寸	( )

　　标注尺寸的基本方法见表 1-1-6。

表 1-1-6　标注尺寸的基本方法

标注内容	示例	说明
线性尺寸	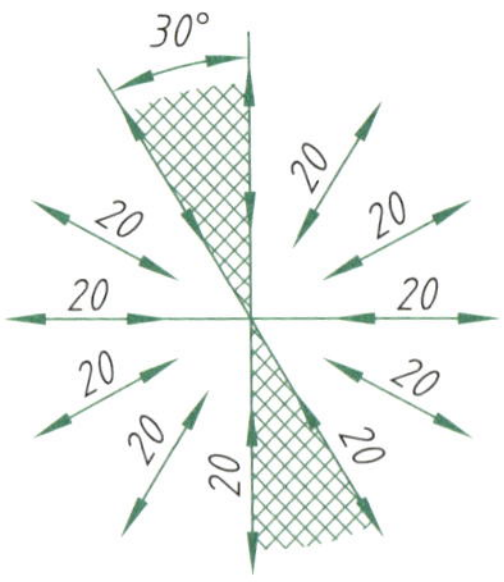 (a) 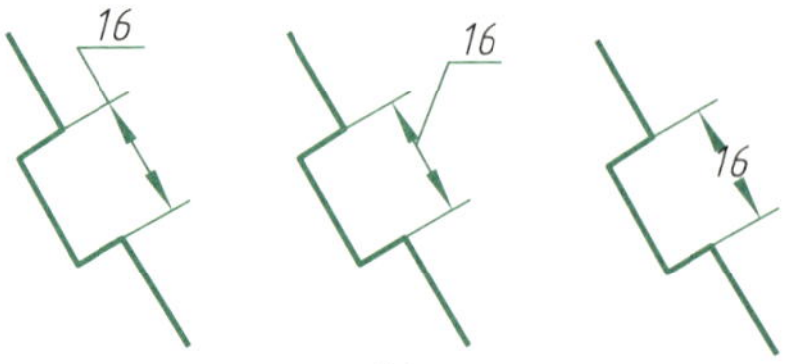 (b)	尺寸数字应按图(a)所示的方向注写,并尽量避免在图示 30°范围内标注尺寸,当无法避免时,可采用图(b)所示的几种形式标注,同一张图样中标注形式应尽可能统一

标注内容	示例	说明
圆弧尺寸	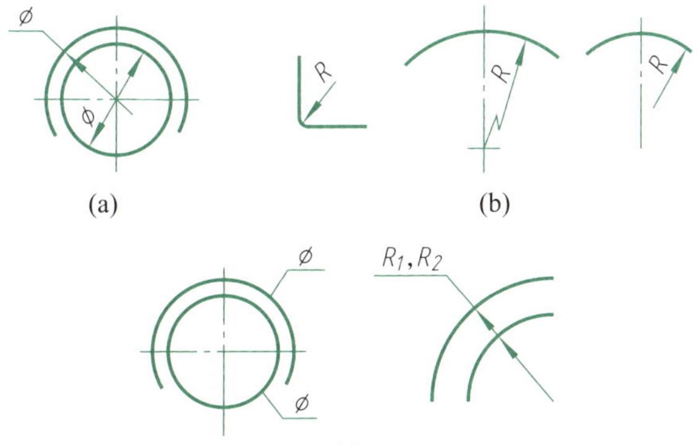 (a)　(b)　(c)	如图(a)所示,标注圆或大于半圆的圆弧时,尺寸线通过圆心,以圆周为尺寸界线,尺寸数字前加注直径符号"ϕ" 如图(b)所示,标注小于或等于半圆的圆弧时,尺寸线自圆心引向圆弧,只画一个箭头,尺寸数字前加注半径符号"R" 图(c)所示为圆及圆弧尺寸的简化注法
小尺寸	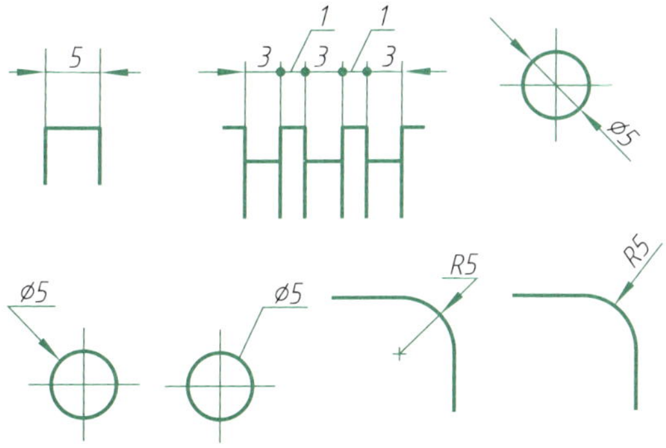	对于小尺寸,在没有足够的位置画箭头或注写尺寸时,箭头可画在外面,或用小圆点代替两个箭头;尺寸数字也可采用旁注法或引出标注
角度和弧长	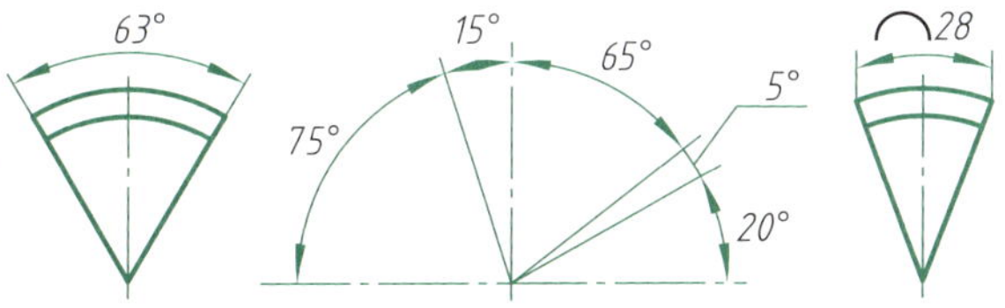	标注角度时尺寸界线应沿径向引出,尺寸线画成圆弧,圆心是角的顶点,尺寸数字一律水平书写 标注弧长时尺寸线为同心弧,并应在数字前面加注"⌒"
标注有关符号示例	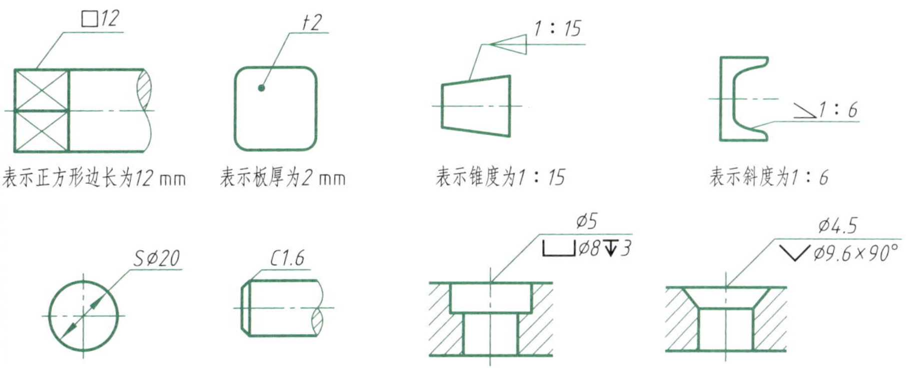 表示正方形边长为12 mm　表示板厚为2 mm　表示锥度为1:15　表示斜度为1:6 表示圆球直径为20 mm　表示倒角为1.6×45°　表示沉孔为ϕ8 mm,深度为3 mm　表示埋头孔为ϕ9.6×90°	

13

3. 标注尺寸应注意的问题

标注尺寸是一项耐心细致的工作,尺寸在图样中的排布要清晰、整齐、匀称。因此,除了按上述尺寸注法标注尺寸外,还应注意以下问题,如图 1-1-11 所示。

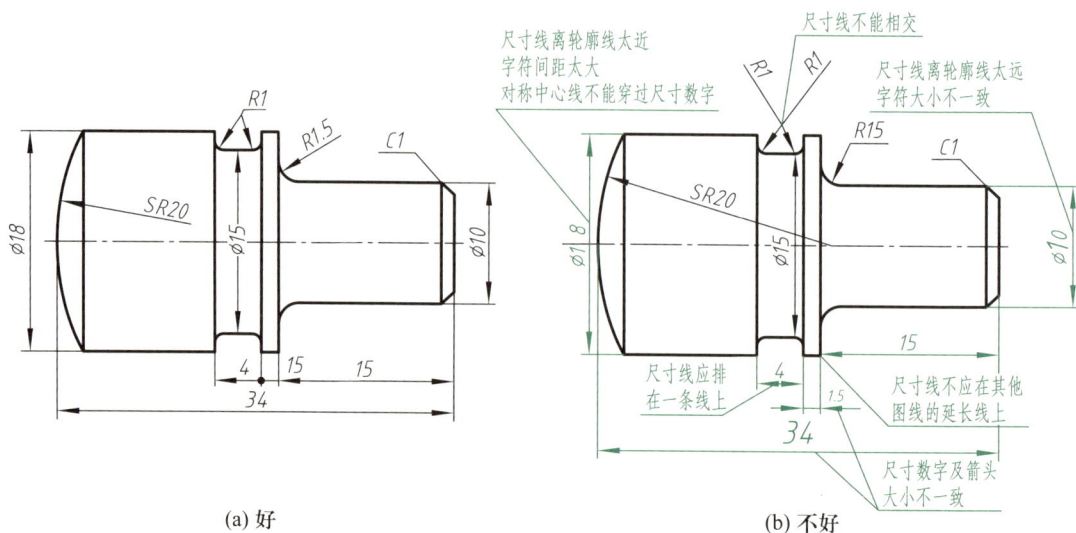

图 1-1-11　标注尺寸应注意的问题

（1）数字

在同一张图样上,基本尺寸的字高要一致(一般采用 3.5 号字),不能根据数值的大小改变字符的大小,字符间隔要均匀,字体应按国家标准规定书写。此外,水平方向的尺寸数字应写在尺寸线上方,垂直方向的尺寸数字应朝向左侧,注写倾斜尺寸的数字时,不得出现字头趋下的情况。

（2）箭头

在同一张图样上,箭头的大小应一致,机械图样中箭头一般为闭合实心箭头。

（3）尺寸线

相互平行的尺寸线间距要相等,尽量避免尺寸线相交。

微课
常用绘图
工具的使用

任务1.2　绘图工具和仪器的使用

要想准确快速地绘图,应了解常用绘图工具和仪器的结构、性能及使用方法。

相关知识 ▶

1.2.1　绘图铅笔

绘图铅笔铅芯的软硬程度分别以字母 B、H 前的数值表示,字母 B 前的数字越大表示铅芯越软,字母 H 前的数字越大表示铅芯越硬,HB 表示软硬适中。

画图时,通常用 H 或 2H 铅笔画底稿,用 B 或 HB 铅笔加粗加深完成全图,用 HB 铅笔写字。铅笔芯可修磨成圆锥形或矩形,圆锥形铅笔芯用于画细线及书写文字,矩形笔芯用于描深粗实线。铅笔修磨后的形状如图 1-2-1 所示。

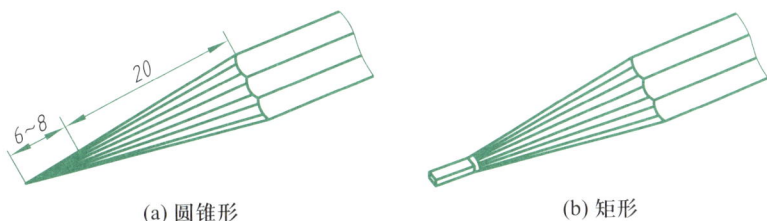

(a) 圆锥形　　　　　　　　　　(b) 矩形

图 1-2-1　铅笔修磨后的形状

1.2.2　图板和丁字尺

图板是用来支承图纸的木板,板面应平整光滑,木质纹理细密,软硬适中。两端硬木工作边应平直,防止图板变形,图板左侧边是丁字尺的导边。图纸有大小不同的规格,根据需要来选用。

丁字尺由尺头和尺身组成。丁字尺尺身的工作面是上侧面,主要用于绘制水平线,也可与三角尺配合绘制一些特殊角度斜线,不能沿尺身下侧画线。作图时应使尺头靠紧图板左侧,然后上下移动丁字尺,直至对准画线的位置,再自左至右画水平线。画较长水平线时,用左手按住尺身,以防止尺尾翘起和尺身摆动。丁字尺不用时应垂直悬挂,以免尺身弯曲或折断。用图板和丁字尺画水平线如图 1-2-2 所示。

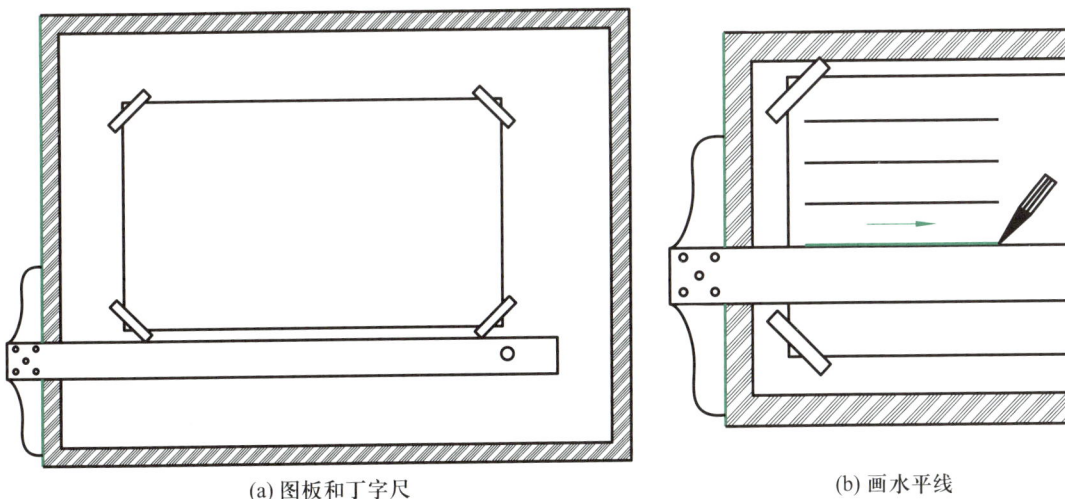

(a) 图板和丁字尺　　　　　　　　　　(b) 画水平线

图 1-2-2　用图板和丁字尺画水平线

1.2.3　三角尺

三角尺主要用于配合丁字尺画垂直线和画 30°、45°、60° 角度线,以及与水平线成 15° 倍角的斜线,画垂直线时应自下而上画,用两块三角尺配合也可画出各种角度的平行线或垂直线,如图 1-2-3 所示。

(a) 画垂直线　　　　　　(h) 画各种角度的平行线或垂直线

图 1-2-3　用丁字尺和三角尺配合画垂直线和平行线

1.2.4　圆规和分规

1. 圆规

圆规用来画圆和圆弧。圆规上装有带台阶钢针的一脚称为针脚,用来固定圆心;装有铅芯的另一脚称为笔脚,可替换使用铅芯、延长杆(画大圆用)和钢针(当分规用)。常用的圆规有大圆规、弹簧规、点圆规等,如图 1-2-4 所示。

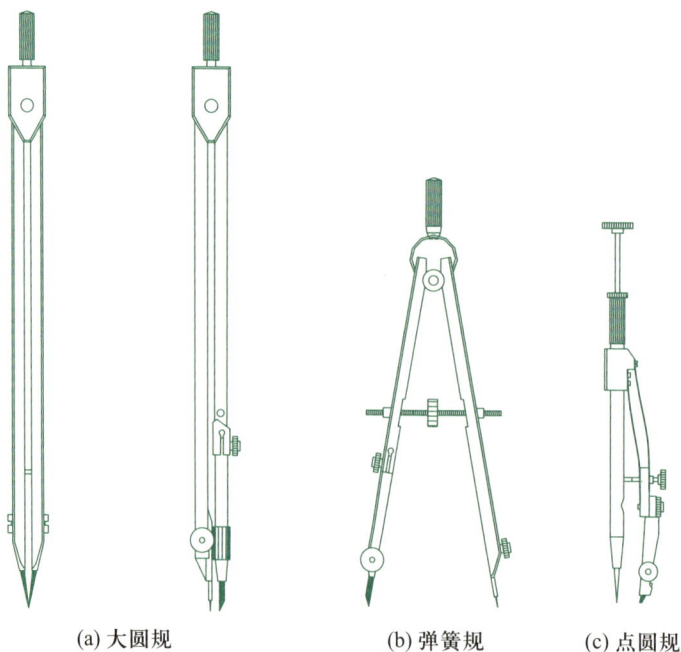

(a) 大圆规　　　　　(b) 弹簧规　　　　(c) 点圆规

图 1-2-4　常用的圆规

用圆规画圆时,应使针脚稍长于笔脚,当针尖插入图板后,钢针的台阶应与铅芯尖端平齐,如图 1-2-5 所示。

笔脚上的铅芯应削成楔形,以便画出粗细均匀的圆弧,铅芯的磨削方法如图 1-2-6 所示。

画圆或圆弧时,首先应确定圆心位置,并用细点画线画出正交(垂直相交)的对称中心线,再测量圆弧的半径,然后转动圆规手柄,均匀地沿顺时针方向画圆,如图 1-2-7 所示。画较大或特大尺寸的圆或圆弧时,笔脚与针脚应弯折到与纸面垂直。画小圆时常用点圆规或弹簧规,也可用模板。

图 1-2-5　圆规的针尖

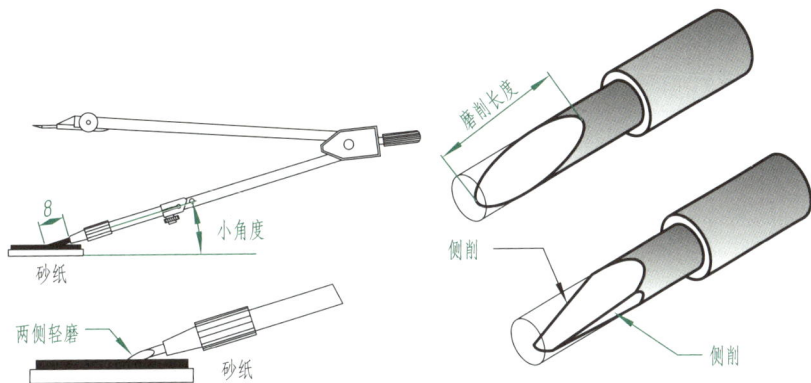

图 1-2-6　圆规笔脚上铅芯的磨削方法

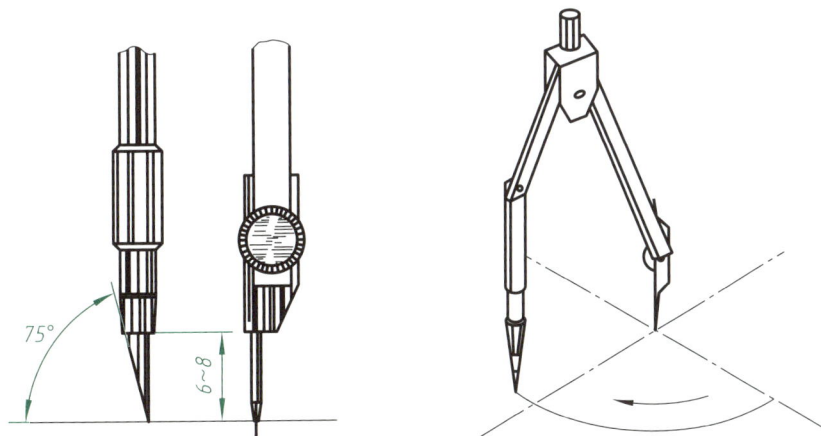

图 1-2-7　用圆规画圆

2. 分规

分规是用于等分线段(图 1-2-8)、移置线段及从尺上量取尺寸的工具。分规的两脚端部都有钢针,当两脚合拢时,两针尖应重合于一点。分规常以试分法等分线段、圆周或圆弧。

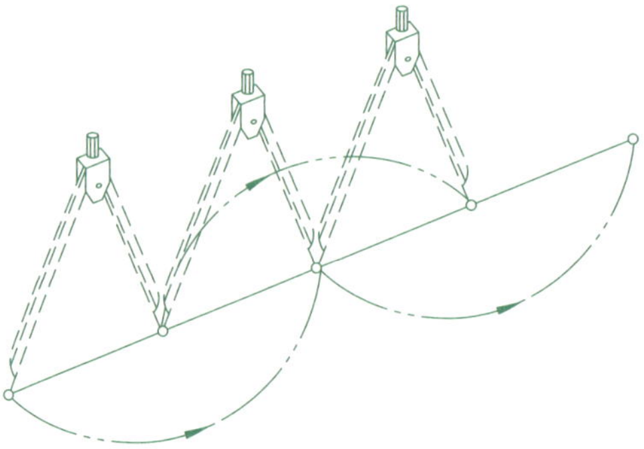

图 1-2-8 用分规等分线段

任务 1.3 几何作图

所谓几何作图,就是依据给定的条件,准确地绘制出预定的几何图形。若遇到一些复杂的图形,必须学会分析图形,并掌握基本的几何作图方法,才能准确无误地绘制出来。

📖 相关知识 ▶▶

1.3.1 基本作图方法

动画 等分线段作图方法

1. 等分线段作图方法

过已知线段 AB 的一个端点 A,作一条与 AB 成任一角度的线段 AC,在此线段上截取 n 等分。将最后的等分点与端点 B 连接,过 AC 上的等分点分别作 AB 的平行线,与 AB 的交点即为所需等分点,作图方法如图 1-3-1 所示,这也是常用的基本作图方法。

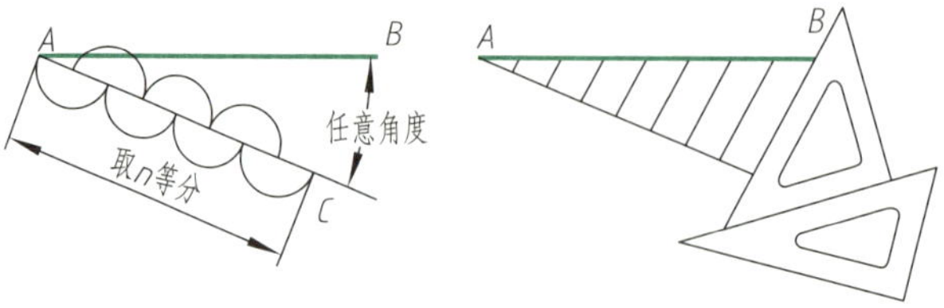

图 1-3-1 等分线段作图方法

动画 六等分圆周及正六边形作图方法

2. 六等分圆周及正六边形作图方法

按作图方法,六等分圆周分为用三角板和圆规作图两种方法,按已知条件,画正六边形有已知对角距作圆内接正六边形和已知对边距作圆外切正六边形两种方法。如图 1-3-2 所示。

六等分圆周及正六边形   已知对角距作圆内接正六边形   已知对边距作圆外切正六边形

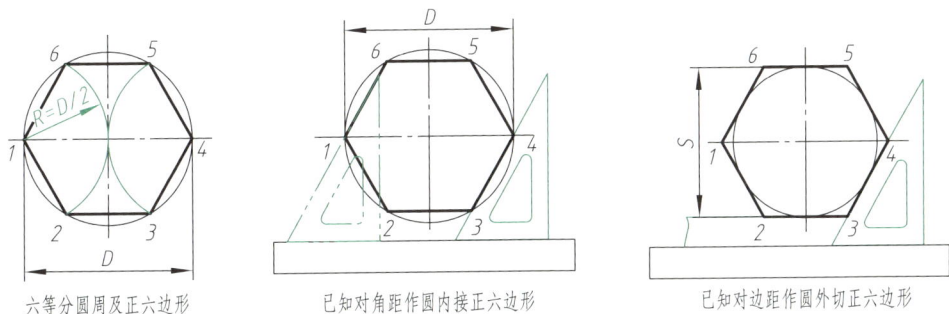

图 1-3-2　六等分圆周及正六边形作图方法

3. 斜度作图方法

斜度是指一直线或平面相对另一直线或平面的倾斜程度。斜度 $= \tan \alpha = H : L = 1 : n$。采用斜度符号标注时,符号的斜线方向应与斜度方向一致。斜度作图方法如图 1-3-3 所示。

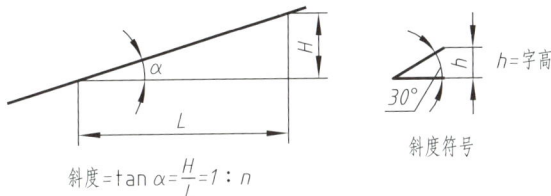

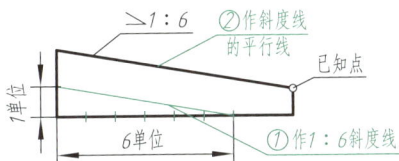

斜度符号

斜度 $= \tan \alpha = \dfrac{H}{L} = 1 : n$

动画
斜度作图方法

图 1-3-3　斜度作图方法

动画
锥度作图方法

4. 锥度作图方法

锥度是指圆锥的底圆直径 D 与高度 L 之比,通常锥度也要写成 $1 : n$ 的形式,即:锥度 $= 2\tan \alpha = D : L = (D - d) : l = 1 : n$。锥度符号的方向应与锥度方向一致。锥度作图方法如图 1-3-4 所示。

5. 椭圆作图方法

同心圆法、四心法画椭圆如图 1-3-5 所示。

（1）同心圆法

① 分别以长、短轴为直径作同心圆;

② 过圆心 O 作一系列放射线,分别与大圆、小圆相交,得若干交点;

③ 过大圆上的各交点引竖直线,过小圆上的各交点引水平线,对应同一条放射线的竖直线和水平线交于一点,如此可得一系列交点;

④ 光滑地连接各交点及点 A、B、C、D 即得椭圆。

（2）四心法

① 过点 O 分别作长轴 AB 及短轴 CD;

微课
椭圆的绘制

动画
四心法画椭圆

$$锥度=\frac{D}{L}=\frac{D-d}{l}=2\tan\alpha=1:n$$

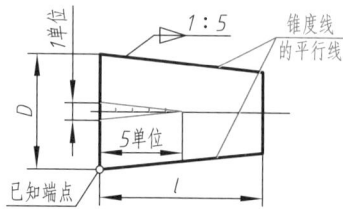

图 1-3-4 锥度作图方法

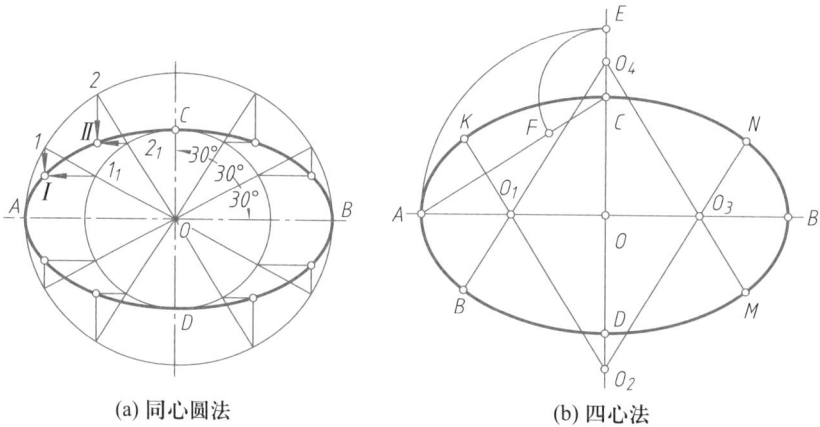

(a) 同心圆法   (b) 四心法

图 1-3-5 椭圆作图方法

② 连接 AC,以点 O 为圆心,OA 为半径画弧交 DC 延长线于点 E,再以点 C 为圆心,CE 为半径画弧交 AC 于点 F;

③ 作 AF 线段的中垂线,分别交长轴、短轴延长线于点 O_1、O_2,并作点 O_1、O_2 的对称点 O_3、O_4,即求出四段圆弧的圆心;

④ 分别以点 O_1、O_2 和点 O_3、O_4 为圆心,以 O_1A、O_2B 和 O_3C、O_4D 为半径画圆弧,使四段圆弧相切于点 K、H、M、N,光滑连接即得椭圆。

1.3.2 圆弧连接作图方法

用圆弧光滑连接两已知线段(圆弧或直线)称为圆弧连接。圆弧连接的关键在于正确找出连接圆弧的圆心以及切点的位置。圆弧连接作图方法见表 1-3-1。

微课
圆弧连接的
画法

表 1-3-1　圆弧连接作图方法

类型	已知条件	作图方法		
		求连接圆弧圆心	求切点	画连接圆弧并描粗
圆弧连接两已知直线	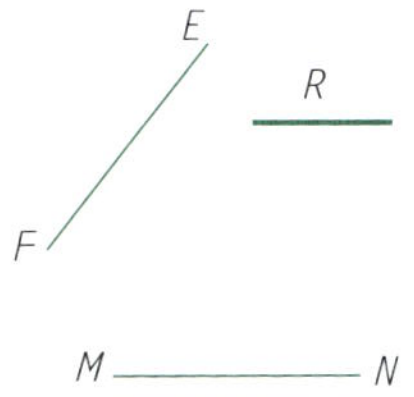	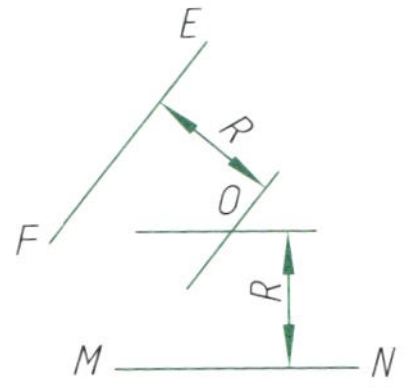	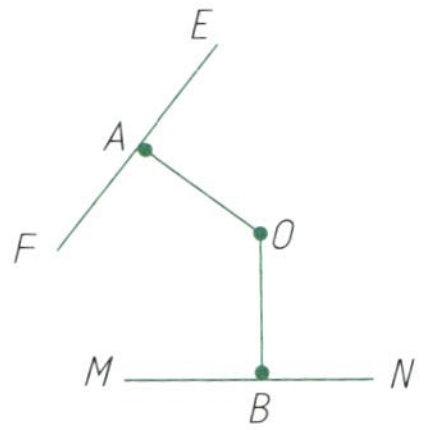	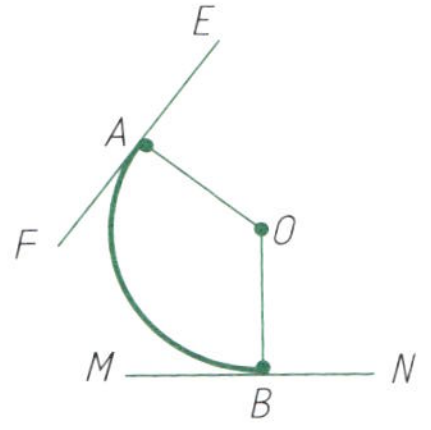
圆弧连接已知直线和圆弧	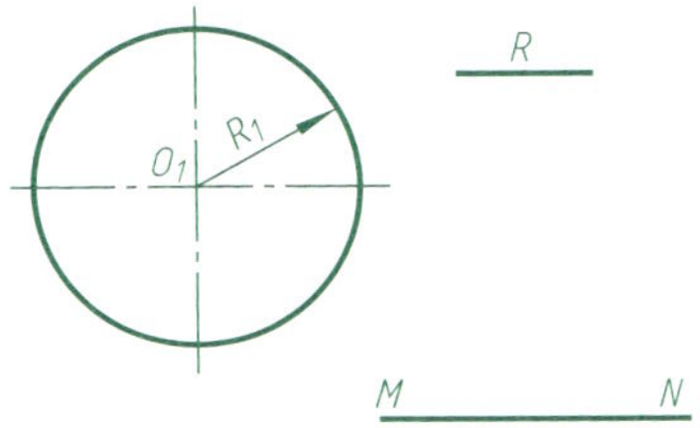	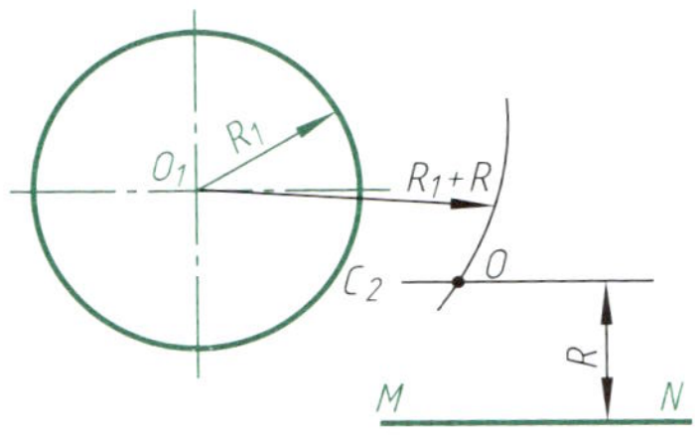	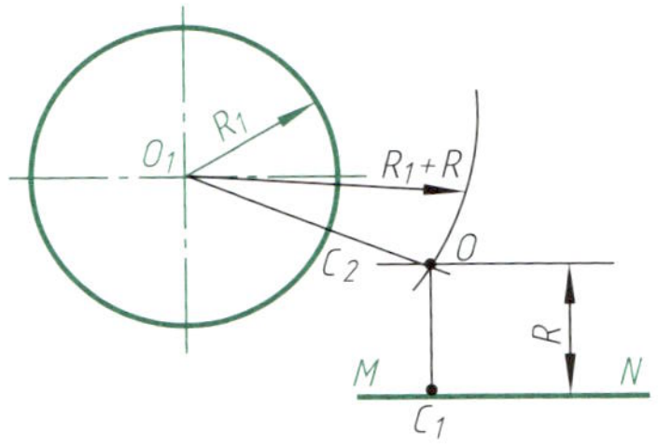	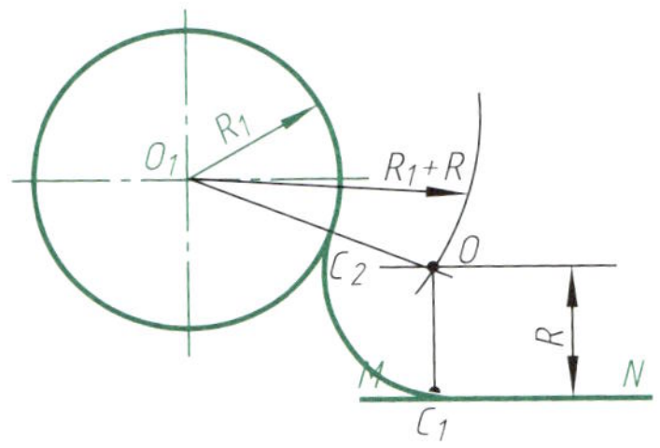
圆弧外切连接两已知圆弧	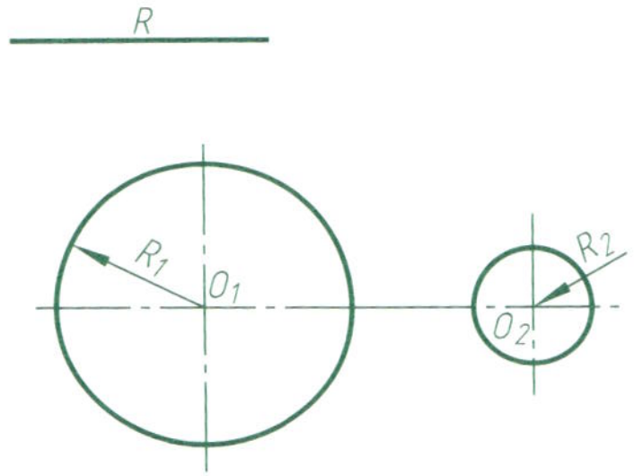	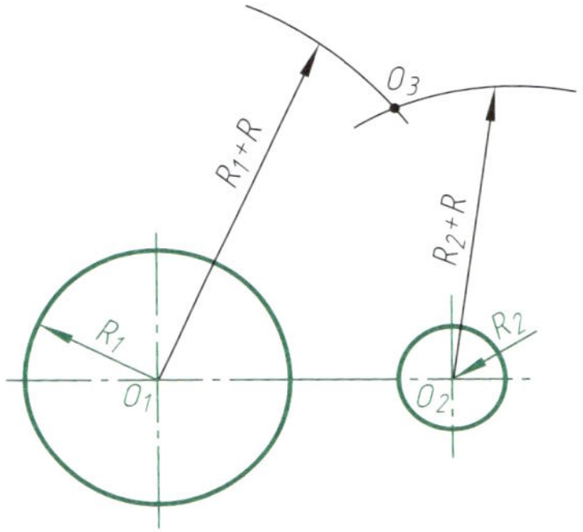	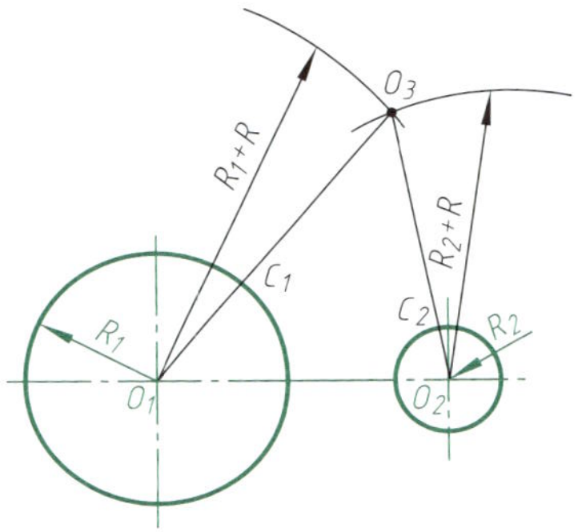	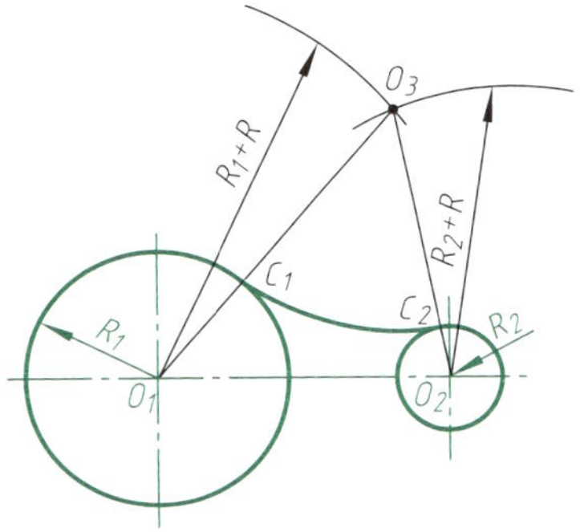

续表

类型	已知条件	作图方法		
		求连接圆弧圆心	求切点	画连接圆弧并描粗
圆弧内切连接两已知圆弧	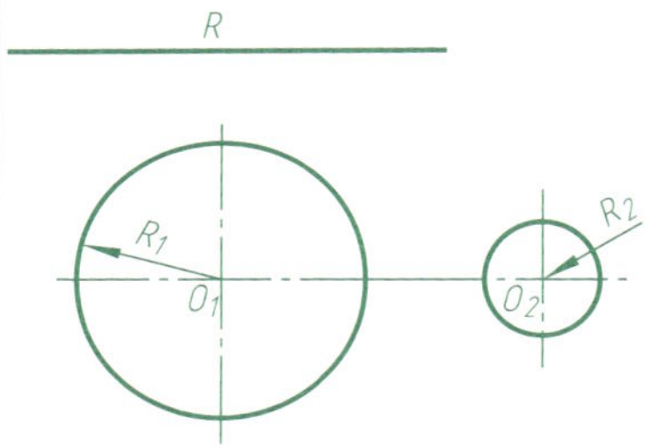	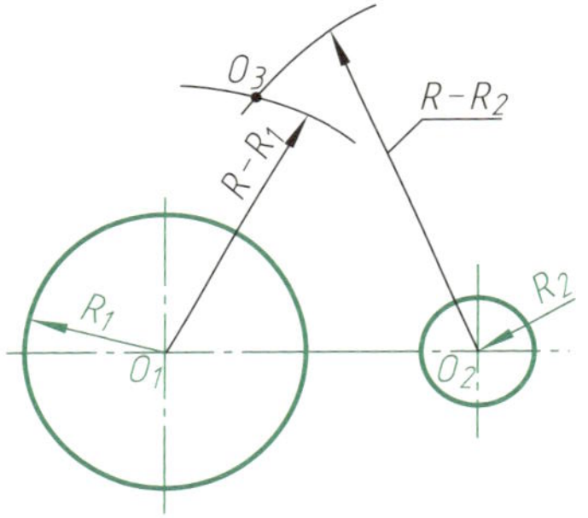	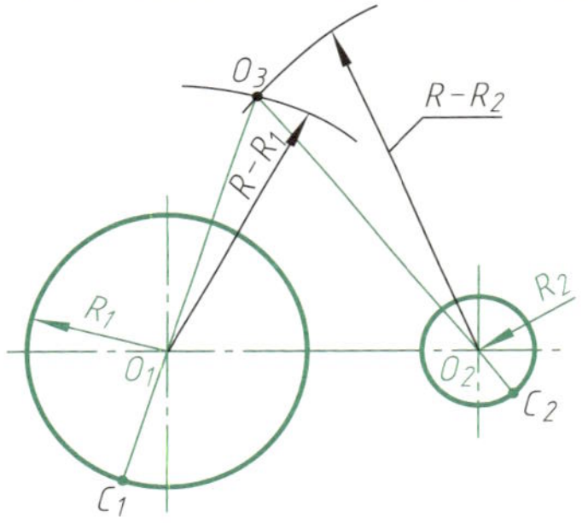	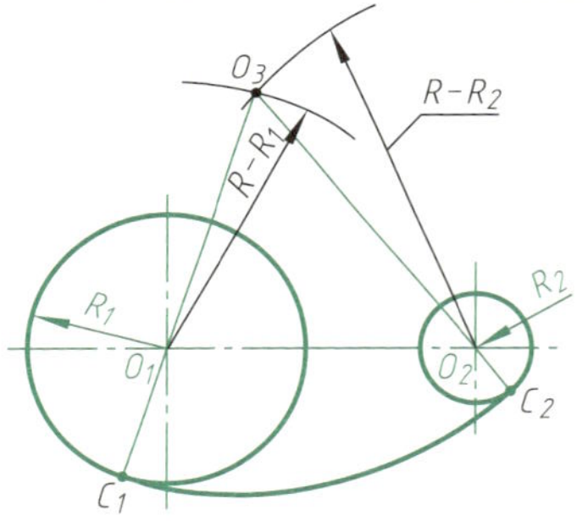
圆弧分别内外切连接两已知圆弧	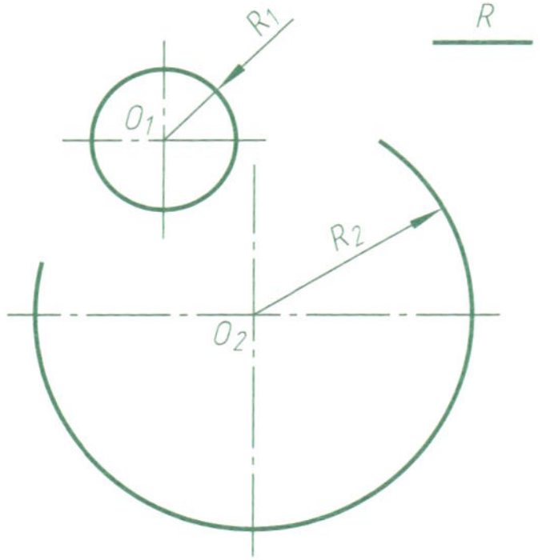	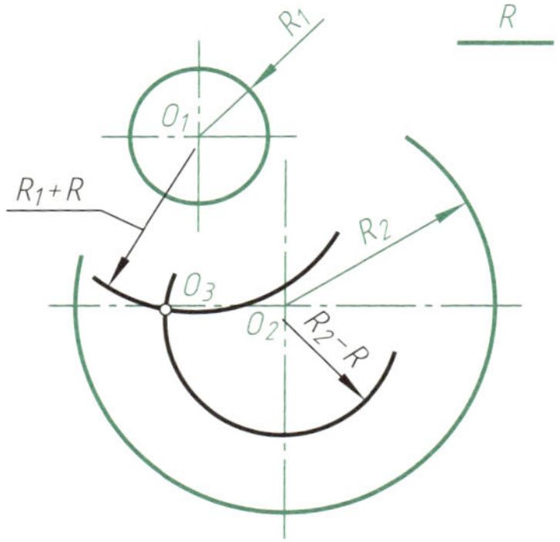	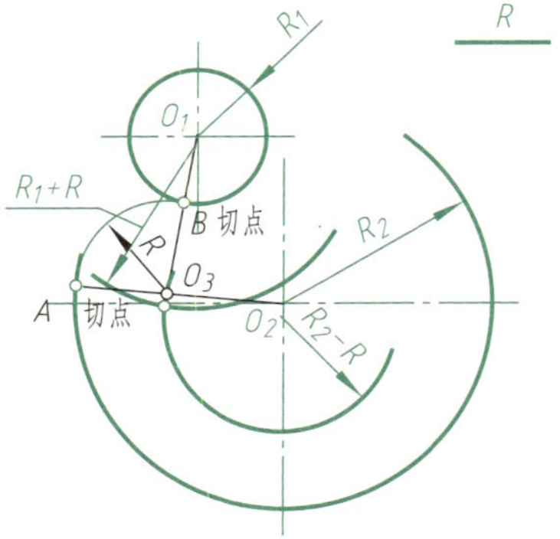	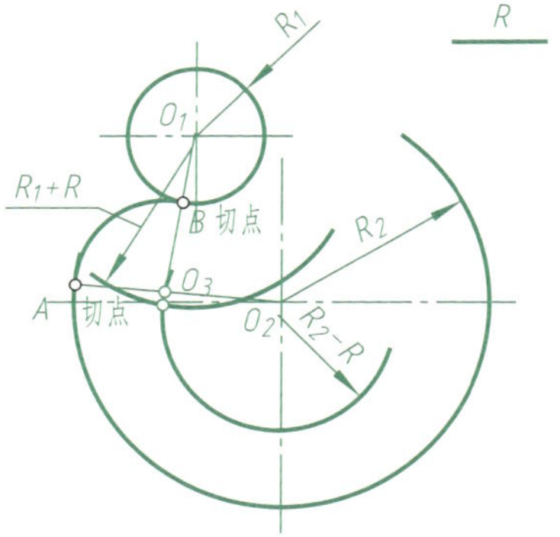

动画 圆弧连接两已知直线

动画 圆弧连接已知直线和圆弧

动画 圆弧外切连接两已知圆弧

动画 圆弧内切连接两已知圆弧

动画 圆弧分别内外切连接两已知圆弧

任务 1.4　平面图形的绘制

📖 任务要求 ▶

绘制如图 1-4-1 所示手柄的平面图形。

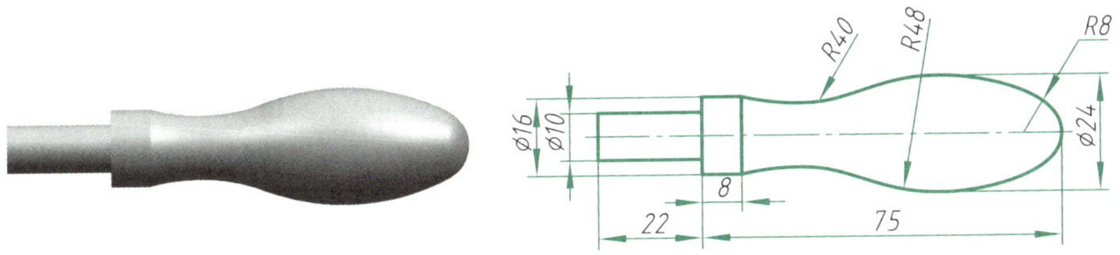

图 1-4-1　手柄

📖 相关知识 ▶

1.4.1　平面图形的尺寸分析

平面图形的尺寸按作用可分为定形尺寸和定位尺寸。

1. 定形尺寸

定形尺寸是指确定平面图形上几何元素形状和大小的尺寸,如图 1-4-1 中的 φ10、φ16、φ24 等,一般情况下确定平面图形所需定形尺寸的个数是一定的。

2. 定位尺寸

定位尺寸是指确定各几何元素相对位置的尺寸,如图 1-4-1 中的 8、75 等。确定平面图形位置需要两个方向的定位尺寸,即水平方向和垂直方向。

3. 尺寸基准

标注尺寸的起点称为尺寸基准,平面图形的尺寸基准是点或线,常用的点基准有圆心、球心、多边形中心点、角点等,常用的线基准有图形的对称中心线或边线,如图 1-4-1 中的对称中心线。

1.4.2　平面图形的线段分析

平面图形由若干条线段构成,必须依据图样中所注尺寸准确作图。每一条线段都应在明确其定形、定位尺寸后再着手作图。

根据线段所具有的定形、定位尺寸情况,可以将线段分为以下三类:

1. 已知线段

定形、定位尺寸齐全的线段称为已知线段。作图时该类线段可以直接根据尺寸作图,如

图 1-4-1 中的 $\phi10$、$\phi16$、22、8 及 $R8$。

2. 中间线段

只有定形尺寸和一个定位尺寸的线段称为中间线段。作图时必须根据该线段与相邻已知线段的几何关系,通过几何作图的方法确定另一定位尺寸后才能作出,如图 1-4-1 中的 $R48$。

3. 连接线段

只有定形尺寸、没有定位尺寸的线段称为连接线段。其定位尺寸需根据与该线段相邻的两线段的几何关系,通过几何作图的方法求出,如图 1-4-1 中的 $R40$。

注意:在两条已知线段之间,可以有多条中间线段,但必须而且只能有一条连接线段,否则尺寸将出现缺少或多余。

1.4.3　平面图形的作图步骤

根据上面的分析,平面图形的作图步骤归纳如下:

(1)画基准线、定位线和已知线段;

(2)画中间线段;

(3)画连接线段;

(4)整理全图,仔细检查无误后加深图线,标注尺寸。

1.4.4　平面图形的尺寸标注

平面图形尺寸标注的基本要求是:正确、齐全、清晰。在标注尺寸时,应分析图形各部分的构成,确定尺寸基准,先注定形尺寸,再注定位尺寸。通过几何作图可以确定的线段不要注尺寸。尺寸标注应符合国家标准的有关规定,尺寸在图上的布局要清晰。尺寸标注完成后应进行检查,看是否有重复或遗漏。可以按画图过程进行检查,画图时没有用到的尺寸是重复尺寸,应去掉。如果按所注尺寸无法完成作图,说明尺寸不足,应补上所需尺寸。平面图形的尺寸标注示例如图 1-4-2 所示。

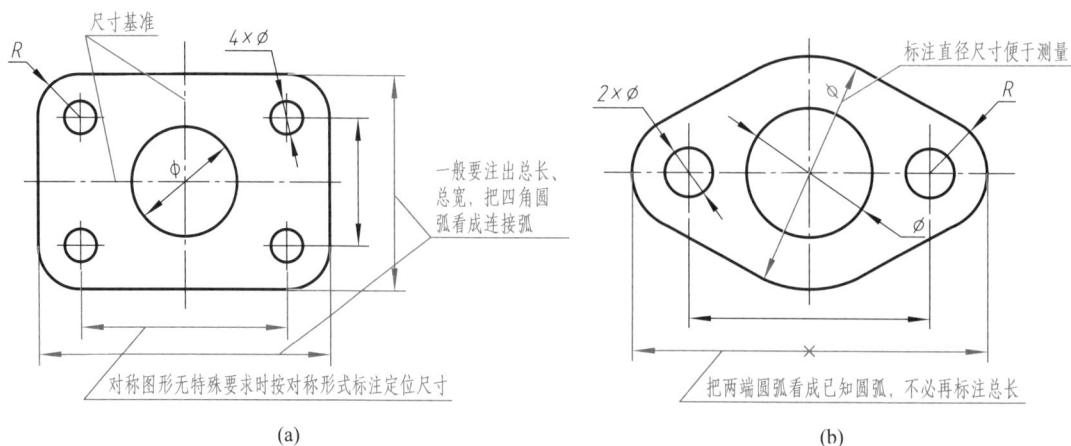

(a)

(b)

(c)

(d)

(e)

(f)

(g)

(h)

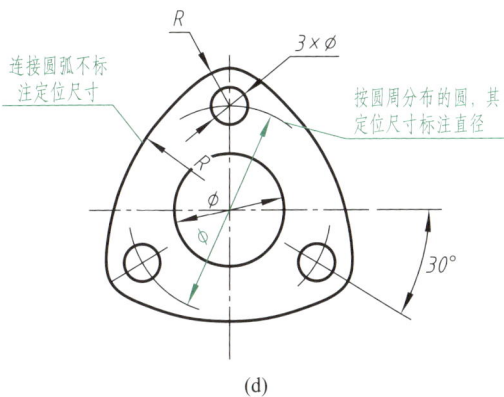

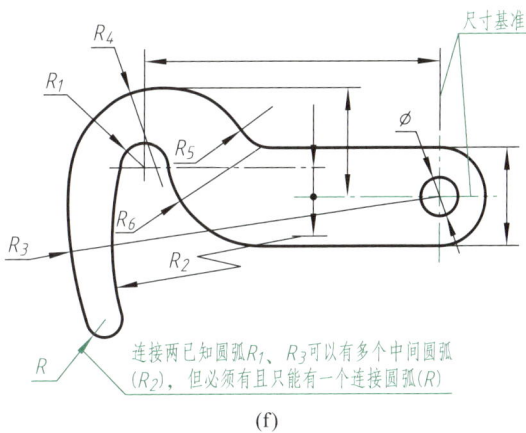

图 1-4-2 平面图形的尺寸标注示例

任务实施 ▶

如图 1-4-1 所示手柄平面图形的绘制步骤见表 1-4-1。

表 1-4-1 手柄平面图形的绘制步骤

序号	作图步骤	作图方法	作图结果
步骤 1	画基准线、定位线和已知线段	画手柄对称中心线、基准线、φ24，依次画已知线段：圆柱 φ10、φ16，圆弧 R8	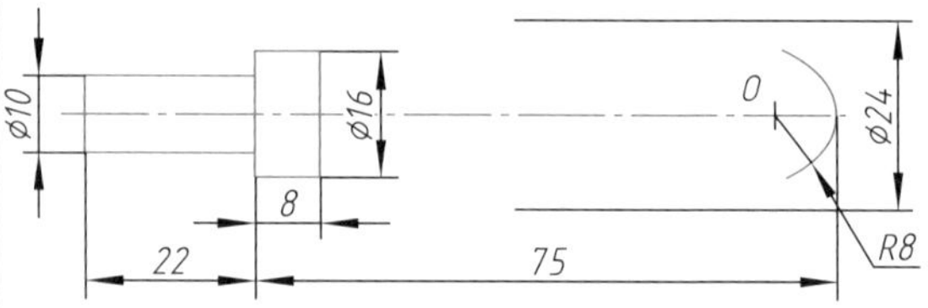
步骤 2	画中间线段	大圆弧 R48 是中间圆弧，圆心位置尺寸只有垂直方向是已知的，水平方向要根据 R48 圆弧与 R8 圆弧内切的关系画出	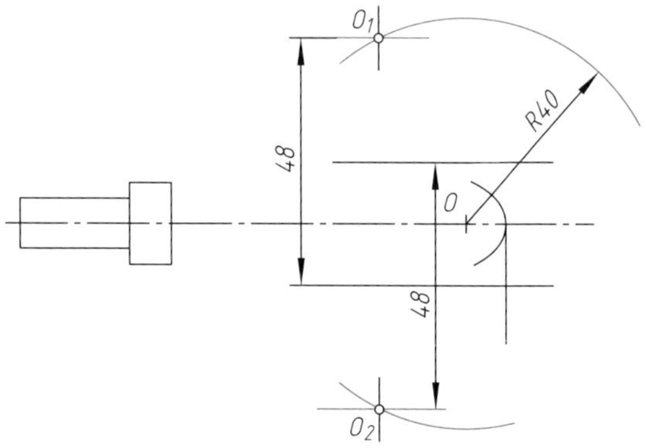 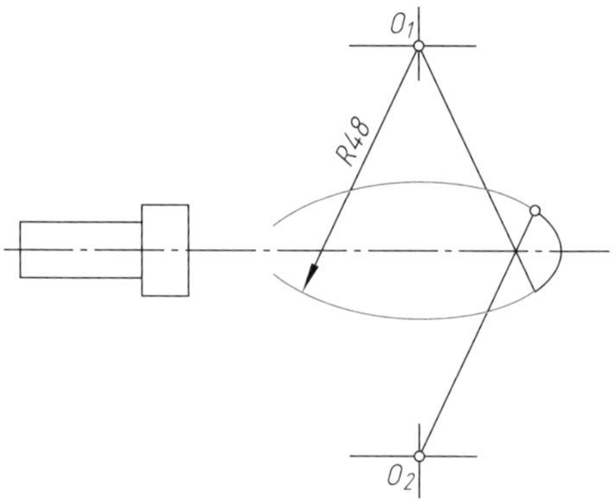
步骤 3	画连接线段	圆弧 R40 只给出半径，但它通过中间矩形右端的一个顶点，同时又与圆弧 R48 外切，所以它是连接圆弧，应最后画出	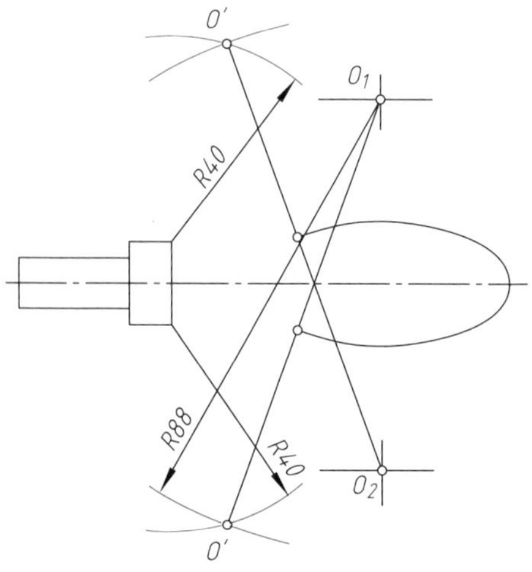

续表

序号	作图步骤	作图方法	作图结果
			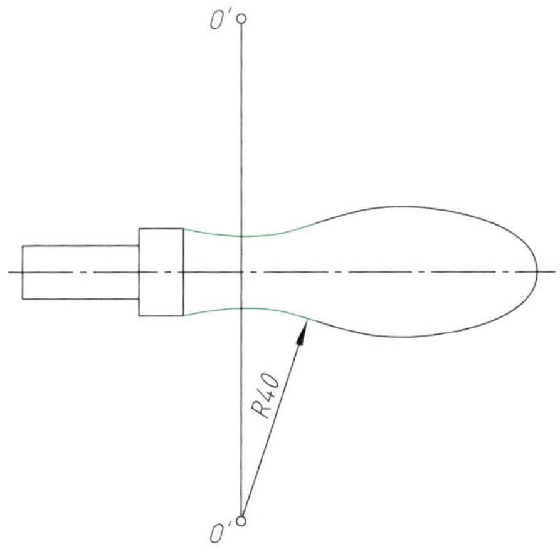
步骤 4	标注尺寸	整理全图,仔细检查无误后加深图线,标注尺寸	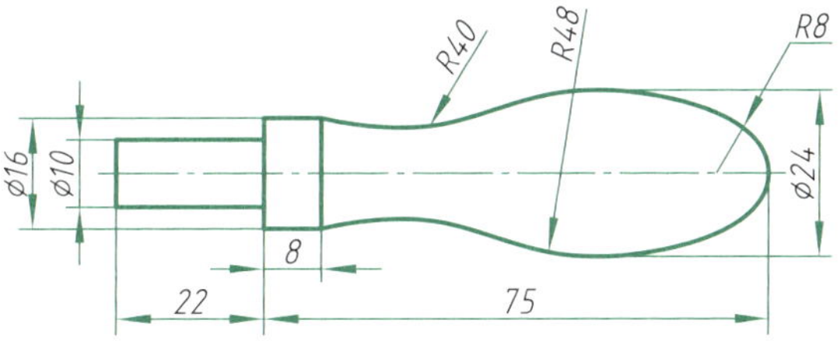

任务 1.5 绘图基本方法与步骤

相关知识 ▷▷

1.5.1 尺规绘图的方法

1. 画图前的准备

画图前应准备好图板、丁字尺、三角尺等绘图工具和仪器,按各种线型的要求削好铅笔和圆规上的铅芯,并准备好图纸。

2. 确定图幅,固定图纸

根据图形的大小和比例,选取图纸幅面。制图时必须将图纸固定在图板上,一般固定在距图板左边 40~60 mm 处;图纸的下边应至少留有丁字尺尺身 1.5 倍宽度的距离;图纸的上边应与丁字尺的尺身工作边平齐。

3. 画图框和标题栏

按国家标准画出图框线和标题栏。

4. 布置图形的位置

图形在图纸上布置的位置要力求均匀,不宜偏置或过于集中于某一角。根据每个图形的长宽尺寸,同时考虑标注尺寸和有关文字说明等所占用的位置来确定各图形的位置,画出图形的基准线。

5. 画底稿

用 H 或 2H 铅笔尽量轻、细、准地画好底稿,底稿线应分出不同线型,但不必分粗细,一律用细线画出。作图时应先画主要轮廓,再画细节。

6. 标注尺寸

应将尺寸界线、尺寸线、箭头一次性画好,再填写尺寸数字。

7. 检查描深

描深之前应仔细检查全图,修正图中的错误,擦去图中多余的图线。描深时先用笔芯较硬的铅笔描深细线,再用笔芯较软的铅笔描深粗实线,先描深非圆曲线、圆及圆弧,再描深直线。描深直线时,应按先横后竖再斜的顺序,从上至下、从左至右进行。

8. 全面检查,填写标题栏

描深后,再一次全面检查全图,确认无误后,填写标题栏,完成全图。

1.5.2 草图绘制的方法

徒手画的图又叫草图,它是以目测估计图形与实物的比例,不借助绘图工具(或部分使用绘图仪器)徒手绘制的图样。草图通常用来表达设计意图,设计人员将设计构思先用草图表示,然后再用仪器画出正式工程图。另外,在机器测绘、零件修配中,也常徒手作图。

1. 画草图的要求

草图是表达和交流设计思想的一种手段,如果作图不准将影响草图的效果。草图是徒手绘制的图,而不是潦草的图。因此,作草图时可以不求图形的几何精度,但要做到线型分明、自成比例。

2. 草图的绘制方法

绘制草图时应使用软一些的铅笔(如 HB、B 或 2B),铅笔削长一些,笔芯成圆形,粗、细各一支,分别用于绘制粗、细线。

画草图时,可以用带有方格的专用草图纸,或者在有一定透明度的白纸下面垫一张有格子的纸,以便控制图线的平直和图形的大小。

(1) 直线的画法

画直线时,可先标出直线段的两端点,从一个端点画到另一个端点。当直线段较长时,可在两点之间先顺次画一些短线,从而连成一条直线。

徒手画直线如图 1-5-1 所示,画水平线应自左至右画出;画垂直线应自上而下画出;斜线斜度较大时可自左向右下或自右向左下画出;斜度较小时可自左向右上画出,还可转动图纸后用水平线或垂直线画出。

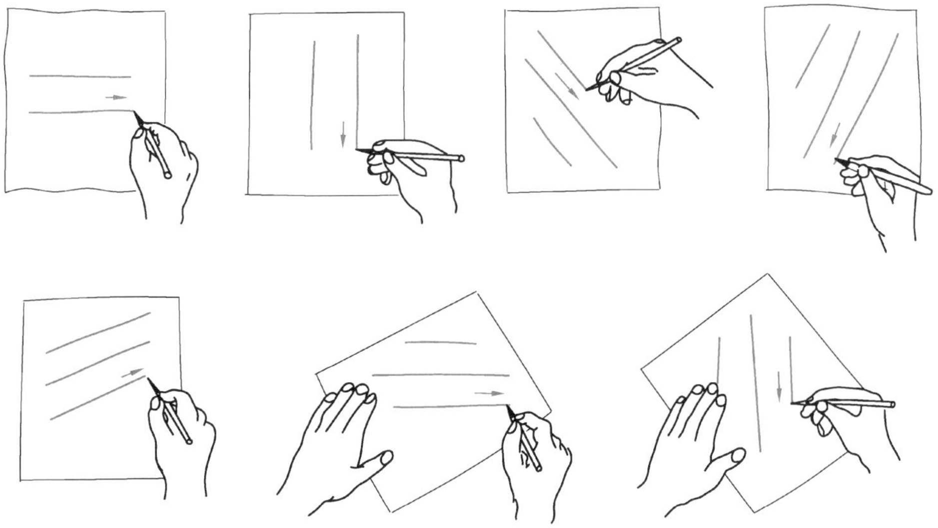

图 1-5-1　徒手画直线

（2）圆的画法

画圆时,应先画对称中心线。较小的圆在中心线上定出半径的四个端点,过这四个端点画圆;稍大的圆可以先过圆心作两条斜线,再在各线上定出半径的长度点,然后过对称中心线和斜线上的八个半径长度点画圆;圆的直径很大时,可以用手做圆规,以小指支撑于圆心,使铅笔与小指的距离等于圆的半径,笔尖接触纸面不动,转动图纸,即可得到所需的大圆,如图 1-5-2 所示。画直径很大的圆时,也可在一张纸上作出半径长度的记号,使其一端置于圆心,另一端置于铅笔,旋转纸张便可以画出所需的圆。

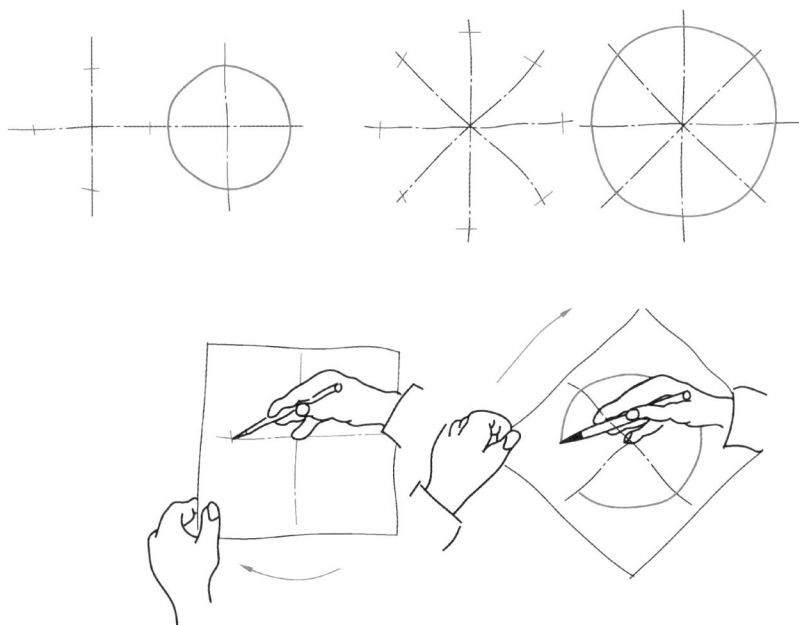

图 1-5-2　徒手画圆

3. 绘制平面图形示例

徒手绘制平面图形,与使用尺规作图一样,要进行图形的尺寸分析和线段分析,先画已知线段,再画中间线段,最后画连接线段。在方格纸上画平面图形时,主要轮廓线和定位中心线应尽可能利用方格纸上的线条,图形各部分之间的比例可按方格纸上的格数来确定。如图 1-5-3 所示为徒手在方格纸上绘制平面图形示例。

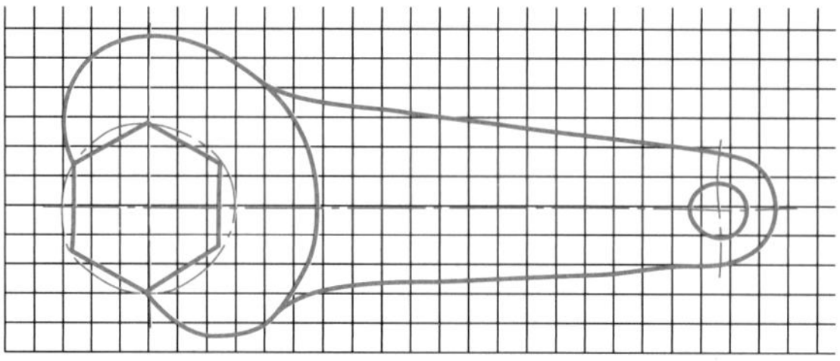

图 1-5-3 徒手在方格纸上绘制平面图形示例

项目二　点、直线、平面的投影

蒙日与画法几何

蒙日是 19 世纪著名的几何学家,他创立了画法几何学,推动了空间解析几何学的独立发展,为工程设计及其图样制作提供了一种切实有效的科学方法。

学习目标

蒙日与画法
几何

1. 掌握投影的概念及三视图的形成;
2. 掌握各种位置点、直线、平面的投影特性和作图方法;
3. 掌握两点相对位置及两直线相对位置的判断方法;
4. 掌握直线上取点、平面内取点或直线的作图方法。

学习重点和难点

1. 学习重点
（1）三视图的投影规律;
（2）各种点、直线、平面的投影特性及空间位置判断。
2. 学习难点
（1）重影点可见性的判断;
（2）平面上取点或直线的作图方法。

三视图的形成

在生产实际中,设计和制造部门普遍使用工程图样来表达设计思想和要求,而工程图样中的图形是使用投影的方法获得的。

📖 相关知识 ▶▶

2.1.1 投影的形成

投影法是指投射线通过物体,向选定的面投射,并在该面上得到图形的方法。

动画
投影的形成

如图 2-1-1 所示,设定 P 面为投影面,不属于投影面的定点 S 为投射中心。过空间点 A 由投射中心 S 可引直线 SA,SA 为投射线。投射线 SA 与投影面 P 的交点 a 称作空间点 A 在投影面 P 上的投影。同理,b 是空间点 B 在投影面 P 上的投影。(注:空间点以大写字母表示,如 A、B,其投影用相应的小写字母表示,如 a、b。)

2.1.2 投影法的分类

投影法可分为中心投影法和平行投影法。

1. 中心投影法

投射线交汇于一点(投射中心)的投影法称为中心投影法,所得的投影称为中心投影,如图 2-1-1、图 2-1-2 所示。

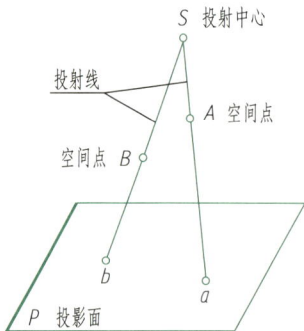

图 2-1-1 投影法

图 2-1-2 中心投影法

2. 平行投影法

投射线相互平行的投影法称为平行投影法。根据投射线与投影面的相对位置,平行投影法又分为斜投影法和正投影法。

（1）斜投影法是投射线倾斜于投影面的投影法，得到的投影称为斜投影，如图 2-1-3（a）所示。

（2）正投影法是投射线垂直于投影面的投影法，得到的投影称为正投影，如图 2-1-3（b）所示。

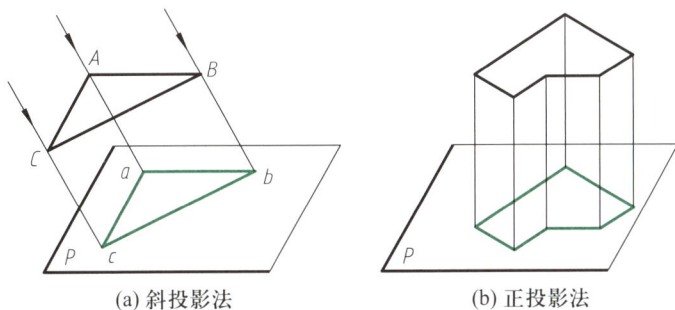

(a) 斜投影法　　　　　　　　(b) 正投影法

图 2-1-3　平行投影法

绘制工程图样主要采用正投影法。如不做特别说明，本书中的"投影"即指"正投影"。

2.1.3　三视图的形成

工程图样大多是采用正投影法绘制的正投影图，根据有关规定和标准，用正投影法绘制出的物体图形称为视图。

1. 三投影面体系

如图 2-1-4 所示，三投影面体系由三个互相垂直的投影面组成，其中 V 面为正投影面，简称正面；H 面为水平投影面，简称水平面；W 面为侧投影面，简称侧面。在三投影面体系中，两个投影面之间的交线称为投影轴，V 面与 H 面之间的交线为 OX 轴，H 面与 W 面之间的交线为 OY 轴，V 面与 W 面之间的交线为 OZ 轴。三条投影轴的交点为投影原点 O。三个投影面把空间分成八个部分，称为八个分角。根据国家标准的规定，机械图样是将物体放在第一分角进行投影所得的图形。本书主要讨论第一分角投影。

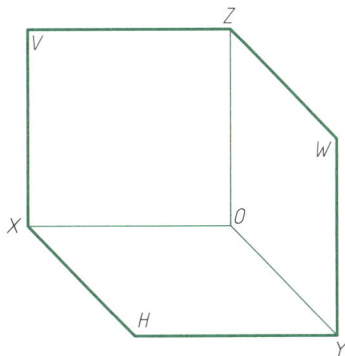

微课
三投影面体系
及三视图的形成

动画
三投影面体系
及三视图的形成

图 2-1-4　三投影面体系

2. 三视图的形成

如图 2-1-5 所示,将物体放在三投影面体系的第一分角中,分别向三个投影面投影,得到该物体在三个投影面上的三个投影。其中,在 V 面上的投影称为正面投影,在 H 面上的投影称为水平投影,在 W 面上的投影称为侧面投影。国家标准规定,物体位于观察者与投影面之间,物体的正面投影称为主视图,水平投影称为俯视图,侧面投影称为左视图。

为了将三个视图画在一张图纸上,国家标准规定,正投影面保持不动,把水平投影面绕 OX 轴向下旋转 $90°$,侧投影面绕 OZ 轴向右旋转 $90°$,这样就得到了在同一平面上的三视图,如图 2-1-6(a)所示。在画三视图时,投影面边框线及投影轴不必画出,三个视图的相对位置不能变动,即俯视图在主视图下边,左视图在主视图右边,三个视图的配置如图 2-1-6(b)所示。

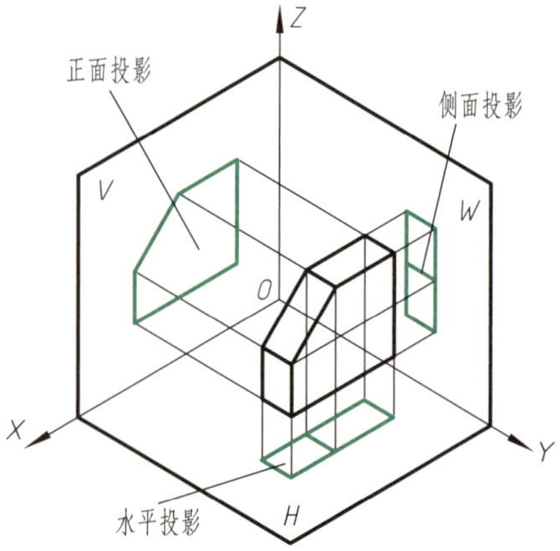

图 2-1-5 物体的投影

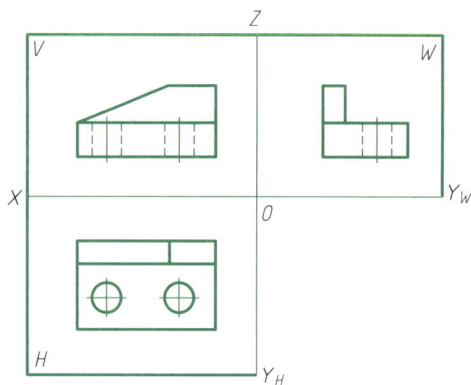

(a)

(b)

图 2-1-6 三视图的形成

3. 三视图之间的关系

（1）尺寸对应关系

每一个物体都有长、宽、高三个方向的尺寸。物体左右间的距离为长度,前后间的距离为宽度,上下间的距离为高度。主视图反映了物体长度和高度方向的尺寸,俯视图反映了物体长度和宽度方向的尺寸,左视图反映了物体高度和宽度方向的尺寸。因此,三视图之间的投影关系可以归纳为"主、俯视图长对正,主、左视图高平齐,俯、左视图宽相等",如图 2-1-7 所示。

（2）方位对应关系

物体有上、下、左、右、前、后六个方位,如图 2-1-8 所示。主视图能反映物体的左右和上下关系,俯视图能反映物体的左右和前后关系,左视图能反映物体的上下和前后关系。

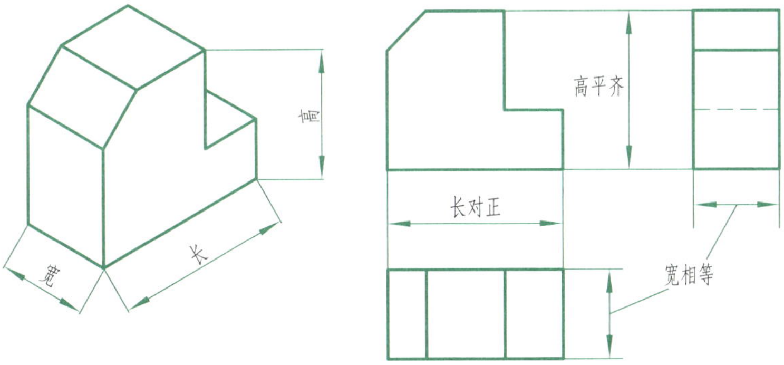

图 2-1-7　三视图之间的投影关系

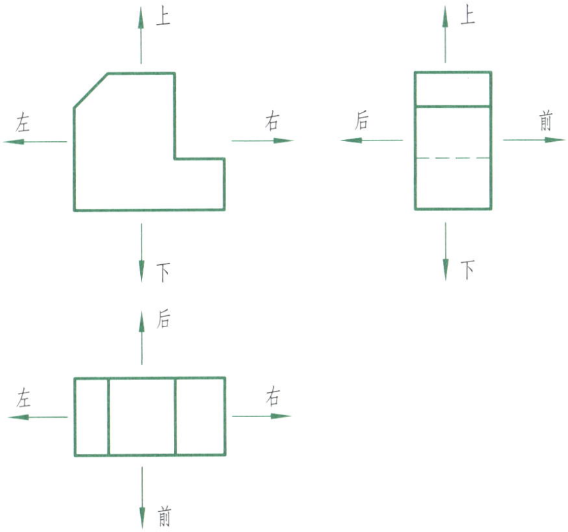

图 2-1-8　三视图反映物体六个方位的位置关系

4. 三视图的绘制

绘制物体三视图时,首先选择反映物体形状特征最明显的方向作为主视图的投射方向,将物体放置在三投影面体系中,使物体主要表面与投影面平行,然后按正投影法的要求,分别向三个投影面投射,绘制物体三个视图。

绘制三视图的步骤是:

（1）分析物体结构形状;

（2）确定图纸幅面和绘图比例;

（3）选择主视图的投影方向;

（4）合理布局图形位置,绘制三视图;

（5）检查、修改底图;

（6）按线型要求加深图线,完成三视图。

任务 2.2　点的投影

组成物体的基本几何元素是点、线、面,为了表达物体的结构,必须首先掌握几何元素的投影规律。点是立体上最基本的几何元素,一般体现为棱线和棱线的交点,本任务主要学习点的三面投影。

任务要求 ▷▷

已知点 A 的正面投影 a' 和侧面投影 a'',点 B 的正面投影 b' 和水平投影 b,如图 2-2-1 所示,分别求点 A、B 的第三面投影,并判断点 A 相对于点 B 的位置。

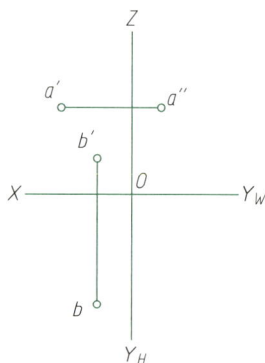

图 2-2-1　已知点的两面投影求第三面投影

相关知识 ▷▷

2.2.1　点的三面投影特性

如图 2-2-2(a)所示,有一点 A,将其分别向 V、H、W 面投射,即得点 A 的三面投影。其中,V 面上的投影称为正面投影,记为 a';H 面上的投影称为水平投影,记为 a;W 面上的投影称为侧面投影,记为 a''。

点 A 的三面投影图如图 2-2-2(b)所示。图中 OY 轴被假想分为两条,随 H 面旋转的记为 OY_H,随 W 面旋转的记为 OY_W。为了便于投影分析,一般在图中用细实线将点的两面投影连接起来,如 aa'、$a'a''$ 称为投影连线,a 与 a'' 不能直接相连,需借助于 45°斜线来体现其联系。

分析图 2-2-2(b),可得出点的三面投影规律:

(1)点的正面投影 a' 与水平投影 a 的连线垂直于 OX 轴,即 $a'a \perp OX$。

(2)点的正面投影 a' 与侧面投影 a'' 的连线垂直于 OZ 轴,即 $a'a'' \perp OZ$。

(3)点的水平投影 a 与侧面投影 a'' 具有相同的 Y 坐标。这条规律在作图时,可用过 45°斜线来体现。

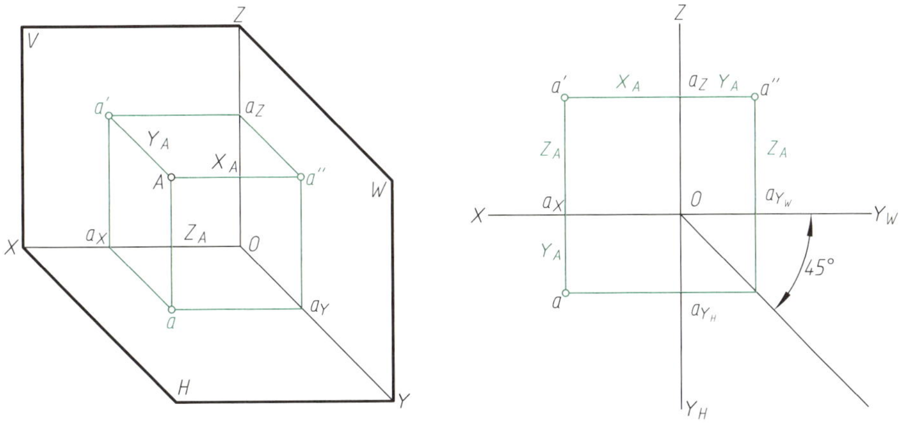

(a)

(b)

图 2-2-2 点的三面投影

2.2.2 点的投影与直角坐标

若将三面投影体系看作直角坐标系,则投影面相当于坐标面,投影轴相当于坐标轴,投影原点 O 相当于坐标原点 O。投影原点把每个坐标轴分成两部分,并规定:OX 轴从 O 向左为正,向右为负;OY 轴向前为正,向后为负;OZ 轴向上为正,向下为负。如图 2-2-2 所示,点 A 的三面投影与其坐标间的关系如下:

(1) 空间点的任意投影,均反映了该点的某两个坐标值,即 $a(X_A, Y_A)$、$a'(X_A, Z_A)$、$a''(Y_A, Z_A)$。

(2) 空间点的每一个坐标值,均反映了该点到某投影面的距离,即

$$X_A = aa_{YH} = a'a_Z = A \text{ 到 } W \text{ 面的距离}$$

$$Y_A = aa_X = a''a_Z = A \text{ 到 } V \text{ 面的距离}$$

$$Z_A = a'a_X = a''a_{YW} = A \text{ 到 } H \text{ 面的距离}$$

由上可知,点 A 的任意两个投影反映了点的三个坐标值。有了点 A 的一组坐标 (X_A, Y_A, Z_A),就能确定该点唯一的三面投影 (a, a', a'')。

2.2.3 特殊位置点的投影

特殊情况下,点可以属于投影面或投影轴。

1. 在投影面上的点

当点的某一个坐标为 0 时,点就从属于一个投影面。如图 2-2-3 所示,点 A 的 Z 坐标 $Z_A = 0$,则点 A 在 H 面上。点 A 的水平投影 a 与空间点 A 重合,正面投影 a' 在 OX 轴上,侧面投影 a'' 在 OY_W 轴上。所以,在投影面上的点的投影特性是:

(1) 点的一个投影与空间点本身重合;

(2) 点的另外两个投影在坐标轴上。

2. 在投影轴上的点

当点的两个坐标为 0 时,点就在投影轴上。如图 2-2-3 所示,点 B 的 X 坐标 $X_B = 0$,

(a)

(b)

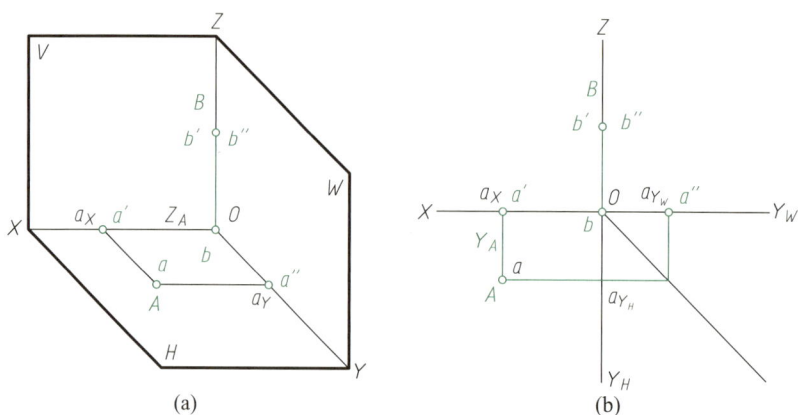

图 2-2-3　特殊位置点的投影

Y 坐标 $Y_B = 0$，则点 B 在 OZ 轴上。点 B 的正面投影 b'、侧面投影 b'' 及空间点 B 重合在 OZ 轴上，点 B 的水平投影 b 与原点 O 重合。所以，在投影轴上的点的投影特性是：

（1）点的两个投影与空间点本身重合于投影轴上。

（2）点的另外一个投影与原点 O 重合。

2.2.4　两点的相对位置

两点的相对位置是指空间两点之间上下、左右、前后的位置关系。

根据两点的坐标，可以判断空间两点间的相对位置。根据 X 坐标值的大小可以判断两点的左右位置，根据 Y 坐标值的大小可以判断两点的前后位置，根据 Z 坐标值的大小可以判断两点的上下位置。

若 A、B 两点无左右、前后距离差，点 A 在点 B 的正上方或正下方，则两点的 H 面投影重合，如图 2-2-4 所示，点 A 与点 B 称为对 H 面的重影点。同理，若一点在另一点的正前方或正后方，则两点是对 V 面的重影点；若一点在另一点的正左方或正右方，则两点是对 W 面的重影点。当空间两点在某投影面上的投影重合时，必有一点的投影遮挡着另一点的投影，这就是重影点的可见性问题。如图 2-2-4 所示，点 A 与点 B 为 H 面的重影点，由于 $Z_A > Z_B$，点 A 在点 B 之上，故在 H 面上 a 可见，b 不可见，点的不可见投影可加括号表示。

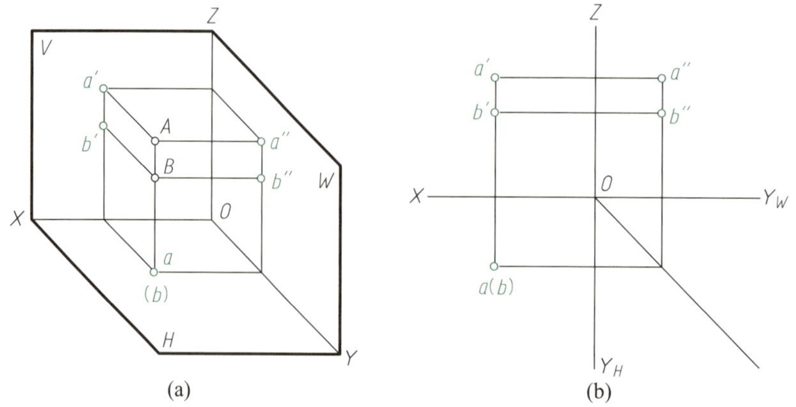

(a)

(b)

图 2-2-4　重影点

任务实施 ▶

根据点的三面投影规律,可由点的两面投影完成第三面投影。空间点的任意一面投影都是由该点的两个坐标值决定的,如果知道点的两面投影,就可以确定点的空间位置。

已知点 A 的正面投影 a' 和侧面投影 a'',点 B 的正面投影 b' 和水平投影 b,如图 2-2-1 所示,分别求点 A、B 的第三面投影,并判断点 A 相对于点 B 的位置,其作图步骤见表 2-2-1。

动画
已知点的两面
投影求第三投影

表 2-2-1　点的投影作图步骤

序号	作图步骤	作图方法	作图结果
步骤 1	作点 A 的水平投影 a	① 过 a' 向下作 OX 轴的垂线,过原点 O 作 45°斜线; ② 过 a'' 向下作 OY_W 轴的垂线与 45°斜线相交,过交点向左作 OY_H 轴的垂线与 a' 向下所作 OX 轴的垂线相交,交点即为 a	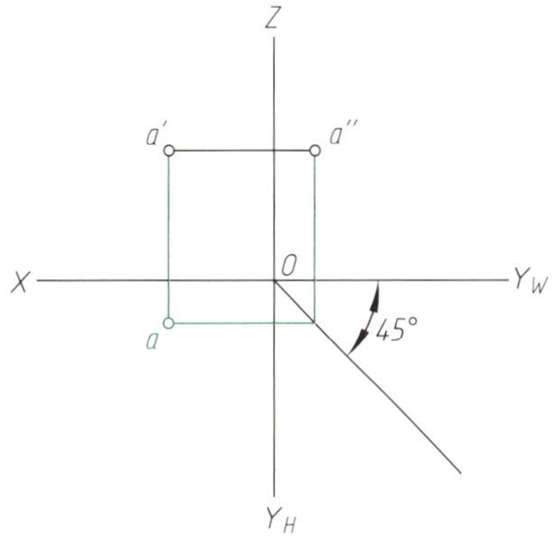
步骤 2	作点 B 的侧面投影 b''	① 过 b' 向右作 OZ 轴的垂线;过原点 O 作 45°斜线; ② 过 b 向右作 OY_H 轴的垂线与 45°斜线相交,过交点向上作 OY_W 轴的垂线与过 b' 向右所作 OZ 轴的垂线相交,交点即为 b''	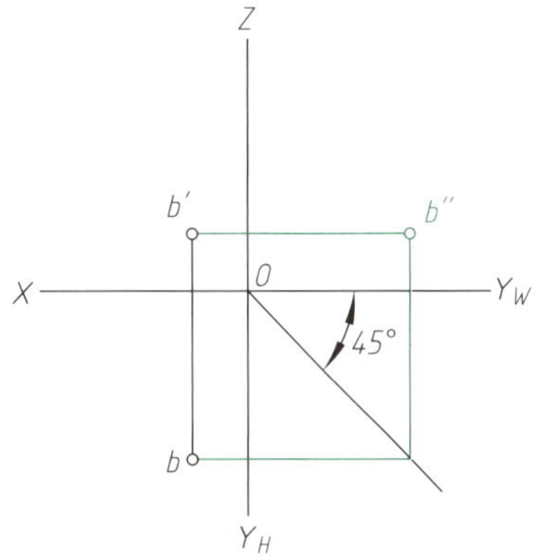
步骤 3	判断点 A、点 B 的相对位置	由 $X_A>X_B$ 得点 A 位于点 B 的左方,$Y_B>Y_A$ 得点 A 位于点 B 的后方,$Z_A>Z_B$ 得点 A 位于点 B 的上方,故点 A 位于点 B 的左方、后方、上方	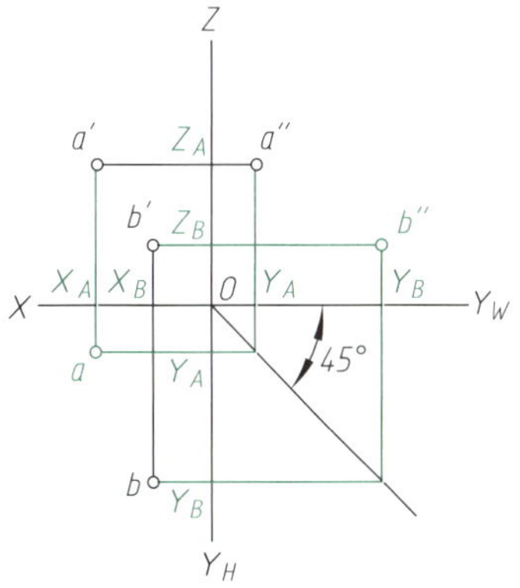

任务 2.3　直线的投影

直线的投影可由属于该直线的两点的投影来确定。一般用直线段的投影来表示直线的投影,即作出直线段上两端点 A、B 的投影,则该两点的同面投影连线即为直线段的同面投影,如图 2-3-1 所示。

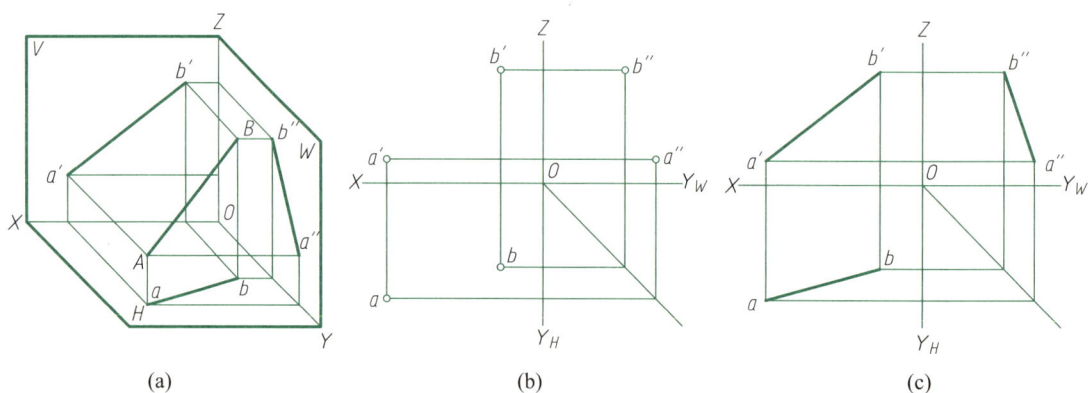

图 2-3-1　直线 AB 的投影

任务要求 ▷

补画如图 2-3-2 所示直线 AB、CD 的第三面投影,并判断其相对于投影面的位置,及两直线的相对位置。

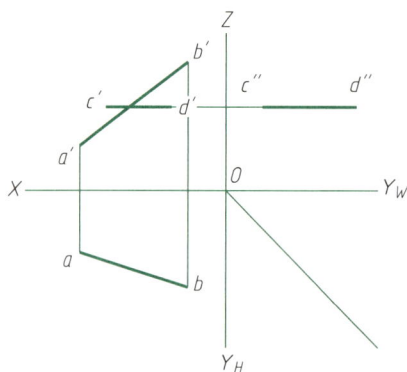

图 2-3-2　补画直线 AB、CD 的第三面投影

📖 **相关知识** ▶️

2.3.1　各种位置直线的投影特性

根据直线在三投影面体系中所处位置的不同,可将直线分为一般位置直线、投影面平行线和投影面垂直线三类,其中后两类又统称为特殊位置直线。直线的分类具体如下:

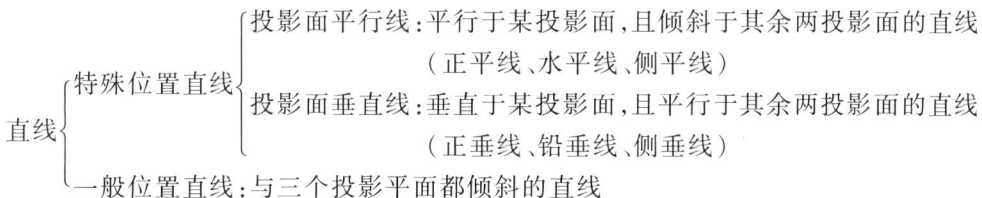

$$
直线
\begin{cases}
特殊位置直线
\begin{cases}
投影面平行线:平行于某投影面,且倾斜于其余两投影面的直线 \\
\qquad\qquad（正平线、水平线、侧平线） \\
投影面垂直线:垂直于某投影面,且平行于其余两投影面的直线 \\
\qquad\qquad（正垂线、铅垂线、侧垂线）
\end{cases} \\
一般位置直线:与三个投影平面都倾斜的直线
\end{cases}
$$

直线对投影面 H、V、W 的倾角,分别用 α、β、γ 表示,如图 2-3-3 所示。

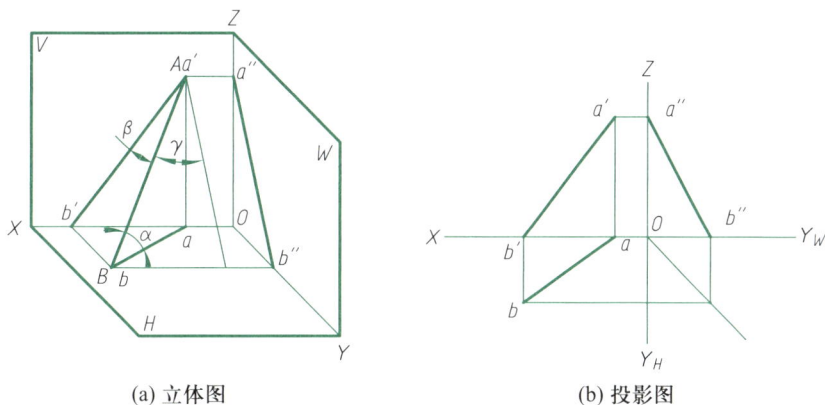

(a) 立体图　　　　　　　　　　　(b) 投影图

图 2-3-3　一般位置直线的投影

直线相对于投影面所处的位置不同,表现出的投影特性也不同。

当直线与投影面垂直,如图 2-3-4(a)所示,直线的投影积聚为一个点(积聚性);当直线与投影面平行,如图 2-3-4(b)所示,直线在平行的投影面上的投影反映直线的实长(真实性);当直线与投影面倾斜,如图 2-3-4(c)所示,直线的投影是长度缩短的线段(类似性)。

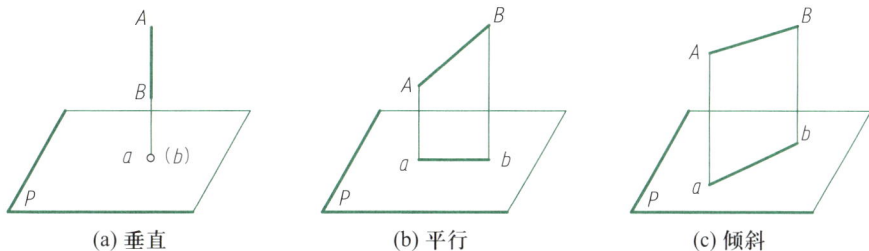

(a) 垂直　　　　　　　(b) 平行　　　　　　　(c) 倾斜

图 2-3-4　直线相对于投影面位置不同时的投影特性

1. 投影面平行线

投影面平行线中，与 V 面平行的直线称为正平线，与 H 面平行的直线称为水平线，与 W 面平行的直线称为侧平线。

表 2-3-1 列出了三种投影面平行线的立体图、投影图、投影特性和举例。

表 2-3-1 投影面平行线

名称	正平线	水平线	侧平线
立体图			
投影图			
投影特性	① 正面投影反映实长，与 OX 轴夹角为 α，与 OZ 轴夹角为 γ ② 水平投影平行于 OX 轴 ③ 侧面投影平行于 OZ 轴	① 水平投影反映实长，与 OX 轴夹角为 β，与 OY 轴夹角为 γ ② 正面投影平行于 OX 轴 ③ 侧面投影平行于 OY 轴	① 侧面投影反映实长，与 OY 轴夹角为 α，与 OZ 轴夹角为 β ② 正面投影平行于 OZ 轴 ③ 水平投影平行于 OY 轴
举例			
投影面平行线投影特性	① 在所平行的投影面上的投影反映实长（真实性），与相应投影轴的夹角分别反映直线对另两投影面的真实倾角 ② 在另两投影面上的投影分别平行（或垂直）于相应的投影轴，且长度缩短		

2. 投影面垂直线

投影面垂直线中，与 *V* 面垂直的直线称为正垂线，与 *H* 面垂直的直线称为铅垂线，与 *W* 面垂直的直线称为侧垂线。

表 2-3-2 列出了三种投影面垂直线的立体图、投影图、投影特性和举例。

动画
投影面垂直
线的投影

表 2-3-2　投影面垂直线

名称	正垂线	铅垂线	侧垂线
立体图			
投影图			
投影特性	① 正面投影积聚为一点 ② 水平投影和侧面投影分别垂直于 *OX* 轴和 *OZ* 轴，并反映实长	① 水平投影积聚为一点 ② 正面投影和侧面投影分别垂直于 *OX* 轴和 *OY* 轴，并反映实长	① 侧面投影积聚为一点 ② 正面投影和水平投影分别垂直于 *OZ* 轴和 *OY* 轴，并反映实长
举例			
投影面垂直线投影特性	① 在所垂直的投影面上的投影积聚成一个点（积聚性） ② 在另两投影面上的投影分别垂直（或平行）于相应的投影轴，且均反映实长（真实性）		

3. 一般位置直线

如图 2-3-3 所示,由于一般位置直线同时倾斜于三个投影面,故有如下投影特性:

(1)直线的三面投影都倾斜于相应的投影轴,它们与投影轴的夹角均不反映直线对投影面的真实倾角。

(2)直线三面投影的长度都小于实长,其投影长度与直线对各投影面的夹角有关,即 $ab = AB\cos\alpha$,$a'b' = AB\cos\beta$,$a''b'' = AB\cos\gamma$。

2.3.2 点与直线

点与直线的关系有点在直线上与点不在直线上两种情况。

1. 点在直线上

(1)点在直线上,则点的各面投影也在直线的同面投影上。

如图 2-3-5 所示,点 K 在直线 AB 上,其水平投影 k 就在 ab 上,正面投影 k′就在 a′b′上,侧面投影 k″就在 a″b″上。反之,在投影图中,如点的各个投影都在直线的同面投影上,则点必定在此直线上。

(2)直线上的点分割线段长度之比等于其投影分割线段投影之比。

如图 2-3-5 所示,点 K 将线段 AB 分为 AK、KB 两段,则 $AK:KB = ak:kb = a'k':k'b' = a''k'':k''b''$。

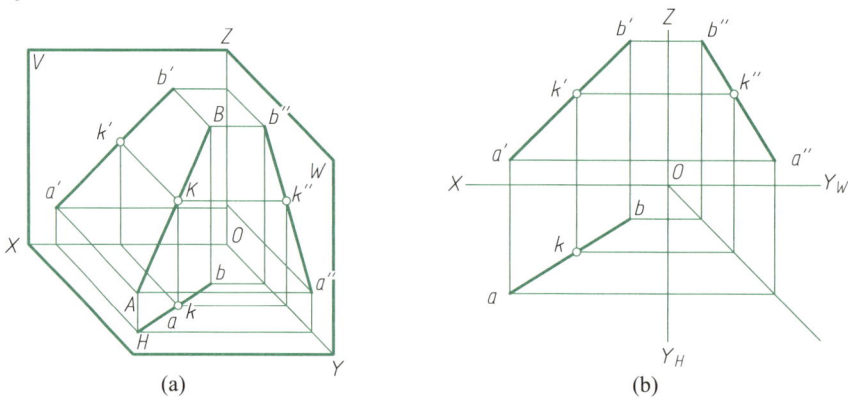

图 2-3-5 点在直线上

2. 点不在直线上

若点不在直线上,则点的投影不具备上述性质。如图 2-3-6 所示,虽然 k 在 ab 上,但 k′不在 a′b′上,故点 K 不在直线 AB 上。

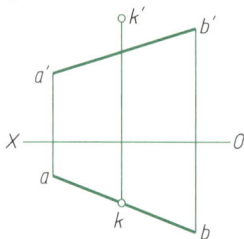

图 2-3-6 点不在直线上

2.3.3 两直线的相对位置

两直线的相对位置有三种情况：相交、平行、交叉（既不相交，又不平行，也称异面）。

1. 两直线相交

两直线相交，其交点同时在这两条直线上，且同面投影必相交，同面投影的交点即为两直线交点的同面投影。

如图 2-3-7 所示，直线 *AB* 与 *CD* 相交，其同面投影 *ab* 与 *cd*、*a'b'* 与 *c'd'*、*a"b"* 与 *c"d"* 均相交，其交点 *k*、*k'*、*k"* 即为直线 *AB* 与 *CD* 的交点 *K* 的三面投影（交点的投影应符合点的投影规律）。

两直线的投影符合上述特点，则两直线必定相交。

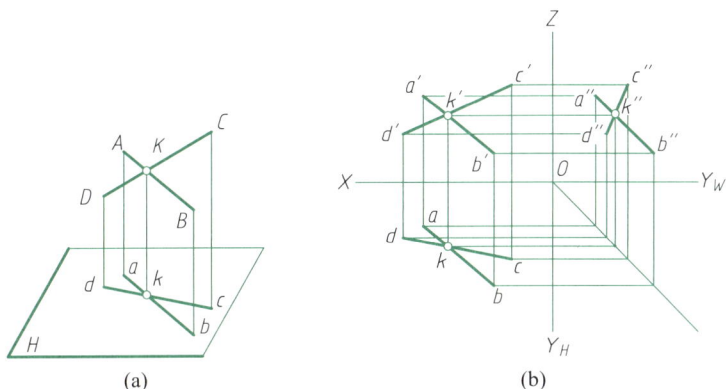

图 2-3-7 两直线相交

2. 两直线平行

两直线平行，其同面投影必定平行或重合。

如图 2-3-8 所示，*AB∥CD*，则 *ab∥cd*，*a'b'∥c'd'*，*a"b"∥c"d"*。

两直线的投影符合上述特点，则两直线必定平行。

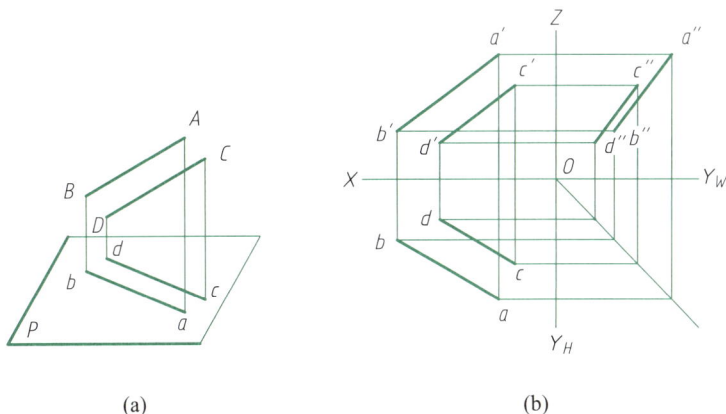

图 2-3-8 两直线平行

3. 两直线交叉

由于交叉的两直线既不相交又不平行，因此不具备相交直线和平行直线的投影特点。

若两交叉直线的投影中有某投影相交,则这个投影的交点是两直线重影点的投影。

如图 2-3-9 所示,正面投影的交点 $1'(2')$ 是对 V 面重影点 I (在直线 CD 上)和 II (在直线 AB 上)的正面投影。根据重影点可见性的判断可知,正面投影中 $1'$ 可见,$2'$ 不可见。

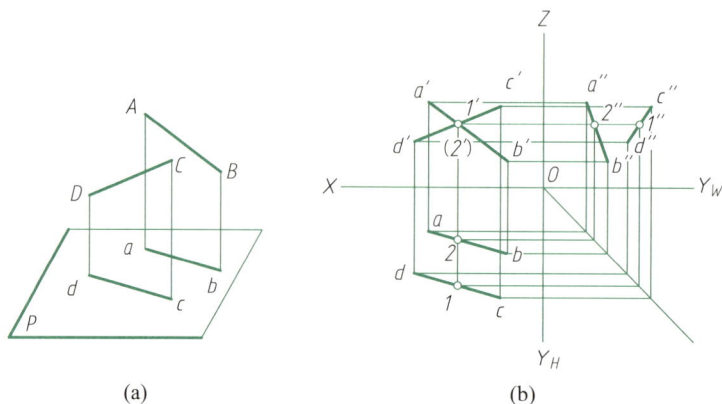

图 2-3-9 两直线交叉

任务实施 ▶

如图 2-3-2 所示直线 AB、CD 的第三面投影作图步骤见表 2-3-3。

表 2-3-3 直线 AB、CD 的第三面投影作图步骤

序号	作图步骤	作图方法	作图结果
步骤 1	作直线 AB 的第三面投影	根据点 A、点 B 的正面投影及水平投影,分别作出点 A、点 B 的侧面投影 a''、b'',连接 a''、b'' 得到直线 AB 的侧面投影	
步骤 2	作直线 CD 的第三面投影	根据点 C、点 D 的正面投影及侧面投影,分别作出点 C、点 D 的水平面投影 c、d,连接 c、d 得到直线 CD 的水平投影	

续表

序号	作图步骤	作图方法	作图结果
步骤 3	判断两直线相对于投影面的位置	根据直线 AB、CD 的投影特征进行判断	① 根据直线 AB 的投影都倾斜于相应的投影轴,判断出 AB 为一般位置直线 ② 根据直线 CD 的正面投影平行于 OX 轴,侧面投影平行于 OY 轴,判断出 CD 为水平线
步骤 4	判断两直线的相对位置	根据直线 AB 与 CD 三面投影的交点是否对应判断	根据直线 AB 与 CD 三面投影的交点不对应,判断出直线 AB 与 CD 交叉

任务 2.4　平面的投影

📖 任务要求 ▶

如图 2-4-1 所示,在平面 ABCD 内求点 K,使其距 V 面为 15 mm,距 H 面为 12 mm。

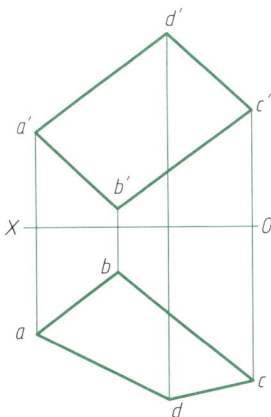

图 2-4-1　平面 ABCD 的投影

📖 相关知识 ▶

2.4.1　平面的表示方法

空间平面可用下列任意一组几何元素来表示,如图 2-4-2 所示。

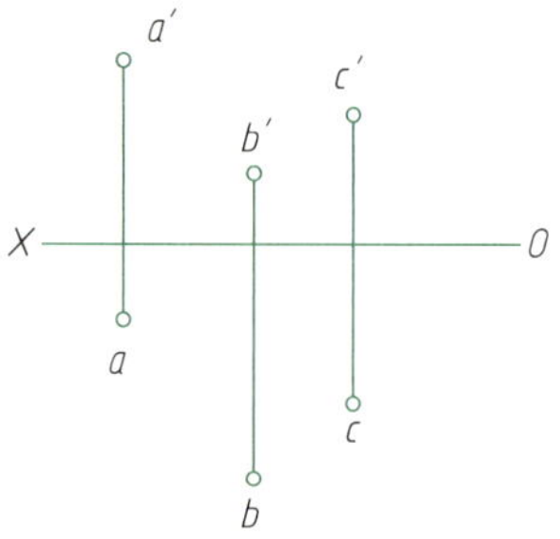

(a) 不在同一直线上的三点 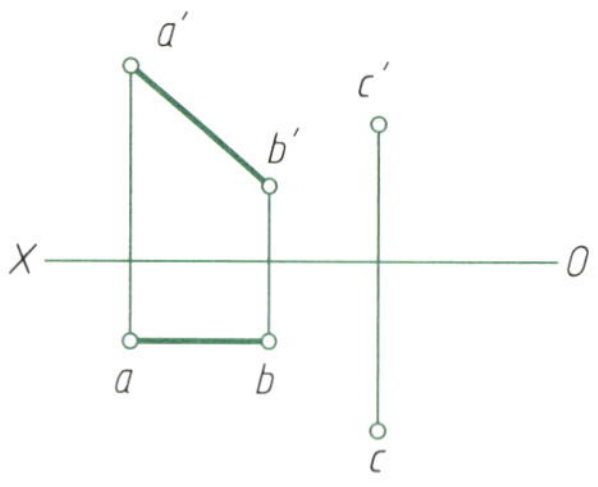　　　(b) 一直线和直线外一点 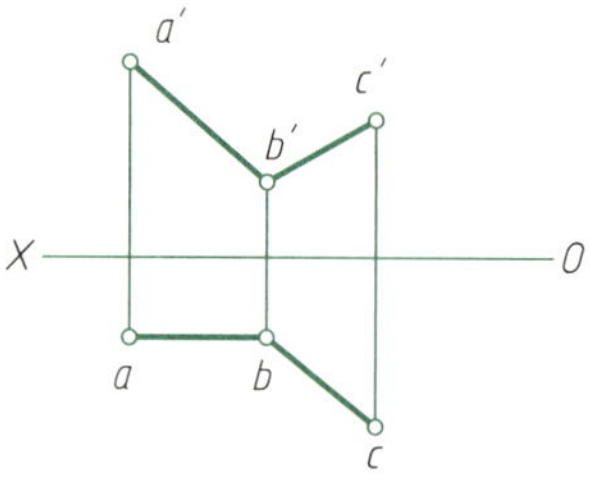　　　(c) 两相交直线

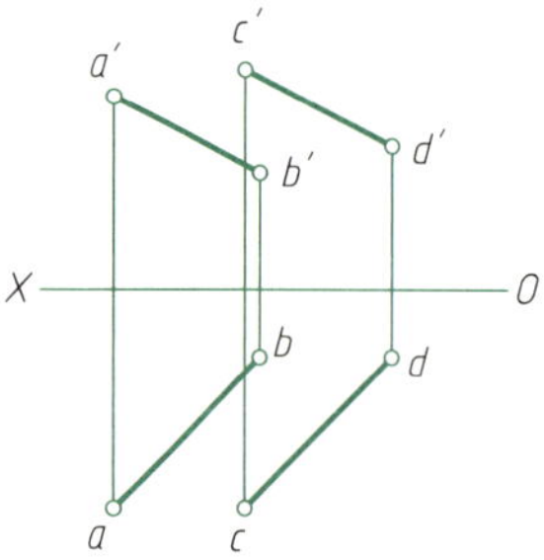

(d) 两平行直线 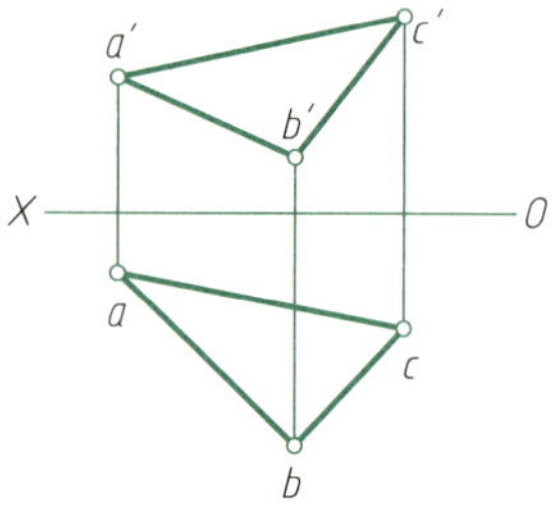　　　(e) 任意平面图形

图2-4-2　平面的表示方法

2.4.2　各种类型平面的投影特性

在三投影面体系中,平面按与投影面的位置关系可以分为三种:倾斜于投影面的平面、投影面垂直面、投影面平行面。其中,倾斜于投影面的平面称为一般位置平面,投影面垂直面和投影面平行面称为特殊位置平面。

1. 一般位置平面的投影特性

一般位置平面的投影如图2-4-3所示,由于△ABC与V、H、W面都倾斜,因此其三面投影都是三角形,为原平面图形的类似形,且面积比原图形小。

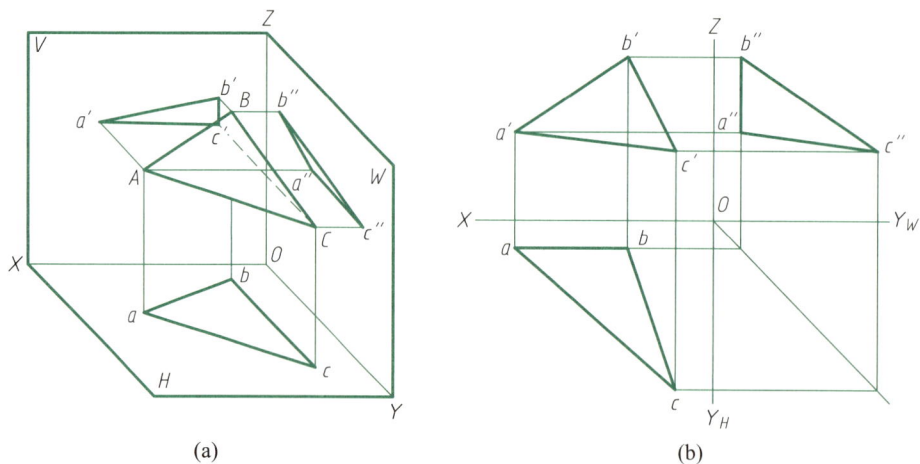

(a)　　　(b)

图2-4-3　一般位置平面的投影

2. 特殊位置平面的投影特性

（1）投影面垂直面的投影特性

垂直于一个投影面的平面称为投影面垂直面。与 H 面垂直的平面称为铅垂面，与 V 面垂直的平面称为正垂面，与 W 面垂直的平面称为侧垂面，其立体图、投影图、投影特性见表 2-4-1。

表 2-4-1　投影面垂直面

名称	立体图	投影图	投影特性	
铅垂面			① 水平投影积聚成一直线，并反映真实倾角 β、γ ② 正面投影和侧面投影仍为平面图形，但面积缩小	动画 铅垂面的投影
正垂面			① 正面投影积聚成一直线，并反映真实倾角 α、γ ② 水平投影和侧面投影仍为平面图形，但面积缩小	动画 正垂面的投影
侧垂面			① 侧面投影积聚成一直线，并反映真实倾角 α、β ② 正面投影和水平投影仍为平面图形，但面积缩小	动画 侧垂面的投影

投影面垂直面投影特性：

① 在所垂直的投影面上的投影积聚成一直线，并反映该平面对其他两个投影面的真实倾角

② 在另两投影面上的投影都是面积小于原平面图形的类似形

（2）投影面平行面的投影特性

平行于一个投影面的平面称为投影面平行面。与 H 面平行的平面称为水平面，与 V 面平行

的平面称为正平面,与 W 面平行的平面称为侧平面,其立体图、投影图、投影特性见表 2-4-2。

表 2-4-2　投影面平行面

名称	立体图	投影图	投影特性
水平面	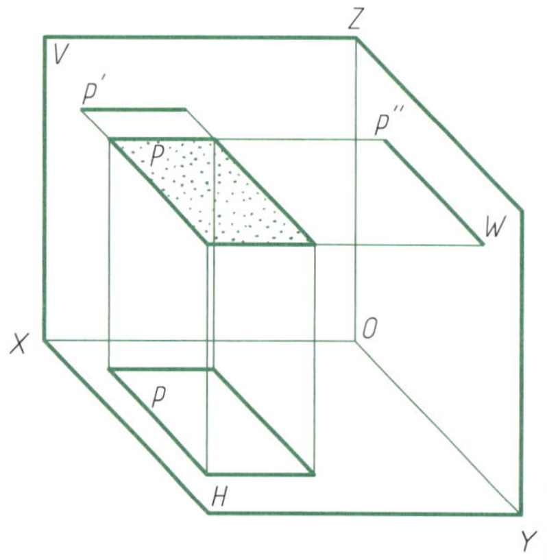	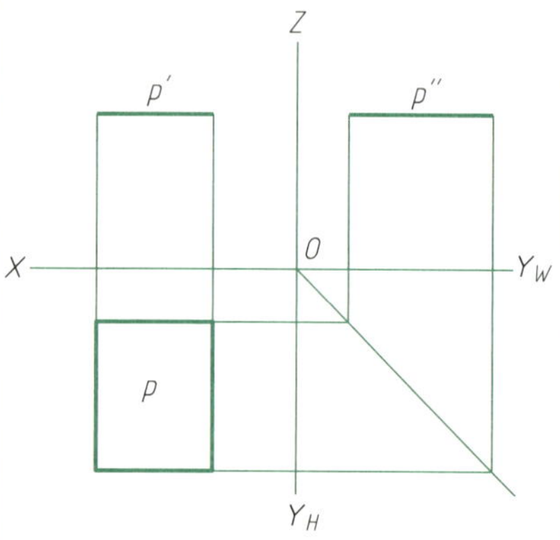	① 水平投影反映实形 ② 正面投影平行于 OX 轴,侧面投影平行于 OY_W 轴,并分别积聚成一直线
正平面	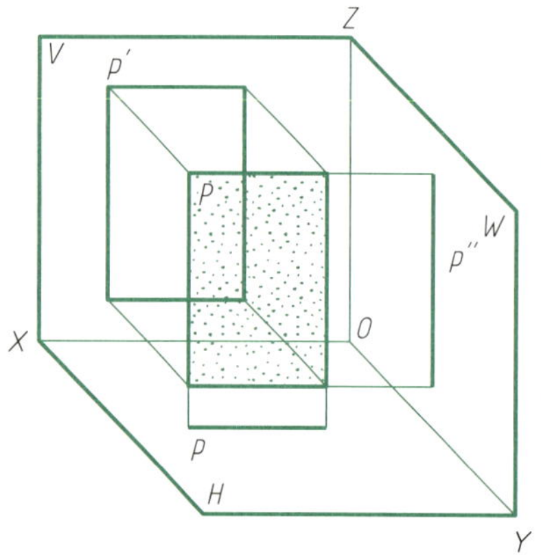	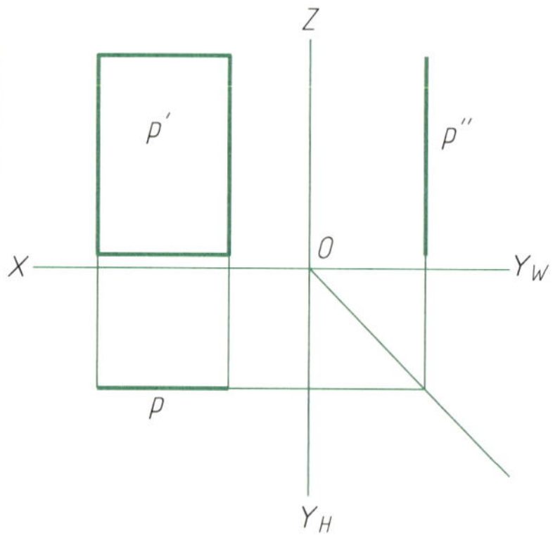	① 正面投影反映实形 ② 水平投影平行于 OX 轴,侧面投影平行于 OZ 轴,并分别积聚成一直线
侧平面	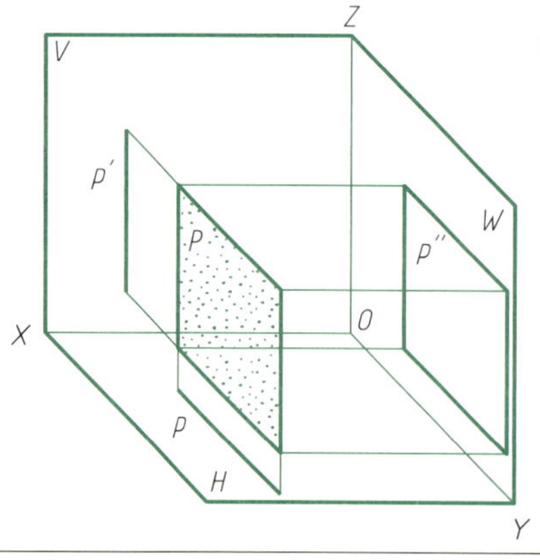	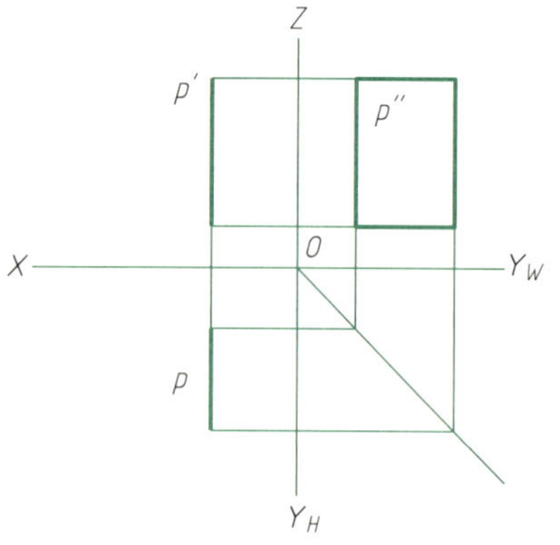	① 侧面投影反映实形 ② 正面投影平行于 OZ 轴,水平投影平行于 OY_H 轴,并分别积聚成一直线

投影面平行面投影特性:
① 在所平行的投影面上的投影反映平面实形
② 在另两投影面上的投影都积聚成平行于对应投影轴的直线

2.4.3 平面内的点和直线

点属于平面的几何条件是:点必在平面内的一条直线上。因此要在平面内取点,必须过点在平面内取一条已知直线。

直线属于平面的几何条件是:该直线必通过此平面内的两个点或通过该平面内一点且平行于该平面内的另一已知直线。依此条件,可在平面内取直线:如图 2-4-4(a)所示,在 DE 和 EF 两相交直线所确定的平面内取两点 M 和 N,直线 MN 必在该平面内;如图 2-4-4(b)所示,过点 M 作直线 MN∥EF,则直线 MN 必在该平面内。

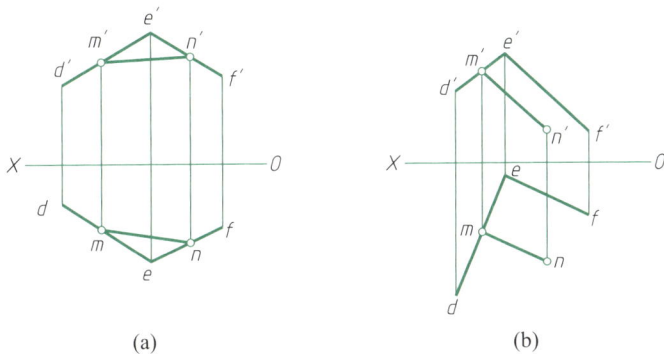

(a)   (b)

图 2-4-4 平面内的直线

任务实施 ▶▶

在如图 2-4-1 所示的平面 ABCD 内求点 K,因点 K 距 V 面为 15 mm,则点 K 一定在距 V 面为 15 mm 的正平线上;同理,因点 K 距 H 面为 12 mm,则点 K 一定在距 H 面为 12 mm 的水平线上。平面 ABCD 上的正平线与水平线的交点即为所求点 K。其作图步骤见表 2-4-3。

表 2-4-3 平面内点的投影的作图步骤

序号	作图步骤	作图方法	作图结果
步骤 1	作正平线 MN 的水平投影及正面投影	① 在 H 面内作 mn∥OX,且距 OX 轴为 15 mm,mn 即为正平线 MN 的水平投影 ② 过 m 作垂线与 a'd' 的交点记作 m',过 n 作垂线与 b'c' 的交点记作 n',连接 m'n',即为 MN 的正面投影	

续表

序号	作图步骤	作图方法	作图结果
步骤2	作水平线 PQ 的正面投影	① 在 V 面内作 p'q' ∥ OX，且距 OX 轴为 12 mm ② p'q' 与 m'n' 的交点记作 k'，即为点 K 的正面投影	
步骤3	作点 K 的水平投影	过 k' 作垂线与 mn 的交点记作 k，即为点 K 的水平投影	

项目三　立体的投影

学习目标

职业道德

1. 掌握棱柱、棱锥投影的画法及表面取点;
2. 掌握圆柱体、圆锥体、球体投影的画法及表面取点;
3. 掌握截交线及相贯线的画法。

学习重点和难点

1. 学习重点
(1) 棱柱、棱锥表面取点;
(2) 圆柱体、圆锥体、球体表面取点。
2. 学习难点
(1) 截交线、相贯线的绘制;
(2) 辅助平面法求相贯线。

立体按其表面性质可分为平面立体和曲面立体。表面均由平面组成的立体称为平面立体,表面至少包含一个曲面的立体称为曲面立体。工程制图中通常把棱柱、棱锥、圆柱体、圆锥体、球体、圆环等简单立体称为基本几何体,简称基本体。

任务 3.1　平面立体的投影

由若干平面围成的立体称为平面立体,平面立体有棱柱、棱锥等。

任务要求

如图 3-1-1 所示,A、B、C 为正四棱台表面上的三点,已知点 A 为棱线上一点,其正面投影为 a',点 B 的正面投影为 b',点 C 的水平投影为 c,求作点 A、B、C 的其他面投影。

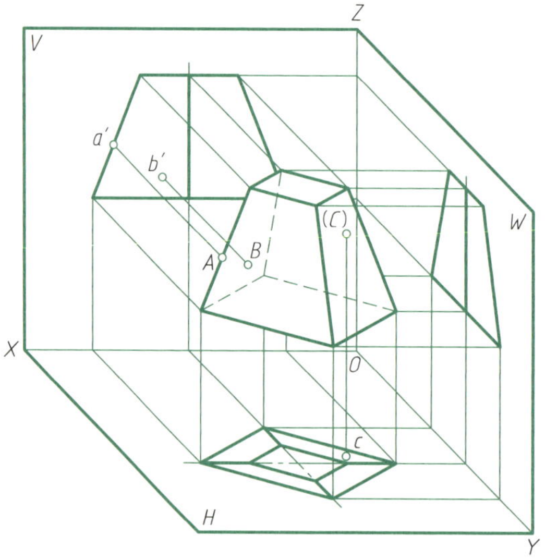

图 3-1-1　正四棱台投影及表面取点

相关知识

平面立体投影的绘图方法:在投影图上将组成立体的平面和棱线画出来,然后判断其可见性。可见棱线的投影用粗实线表示,不可见棱线的投影用虚线表示。

3.1.1　棱柱的投影

动画
正六棱柱的投影

1. 棱柱的三面投影

如图 3-1-2(a)所示的正六棱柱,顶面和底面投影到水平面 H 上为正六边形,反映实际形状,顶面和底面的正六边形投影到正面 V 和侧面 W 上,投影积聚为一水平方向的直线;正六棱柱的前后两个面为正平面,其正面投影反映实际形状,水平投影积聚为一条水平的直线,侧面投影积聚为一条竖直的直线;正六棱柱的其余四个侧面均为铅垂面,水平投影积聚为一条倾斜的直线,正面投影和侧面投影均为类似的矩形。

作投影图时,可先作出正六棱柱的水平投影正六边形,再根据投影规律和棱柱高度作出其他两面投影,如图 3-1-2(b)中的粗实线所示。

2. 棱柱表面取点

在平面立体表面上的点,实质上就是平面上的点。如图 3-1-2(a)所示,正六棱柱的各个表面都处于特殊位置,因此在表面上的点可以利用平面投影的积聚性来对应作图。

在平面立体表面上取点时,必须首先确定该点在平面立体的哪一个表面上,若该平面处于可见位置,则该点的同面投影也可见,反之则不可见,在图中加"( )"表示。如图 3-1-2(b)所示,平面 ABCD 在正面 V 上是可见的,其顶点的正面投影 a′、b′、c′、d′ 为可见,平面上的点 M 的正面投影 m′ 为可见;平面 ABCD 在侧面 W 上是可见的,其顶点的侧面投影 a″、b″、c″、d″ 为可见,平面上的点 M 的侧面投影 m″ 为可见。

在平面积聚性投影上的点的投影,可以不必判别可见性,均认为是可见的。平面 ABCD 在水平面 H 上积聚为一条斜线,其顶点 A、D 的水平投影 a、d 在最上方为可见,顶点 B、C 的水平投影 b、c 在最下方为不可见,用(b)、(c)表示;点 M 的水平投影 m 为平面积聚性投影上的点,可不判别,认为可见。

注意,点 M 的正面投影 m′、水平投影 m、侧面投影 m″ 应符合点的投影规律。

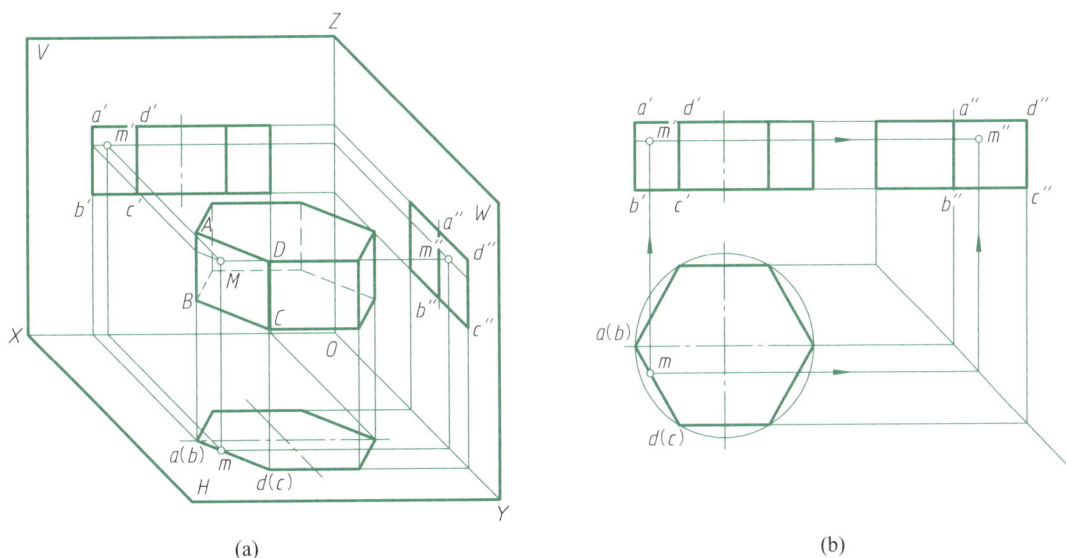

(a)   (b)

图 3-1-2 正六棱柱投影及表面取点

动画
正三棱锥的投影

3.1.2 棱锥的投影

1. 棱锥的三面投影

如图 3-1-3(a)所示,正三棱锥的锥顶为 S,底面顶点为 A、B、C。其底面 △ABC 为水平面,水平投影为反映其实际形状的三角形,正面和侧面投影均积聚为一条直线。棱面 △SAB 为一般位置平面,其各个投影均为类似三角形。△SBC 亦为一般位置平面,其各个投影均为类似三角形。棱面△SAC 为侧垂面,其侧面投影积聚为一条直线,正面投影和水平面投影均为类似的三角形。

作投影图时,可先作出底面三角形的各面投影,再作出锥顶 S 的各面投影,然后连接各棱线即得正三棱锥的三面投影,如图 3-1-3(b)所示。

2. 正三棱锥表面取点

如图 3-1-3(b)中的点 M 为正三棱锥△SAB 上的一个点,由于△SAB 的正面投影 s'a'b'、侧面投影 s"a"b"及水平投影 sab 均是可见的,故点 M 的正面投影 m'、侧面投影 m"及水平投影 m 均为可见。在已知其正面投影 m'时,可通过锥顶 S 的正面投影 s' 和 m'作一辅助直线 s'1',并在水平面上找到对应辅助直线 s1,在 s1 上求出点 M 的水平投影 m,再根据点 M 的水平投影 m 和正面投影 m'求出侧面投影 m"。

已知点 N 为正三棱锥△SAC 上的一个点及其水平投影的位置 n。由于△SAC 的侧面投影积聚为一条直线,则点 N 的侧面投影 n"在直线 s"a"(c")上,可不判断 n"的可见性,认为是可见的,根据点的投影关系可以得到侧面投影 n"。由于△SAC 的正面投影 s'a'c'是不可见的,故点 N 的正面投影 n'为不可见,根据点 N 的水平投影 n 和侧面投影 n"可求出正面投影(n')。

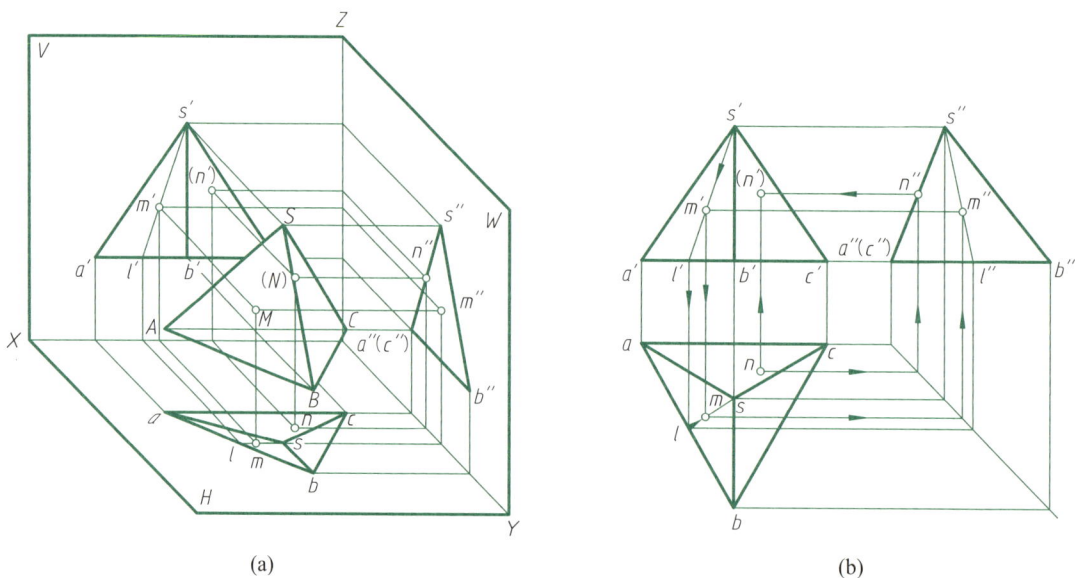

(a)   (b)

图 3-1-3 正三棱锥投影及表面取点

📖 任务实施 ▶

正四棱台实际为正四棱锥用水平面切割掉顶部而形成,其轴线垂直于水平面,其水平面投影反映四棱台底面和顶面的真实形状,为大小不同、底边平行的两个正方形,正面投影及侧面投影为两个相同大小的等腰梯形。如图 3-1-1 所示正四棱台的投影及表面取点步骤见表 3-1-1。

动画
正四棱台的投影

表 3-1-1 正四棱台投影及表面取点步骤

序号	作图步骤	作图方法	作图结果
步骤 1	基本视图及辅助线	绘制正四棱台三视图及作 45°辅助线,标注棱线顶点	
步骤 2	作 a、a″	因为 a′在棱线 1′2′上,则 a 必在棱线 12 上,a″ 必在棱线 1″2″上。根据点的投影关系作出 a、a″	
步骤 3	利用积聚性作辅助直线 34	过 b′作水平线并与棱线相交得交点 3′、4′、3″、4″,根据点的投影关系作出 3、4,并连接 3 和 4 得到直线 34	

续表

序号	作图步骤	作图方法	作图结果
步骤4	作 b、b″	根据点的投影关系,在直线 34 上作出 b,利用 45°辅助线作出 b″	
步骤5	利用积聚性作辅助直线 c5	过 c 作正方形底边的平行线,并与棱线相交得交点 5,根据点的投影关系作出 5′、5″	
步骤6	作点 c′、c″	过 5′ 做水平线,过 c 作竖直线,相交得到交点 c′,根据点的投影关系作出 c″。由于 c 所在棱柱表面的正面投影及侧面投影不可见,故 c′、c″ 不可见	

任务 3.2　曲面立体的投影

　　由曲面单独构成,或者由曲面和平面组合构成的立体称为曲面立体。实际工程中常见的曲面立体是回转体,如圆柱体、圆锥体、球体和圆环等,如图 3-2-1 所示。

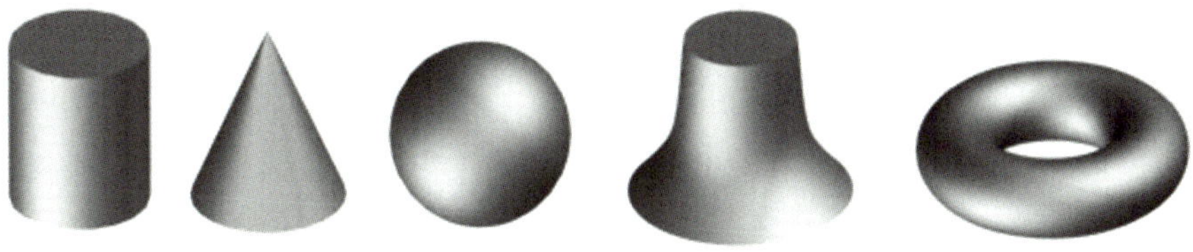

图 3-2-1　常见的曲面立体

任务要求 ▶▶

　　如图 3-2-2(a)所示为一圆柱体,将其按照图 3-2-2(b)所示位置放置在三投影面体系中并得到其三面投影。如图 3-2-2(c)所示为圆柱体的主视图和俯视图,补画出圆柱体的左视图和点 M、N 的三面投影。

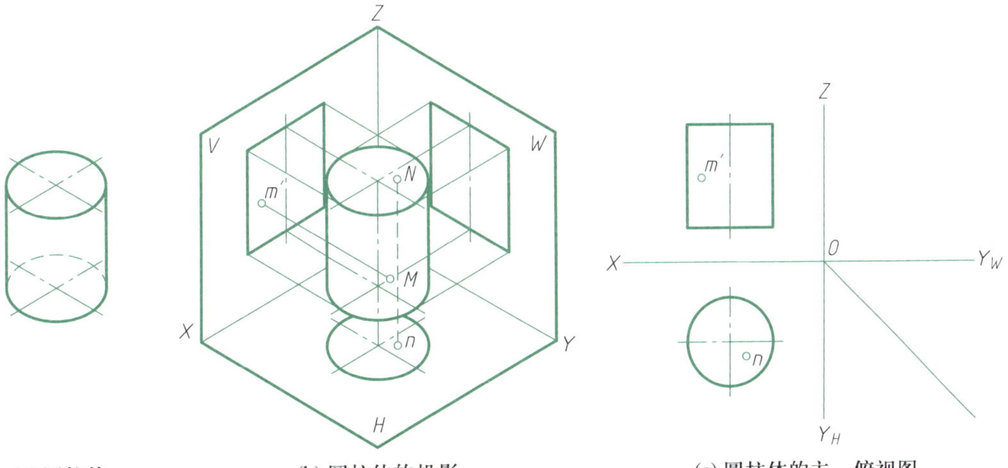

(a) 圆柱体　　　　　(b) 圆柱体的投影　　　　　(c) 圆柱体的主、俯视图

图 3-2-2　补画圆柱体及点的投影

相关知识 ▶▶

　　机械制图中,绘制曲面立体三视图的基本思路是先将曲面立体分解为曲面或平面,然后分析每一个曲面或平面的位置关系和可见性,根据分析结果绘制曲面或平面的三视图,最终得到曲面立体的三视图。

3.2.1　圆柱体的投影

1. 圆柱体的三面投影

如图 3-2-3 所示为圆柱体的三面投影,其中,水平投影为一个圆,正面投影和侧面投影都是矩形;在绘制回转体的三视图时,还需画出必要的中心线。作图时,首先根据圆柱体的直径画出投影为圆的视图,然后画出轴线的三面投影,最后再根据圆柱体的高度画出其他两个投影为矩形的视图。

2. 圆柱体表面取点

在补全圆柱体表面上的点的三视图时,首先要对待求点所在面的投影特性进行分析,然后分析点的可见性,最后根据分析结果作出其他面的投影。圆柱表面取点的作图步骤将在任务实施中进行讲解。

3.2.2　圆锥体的投影

1. 圆锥体的三面投影

如图 3-2-4 所示为圆锥体的三面投影,其中,水平投影为一个圆,正面投影和侧面投影都是三角形;在绘制其三视图时,还需画出必要的中心线。作图时,首先根据圆锥体底面圆直径画出投影为圆的视图,然后画出轴线的三面投影,最后再根据圆锥体的高度画出其他两个投影为三角形的视图。

图 3-2-3　圆柱体的三面投影及表面取点

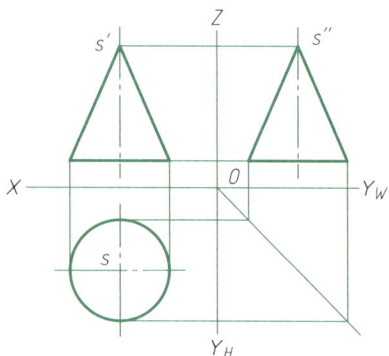

图 3-2-4　圆锥体的三面投影

2. 圆锥体表面取点

如图 3-2-5(a)所示,已知圆锥体表面上点 M 的正面投影 m',求作点 M 的其他两面投影 m、m''。在补全圆锥体表面上的点的三视图时,首先要对待求点所在位置进行分析,根据 m' 的可见性可以知道,点 M 位于圆锥体前半部分的圆锥面上;然后分析点 M 所在面的投影特性,最终求出点 M 的其他两面投影。具体的求作方法有辅助素线法和辅助纬圆法两种。

(1) 辅助素线法

辅助素线法的基本思路是连接待求点 M 和圆锥体锥顶 S,其延长线会与圆锥体底面圆产生一个交点,该交点既在直线 SM 上,同时又在底面圆上,所以该交点的投影可以根据底面圆(水平面)的投影特性得到。具体步骤如下:

① 如图 3-2-5(b)所示,在主视图中连接 m' 和 s' 为直线 $s'm'$ (可理解为过点 M 的素线),延长 $s'm'$ 与圆锥体底面圆相交,记交点为 $1'$。

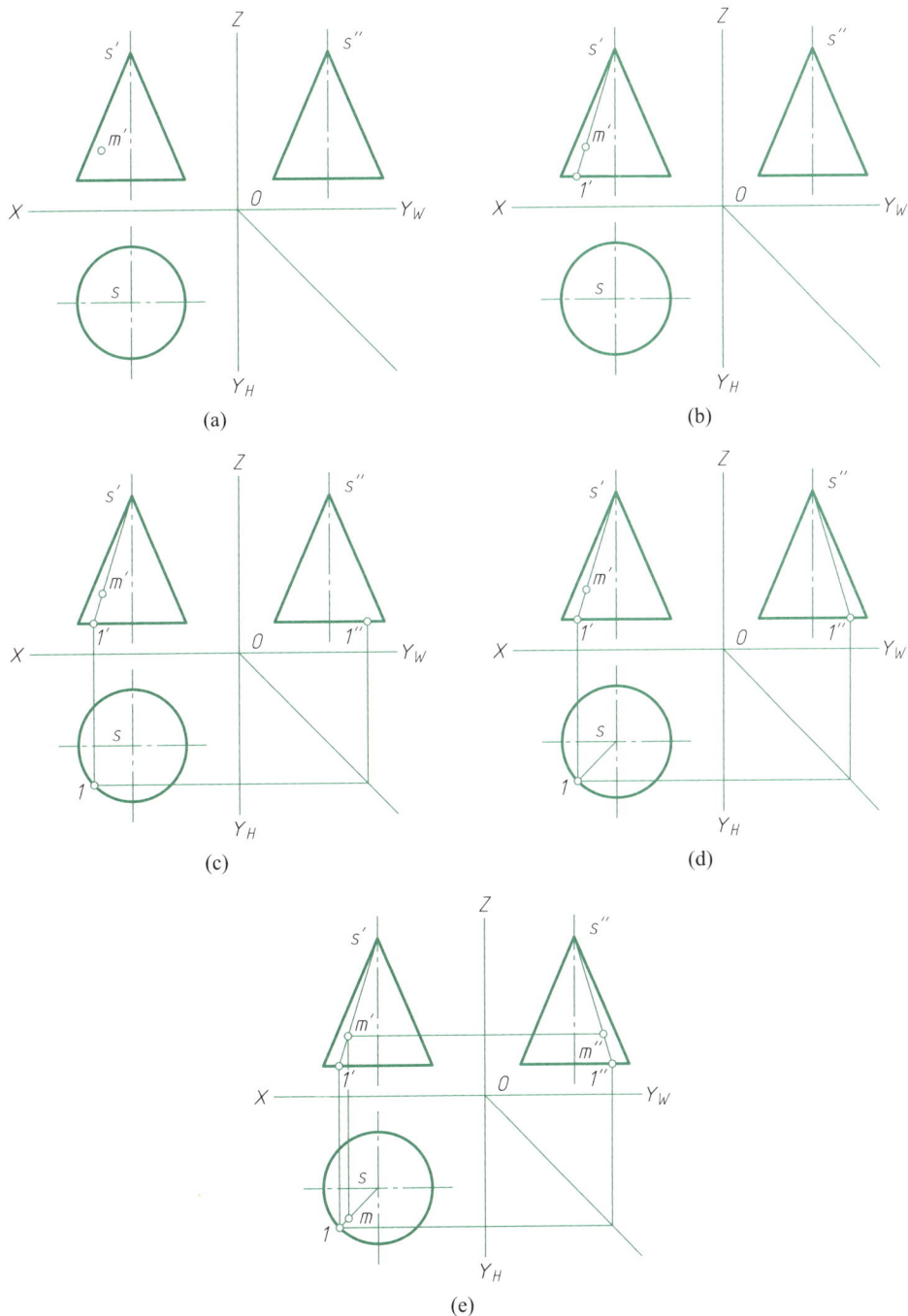

图 3-2-5 辅助素线法求圆锥体表面点的投影

② 如图 3-2-5（c）所示,分析 1' 的投影特性,作出其另外两面投影 1 和 1"。圆锥体底面圆是水平面,因此其水平投影为反映实形的圆,侧面投影积聚形成一条直线,根据点在平面上的性质,由 1' 的"长对正"性质即可得到其水平投影 1,再由 1 的"宽相等"性质即可得到其侧面投影 1"。

③ 如图 3-2-5（d）、（e）所示,连接 s1 和 s"1",作出点 M 的另外两面投影 m 和 m"。从第①步可知,点 M 在直线 S1 上,根据点在直线上的性质,由 m' 的"长对正"性质即可得到其水平投影 m,再由 m' 的"高平齐"性质即可得到侧面投影 m"。

（2）辅助纬圆法

辅助纬圆法的基本思路是用一个与底面圆平行的水平面去截切圆锥体,形成一个假想的圆,该圆是水平面,因此具有特殊投影性质,作图时先作出该圆的另外两面投影,再根据点在平面上的性质,求出点 M 的投影 m 和 m"。具体步骤如下:

① 如图 3-2-6（a）所示,在主视图中,过 m' 作一条水平线与圆锥体左右素线相交,交点记为 2' 和 3'。

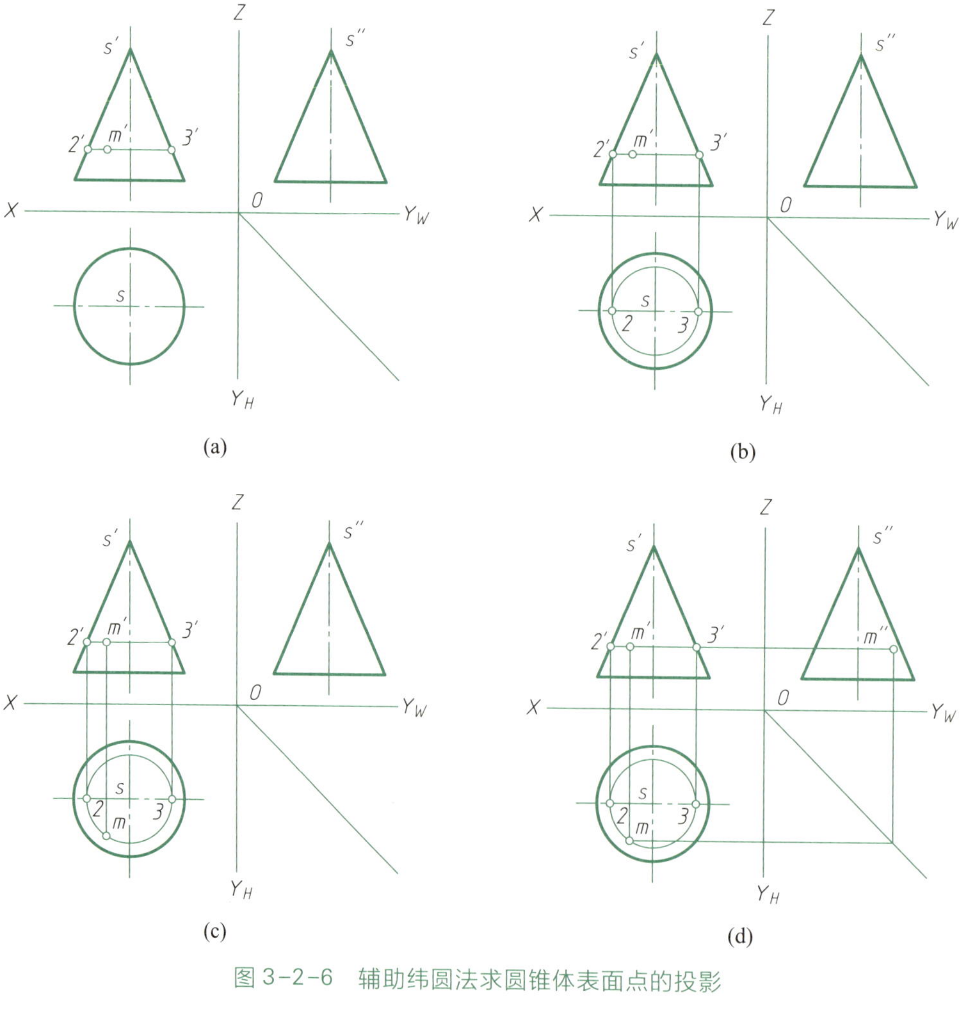

(a)

(b)

(c)

(d)

图 3-2-6　辅助纬圆法求圆锥体表面点的投影

②　如图 3-2-6(b)所示,在俯视图中,作出直线 2′3′的水平投影。直线 2′3′为过点 M 的辅助水平圆的正面投影,对应的水平投影为反映实形的圆,该圆的直径为直线 2′3′的长度。

③　如图 3-2-6(c)所示,作出点 M 的水平投影。m 在 2 和 3 所在的水平圆上,根据 m′ 的可见性,可知其在圆锥体前半部分的圆锥面上,因此,根据点在平面上的性质,由 m′ 的“长对正”性质即可在俯视图前半圆上得到 m。

④　如图 3-2-6(d)所示,作出点 M 的侧面投影。在作点 M 的侧面投影时,可先作出辅助水平圆的侧面投影(为一直线),再根据 m 的“宽相等”性质得到 m″;也可直接根据 m′ 和 m 的“高平齐”“宽相等”性质得到 m″。

3.2.3　球体的投影

1. 球体的三面投影

如图 3-2-7 所示,作球体的三面投影图时,先按投影规律确定球心的三面投影,即画出确定球心的三个投影中心线,再画出三个与球体等直径的圆。

2. 球体表面取点

在作球体表面上点的投影时,首先应分析点在球体表面上的位置。如果点刚好位于球体的转向轮廓线上,可利用特殊位置平面的投影规律直接画出点的三面投影。如果点位于一般位置,则需采用辅助圆法,具体思路是在球体表面,过待求点作一个与投影面平行的辅助圆,根据投影面平行面的投影特性,该辅助圆所在平面在平行于其中某投影面(得到的投影反应实形)时,必将垂直于另一投影面(得到的投影积聚为一条直线),再依据点在平面上的特性,根据点的三面投影关系即可得到待求点的三面投影。

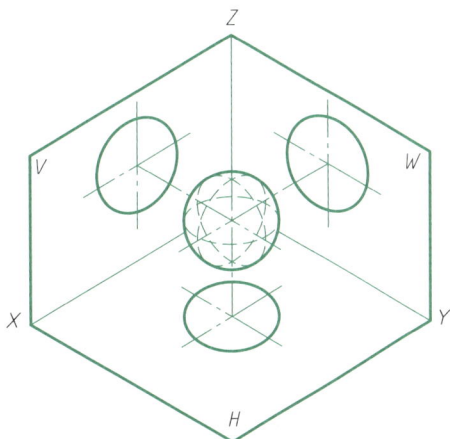

图 3-2-7　球体的三面投影

如图 3-2-8(a)所示,已知球体表面上点 M 的水平投影 m,求作点 M 的其他两面投影 m′ 和 m″。作图过程如下:

①　如图 3-2-8(b)所示,在俯视图中,过 m 作与正投影面平行的辅助圆。该辅助圆为一正平面,其在空间上是与水平投影面垂直的,因此该辅助圆的水平投影为一条过 m 的直线。

②　如图 3-2-8(c)、(d)所示,在主视图中,作出辅助圆的正面投影和点 M 的正面投影 m′。由于该辅助圆为一正平面,所以其正面投影为一反应实形的圆,该圆的直径为俯视图中直线 12 的长度。由于点 M 位于辅助圆上,所以根据点在直线上的投影特性,由 m 的“长对正”性质即可在主视图上得到 m′。

③　如图 3-2-8(e)所示,在左视图中作出点 M 的侧面投影 m″。在作点 M 的侧面投影

时,可先作出辅助圆的侧面投影(为一直线),再根据 m' 的"高平齐"性质得到 m'';也可直接根据 m' 和 m 的"高平齐""宽相等"性质得到 m''。

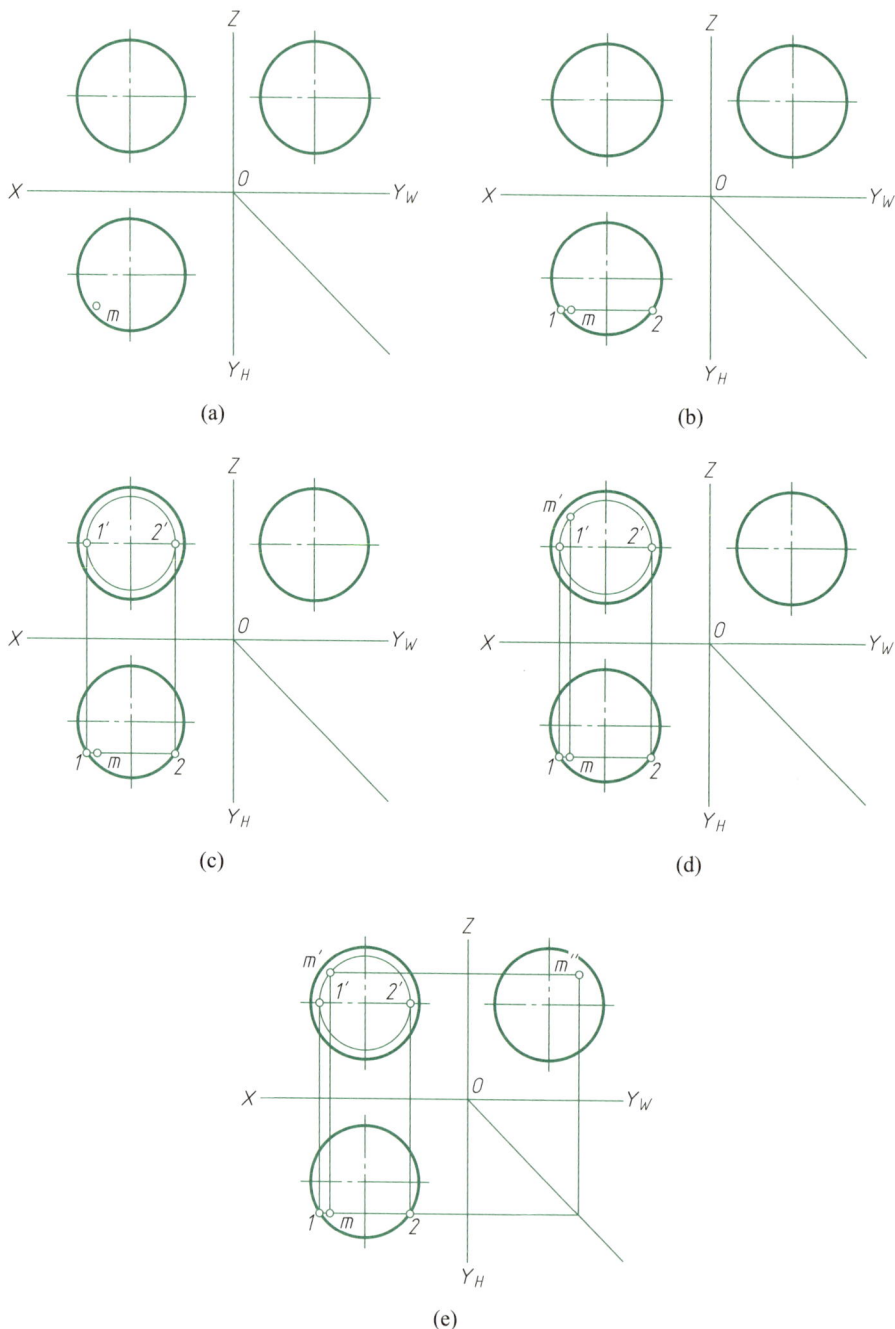

(a)

(b)

(c)

(d)

(e)

图 3-2-8 球体表面取点

📖 **任务实施** ▶▶

如图 3-2-2(c)所示圆柱体左视图及点 M、N 三面投影作图步骤见表 3-2-1。

表 3-2-1 圆柱体左视图及点 M、N 三面投影作图步骤

序号	作图步骤	作图方法	作图结果
步骤 1	补画圆柱体左视图	对圆柱的主视图和俯视图进行投影特性分析	
		补全圆柱体的左视图。	
步骤 2	补画点 M 三面投影	作点 M 的水平投影	
		作点 M 的侧面投影	

续表

序号	作图步骤	作图方法	作图结果
步骤 3	补画点 N 三面投影	作点 N 的正面投影	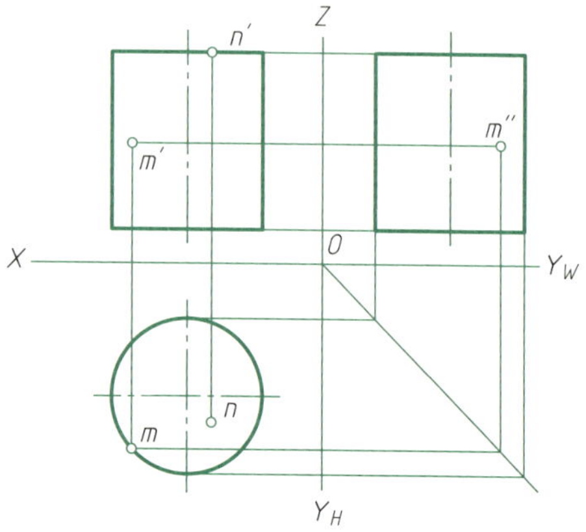
		作点 N 的侧面投影	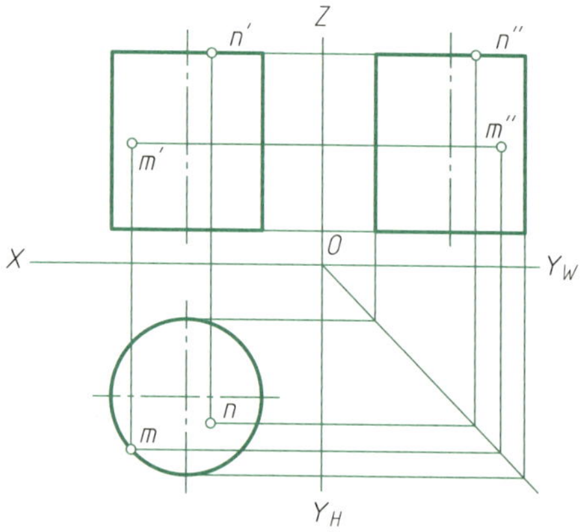

任务 3.3 平面与立体的相交——截交线

📖 任务要求 ▶▶

补画如图 3-3-1 所示圆柱体被截切后的三面投影。

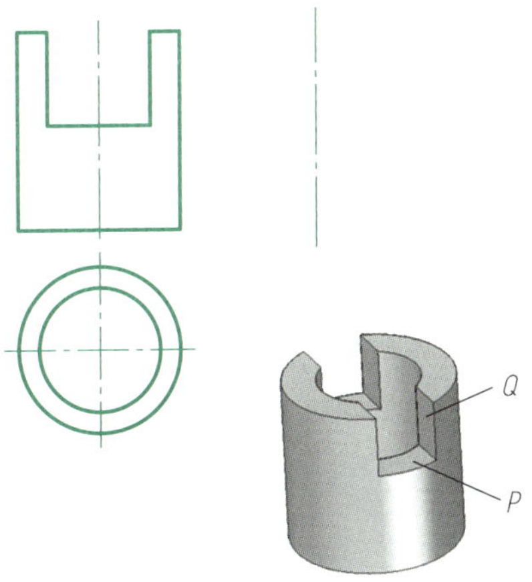

图 3-3-1 补画圆柱体被截切后的三面投影

📖 相关知识 ▶

平面与立体相交,必然在立体表面产生交线。平面与立体表面产生的交线称为截交线,与立体相交的平面称为截平面,截交线所围成的图形称为截断面或断面,如图 3-3-2 所示。

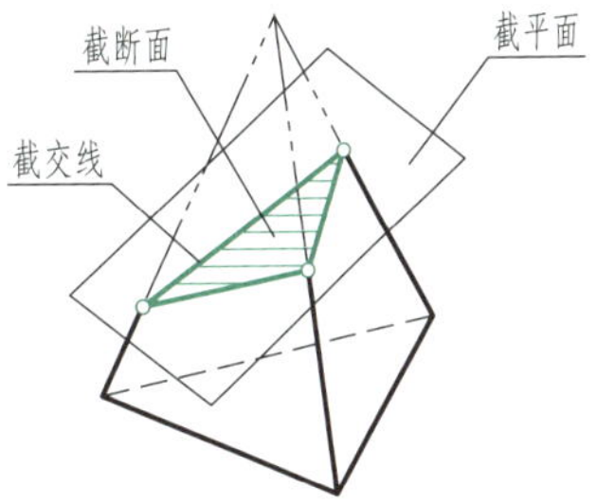

截交线的性质:

(1)封闭性:截交线是一个封闭的平面图形,其形状取决于立体的形状及截平面相对于立体的截切位置。

(2)共有性:截交线既属于截平面,又属于立体表面。

图 3-3-2 截交线与截平面

3.3.1 平面立体的截交线

平面立体被截切,首先要看平面立体的几条棱或底边被截平面截切,便可确定截交线为平面几边形,作这个平面多边形的三面投影可以先作出各个顶点的投影,然后把顶点投影按照某一顺序连接即可。因此,作平面立体截交线的投影,实质上就是求截平面与平面立体上各个被截切的棱线或底边的交点投影。

平面立体被截平面截切产生的截交线具有以下特点:

(1)截交线是一个封闭的平面多边形,它的顶点是平面立体的棱线或底边与截平面的交点。

(2)截交线的每条边是截平面与平面立体表面的交线,因此截交线既属于截平面,又属于平面立体表面。

如图 3-3-3 所示的三棱锥被截切后的三面投影的绘制方法步骤如下:

(1)求截交线顶点的正面投影:P_v 与 $s'a'$、$s'b'$、$s'c'$ 的交点 $1'$、$2'$、$3'$ 为截平面与各棱线的交点 I、II、III 的正面投影,如图 3-3-3(b)所示。

(2)补全截交线顶点的三面投影:根据线上取点的方法,求出 1、2、3 和 $1''$、$2''$、$3''$,如图 3-3-3(c)所示。

（3）求截交线的三面投影:连接各点的同面投影即得到截交线的三面投影,如图 3-3-3（d）所示。

（4）补全棱线的投影:根据平面立体的投影特点,把切掉的部分擦去,把剩下的部分投影补全,如图 3-3-3（e）所示。

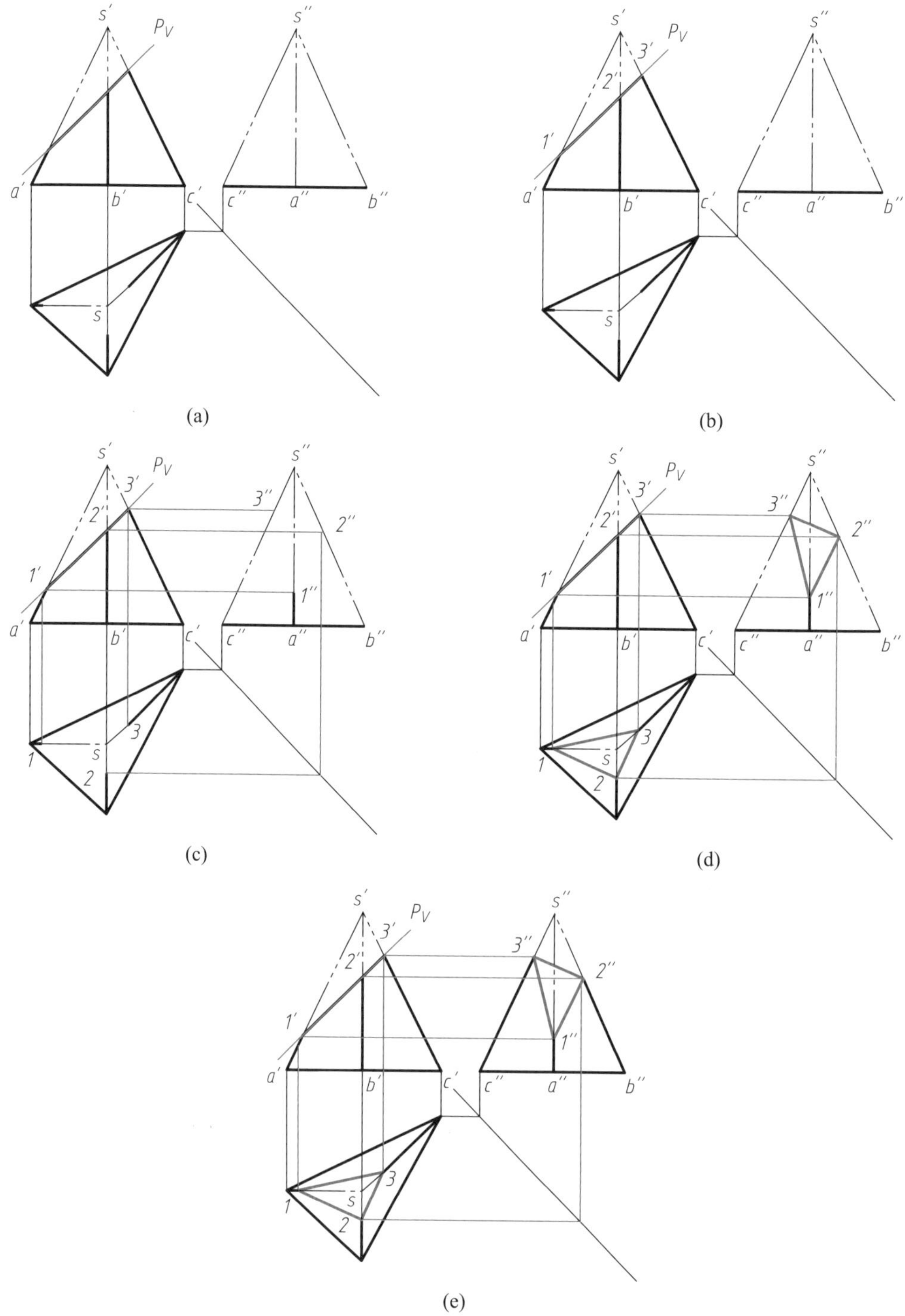

(a)

(b)

(c)

(d)

(e)

图 3-3-3 补画三棱锥被截切后的三面投影

3.3.2 曲面立体的截交线

曲面立体被截切,首先分析截平面是否为特殊位置平面,如果是特殊位置平面,截交线的投影便积聚在截平面具有积聚性的同名投影上,由此可求得截交线的一个投影;然后在该投影上取几个特殊点,特殊点主要指的是最高点、最低点、最左点、最右点、最前点、最后点和截平面与曲面立体转向轮廓线的交点;接着在截交线的特殊点之间找一般位置点,作出所有点的投影;最后按照一定顺序把所有点用光滑的曲线连接在一起,并判断可见性。由于这些点不仅属于截平面,也属于曲面立体表面,因此截交线的投影便转换为曲面立体表面上点的投影。

1. 曲面立体截交线的性质
(1) 截交线是截平面与曲面立体表面的共有线。
(2) 截交线的形状取决于曲面立体表面的形状及截平面与曲面立体轴线的相对位置。
(3) 截交线都是封闭的平面图形。
2. 圆柱体的截交线
圆柱体被平面截切产生的截交线分为三种情况,见表 3-3-1。

表 3-3-1 圆柱体被平面截切的截交线

截平面位置	截平面平行于轴线	截平面垂直于轴线	截平面倾斜于轴线
截交线	矩形	圆	椭圆
立体图			
投影图			

如图 3-3-4(a)所示,圆柱体被正垂面截切后的侧面投影的求作方法如下:

分析:可以先由未截切时的圆柱体正面投影和水平投影作出它的侧面投影,然后求作截交线的三面投影。由于截平面与圆柱体轴线倾斜,且与圆柱体表面上的素线都相交,故截交线应为椭圆。

(1)由图 3-3-4(a)给出的截切前的圆柱体两面投影补画出圆柱体的侧面投影,并画出特殊点 Ⅰ、Ⅱ、Ⅲ、Ⅳ 的三面投影,如图 3-3-4(b)所示。标注出其正面投影 1′、2′、3′、(4′),它们是圆柱体的最左、最右以及最前、最后素线上的点的正面投影,也是截交线椭圆长、短轴的四个端点的正面投影。再作出这四个点的正面投影 1、2、3、4 及侧面投影 1″、2″、3″、4″。

(2)作一般点的三面投影,如图 3-3-4(c)所示。先在正面投影上选取 5′、(6′)、7′、(8′),根据圆柱体表面水平投影的积聚性,找出其水平投影 5、6、7、8,再由点的两面投影,按照点的投影规律求出其侧面投影 5″、6″、7″、8″。

(3)依次光滑连接各点的同面投影并判别可见性,整理轮廓线,将被切掉的部分擦去,保留下来的线用粗实线绘制,如图 3-3-4(d)所示。

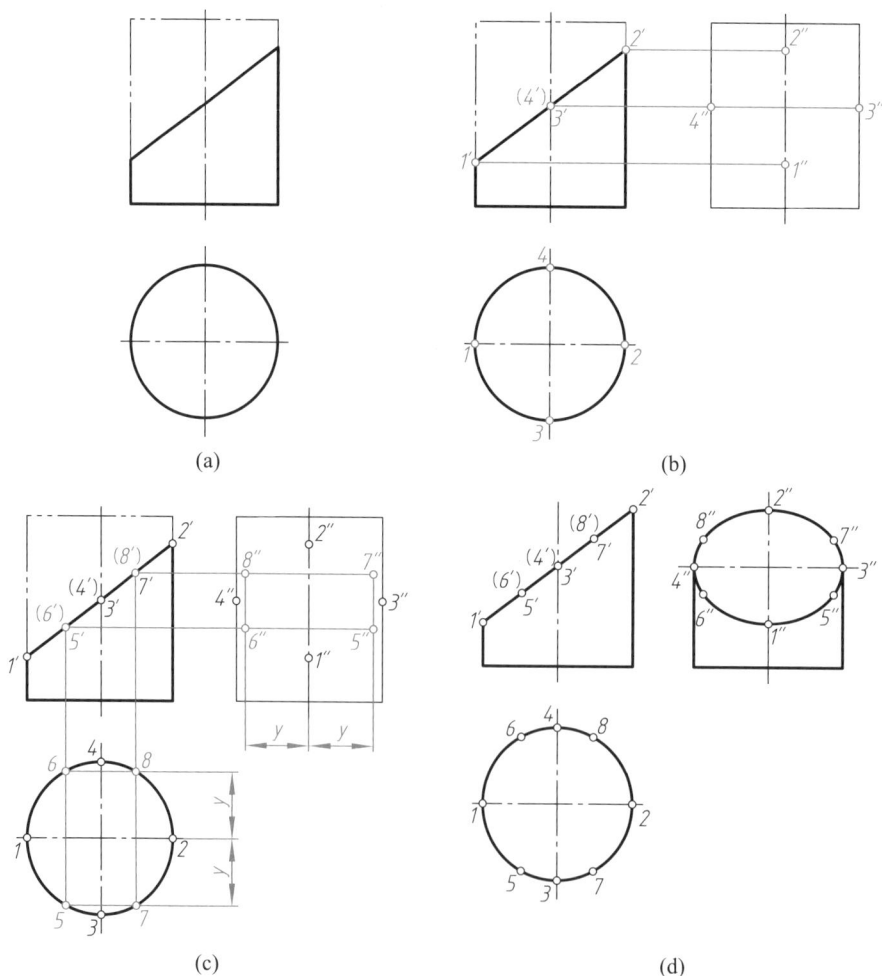

图 3-3-4 求作圆柱体的截交线

3. 圆锥体的截交线

根据截平面与圆锥体轴线的相对位置不同,截交线有五种情况,见表 3-3-2。

表 3-3-2 圆锥体被平面截切的截交线

截平面位置	过锥顶	垂直于轴线	倾斜于轴线 $\theta > \alpha$	倾斜于轴线 $\theta = \alpha$	倾斜或平行于轴线 $\theta < \alpha$ 或 $\theta = 0$
截交线	两条素线	圆	椭圆	抛物线	双曲线
立体图	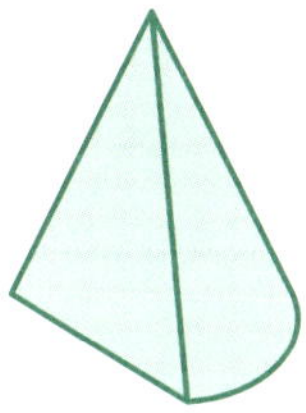	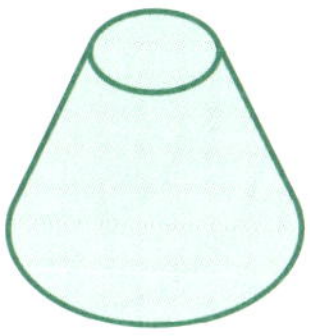	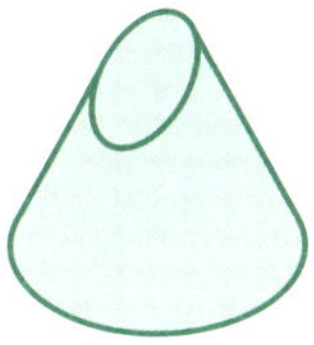	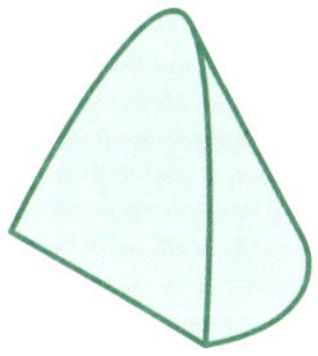	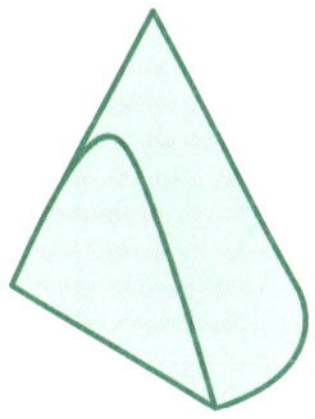
投影图	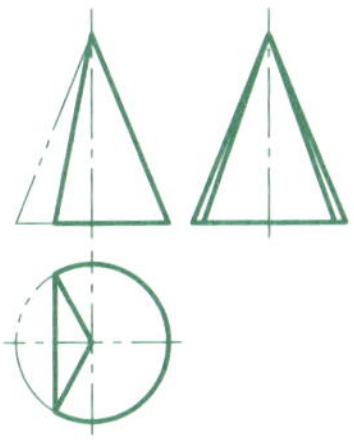	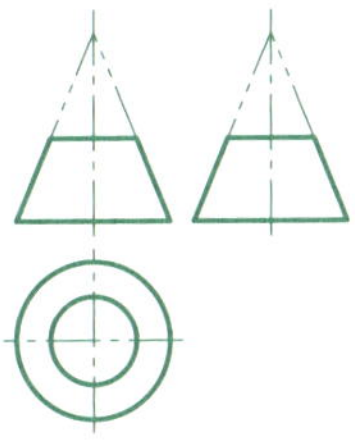	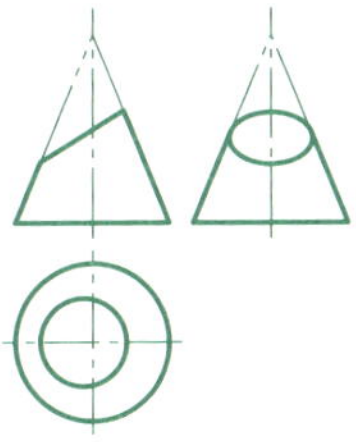	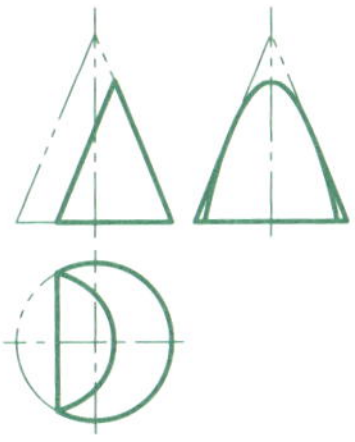	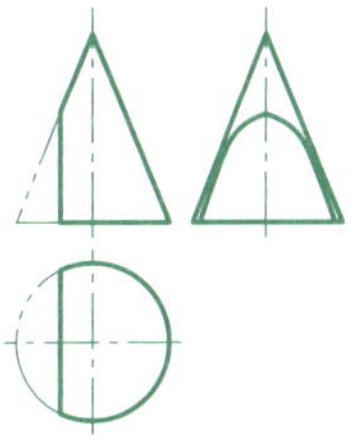

如图 3-3-5(a)所示,圆锥体被正垂面截切后的三面投影的求作方法如下:

分析:因圆锥体轴线垂直于水平投影面,截平面 P 是一个正垂面,与圆锥体轴线斜交并且与圆锥体表面上所有的素线相交,所以截交线为一椭圆。椭圆的正面投影与截平面 P 的正面投影 P_v 重合,是一段直线;椭圆的水平投影和侧面投影仍是椭圆。

(1)作截交线上特殊点的投影。点 Ⅰ 和 Ⅳ 为正面轮廓线上的点,也是椭圆一轴的端点;点 Ⅲ 和 Ⅴ 为侧面轮廓线上的点;点 Ⅱ 和 Ⅵ 为椭圆另一轴的端点,用纬圆法求出,如图 3-3-5(b)所示。

(2)作一般位置点的投影。在椭圆正面投影的任意位置作辅助面 Q,用纬圆法求出一般位置点 A 和 B 的另两面投影,如图 3-3-5(c)所示。

(3)光滑地连接点 Ⅰ、A、Ⅱ、Ⅲ、Ⅳ、Ⅴ、Ⅵ、B 的各面投影,完成水平和侧面投影图,补全圆锥体侧面轮廓线投影,如图 3-3-5(d)所示。

4. 球体的截交线

平面与球体在任意位置相交,其截交线均为圆,其投影根据截平面与投影面的相对位置不同,可能是直线、椭圆或圆。

当截平面平行于投影面时,截交线在该投影面上的投影反映实形,另两个投影积聚成直线,如图 3-3-6(a)所示。当截平面倾斜于投影面时,截交线在该投影面上的投影为椭圆,如图 3-3-6(b)所示。

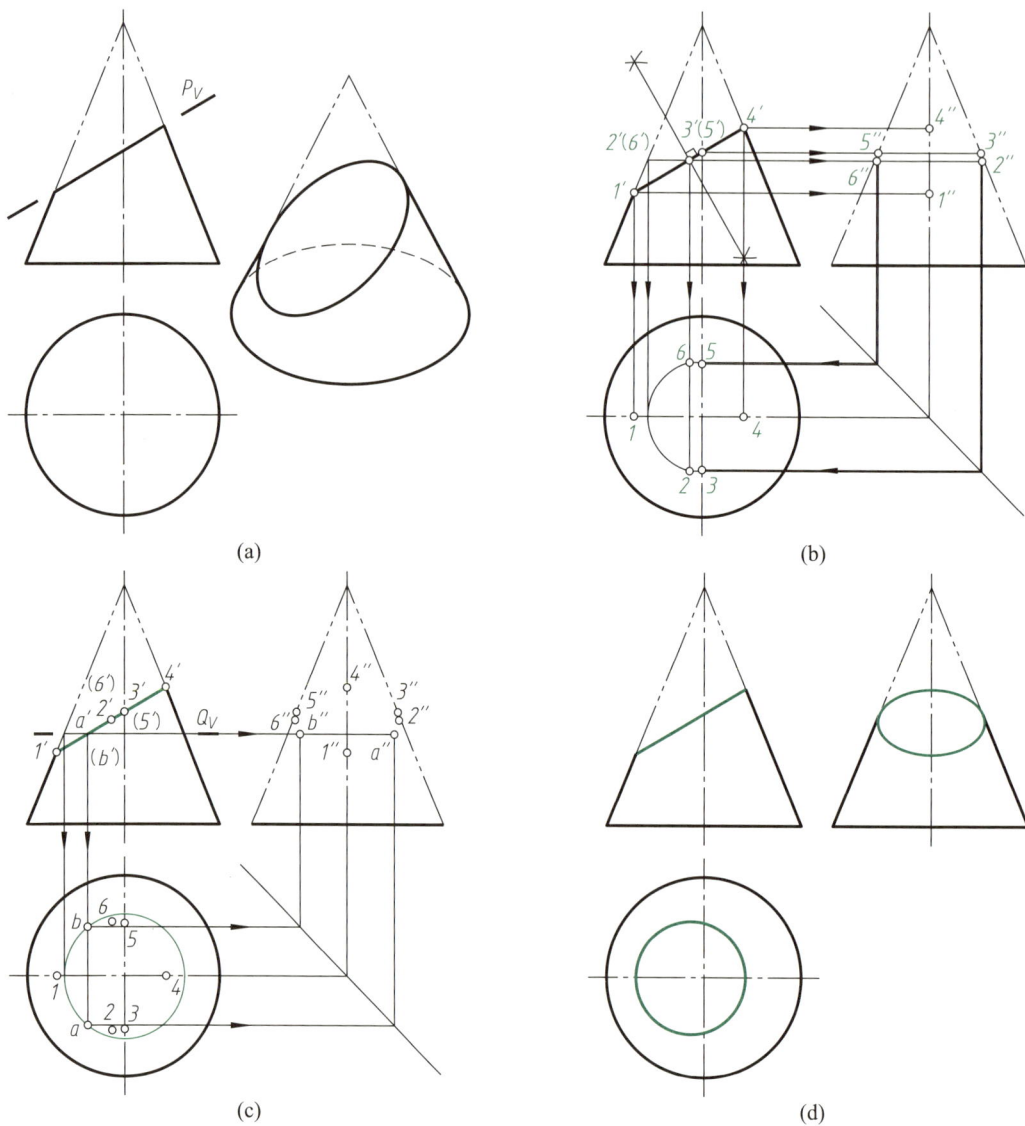

(a)

(b)

(c)

(d)

图 3-3-5 求作圆锥体的截交线

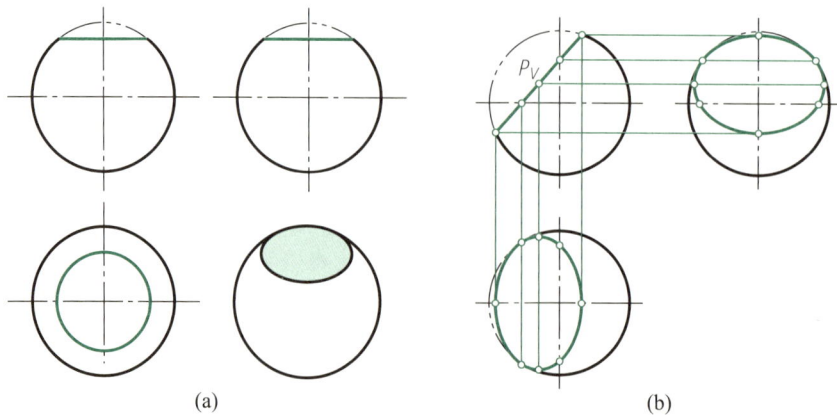

(a)

(b)

图 3-3-6 球体的截交线

如图 3-3-7(a)所示,球体被铅垂面截切后的三面投影的求作方法如下:

分析:截平面 P 垂直于水平投影面,截交线为一个位于此铅垂面上的圆。该圆的水平投影是直线段(P 与球体水平投影重合的部分),其长度反映圆的直径。圆的正面投影和侧面投影都是椭圆。

(1)作特殊点的投影。点 Ⅰ、Ⅴ是球体水平轮廓圆上的点,也是正面投影和侧面投影椭圆的短轴顶点;点 Ⅱ、Ⅷ是球体正面轮廓圆上的点;点 Ⅳ、Ⅵ是球体侧面轮廓圆上的点;点 Ⅲ、Ⅶ是正面投影和侧面投影椭圆的长轴顶点。除点 Ⅲ、Ⅶ用水平纬圆求出(也可用正面或侧面纬圆法求出),其余点均可直接求出,如图 3-3-7(b)所示。

(2)作一般位置点的投影。在球体表面找点,可用水平纬圆、正面纬圆或侧面纬圆法求解。这里用水平纬圆法,一次可求出四个一般位置点 A、B、C 和 D,求出这些点的正面投影和侧面投影,如图 3-3-7(c)所示。

(3)连线并完成投影图。依次光滑连接各点的同面投影,完成正面和侧面投影图,补全圆球正面和侧面投影仍存在的轮廓圆,如图 3-3-7(d)所示。

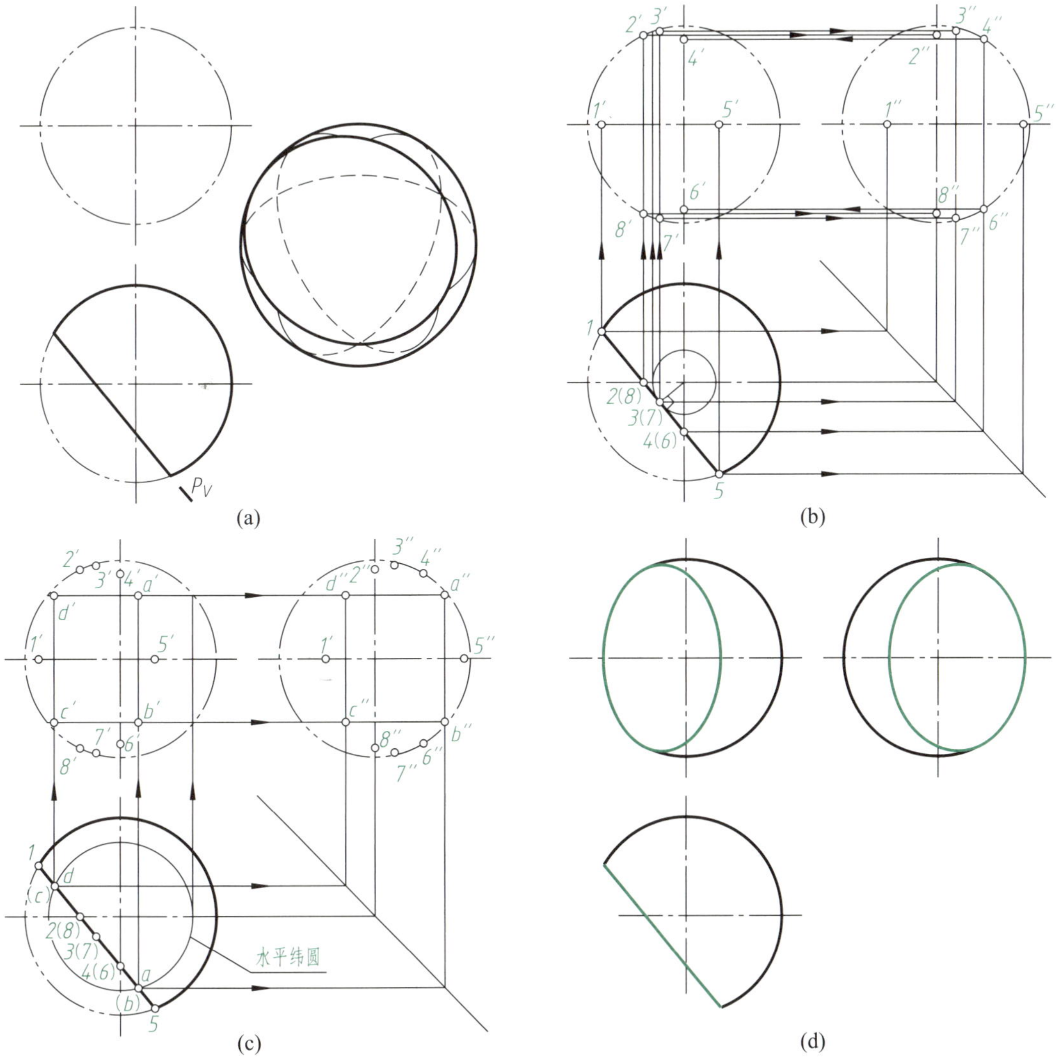

图 3-3-7   求作球体的截交线

任务实施 ▶

分析:如图 3-3-1 所示的立体是在圆柱筒的上部开出一个方槽后形成的。构成方槽的平面为垂直于轴线的水平面 P 和两个平行于轴线的侧平面 Q。它们与圆柱体和孔的表面都有交线,水平面 P 与圆柱的交线为圆弧,侧平面 Q 与圆柱的交线为直线,平面 P 和 Q 彼此相交于直线段。其作图步骤见表 3-3-3。

表 3-3-3　圆柱体截切视图作图步骤

序号	作图步骤	作图方法	作图结果
步骤 1	作出圆柱体的三面投影	根据圆柱体三面投影的特点,完成其三面投影	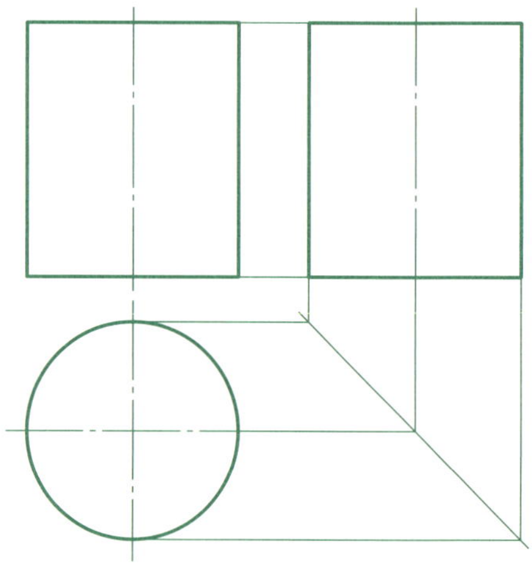
步骤 2	作出槽口的三面投影	左右两个侧平面与圆柱体相交产生的截交线为平行于轴线的母线,水平面与圆柱体相交产生的截交线为圆弧,截平面与截平面相交也会产生交线,根据截平面和圆柱体某些投影的积聚性求出所有截交线和交线的投影,然后分析圆柱体被切掉的部分,其三面投影都要擦掉	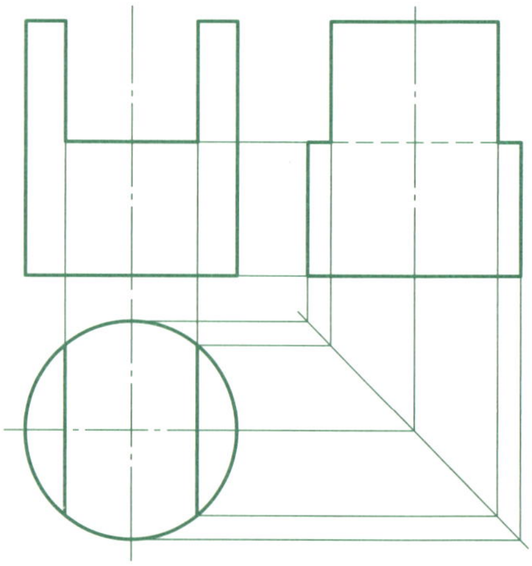

续表

序号	作图步骤	作图方法	作图结果
步骤 3	作出穿孔的三面投影	圆柱孔与截平面相交产生的截交线和上述圆柱体的相同,只是不可见,线型为细虚线。根据截平面和圆柱孔某些投影的积聚性求出所有截交线和交线的投影,然后分析圆柱孔被切掉的部分,其三面投影都要擦掉	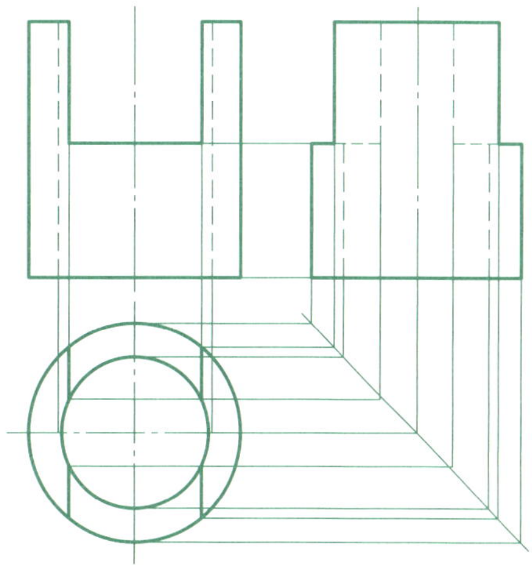

任务 3.4 两立体相交——相贯线

任务要求 ▶▶

补画如图 3-4-1 所示两圆柱体相交的相贯线。

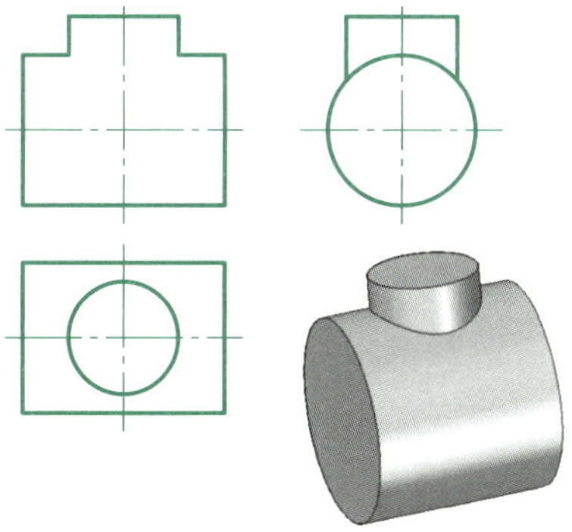

图 3-4-1 补画两圆柱体相交的相贯线

相关知识 ▶▶

当两个立体相交时,在它们的表面产生的交线称为相贯线,相交的立体称为相贯体。相贯线主要产生于平面立体与曲面立体相交、曲面立体与曲面立体相交或多个立体相交,具体如图 3-4-2 所示。

图 3-4-2 相贯线的几种形式

相贯线的性质：

（1）相贯线是由若干段曲线或直线所组成的封闭空间图形。

（2）相贯线是相交的立体表面上的公共线，其上面的点也是相交的立体表面上的公共点。

因此，作相贯线的投影实质上就是找出相贯的立体表面上若干共有点的投影。

3.4.1 平面立体和曲面立体相贯

平面立体和曲面立体相贯产生的相贯线是由若干段平面曲线（或直线）所组成的空间折线，每一段是平面立体的棱面与曲面立体表面的交线。

因此，作平面立体和曲面立体相贯产生的相贯线实质上就是求平面立体的各棱面与曲面立体表面的截交线。

如图 3-4-3（a）所示的两立体相交，由于相贯线是两立体表面的共有线，所以相贯线的侧面投影积聚在一段圆弧上，水平投影积聚在矩形上。其作图步骤如下：

（1）如图 3-4-3（b）所示，先求出圆柱体和长方体的三面投影，注意要把相交部分的轮廓线擦掉。然后分析圆柱体和长方体的哪几个平面相交，便产生几条相贯线，根据圆柱体和长方体某些投影的积聚性，求出所有相贯线的三面投影。

（2）如图 3-4-3（c）所示，求圆柱孔和长方体孔相交产生的截交线的投影，和上述实体相交的相贯线的画法相同，但是要注意其为不可见，线型为细虚线。

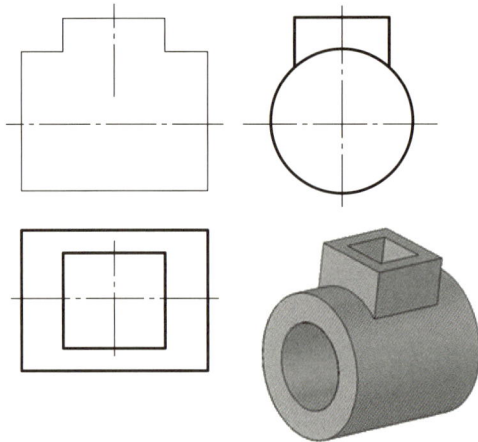

(a)

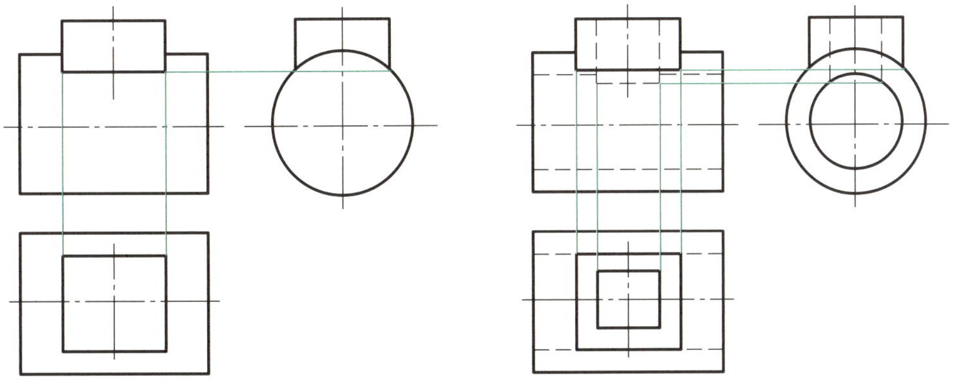

(b)   (c)

图 3-4-3　两立体相交的相贯线

3.4.2　曲面立体与曲面立体相贯

（1）相贯线的性质：相贯线一般为光滑封闭的空间曲线，它是两曲面立体表面的共有线。

（2）当相贯的两个曲面立体为圆柱体，且两个圆柱体的轴线相交垂直时，如其直径发生变化，相贯线的变化趋势见表 3-4-1。两圆柱体相交时相贯线的作图步骤在任务实施中进行讲解。

表 3-4-1　两个圆柱体相交产生的相贯线

两圆柱体相交的立体图 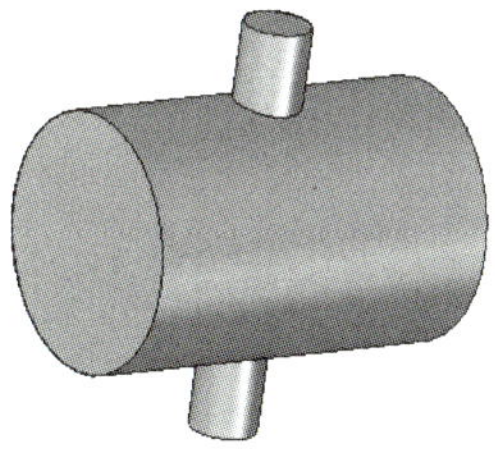 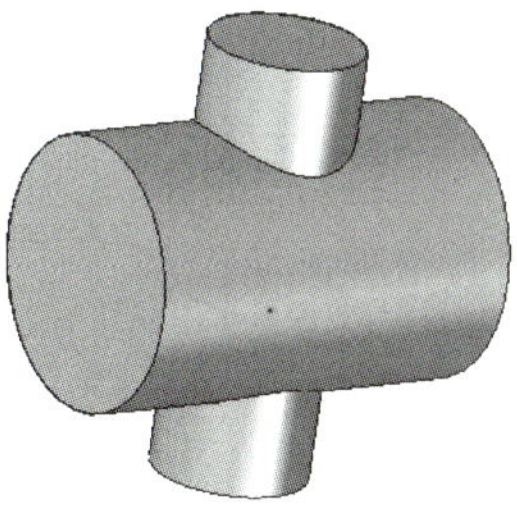 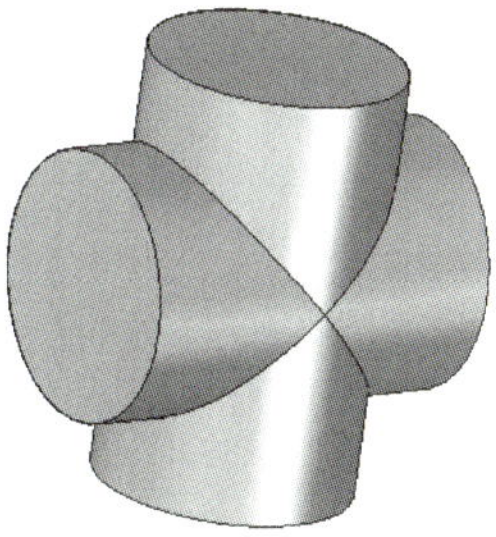		
相贯线的投影 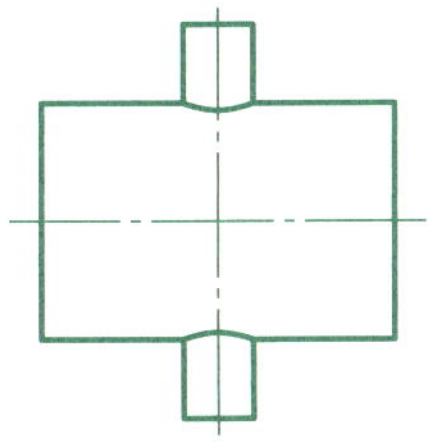 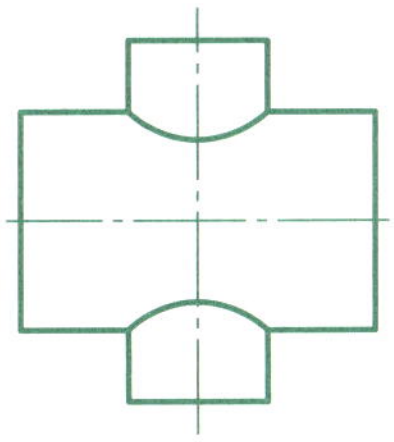 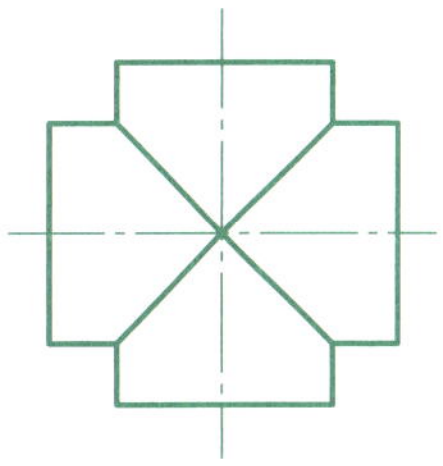		
相贯线的特点	相贯线向大圆柱体一侧弯	相贯线为两条平面曲线（椭圆）

（3）两个曲面立体具有公共轴线时,其表面的相贯线为垂直轴线的圆,具体如图 3-4-4 所示。

图 3-4-4 同轴曲面立体相交产生的相贯线

任务实施 ▷▷

分析:由如图 3-4-1 所示的投影图可知,直径不同的两圆柱体轴线垂直相交,由于大圆柱体轴线垂直于 W 面,小圆柱体轴线垂直于 H 面,所以,相贯线的侧面投影和水平投影为圆,只有正面投影需要求作。相贯线为前后左右对称的空间曲线。其作图步骤见表 3-4-2。

表 3-4-2 两圆柱体相交的相贯线作图步骤

序号	作图步骤	作图方法	作图结果
步骤 1	直接定出相贯线的最左点 I 和最右点 III 的三面投影	因为相贯线同时属于两个圆柱体表面,根据圆柱体表面某个投影的积聚性,可知相贯线的水平投影为圆,侧面投影为圆弧。根据这两个投影分析点 I 和点 III 分别为相贯线的最左点和最右点,此外它们还为两个圆柱体转向轮廓线的交点。根据转向轮廓线三面投影的特点,求出点 I 和点 III 的三面投影	
步骤 2	求出相贯线的最前点 II 和最后点 IV 的三面投影	根据相贯线的水平投影和侧面投影,找到最前点 II 和最后点 IV。根据其已知的两个投影,求两点的第三面投影	

续表

序号	作图步骤	作图方法	作图结果
步骤 3	求一般点的三面投影	在已知相贯线的侧面投影上任取重影点 5″、6″，找出其水平投影 5、6，然后作出其正面投影 5′、6′	
步骤 4	光滑连接相贯线	相贯线的正面投影左右、前后对称，后面的相贯线与前面的相贯线重影，只需按顺序光滑连接前面可见部分的各点投影，即完成作图	

项目四 组合体的投影

唯物辩证法指出,"与万物普遍联系"和"按自身规律永恒发展"是世界存在的两个总的基本特征,从总体上揭示了世界的辩证性质,唯物辩证法的基本规律和各个范畴从不同侧面揭示了这两个基本特征的内涵和外延,其核心是对立统一、具体问题具体分析。

学习目标

1. 了解组合体的组合形式;
2. 掌握组合体三视图的画法和尺寸注法及读组合体视图的方法和步骤;
3. 根据组合体的形状特点正确绘制三视图和标注尺寸。

个体与整体的
辩证主义

学习重点和难点

1. 学习重点
（1）用形体分析法进行组合体的画图、读图;
（2）正确、完整、清晰地标注组合体尺寸。
2. 学习难点
（1）画组合体视图时主视图的选择和形体分析时各部分结构表面连接关系及投影分析;
（2）组合体视图补视图、补缺线的基本方法。

任务 4.1 组合体的形体分析

虽然各种物体的形状千差万别,但基本可以看成是由圆柱体、圆锥体、棱柱、棱锥、球体等基本几何体组合而成。这种由基本几何体组合而成的物体称为组合体。

📖 **相关知识** ▶▶

4.1.1 组合体的组合形式

微课
组合体的组合
形式

动画
组合体的组合
形式

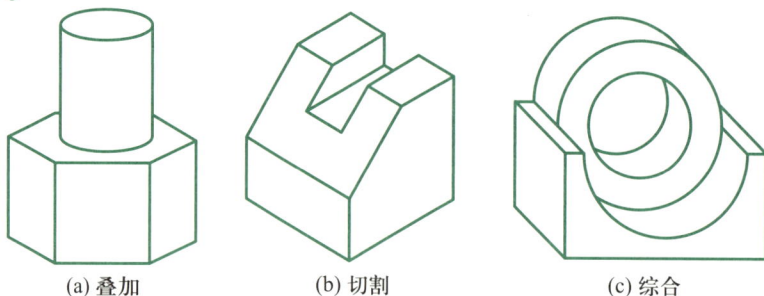

组合体的常见组合形式有叠加式和切割式两种。较复杂的物体往往经叠加和切割综合组成,其组合形式即为综合式。

1. 叠加式

叠加式组合体是由若干简单几何体按一定的相对位置叠加而成的。如图 4-1-1(a)所示组合体由正六棱柱与圆柱体上下叠加组成。

2. 切割式

切割式组合体是由若干简单几何体按一定的相对位置切割而成的。如图 4-1-1(b)所示组合体由一个正方体先切割掉顶部长方体,再切割掉一个三棱柱而成。

3. 综合式

综合式组合体是由若干简单几何体按一定的相对位置叠加及切割而成的。如图 4-1-1(c)所示组合体由长方体切割掉半圆柱体后,再叠加大圆柱体,最后切割掉内部小圆柱体而成。

(a)叠加   (b)切割   (c)综合

图 4-1-1 组合体组合形式

4.1.2 组合体中各形体之间的过渡关系

组合体相邻两基本体表面间的连接方式分为平齐、不平齐、相切和相交,如图 4-1-2所示。

(a) 平齐　　　(b) 不平齐　　　(c) 前平齐、后不平齐

(d) 相切

(e) 相交

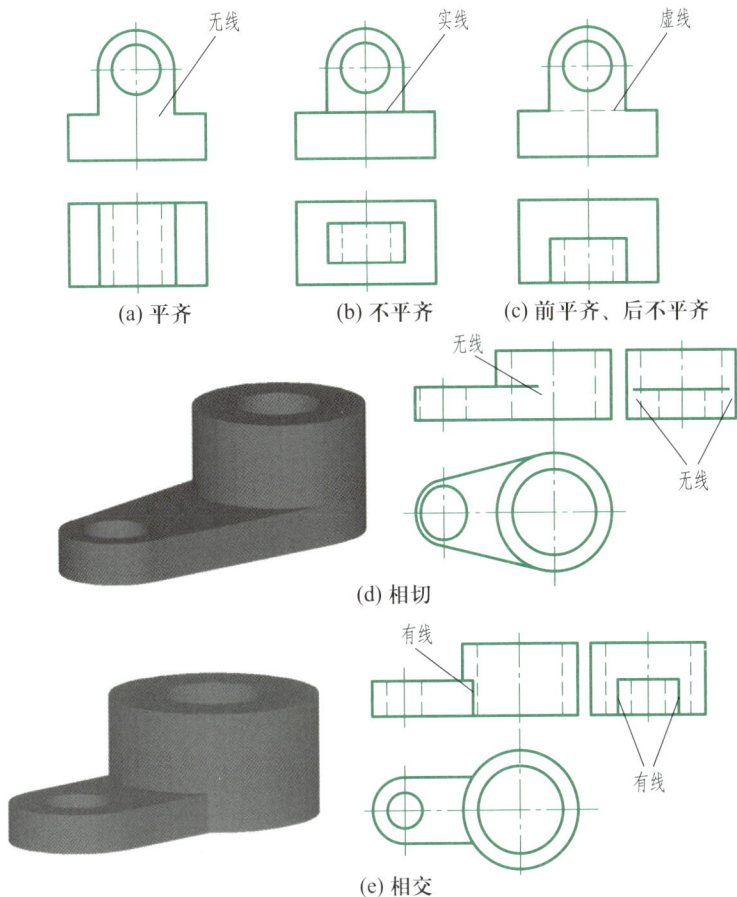

图 4-1-2　组合体中各形体之间的过渡关系

1. 平齐

当相邻两形体的某些表面平齐时,说明此时两形体的这些表面构成同一平面,没有分界线隔开,在视图中平齐处不画线,如图 4-1-2(a)所示。

2. 不平齐

当相邻两形体的表面某一方向不平齐时,说明此时两形体的这些表面连接处不存在共面情况,不同表面之间应有分界线隔开,在视图中两个基本体之间应画出分界线,用实线表示,如图 4-1-2(b)所示。

3. 前平齐、后不平齐

当相邻两形体前表面平齐时,在视图中平齐处不画线;但当相邻两形体后表面不平齐时,在视图中不平齐处应画线,但不可见,可用虚线表示,如图 4-1-2(c)所示。

4. 相切

当两基本体表面相切时,两表面在相切处光滑过渡,在视图中不画出切线,如图 4-1-2(d)所示。

5. 相交

当两基本体的表面相交时,相交处会产生不同形式的交线,在视图中应画出这些交线的投影,如图 4-1-2(e)所示。

4.1.3　组合体的分析方法

1. 形体分析法

在对组合体画图、看图及标注尺寸的过程中,通常先把组合体分解成若干个形体,搞清楚各形体的形状、相对位置、组合形式及表面连接关系,这种分析方法称为形体分析法。

2. 线面分析法

运用各种位置直线、平面的投影特性(实形性、积聚性、类似性),以及曲面、截交线、相贯线的投影特点,对组合体投影图中的线条、线框(由线段围成的团合图形)的含义进行深入细致的分析,了解各表面的形状和相互位置关系,从而想出物体的细部或整体形状,这种分析方法称为线面分析法。

任务 4.2　组合体三视图的画法

任务要求 ▶▶

支座如图 4-2-1 所示,试识读该组合体零件,绘制其三视图。

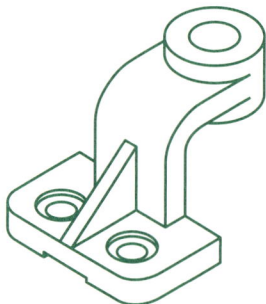

图 4-2-1　支座

相关知识 ▶▶

4.2.1　叠加式组合体三视图的画法

1. 分析形体

画图之前,首先应对组合体进行形体分析,看此组合体是由哪些基本体组合而成的,分析各基本体的形状及它们的相互位置关系以及相邻两基本体分界线的特点。

2. 选择主视图

主视图应能明显反映出物体形状的主要特征,同时还要考虑到物体的正常位置,并力求使组合体上的主要平面和投影面平行,以便使投影获得实形。另外还应尽量减少其他两个视图上的虚线。

3. 布置视图

要根据物体的大小和复杂程度,按国家标准规定选择适当的比例和图幅,再按图纸幅面布置视图的位置。先画出各视图的定位基准线、对称线以及主要形体的轴线和中心线。

4. 画底稿

(1) 用细线逐个画出各基本体的视图,应先画主要形体,后画次要形体,先画可见部分,后画不可见部分。

(2) 画每一个基本体时,一般应该三个视图对应着一起画。先画反映实形或有特征的视图,再按投影关系画其他视图。尤其要注意必须按投影关系正确地画出平行、相切和相交处的投影。

5. 检查、加深

底稿完成后按形体逐个检查,看形体相交、相切部分投影是否正确,虚线是否遗漏等,然后按标准图线描深。

4.2.2　切割式组合体三视图的画法

画切割式组合体三视图的步骤与画叠加式组合体的相同,首先分析形体,作图时由一个简单的投影开始,按切割的顺序逐次画完全图。画切割式组合体三视图时应注意以下几点:

(1) 认真分析物体形成过程,确定切割面位置和切割出的平面图形形状。

(2) 作图时应先画出切割面有积聚性的投影,再根据切割面与立体表面相交的情况画出其他视图。

(3) 如果切割平面为投影面垂直面,则该平面的另两面投影应为类似形。

📖 **任务实施** ▶

如图 4-2-1 所示支座的三视图作图步骤见表 4-2-1。

表 4-2-1　支座的三视图作图步骤

序号	作图步骤	作图方法	作图结果
步骤 1	分析形体并选择主视图	(1) 将基础支座分解成肋板Ⅰ、底板Ⅱ、大圆柱体Ⅲ、支承板Ⅳ四个基本体 (2) 在底板上切割掉两个台阶圆柱体Ⅱ、一个长方体Ⅲ,在大圆柱体上切割掉一个圆柱体Ⅳ (3) 以图中箭头所指方向作为主视图投影方向	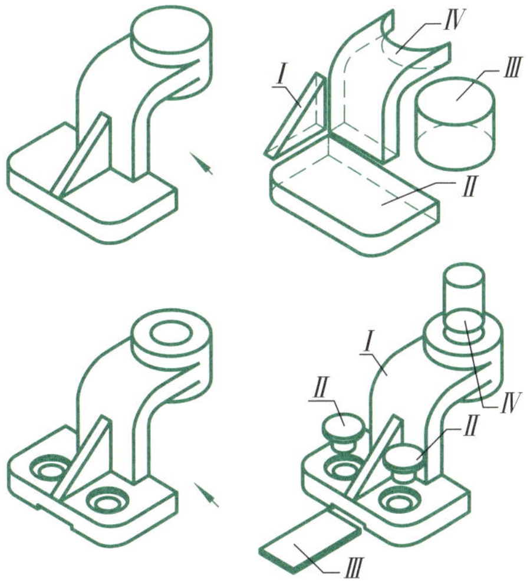

序 号	作图步骤	作图方法	作图结果
步骤 2	布置视图	（1）在主视图、左视图中用细实线定位画出底座的水平基准线 （2）在俯视图中用点画线画出底座的对称中心线，在主视图、俯视图中用细实线画出底座的另一基准线 （3）在三个视图中用点画线画出大圆柱体的轴线，在主视图中用细实线画出大圆柱体的底部基准线	
步骤 3	绘制底板及大圆柱体的三视图	（1）用细实线画出底板在三个视图中的长方形投影，在俯视图中画出圆角，擦去多余细实线 （2）用细实线画出大圆柱体的三视图，俯视图为圆形，擦去多余细实线	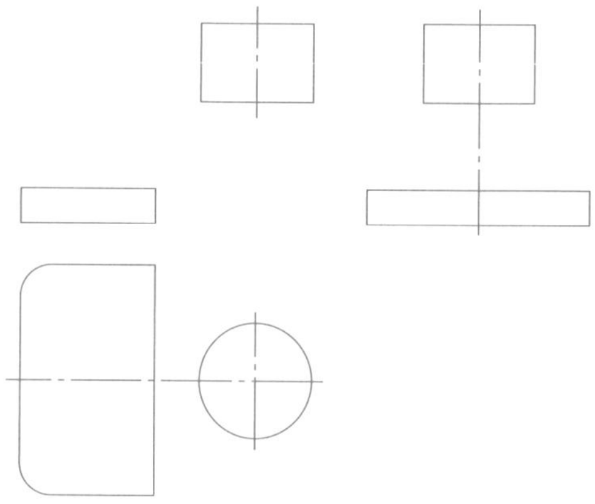
步骤 4	绘制支承板的三视图	（1）在主视图、俯视图中定位出支承板的厚度尺寸，在主视图中画出支承板的主要形状，支承板与大圆柱体为相切关系，主视图中的点画线位置为切点位置，不画切线的投影 （2）俯视图、左视图中的支承板与大圆柱体边线对齐，被挡住部分改为虚线	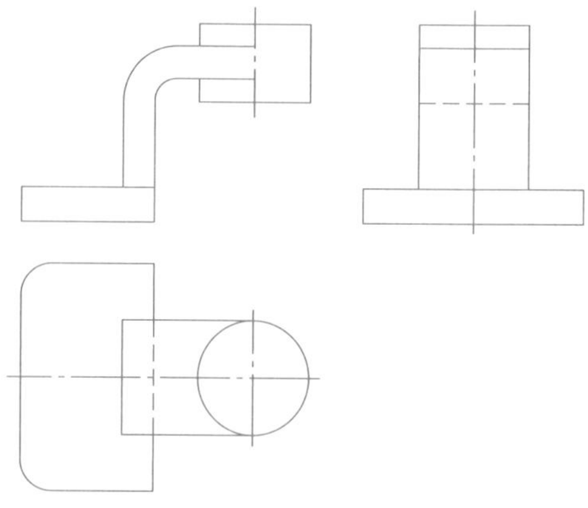

序号	作图步骤	作图方法	作图结果
步骤 5	绘制肋板的三视图	在三个视图中找到肋板的位置,用细实线画出	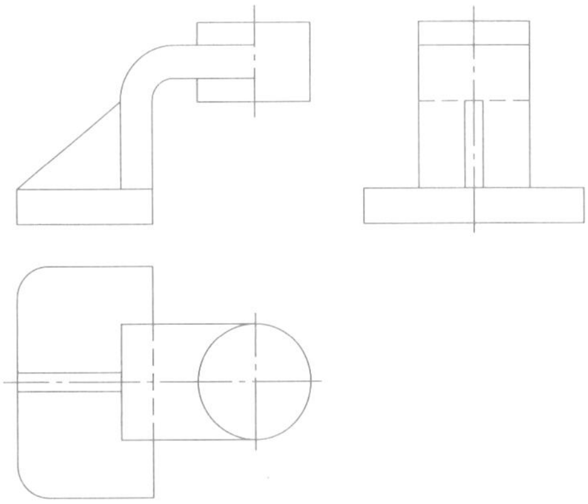
步骤 6	切割绘制圆筒	（1）在大圆柱体上定位画出中间圆柱体,在俯视图中用细实线画出圆形 （2）圆筒中空部分不可见,在主视图、左视图中用虚线画出边线 注:由于需要将基础支座进行切割得到固定支座,故此跳过步骤6,采用步骤5图形继续绘图	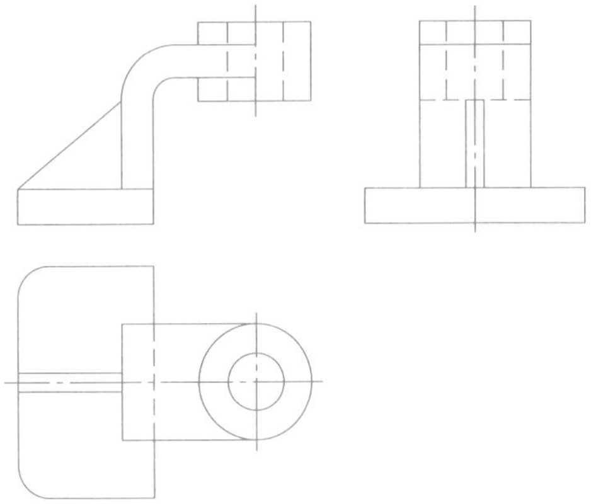
步骤 7	切割绘制底板凹坑	（1）用细实线在左视图中绘制出底板凹坑形状,擦去多余线条 （2）主视图、俯视图中凹坑边线不可见,用虚线表示	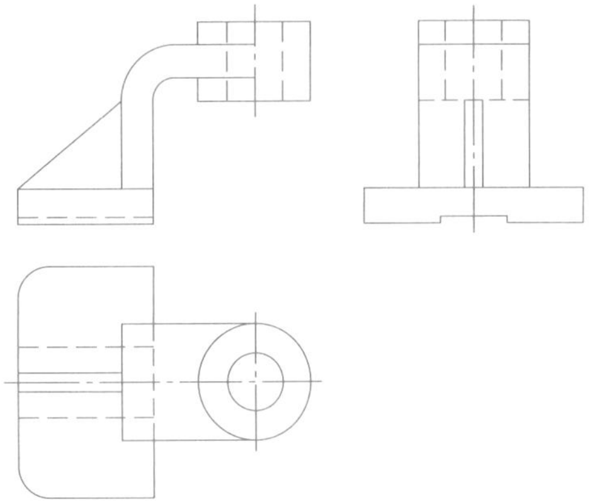

序号	作图步骤	作图方法	作图结果
步骤8	绘制底板台阶孔轴线	用点画线定位画出底板台阶孔轴线	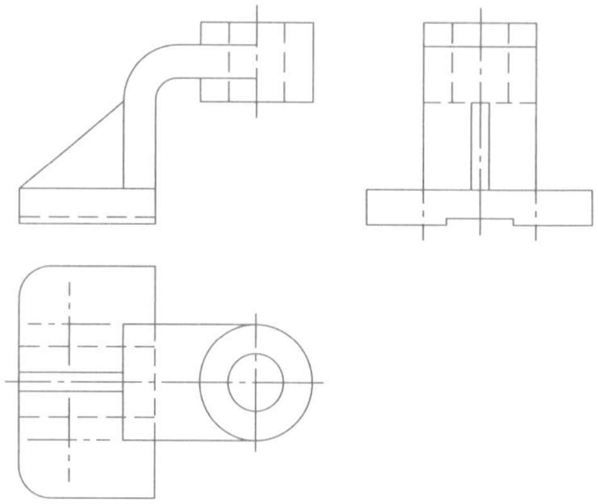
步骤9	绘制底板台阶孔	（1）根据轴线位置，在俯视图中画出台阶孔的圆形投影 （2）由于台阶孔不可见，在主视图、左视图中用虚线画出台阶孔边线	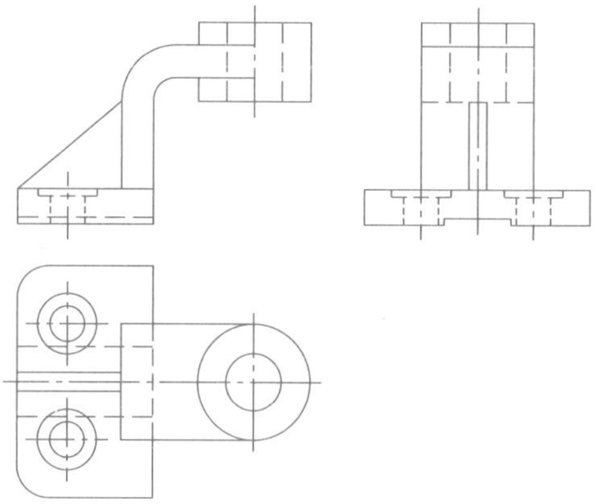
步骤10	检查、加深	检查无误后，用粗实线将细实线加黑，即完成固定支座的绘制	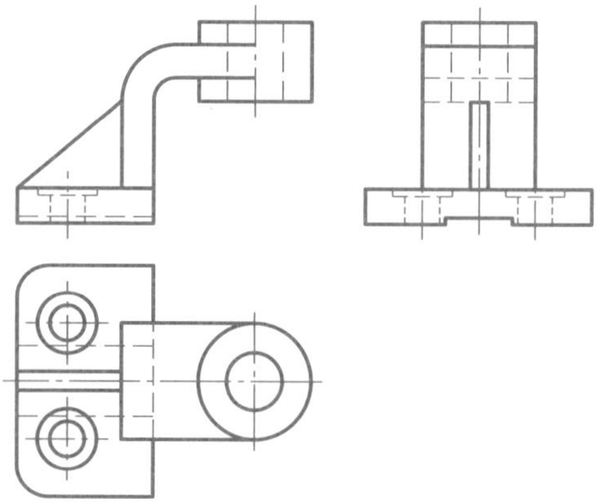

任务 4.3　组合体的尺寸标注

视图只能表达组合体的结构和形状,各形体的真实大小及其相对位置需通过图中所标注的尺寸来确定。组合体尺寸标注的基本要求是:正确、完整、清晰。

微课
组合体尺寸标
注的方法

📖 任务要求 ▶▶

完成如图 4-3-1 所示轴承座的尺寸标注。

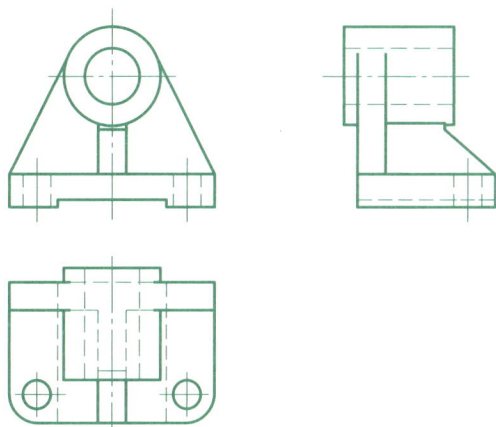

图 4-3-1　轴承座

📖 相关知识 ▶▶

4.3.1　组合体的尺寸基准及尺寸种类

1. 组合体的尺寸基准

确定尺寸位置的几何元素(点、直线、平面等)称为尺寸基准,简称基准。基准分为主要基准和辅助基准。在三维空间中,长、宽、高三个方向上应各有一个主要基准,一般采用组合体(或形体)的对称平面(对称线)、主要的轴线和较大的平面(底面、端面)作为主要基准。根据需要,还可选一些其他几何元素作为辅助基准。主要基准和辅助基准之间应有尺寸联系,如图 4-3-2 中表示出了该组合体三个方向的主要基准。底板上的 $\phi 8$ 孔在宽度方向的定位尺寸 9 是以 $\phi 10$ 孔的轴线为辅助基准,而不是根据宽度方向主要基准来定位的。

2. 组合体的尺寸种类

(1) 定形尺寸

确定形体形状大小的尺寸称为定形尺寸。在三维空间中,定形尺寸一般包括长、宽、高三个方向的尺寸。由于各基本体的形状特点不同,定形尺寸的数量也各不相同。常见基本

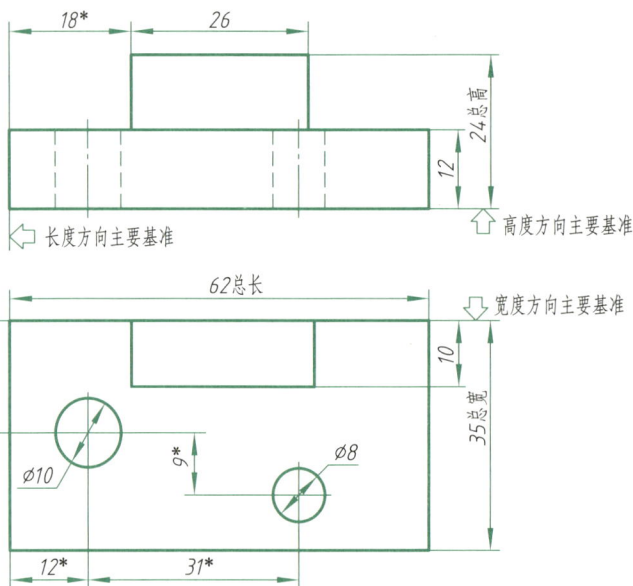

图 4-3-2　组合体尺寸基准(图中带"＊"的尺寸为定位基准尺寸)

体的尺寸注法及其数量见表 4-3-1。

表 4-3-1　常见基本体的尺寸注法及其数量

尺寸数量	一个尺寸	两个尺寸			三个尺寸
回转体的尺寸标注					

尺寸数量	两个尺寸	三个尺寸		四个尺寸	五个尺寸
平面立体的尺寸标注					

当两个形体具有相同尺寸,或有两个以上有规律分布的相同形体时,只需标注一个形体的定形尺寸,同一形体中的相同结构也只需标注一次。

(2) 定位尺寸

定位尺寸是确定形体间相对位置的尺寸。两个形体间应该有三个方向的定位尺寸。若两形体在某一方向共面、对称、同轴时,就可省略一个定位尺寸。

从上述分析可以看出,基本体定形尺寸的数量是一定的,两形体间定位尺寸的数量也是一定的,所以组合体尺寸的数量是确定的。

（3）总体尺寸

为了知道组合体所占空间的大小,一般需标注组合体的总长、总宽和总高,称为总体尺寸。有时,形体尺寸已反映了组合体的总体尺寸,不必另外标注。因为按形体标注定形尺寸和定位尺寸后,尺寸已完整,若再加注总体尺寸就会出现多余尺寸(形成封闭尺寸链)。如图 4-3-2 所示的底板高度尺寸 12、立板高度尺寸 12、总高尺寸 24,若同时标注三个尺寸,就会出现这种情况。加注总高尺寸后,应去掉一个高度尺寸,如立板高度尺寸(为避免调整尺寸,也可先注出总体尺寸)。

有时,为了满足加工要求,既标注总体尺寸,又标注定形尺寸,如图 4-3-3 所示。图中底板四个角的四分之一圆柱体可能与孔同轴,见图 4-3-3(a);也可能不同轴,见图 4-3-3(b)。但无论同轴与否,均要标注出孔的轴线间的定位尺寸和四分之一圆柱面的定形尺寸 R,还要标注出总体尺寸。当二者同轴时,应校核所标注的尺寸数值,不能发生矛盾。

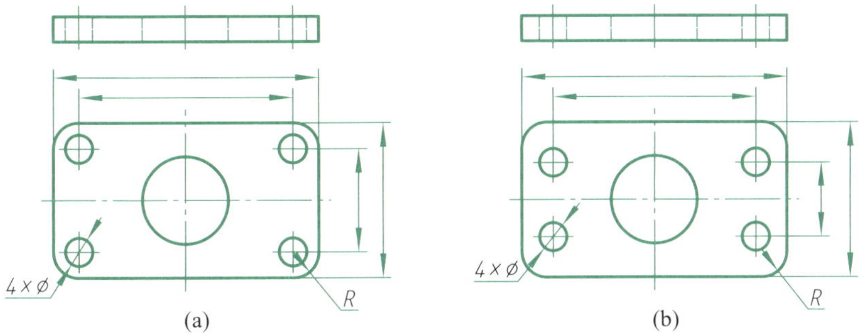

图 4-3-3 直接标注总体尺寸及定形尺寸

当组合体的端部不是平面而是回转面时,该方向一般不直接标注总体尺寸,而是由确定回转面轴线的定位尺寸和回转面的定形尺寸(半径或直径)来间接确定,如图 4-3-4 所示各图中的一些总体尺寸没有直接标出。

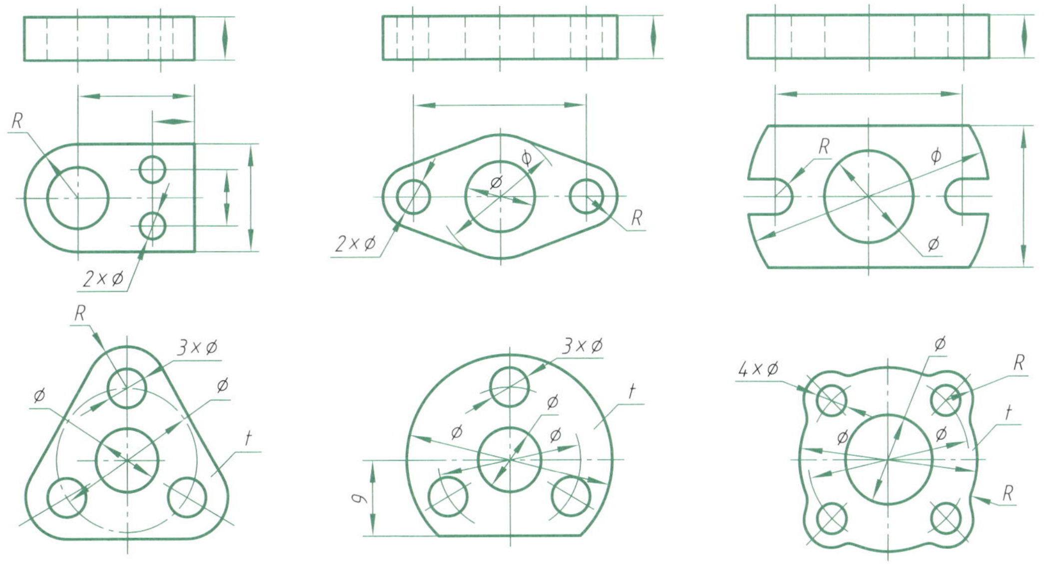

图 4-3-4 不直接标注总体尺寸

在标注回转体的定位尺寸时,一般是确定其轴线的位置,而不应以其转向线来定位,如图 4-3-5 所示。

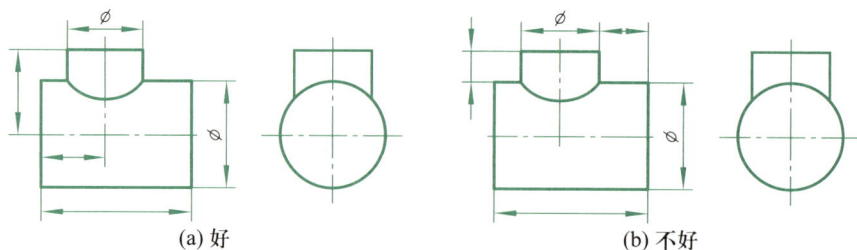

(a) 好   (b) 不好

图 4-3-5 回转体定位应确定其轴线位置

4.3.2 组合体尺寸标注的原则

标注组合体的尺寸时不但要正确、完整,还必须整齐、清晰,便于看图。在标注组合体尺寸时要注意以下原则:

1. 将尺寸标注在形体特征明显的视图上

如图 4-3-6 所示,将五棱柱的五边形尺寸标注在反映形体特征的主视图上。如图 4-3-7 所示,R 值应标注在反映圆弧的视图上;φ 值可标注在反映圆的视图上,也可标注在非圆的视图上,为使尺寸清楚,一般标注在非圆的视图上。

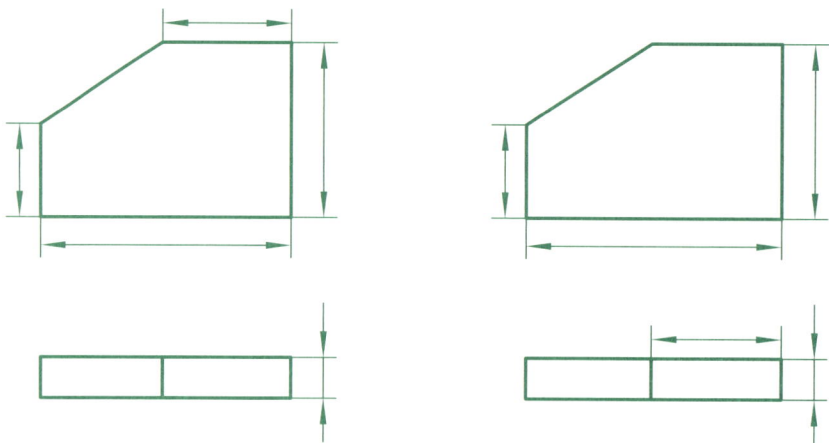

图 4-3-6 将尺寸标注在形体特征明显的视图上

2. 有关联的尺寸尽量集中标注

为了看图方便,应尽量集中标注有关联的尺寸,如图 4-3-8(a)所示。

3. 交线上不应直接标注尺寸

在形体的叠加(或挖切)过程中,形体的邻接表面处于相交位置时,自然会产生交线。由于两个形体的定形尺寸和定位尺寸已完全确定了交线的形状,因此在交线上不应再另注尺寸,如图 4-3-8(b)所示。

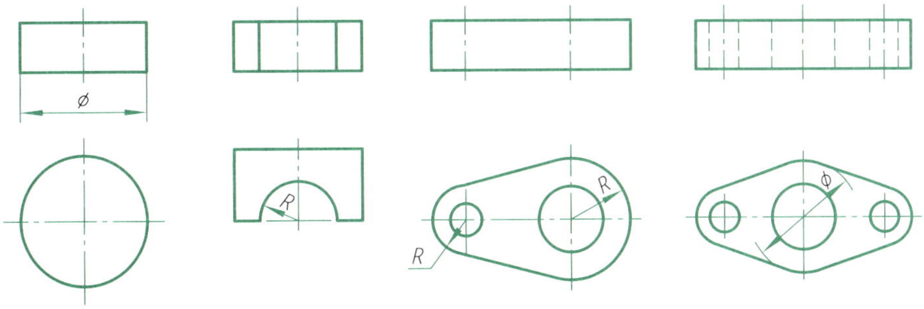

(a) 好

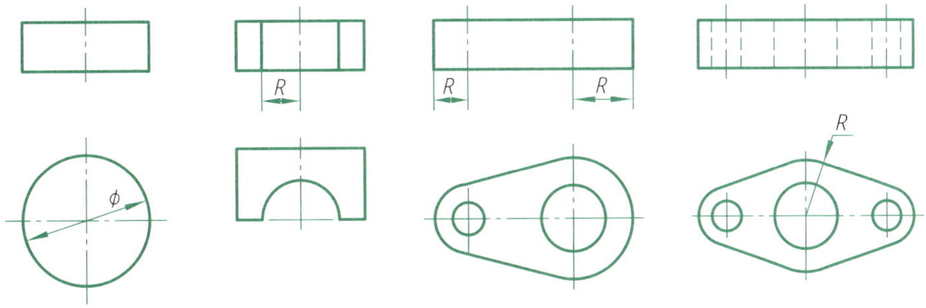

(b) 不好

图 4-3-7　标注 φ、R 尺寸

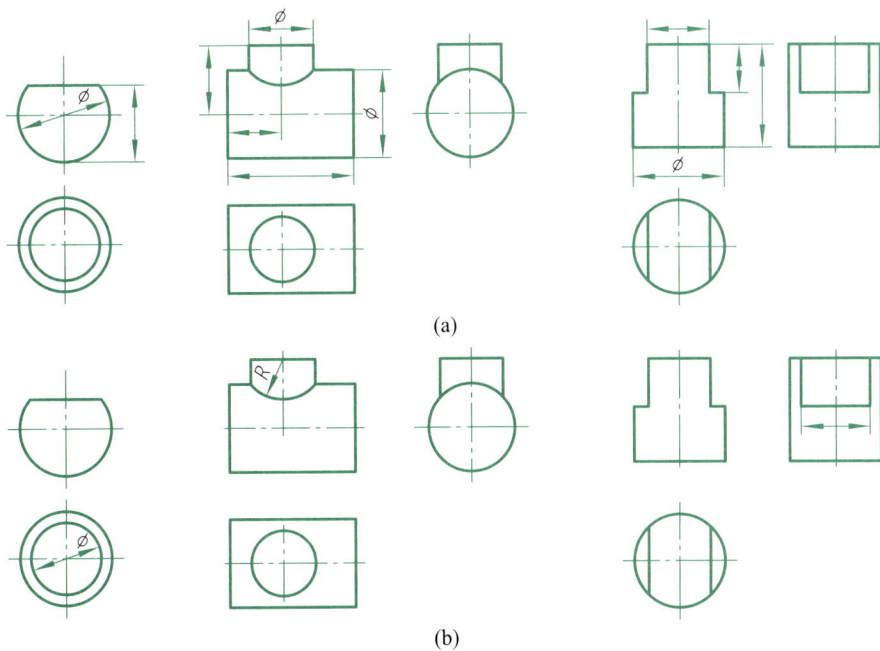

(a)

(b)

图 4-3-8　尽量集中标注和交线上不标注尺寸

4. 尺寸排列整齐、清楚

尺寸排列除了遵守尺寸注法的规定外，还应将尺寸尽量标注在两个相关视图之间，并尽量标注在视图的外面。同一方向上连续标注的几个尺寸应尽量配置在少数几条线上，如图 4-3-9 所示。尺寸应根据大小依次排列，尽量避免尺寸线与尺寸线、尺寸界线、轮廓线等其他图线相交，如图 4-3-10 所示。按圆周均匀分布的孔的数目和定位尺寸应集中标注在反映其数量组和分布位置的视图上。

(a) 不好　　　　　　　(b) 好　　　　　　　(c) 好

图 4-3-9　同一方向上连续标注的尺寸

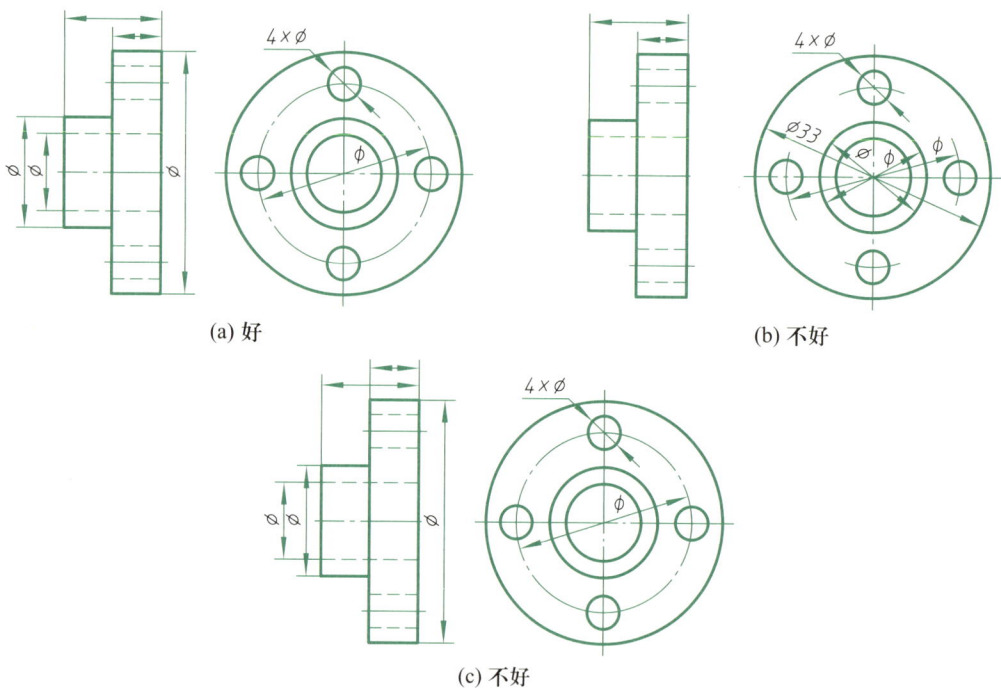

(a) 好　　　　　　　　　　　　　(b) 不好

(c) 不好

图 4-3-10　避免尺寸线与其他图线相交

在标注尺寸时，有时会出现不能兼顾以上各点的情况，这时必须在保证尺寸标注正确、完整的前提下，灵活掌握，力求清晰。

4.3.3　标注组合体尺寸的步骤

标注组合体尺寸时，一般先对组合体进行形体分析，然后确定三个方向的尺寸基准，标注出各形体的定形尺寸和定位尺寸，标注步骤如下：

（1）形体分析：把组合体分解成若干个基本体，在形体分析的基础上，确定各形体的定形尺寸和各形体相互位置的定位尺寸。

（2）确定尺寸基准：组合体各组成部分的相对位置必须分别从长、宽、高三个方向来确定，长、宽、高三个方向至少要各有一个尺寸基准。组合体的对称面、底面、主要端面和主要回转体的轴线经常被选作尺寸基准。

（3）标注出各形体的定形尺寸和定位尺寸。

（4）标注总体尺寸：为了表示组合体的总长、总宽、总高，一般应标注出相应的总体尺寸。

如图 4-3-11 所示为组合体常见结构尺寸注法。从图中可以看出，当这些结构在某个投影图中以圆弧为轮廓线时，一般不标注总体尺寸，仅标注圆心位置和圆弧半径或直径即可，如图 4-3-11（c）、（e）、（f）所示；但当圆弧只是作为圆角时，习惯上既标注圆角半径，也标注总长、总宽等总体尺寸，如图 4-3-11（a）所示；同一直径的不连续圆弧应标注 ϕ，如图 4-3-11（b）、（c）所示；在尺寸线上画出"×"号者，都是错误尺寸，不能标注。

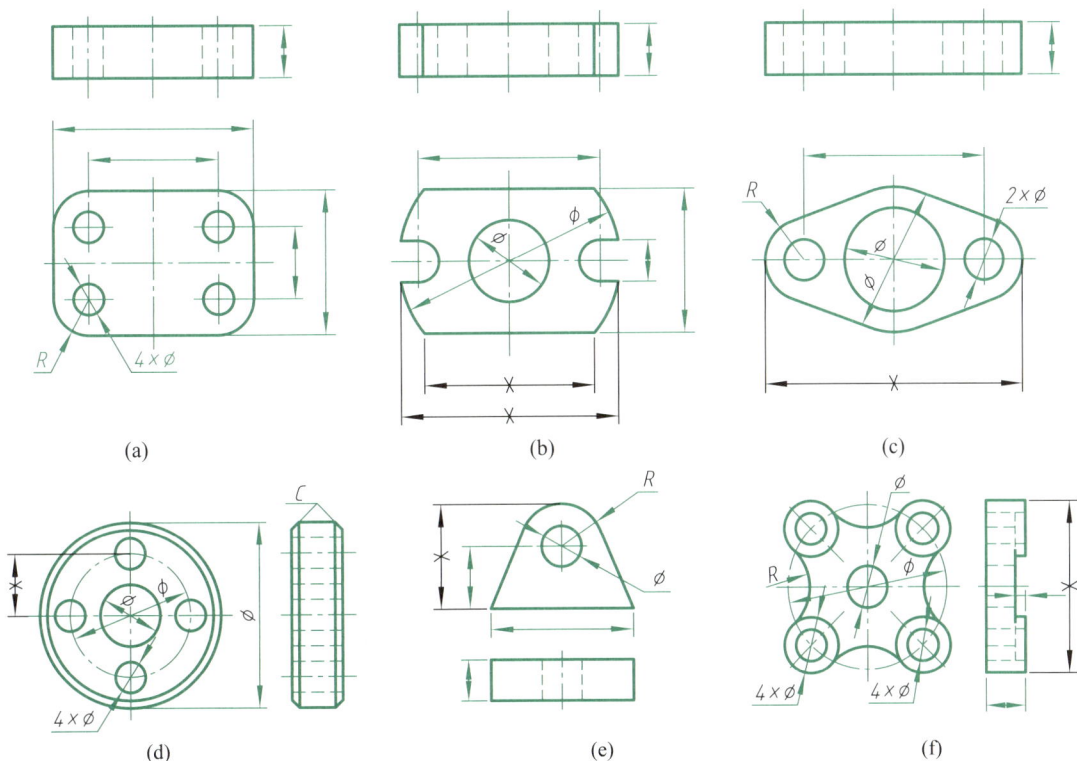

图 4-3-11　组合体常见结构尺寸注法

📖 **任务实施** ▶▶

如图 4-3-1 所示轴承座的尺寸标注步骤见表 4-3-2。

表 4-3-2　轴承座的尺寸标注步骤

序号	标注步骤	标注方法	标注结果
步骤 1	标注各基本体的定形尺寸	先进行形体分析,将轴承座分解成支承板、圆筒、底板、肋板四部分,分别注出其定形尺寸	
步骤 2	选定尺寸基准	由轴承座的结构特点可知,底板的底面是轴承座的安装面,底面可作为高度方向尺寸基准;轴承座左右对称,其对称面可作为长度方向的尺寸基准;底板和支承板的后端面可作为宽度方向的尺寸基准	

续表

序号	标注步骤	标注方法	标注结果
步骤 3	标注定位尺寸	圆筒与底板上下方向的相对位置，需标注圆筒轴线到底板底面的距离 56；圆筒与底板前后方向的相对位置，需标注圆筒后端面与支承座面左右对称，长度方向的定位尺寸 6；由于支承座后端面的定位尺寸可以省略不注；标注底板上两个圆孔的定位尺寸 66、48	
步骤 4	标注总体尺寸	底板的长度 90 是轴承座的总长（与定形尺寸重合，不另行注出）；总宽由底板宽度 60 和圆筒在支承座板后面伸出的长度 6 所确定；总高由圆筒的定位尺寸 56 加上圆筒外径 φ42 的 1/2 所确定	

任务 4.4　组合体的读图

读图是指依据视图,通过投影分析想象出物体的形状,是通过二维图形建立三维物体的过程。

📖 **任务要求** ▶▶

如图 4-4-1 所示,已知支座的主、俯视图,且支座左右对称,求作其左视图。

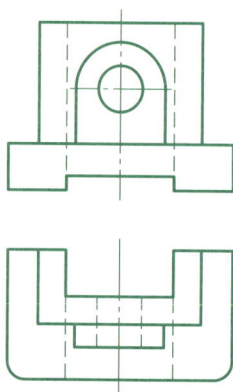

微课
组合体的读图
要领

图 4-4-1　支座主、俯视图

📖 **相关知识** ▶▶

4.4.1　读组合体视图的要领

1. 联系视图分析

如图 4-4-2 所示,五组视图中,主视图都相同,但表示的是五个不同形状的物体,因此,一个视图不能确定物体的形状。

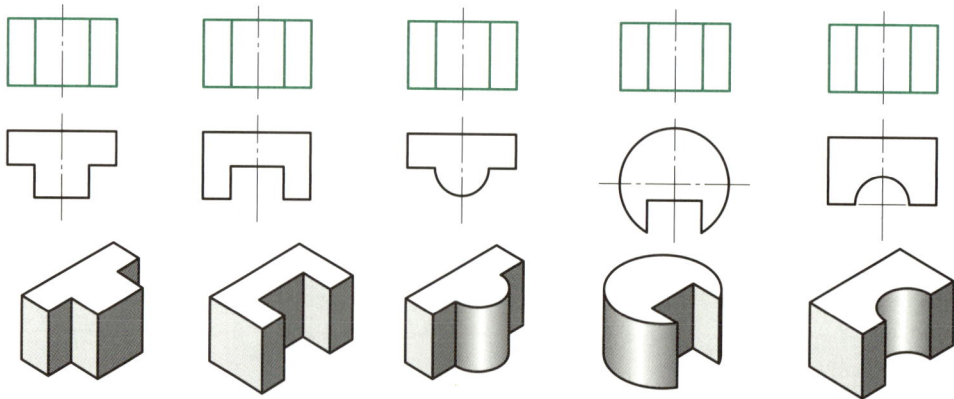

图 4-4-2　相同主视图表示不同形状的物体

有时只看两个视图也无法确定物体的形状。如图 4-4-3 所示,三组视图中,主、俯视图都相同,但表示的也是三个不同形状的物体。由此可见,看图时,必须把所给的视图联系起来,才能想象出物体的确切形状。

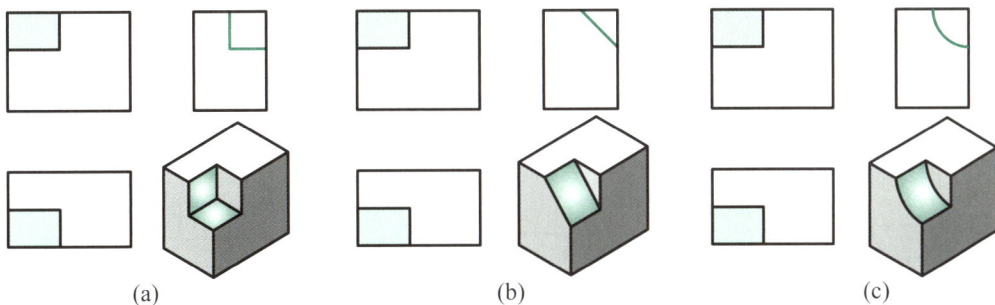

(a) (b) (c)

图 4-4-3 相同主、俯视图表示不同形状的物体

2. 理解视图中图线和线框的含义

视图是由一个个封闭线框组成的,而线框又是由图线构成的。因此,弄清图线及线框的含义是十分必要的。

(1)图线的含义

如图 4-4-4 所示,视图中常见的图线有粗实线、细虚线和细点画线。

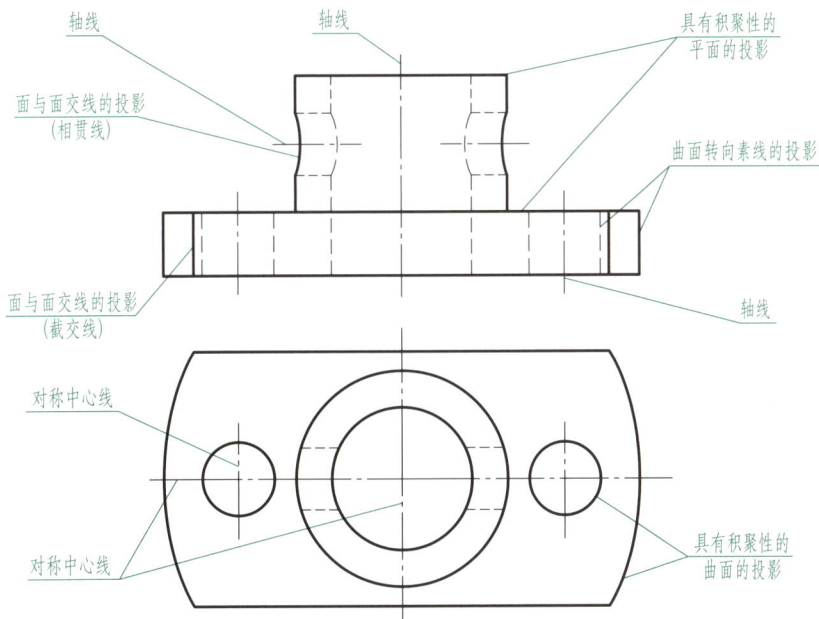

图 4-4-4 视图中图线的含义

① 粗实线或细虚线(包括直线和曲线)可以表示:具有积聚性的面(平面或柱面)的投影、面与面(两平面、两曲面、平面与曲面)交线的投影、曲面转向素线的投影。

② 细点画线可以表示:回转体的轴线、对称中心线。

(2)线框的含义

如图 4-4-5 所示,视图中的线框有以下三种情况:

① 一个封闭的线框。表示物体的一个面(可能是平面、曲面、组合面)或孔洞,如图 4-4-5 (a)所示。

② 相邻的两个封闭线框。表示物体上位置不同的两个面。由于不同线框代表不同的面,它们表示的面有左右、前后、高低的相对位置关系,可以通过这些线框在其他视图中的对应投影加以判断,如图 4-4-5(b)所示。

③ 大封闭线框包含小线框。表示在大平面立体(或曲面立体)上凸出或凹透的各个小平面立体(或曲面立体),如图 4-4-5(c)所示。

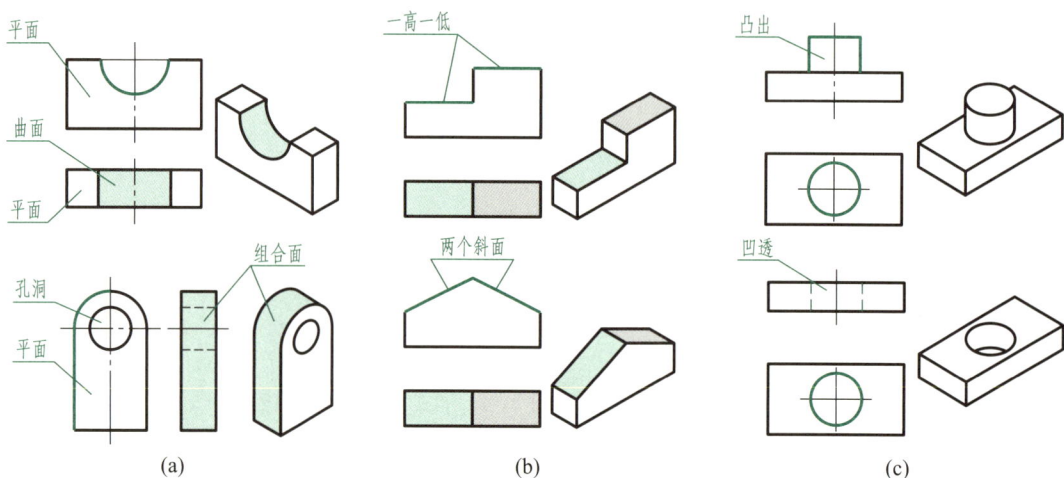

(a)　　　　　　　(b)　　　　　　　(c)

图 4-4-5　视图中线框的含义

3. 寻找特征视图

所谓特征视图,就是把物体的形状特征及相对位置反映得最充分的视图,如图 4-4-2 中的俯视图及图 4-4-3 中的左视图。找到这个视图,再配合其他视图,就能较快地认清物体了。

由于组合体的组成方式不同,物体的形状特征及相对位置并非总是集中在一个视图上,而是分散于多个视图上,如图 4-4-6 中的支架就是由四个基本体叠加构成的。基本体 A、D 的特征分别反映在主视图、俯视图上,即图形中深色的部分以及里面的小圆内通孔的投影;基本体 B 的特征反映在主视图上,即主视图中基本体 C 之左、基本体 A 之右的轮廓线包围的平面图形;基本体 C 的特征反映在左视图上,即左视图的外轮廓线所包围的平面图形。由此可见,在读图时要抓住反映特征较多的视图。

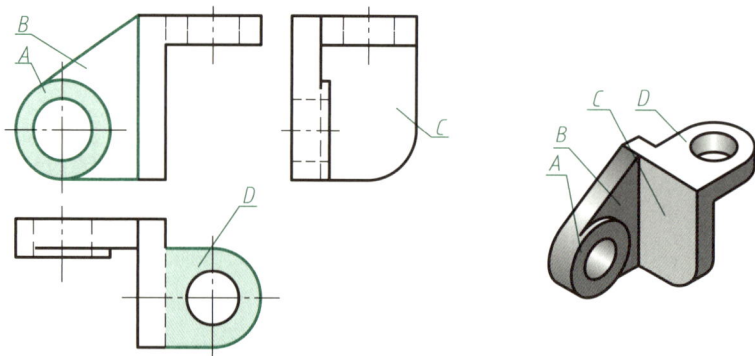

图 4-4-6　支架

4.4.2　读组合体视图的方法和步骤

1. 读组合体视图的方法

（1）形体分析法

形体分析法是读图的基本方法。一般先从反映物体形状特征的主视图着手；对照其他视图，初步分析出该物体是由哪些基本体以及通过什么连接关系形成的；然后按投影特性逐个找出各基本体在其他视图中的投影，以确定各基本体的形状和它们之间的相对位置；最后综合想象出物体的总体形状。

下面以图 4-4-7 所示的轴承座为例，说明用形体分析法读图的方法。

① 从视图中分离出表示各基本体的线框。

将主视图分为四个线框 1、2、3、4。其中线框 3 和 4 为两个左右对称的三角形，每个线框各代表一个基本体，如图 4-4-7（a）所示。

② 分别找出各线框对应的其他投影，并结合各自的特征视图逐一构思它们的形状。

如图 4-4-7（b）所示，线框 1 的主、俯两视图是矩形，左视图是 L 形，可以想象出该形体是一块直角弯板，板上钻了两个圆孔。

如图 4-4-7（c）所示，线框 2 的俯视图是一个中间带有两条直线的矩形，左视图是一个中间有一条虚线的矩形，可以想象出它的形状是在一个长方体的中部挖了一个半圆槽。

如图 4-4-7（d）所示，线框 3 和 4 的俯、左两视图都分别是矩形，俯视图中的两个矩形对称地分布在轴承座的左、右两侧，左视图中的这两个左右对称的矩形互相重合，它们是这个轴承座左右对称的一对三角形肋板。

③ 根据各基本体的形状和它们的相对位置综合想象出其整体形状，如图 4-4-7（e）、（f）所示。

（2）线面分析法

当形体被多个平面切割、形体形状不规则或在某视图中形体结构的投影关系重叠时，应用形体分析法往往难于读懂。这时，需要运用线、面投影特性来分析物体的表面形状、面与面的相对位置以及面与面之间的表面交线，并借助立体的概念来想象物体形状。这种方法称为线面分析法。

下面以图 4-4-8 所示的压块为例，说明用线面分析法读图的方法。

① 确定物体的整体形状。

由图 4-4-8（a）可以看出，压块三视图的外形均是有缺角或缺口的矩形，可初步认定该物体位置是由长方体切割而成，且中间还有一个阶梯圆柱孔。

② 确定切割面的位置和切割出的诸平面图形的形状。

由图 4-4-8（b）可知，对于主视图中的斜线 a'，在俯视图中可找出与它对应的梯形线框 a，由此可见 A 面是垂直于 V 面的梯形平面。长方体的左上角是由正垂面 A 切割而成，A 面对 W 面和 H 面都处于倾斜位置，所以其侧面投影 a'' 和水平投影 a 是类似图形，不反映 A 面的实形。

由图 4-4-8（c）可知，对于俯视图中的斜线 b，在主视图中可找出与它对应的七边形线框 b'，由此可见 B 面是铅垂面。长方体的左端就是由这样前后对称的两个铅垂面切割而成的。B 面对 V 面和 W 面都处于倾斜位置，因而其侧面投影 b'' 也是类似的七边形线框。

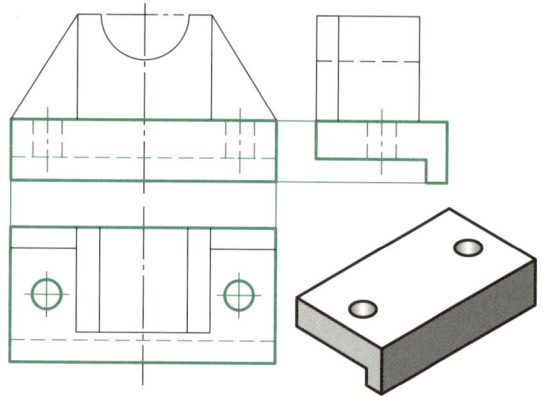

(a) 分线框，对投影

(b) 形体Ⅰ

(c) 形体Ⅱ

(d) 形体Ⅲ、Ⅳ

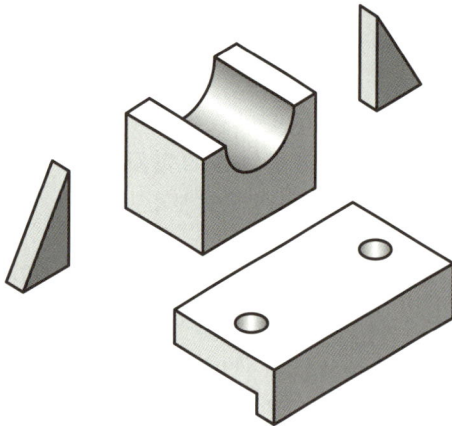

(e) 各部分形状及其相对位置

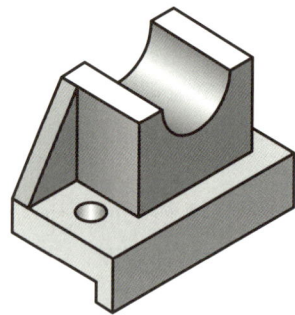

(f) 想象整体形状

图 4-4-7　轴承座读图方法

　　由图 4-4-8(d)可知，左视图的前后各有一个缺口，对照主、俯视图进行分析，可看出 C 面为水平面，D 面为正平面。长方体的前后两侧都是由这样两个平面切割而成的。

　　③ 综合想象其整体形状。

　　搞清楚各切割面的空间位置和切割出的平面图形形状后，根据切割掉的基本体形状，并进一步分析视图中线、线框的含义,可以综合想象出整体形状,如图 4-4-8(e)所示。

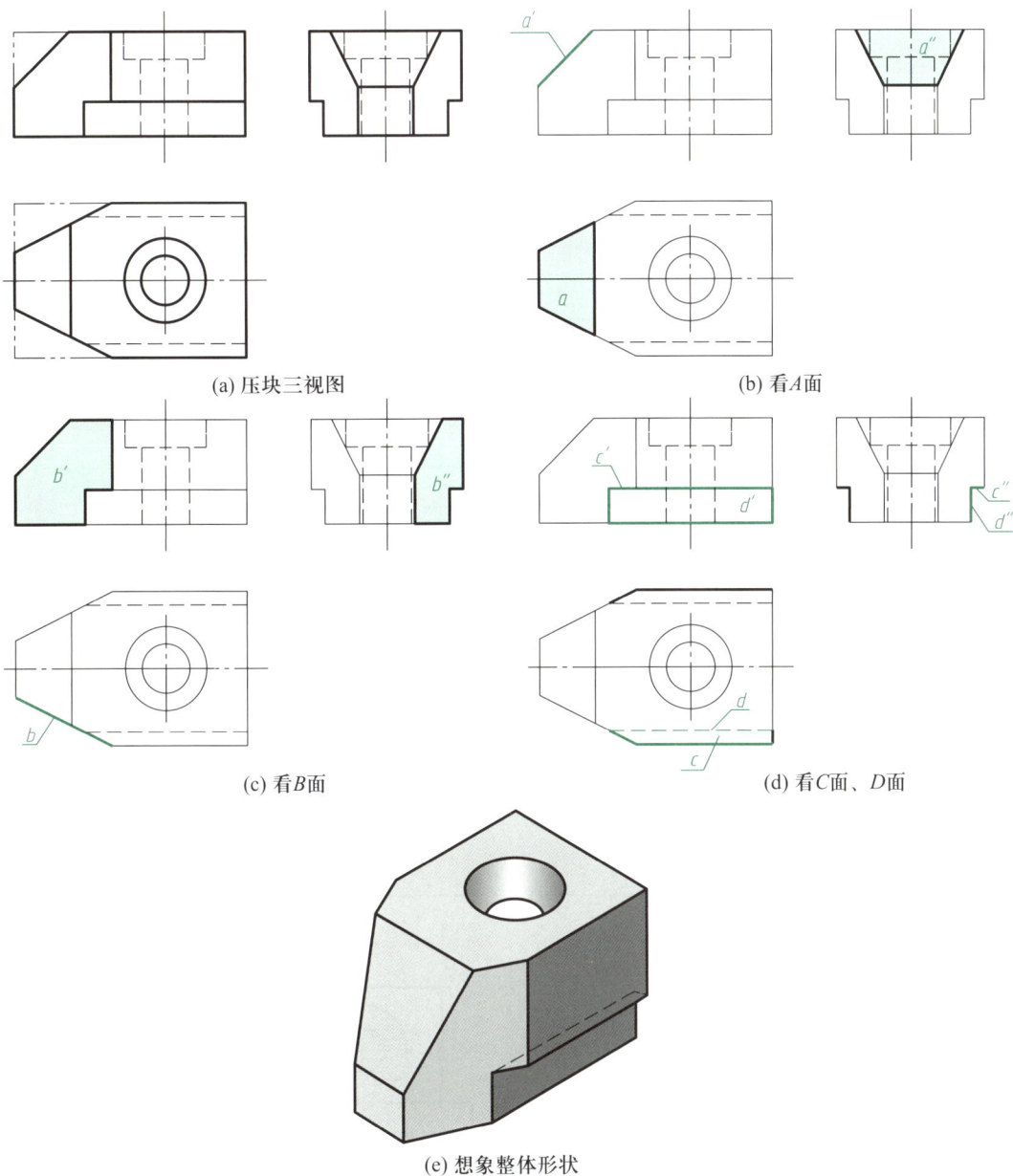

(a) 压块三视图　　　　　　　　　　　(b) 看A面

(c) 看B面　　　　　　　　　　　(d) 看C面、D面

(e) 想象整体形状

图 4-4-8　压块读图方法

2. 读组合体零件视图的步骤

读图一般是以形体分析法为主,线面分析法为辅。根据形体的视图,逐个识别出各个形体,并确定形体的组合形式、相对位置及邻接表面关系。读组合体零件视图的具体步骤如下:

(1) 分线框、对投影。从主视图入手,借助丁字尺、三角板和分规等,按照三视图投影规律,几个视图联系起来看,把组合体大致分成几部分。

（2）识形体、定位置。根据每一部分的视图想象出形体，并确定它们的相对位置和虚实。

（3）综合起来想整体。确定各个形体及其相对位置后,完整的组合体形状就清楚了。此时,最好把读图过程中想象出的组合体与给定的三视图逐个形体、逐个视图再对照检查一遍。

📖 **任务实施** ▶▶

如图 4-4-1 所示支座的左视图补画步骤见表 4-4-1。

表 4-4-1　支座的左视图补画步骤

序号	补画步骤	补画方法	补画结果
步骤 1	形体分析	进行形体分析,根据主、俯视图将支座分解成底板、竖板、矩形板三部分	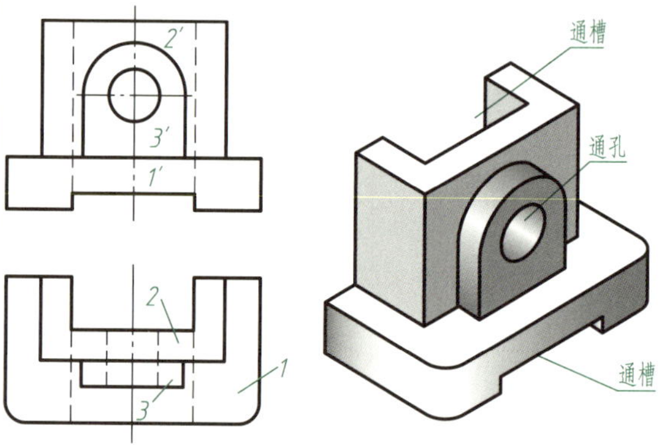
步骤 2	补画下部和后部未切槽的底板左视图	根据主、俯视图底板长、宽补画底板左视图	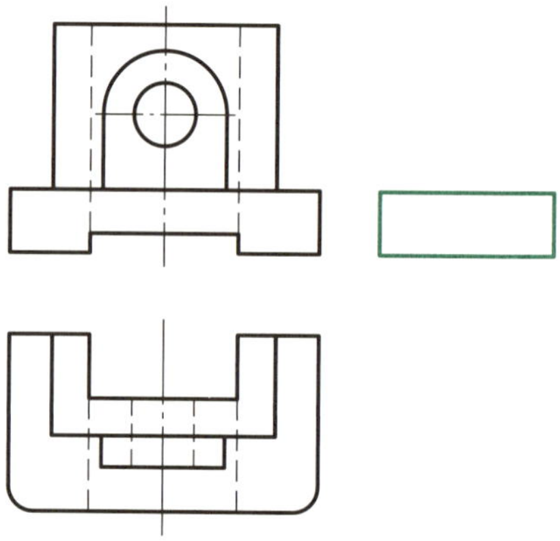

续表

序号	补画步骤	补画方法	补画结果
步骤 3	补画未开槽和孔的凹字形竖板及未开孔的带半圆头矩形板左视图	根据主、俯视图竖板及矩形板长、宽补画竖板及矩形板左视图	
步骤 4	补画底板和凹字形竖板的前后和上下通槽左视图	根据主、俯视图通槽虚线框补画通槽左视图	
步骤 5	补画圆柱形通孔左视图,完成支座左视图	根据圆柱形通孔主、俯视图补画圆柱形通孔左视图	

项目五　轴测图的绘制

梁思成手绘古代建筑图

梁思成先生对保护中国古代建筑倾尽一生心力,他利用鸭舌笔和墨线等简陋的制图工具绘制的中国古代建筑图,构图之精准、细节之精细、图片之精美,令人惊讶不已。

学习目标

1. 了解轴测图的应用、形成及基本知识;
2. 能正确绘制简单组合体的正等轴测图;
3. 能正确绘制简单组合体的斜二轴测图。

学习重点和难点

1. 学习重点
(1)正等轴测图的画法;
(2)斜二轴测图的画法。
2. 学习难点
(1)画带有曲面或圆角的立体正等轴测图;
(2)画复杂(切割或叠加)立体正等轴测图。

轴测图通常称为立体图,是将物体连同其空间直角坐标系,沿不平行于任一坐标平面的方向,用平行投影法将其投射在单一投影面上所得到的立体性强、直观性好的图形。其能够同时反映出物体长、宽、高三个方向的尺寸,可沿坐标轴方向按比例进行度量,但作图复杂,且不能反映物体的真实形状和大小,在工程中一般用作辅助图样。

轴测投影的基本知识

📖 **相关知识** ▶▶

5.1.1 轴测投影的形成

动画
轴测投影的形成

  轴测图分为正轴测图和斜轴测图,改变物体相对于投影面的位置,而投射方向仍垂直于投影面,所得到的轴测图称为正轴测图,如图 5-1-1(a)所示;改变投射方向使其倾斜于投影面,而不改变物体相对于投影面的位置,所得到的投影图称为斜轴测图,如图 5-1-1(b)所示。图 5-1-1 中的投影面 P 称为轴测投影面,直角坐标轴 OX、OY 及 OZ 的轴测投影 O_1X_1、O_1Y_1、O_1Z_1 称为轴测轴。

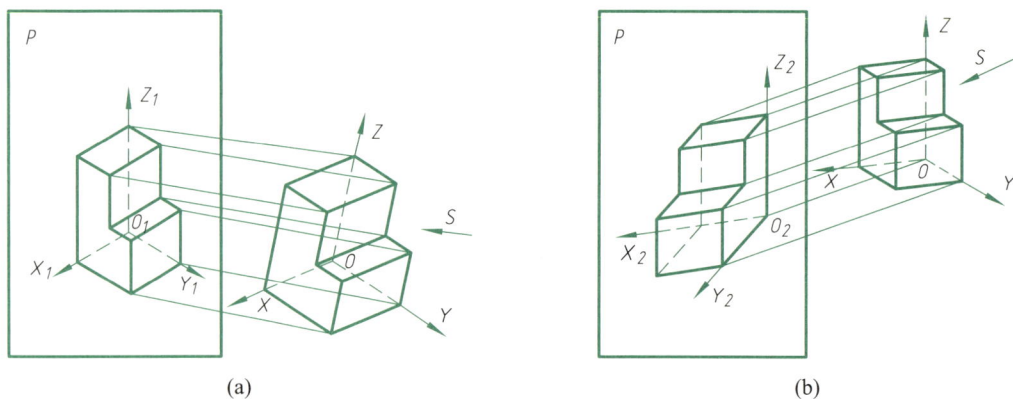

(a)   (b)

图 5-1-1   轴测投影的形成

5.1.2 轴向伸缩系数和轴间角

1. 轴向伸缩系数

轴测轴上的单位长度与相应投影轴上的单位长度之比称为轴向伸缩系数。p_1、q_1、r_1 分别称为 OX 轴、OY 轴、OZ 轴上的轴向伸缩系数。

$$p_1 = O_1X_1/OX \qquad q_1 = O_1Y_1/OY \qquad r_1 = O_1Z_1/OZ$$

2. 轴间角

两轴测轴间的夹角 $\angle X_1O_1Y_1$、$\angle X_1O_1Z_1$、$\angle Z_1O_1Y_1$ 称为轴间角。

5.1.3 轴测投影的分类及性质

1. 轴测投影的分类

按投射线与投影面是否垂直,轴测图分为正轴测图和斜轴测图。按轴向伸缩系数的不同情况,轴测图分为等轴测图、二轴测图、三轴测图等。

常用的轴测图主要有正等轴测图和斜二轴测图。

2. 轴测投影的性质

由于轴测图是由平行投影法得到的,所以它具有平行投影的全部特征,即:

（1）平行性

物体上相互平行的线段的轴测投影仍相互平行,物体上平行于坐标轴的直线段的轴测投影仍与相应的轴测轴平行。

（2）定比性

物体上两平行线段或同一直线上的两线段长度之比,其轴测投影保持不变。

（3）真实性

物体上与轴测投影面平行的平面,其轴测投影反映平面的真实形状。凡是与坐标轴平行的直线,就可以在轴测图上沿轴向进行度量和作图。

任务 5.2 正等轴测图的绘制

任务要求 ▶

试根据如图 5-2-1 所示的组合体视图绘制其正等轴测图。

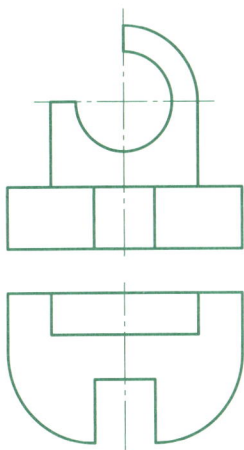

图 5-2-1 组合体视图

相关知识 ▶

5.2.1　正等轴测图的形成与参数

使直角坐标系的三个坐标轴对轴测投影面的倾角相等，并用正投影法将物体向轴测投影面投射，所得到的图形称为正等轴测图，简称正等测。

在正投影情况下，当 $p_1=q_1=r_1$ 时，三个坐标轴与轴测投影面的倾角都相等，均为 $35°16'$。由几何关系可以证明，其轴间角均为 $120°$，三个轴向伸缩系数均为 $p_1=q_1=r_1=\cos 35°16'\approx 0.82$。在实际画图时，为了作图方便，一般将 O_1Z_1 轴取为铅垂位置，各轴向伸缩系数采用简化系数 $p=q=r=1$。这样，沿各轴向的长度被放大了 $1/0.82\approx 1.22$ 倍，轴测图也就比实际物体大，但对形状没有影响。如图 5-2-2 所示，图中给出了正等轴测轴的轴向角及各轴向伸缩系数。

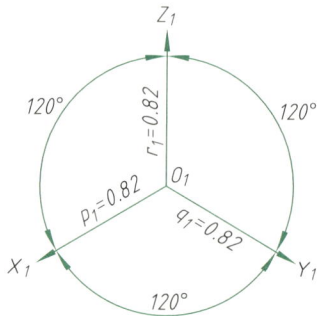

图 5-2-2　正等轴测轴的画法和各轴向伸缩系数

5.2.2　平面立体正等轴测图的画法

微课
正六棱柱的正等轴测图

以正六棱柱为例，平面立体正等轴测图作图步骤如下：

（1）正六棱柱的顶面和底面都是处于水平位置的正六边形，因此，取顶面的中心 O 为原点，标注主视图、俯视图中的原点和坐标轴，如图 5-2-3（a）所示。

（2）用细实线画轴测轴，O_1X_1 轴、O_1Y_1 轴与 O_1Z_1 轴的轴间角均为 $120°$，根据顶面各点坐标，利用分规量取 OA、OB、$O1$、$O4$ 的长度，并等比例在 $X_1O_1Y_1$ 坐标面上定出点 A_1、B_1、1_1、4_1 的位置，如图 5-2-3（b）所示。

（3）过点 A_1、B_1 作轴测轴 O_1X_1 的平行线，根据俯视图中直线 23、直线 56 的长度确定点 2_1、3_1、5_1、6_1 的位置，如图 5-2-3（c）所示。

（4）依次用粗实线连接 1_1、2_1、A_1、3_1、4_1、5_1、B_1、6_1 各点，得出顶面的投影，如图 5-2-3（d）所示。

（5）由 1_1、2_1、3_1、6_1 各顶点向下作 O_1Z_1 轴的平行线，并根据主视图中六棱柱的高度 h，等比例在平行线上截得棱线长度 h，即可定出底面各可见点的位置，如图 5-2-3（e）所示。

（6）连接各点，擦去作图痕迹及不可见部分的轮廓并加深图线，即得正六棱柱的正等轴测图，如图 5-2-3（f）所示。

5.2.3　圆的正等轴测图的画法

1. 平行于坐标面圆的正等轴测图

平行于坐标面圆的正等轴测图是椭圆，三个坐标面上的圆的正等轴测图是大小相等的椭圆，只是长短轴方向不同，如图 5-2-4 所示。

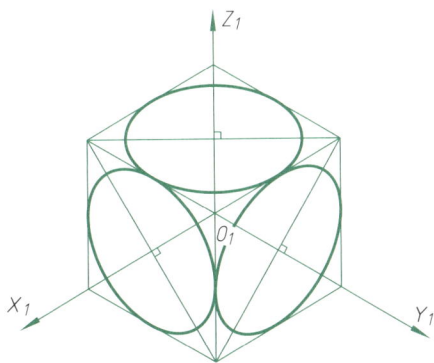

(a)   (b)   (c)

(d)   (e)   (f)

图 5-2-3 正六棱柱的正等轴测图

图 5-2-4 平行于坐标面圆的正等轴测图

2. 菱形法求圆的正等轴测图

在实际作图时，一般不要求准确地画出椭圆曲线，经常采用菱形法，即四心圆弧法近似作图。如图 5-2-5 所示，作水平面上半径为 R 的水平圆的正等轴测图，作图步骤如下：

（1）确定直角坐标的原点及坐标轴。通过圆心 O 作坐标轴 OX 和 OY，画圆的外切正方形，切点为 A、B、C、D，正方形端点为 1、2、3、4，如图 5-2-5（a）所示。

微课
菱形法近似作
椭圆

（2）用细实线画出轴测轴 O_1X_1、O_1Y_1，两轴与水平轴的夹角为 $30°$。从点 O_1 沿轴向量得切点，在 X_1、Y_1 轴上截取 $O_1A_1 = O_1B_1 = O_1C_1 = O_1D_1 = R$，得 A_1、B_1、C_1、D_1 四点，如图 5-2-5（b）所示。

（3）过 A_1、B_1、C_1、D_1 四点，用细实线分别作 O_1Y_1、O_1X_1 轴的平行线，平行线的交点为 1_1、2_1、3_1、4_1 四点，得到一个菱形，如图 5-2-5（c）所示。

（4）作菱形的对角线 4_12_1，作与菱形钝角的连线 A_13_1、C_11_1，得到两个交点 O_2、O_3。1_1、3_1、O_2、O_3。这四个点就是代替椭圆弧的四段圆弧的中心，如图 5-2-5（d）所示。

（5）以点 O_2 为圆心，O_2A_1 为半径，用粗实线画圆弧 A_1D_1；以点 O_3 为圆心，O_3B_1 为半径，用粗实线画圆弧 B_1C_1；以点 1_1 为圆心，1_1C_1 为半径，用粗实线画圆弧 C_1D_1；以点 3_1 为圆心，3_1A_1 为半径，用粗实线画圆弧 A_1B_1，如图 5-2-5（e）所示。

（6）擦去作图痕迹及不可见部分的轮廓并加深图线即可。

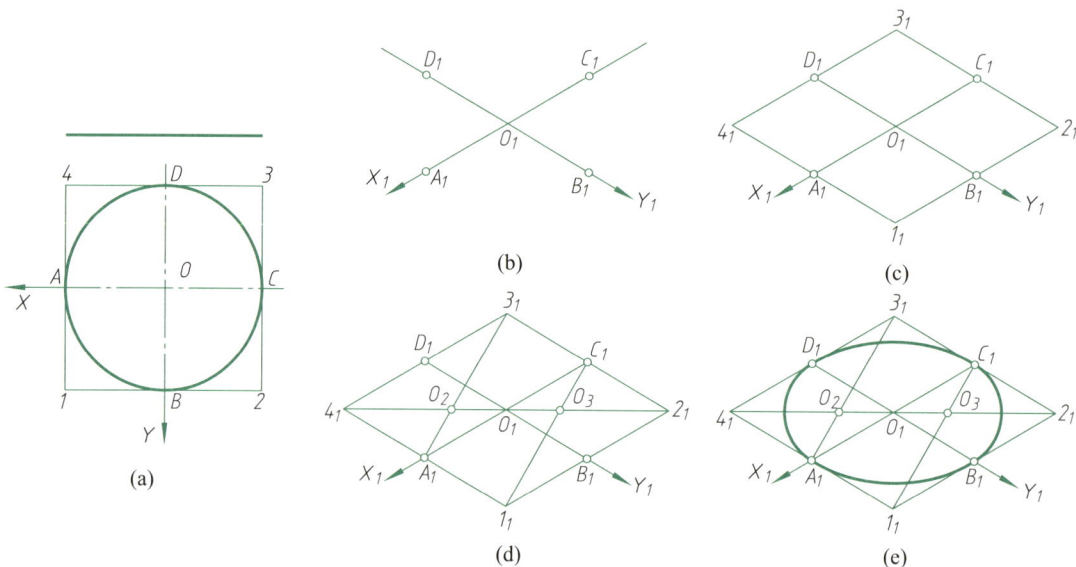

图 5-2-5 菱形法求圆的正等轴测图

5.2.4 曲面立体正等轴测图的画法

1. 圆柱体的正等轴测图

以底面与正平面平行的圆柱体为例，绘制曲面立体的正等轴测图，圆柱体的底面圆用菱形法作图求得，作图步骤如下：

（1）定出直角坐标的原点及坐标轴。圆柱体的高度为 h；主视图为底面圆，通过圆心 O 作坐标轴 OX 和 OZ，画圆的外切正方形，切点为 A、B、C、D；在俯视图长方形的底边作坐标轴 OX 和 OY，如图 5-2-6（a）所示。

（2）用细实线画出轴测轴 O_1X_1、O_1Y_1、O_1Z_1，用菱形法绘制底面椭圆，如图 5-2-6（b）所示。

（3）根据俯视图中圆柱体的高度 h 进行标定，如图 5-2-6（c）所示。沿 O_1Y_1 轴平移椭圆，得到另一个底的椭圆，如图 5-2-6（d）所示。

（4）绘制圆柱体最左和最右的两条素线 $3_1 3_2$、$4_1 4_2$，如图 5-2-6（e）所示。擦去作图痕迹及不可见部分的轮廓并加深图线即可，如图 5-2-6（f）所示。

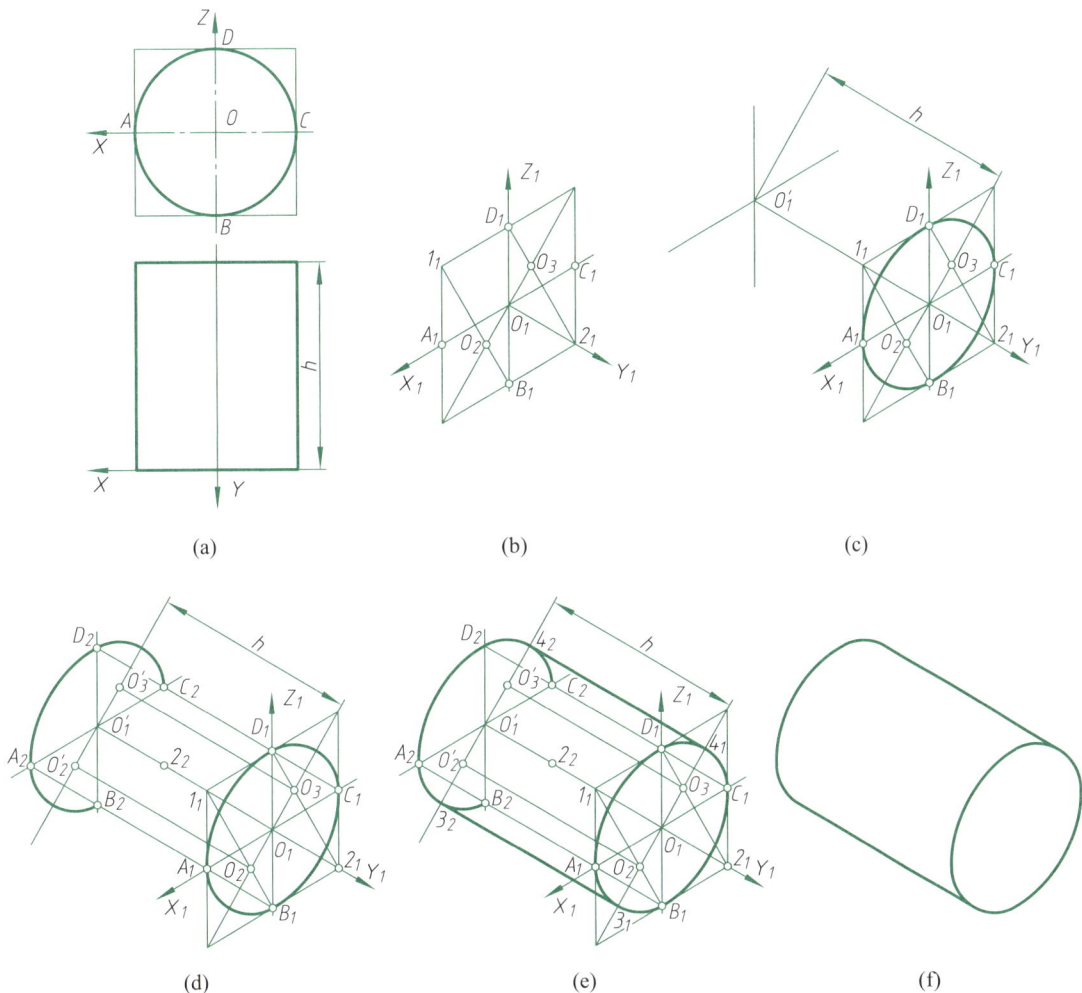

图 5-2-6　圆柱体的正等轴测图

2. 平行于坐标面的圆角的正等轴测图

平行于坐标面的圆角，实质上就是平行于坐标面的圆的一部分。带圆角的长方体底板的正等轴测图作图步骤如下：

（1）定出直角坐标的原点及坐标轴。主视图为长方形，点 A、B、C、D 标记为四个端点，俯视图为带圆角的长方形，定出原点 O 并作坐标轴 OX、OY、OZ，如图 5-2-7（a）所示。

（2）用细实线画出轴测轴 $O_1 X_1$、$O_1 Y_1$、$O_1 Z_1$，画出完整的长方体，如图 5-2-7（b）所示。

（3）按圆角半径 R 在底板顶面上找出切点 1、2 和 3、4 点，如图 5-2-7（c）所示。

（4）过切点 1、2 和 3、4 分别作切点所在直线的垂线，其交点 O_1、O_2 就是轴测圆角的圆心，如图 5-2-7（d）所示。

微课
平行于坐标面
的圆角的正等
轴测图画法

113

（5）分别以 O_1 和 O_2 为圆心，以 $O_1 1$ 和 $O_2 3$ 为半径作圆弧 12 和 34，如图 5-2-7（e）所示。

（6）将圆弧 12 和 34 分别沿 $O_1 Z_1$ 轴下移 N 的长度，画出底面圆弧，如图 5-2-7（f）所示。

（7）整理并描深图线，完成全图，如图 5-2-7（g）所示。

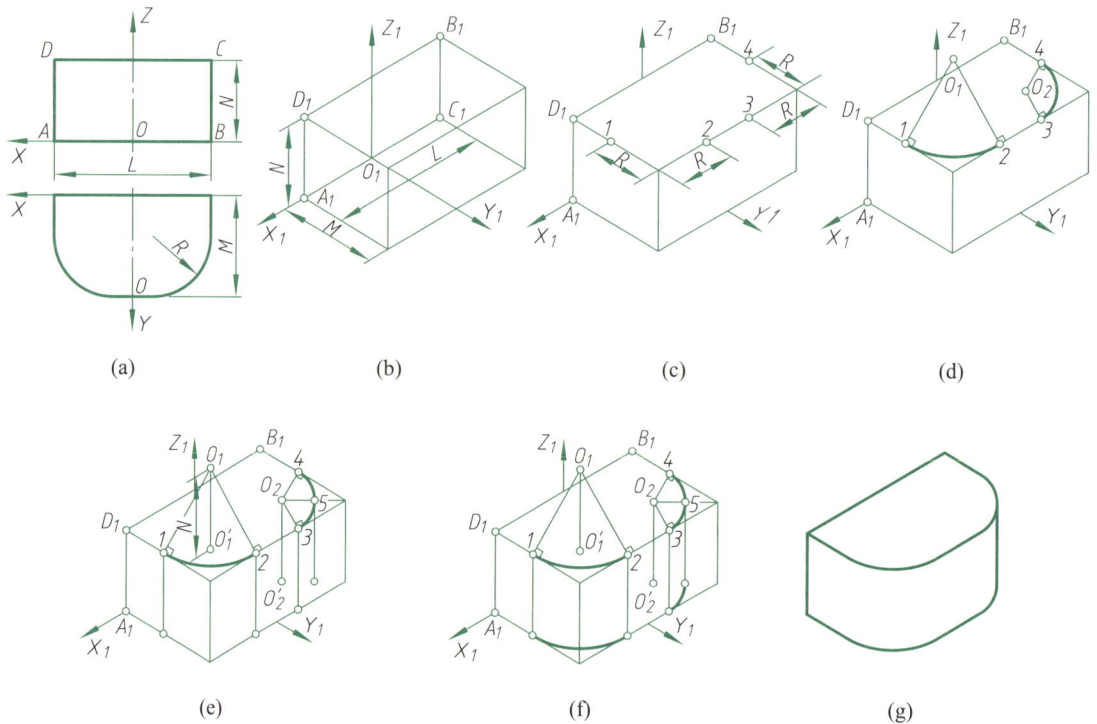

图 5-2-7　平行于坐标面的圆角的正等轴测图

5.2.5　组合体正等轴测图的画法

画组合体的正等轴测图时，也像画组合体三视图一样，要先进行形体分析，分析组合体的构成，然后再作图。作图时，可先画出一个基本体的轴测图，再利用切割法和叠加法完成全图。具体作图方法见任务实施。

任务实施 ▷

如图 5-2-1 所示的图形可看作由上下两部分叠加而成的叠加式组合体，而上下每一部分又属于切割式组合体，即在下半部分基本体上切割掉一个长方体，而在上半部分基本体上切割掉一个圆柱体后，再切掉其四分之一部分，其正等轴测图的画法见表 5-2-1。

微课
叠加式组合体
正等轴测图
的画法

微课
切割式组合体
正等轴测图
的画法

表 5-2-1 切割式组合体正等轴测图的画法

序号	作图步骤	作图方法	作图结果
步骤 1	标注坐标系	标注坐标系 $O_1X_1Y_1Z_1$，确定切割圆柱体孔的坐标系 $O_2X_2Y_2Z_2$，及长方体的坐标系 $O_3X_3Y_3Z_3$，并标注在主视图和俯视图中	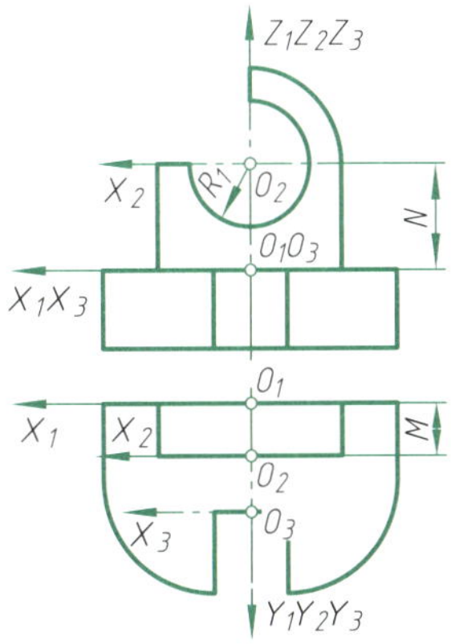
步骤 2	绘制基础组合体	绘制基础组合体，确定坐标系 $O_2X_2Y_2Z_2$	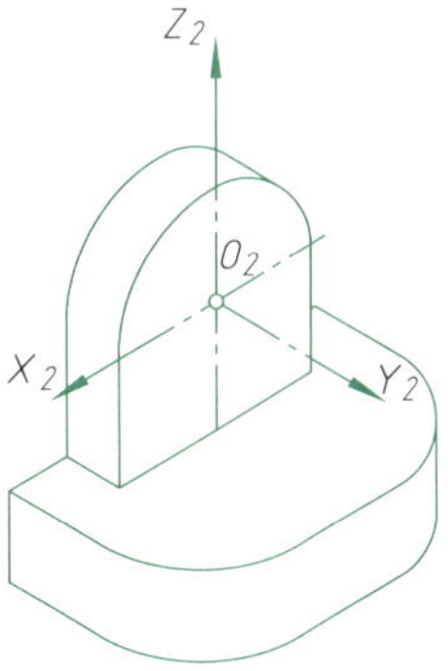
步骤 3	绘制圆柱孔	根据 R_1 的长度，参照图 5-2-6 所示方法绘制切割圆柱孔，确定各段圆弧的圆心并绘制四段圆弧	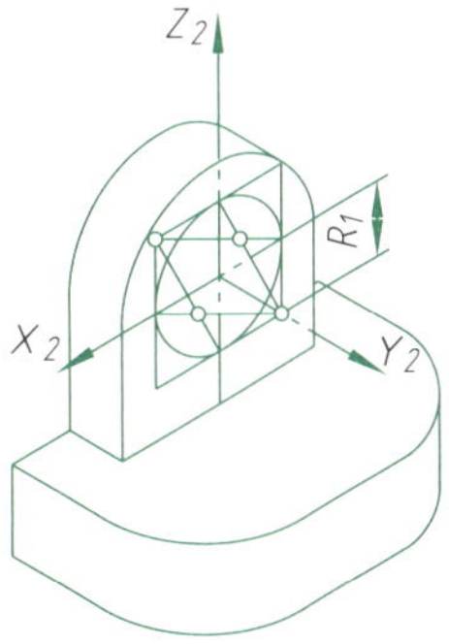
步骤 4	切割圆柱体	绘制出半圆柱体及切割圆柱体的最上素线及最左素线，并分别用直线连接	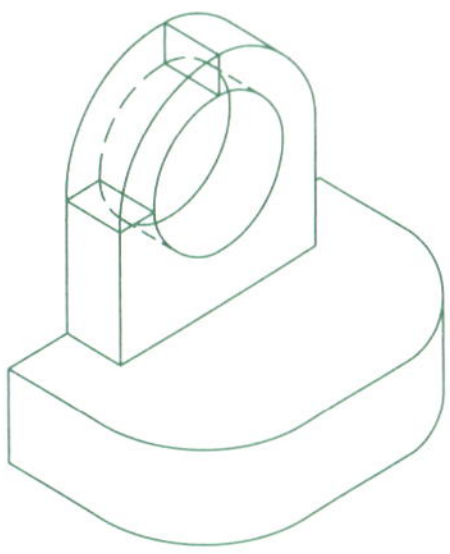

续表

序号	作图步骤	作图方法	作图结果
步骤 5	整理圆柱体图线	擦去四分之一圆柱体轮廓线,确定切割长方体坐标系 $O_3X_3Y_3Z_3$	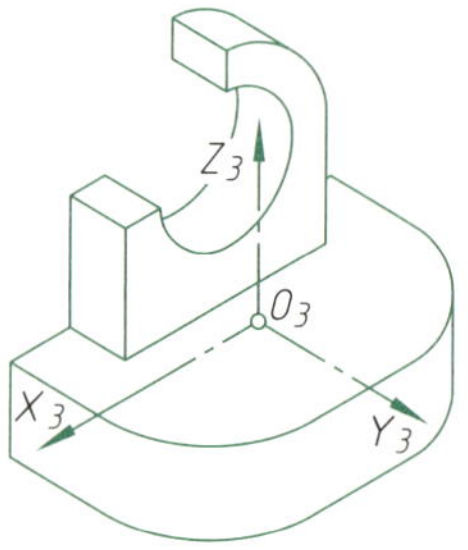
步骤 6	切割长方体	参照图 5-2-3 所示的绘图方法绘制出切割长方体	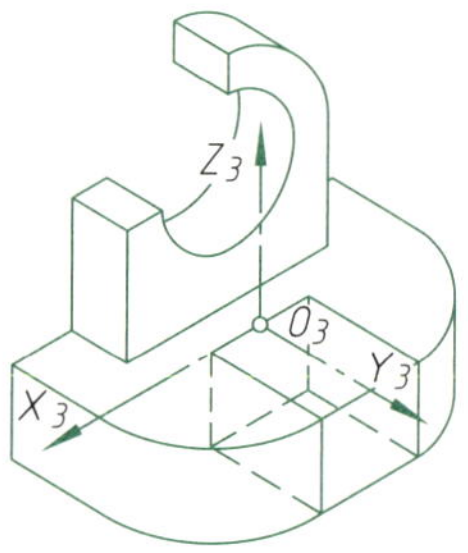
步骤 7	整理、描深	擦去作图痕迹及不可见部分的轮廓,整理并描深图线,完成全图	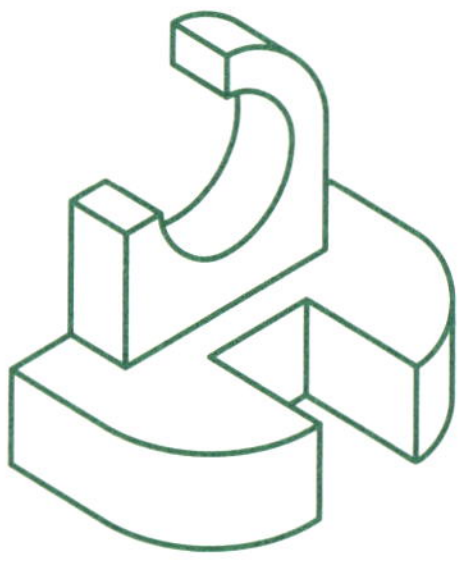

任务 5.3 斜二轴测图的绘制

📖 任务要求 ▶

如图 5-3-1 所示为一个长方体及三个圆柱体通过叠加及切割组成的组合体,试根据主视图及俯视图绘制其斜二轴测图。

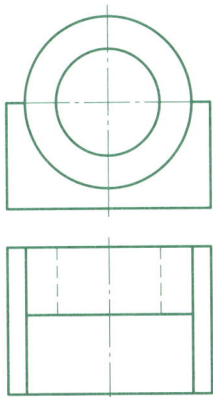

图 5-3-1 长方体与圆柱体构成的组合体视图

📖 **相关知识** ▶▶

5.3.1 斜二轴测图的形成及参数

不改变原物体与投影面的相对位置,改变投射线的方向,使投射线与投影面倾斜角度发生变化,就可以得到不同的斜轴测投影。如果使轴测投影面平行于一个坐标平面 $X_1O_1Z_1$,且平行于坐标平面的 O_1X_1 轴和 O_1Z_1 轴的轴向伸缩系数 p_1 和 r_1 相等,这样得到的斜轴测投影称为斜二轴测投影,也称为斜二轴测图、正面斜二轴测图,简称斜二测。

如图 5-3-2 所示为斜二轴测轴的轴间角及简化轴向伸缩系数,O_1X_1 轴为水平方向,O_1Z_1 轴为铅垂方向,O_1X_1 轴和 O_1Z_1 轴间的轴间角为 90°,O_1X_1 和 O_1Z_1 轴的轴向伸缩系数 p_1 和 r_1 都等于 1,O_1Y_1 轴和 O_1X_1 轴、O_1Z_1 轴的夹角都是 135°,O_1Y_1 轴的轴向伸缩系数 q_1 为 0.5。因此,轴向伸缩系数:$p_1 = r_1 = 1$,$q_1 = 0.5$。轴间角:$\angle X_1O_1Z_1 = 90°$,$X_1O_1Y_1 = \angle Y_1O_1Z_1 = 135°$。

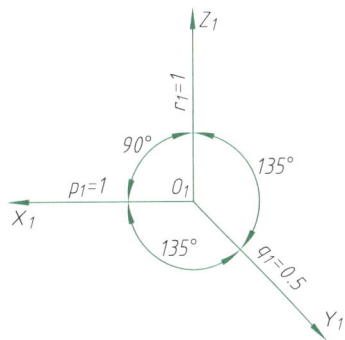

图 5-3-2 斜二轴测轴的轴间角及简化轴向伸缩系数

5.3.2 斜二轴测图的画法

在给定的视图基础上,区分好构成组合体的基本体,确定坐标系,按照比例在斜二轴测图上标注定位点,先绘制基本体,再绘制叠加式组合体,最后绘制切割式组合体,整理连线,擦去不可见线条及作图痕迹,完成图形绘制。具体作图方法见任务实施。

📖 **任务实施** ▶▶

如图 5-3-1 所示的组合体斜二轴测图的画法见表 5-3-1。

微课
组合体的斜二轴测图的画法

117

表 5-3-1　组合体斜二轴测图的画法

序号	作图步骤	作图方法	作图结果
步骤 1	标注坐标系	（1）用细实线在主视图及俯视图中标注出长方体的坐标系 $OXYZ$，原点 O 选择在长方体的顶面及前面交线的中点处，原点 O 也为切割半圆柱体的最前面圆心 （2）标注叠加大圆柱体的前面圆心为 O_a，其距离原点 O 的长度为 a （3）标注切割小圆柱体的后面圆心为 O_b，其距离原点 O 的长度为 b	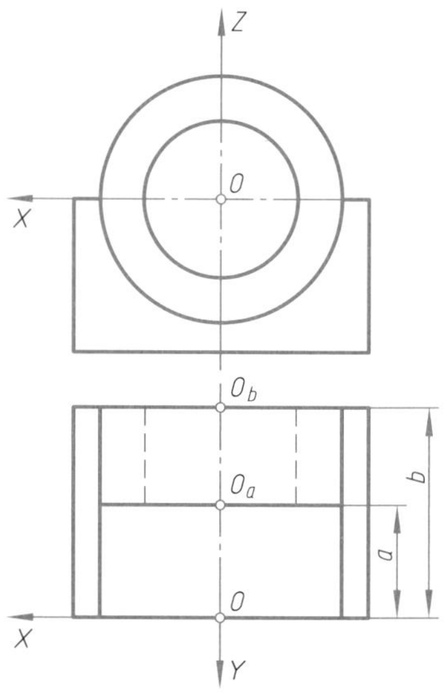
步骤 2	绘制轴测轴及长方体	用细实线画轴测轴，将主视图中长方体前面的轮廓线按 1：1 的比例绘制到坐标系中，长方体的宽 b 按 0.5 倍的关系绘制到坐标系中，连接得到长方体	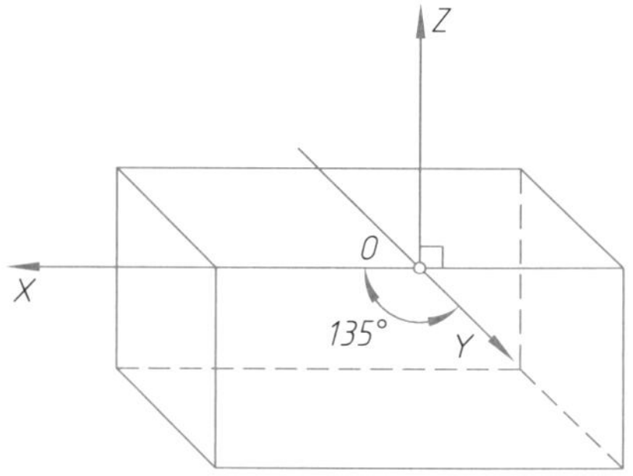
步骤 3	绘制切割半圆柱体	在坐标系 OY 轴上确定半圆柱体前后面的圆心 O 及 O_b，并绘制前后半圆圆弧，后面的半圆有部分轮廓被长方体遮挡，不可见部分用虚线表示	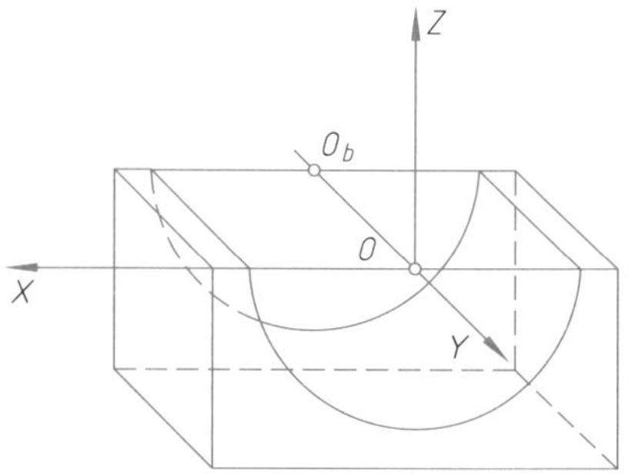

续表

序号	作图步骤	作图方法	作图结果
步骤 4	确定叠加圆柱体的圆心 O_a	从主视图中量取 $a/2$ 大小，在坐标系 OY 轴上确定叠加圆柱体前面的圆心 O_a	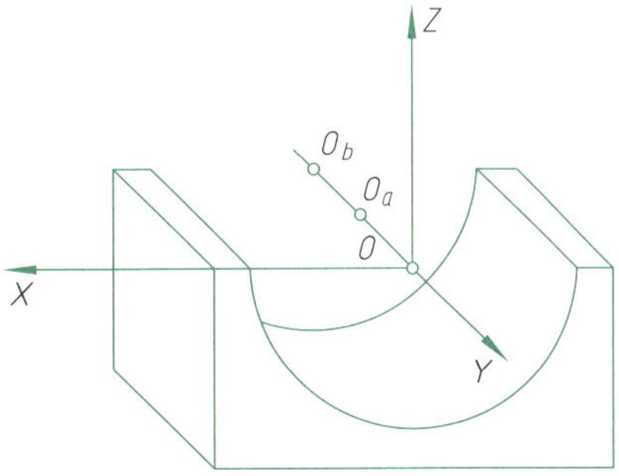
步骤 5	绘制叠加大圆柱体	（1）将主视图大圆柱体半径按 1∶1 的比例量取后，以 O_a 及 O_b 为圆心绘制大圆柱体前后面的两圆 （2）以 O_a 为起点，作 OY 轴的垂线，交于前面圆，并在交点处作垂线，该垂线即为大圆柱体的最右素线	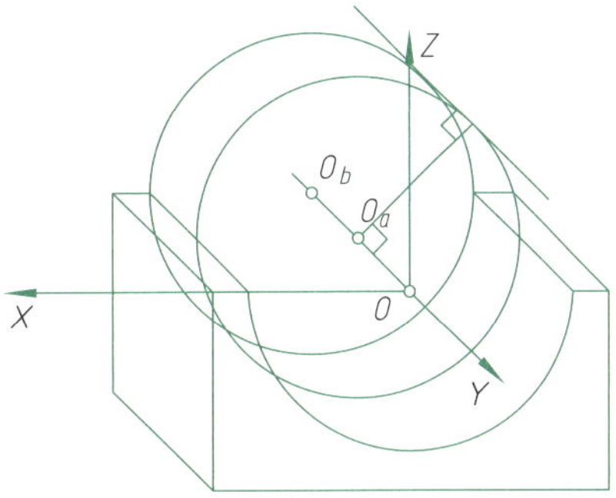
步骤 6	绘制切割小圆柱体	将主视图小圆柱孔半径按 1∶1 的比例量取后，以 O_a 及 O_b 为圆心绘制小圆柱体前后面的两圆	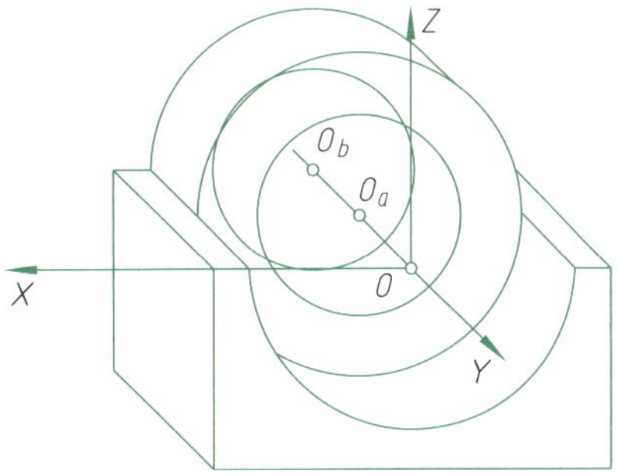

119

序号	作图步骤	作图方法	作图结果
步骤 7	整理图线	擦去作图痕迹及不可见部分的轮廓,整理并描深图线,完成全图	

项目六　图样的基本表达方法

工匠精神

　　"工匠精神"对于个人,是干一行、爱一行、专一行、精一行,务实肯干、坚持不懈、精雕细琢的敬业精神;对于企业,是守专长、制精品、创技术、建标准,持之以恒、精益求精、开拓创新的企业文化;对于社会,是讲合作、守契约、重诚信、促和谐,分工合作、协作共赢、完美向上的社会风气。

学习目标

工匠精神

　　1. 掌握机件外部形状的表达方法:基本视图、向视图、斜视图、局部视图的画法、标注;
　　2. 掌握机件内部形状的表达方法:剖视图、断面图的种类、画法和标注;
　　3. 掌握机件的其他表达方法:局部放大图、简化画法的规定和画法;
　　4. 掌握机件不同基本表达方法的应用。

学习重点和难点

　　1. 学习重点
　　(1) 视图、剖视图、断面图的画法和标注规定;
　　(2) 各种基本表示方法的综合应用。
　　2. 学习难点
　　(1) 剖视图的画法;
　　(2) 各种基本表示方法的综合应用。
　　当机械零件的形状和结构较为复杂时,三视图并不能很完整、清晰、正确地表达其形状和结构,为了使零件图满足实际生产和使用需求,国家标准专门对机件的其余表示方法进行了规定。其中,视图、剖视图、断面图、局部放大图、简化画法等都属于机件表达的基本表示方法。

机件外部形状的表达及应用

　　形状和结构较为复杂的机件,可采用视图对其形状和结构进行表达。视图是根据有关标准和规定采用正投影法从不同方向对机件的不同位置进行投影而得到的图形,一般情况下适用于机件的外部形状和结构的表达,所以在绘制时通常只画出机件的可见部分,必要时才用细虚线表达其不可见部分。用于表达机件外部形状的视图通常分为基本视图、向视图、局部视图和斜视图几种类型。

相关知识 ≫

6.1.1　基本视图

动画
基本视图的形成

　　当对形状和结构较为复杂的机件进行投影时,每一个方向投影得到的视图都可能存在差异,仅采用主视图、俯视图和左视图可能并不能正确、清晰地把机件的形状和结构表达完整;此时,可在原有 V、H、W 三个投影面的基础上,分别在其对面再增加三个投影面,得到如图 6-1-1 所示的六个基本投影面,组成一个正六面体,将物体放置于该正六面体中间,并使用正投影法将该机件分别投影至正六面体的每一个平面,最终得到六个不同的视图。

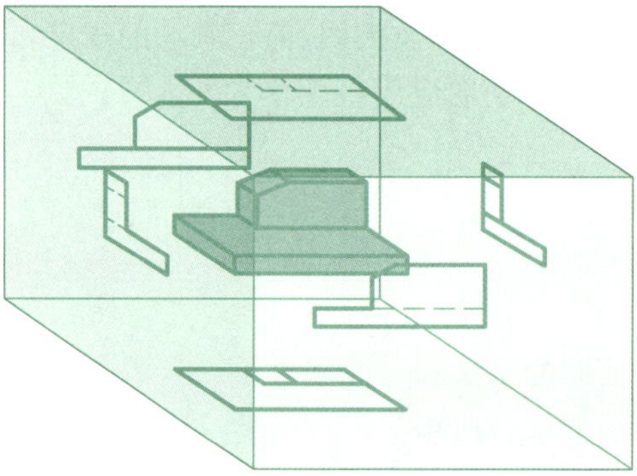

图 6-1-1　基本投影面和基本视图的投影过程

　　组成该正六面体的平面称为基本投影面,而机件向基本投影面投射得到的视图称为基本视图。

　　主视图——由前向后投射所得视图;后视图——由后向前投射所得视图;

　　俯视图——由上向下投射所得视图;仰视图——由下向上投射所得视图;

　　左视图——由左向右投射所得视图;右视图——由右向左投射所得视图。

　　基本视图及其展开如图 6-1-2 所示。展开时,正投影面保持不动,其他各个投影面按箭头所示方向,逐步展开到与正投影面在同一个平面上。

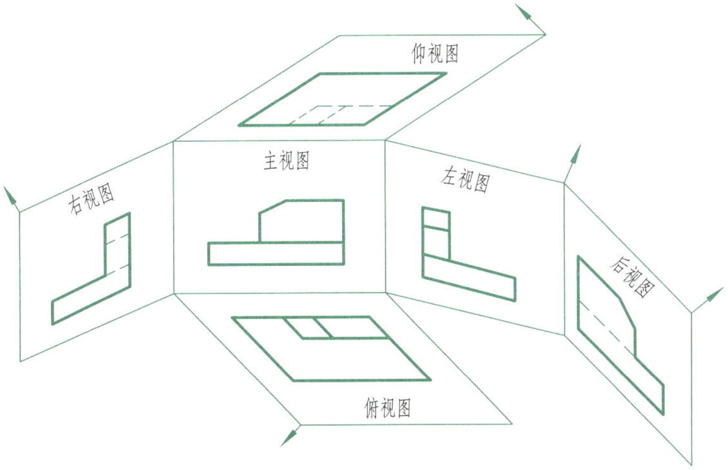

图 6-1-2　基本视图及其展开

根据基本视图的投影过程和展开过程可知,六个基本视图与物体之间仍符合"长对正、高平齐、宽相等"的关系,如图 6-1-3 所示。

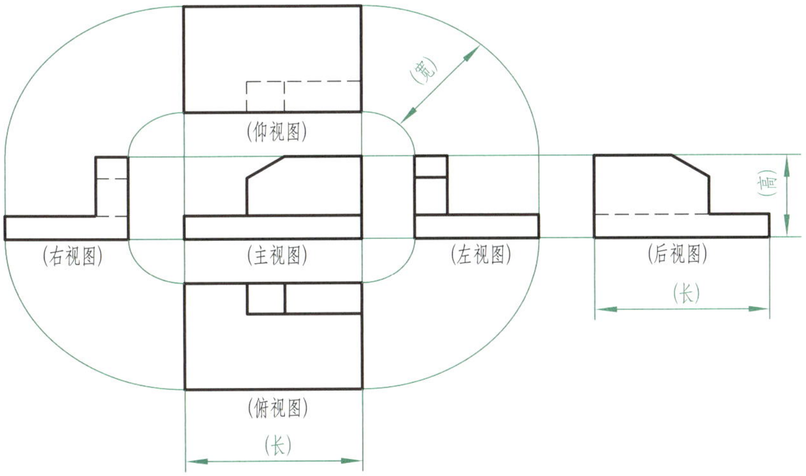

图 6-1-3　基本视图与物体的尺寸关系

物体有上、下、左、右、前、后六个方位,每一个基本视图都能反映物体的其中四个方位,如图 6-1-4 所示。

需要注意的是:以主视图为基准,除后视图外,其他视图在远离主视图的一侧都表示物体的前方位;而靠近主视图的一侧,则表示物体的后方位。

在绘制机件的基本视图时,视图的位置需严格按照其投影关系进行摆放,视图间的空间位置关系和投影关系可由视图直接分析得出,因此基本视图一律不标注视图的名称,如图 6-1-5 所示。

虽然机件可以用六个基本视图来表达,但在实际应用中,并不是所有机件都需要采用六个基本视图来表达,在完整、清晰地表达机件结构形状的前提下,视图的数量越少越好。

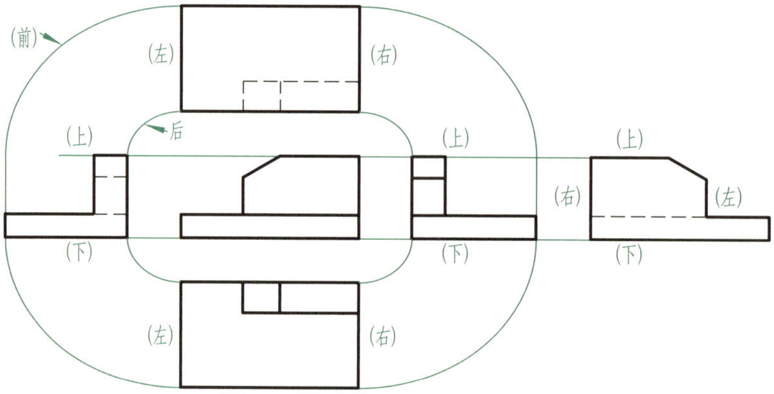

图 6-1-4　基本视图与物体的方位关系

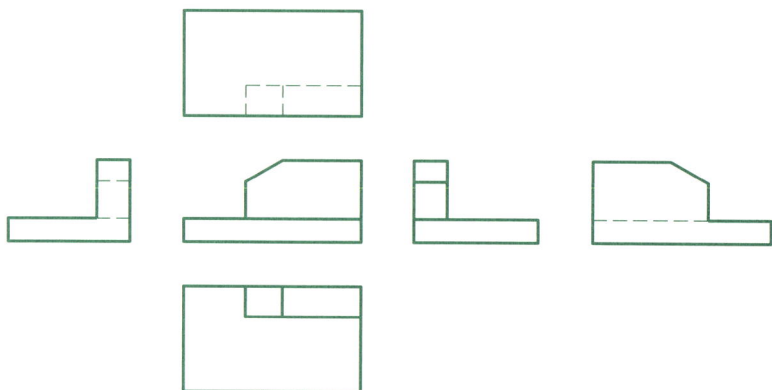

图 6-1-5　基本视图

6.1.2　向视图

在实际应用过程中,考虑到图纸大小和视图的布局,有时并不能将基本视图按照其投影关系进行摆放;针对此情况,可将某些基本视图放置在其他"非投影"位置,并对其进行标注,即绘制其向视图。简单来说,向视图就是可以自由配置,并需进行标记的基本视图。

向视图的标记要点有:

(1)标注向视图名称

即在视图上方用大写字母标出视图的名称,如 A、B、C。

(2)标注向视图的投影方向

在标记了向视图名称的同时,需要标记该向视图是从物体的哪个方位投影得到的视图,即在其他可以投影出该向视图的视图附近用箭头和相同的大写字母表示该向视图的投射方向。其中,箭头表示投影方向,此处标记的与向视图名称相同的大写字母用于指明从此方向投影得到的视图名称。

如图 6-1-6 所示,为了节约图纸空间,可将右视图和仰视图进行自由摆放,并将其视图名称标记为 A 和 B,同时在主视图上用箭头"→"对这两个视图的投影方向进行标记。

图 6-1-6　向视图

6.1.3　局部视图

针对某些特定未在其他视图中表达清楚的重要部分,可对其进行局部视图的绘制;即将机件某局部结构向基本投影面投射,所得视图称为局部视图。

如图 6-1-7 所示,为避免绘制左视图和右视图时对底座和圆柱体的重复表达,可仅对左右凸台的形状进行局部视图的绘制,即视图 *A* 和视图 *B*。

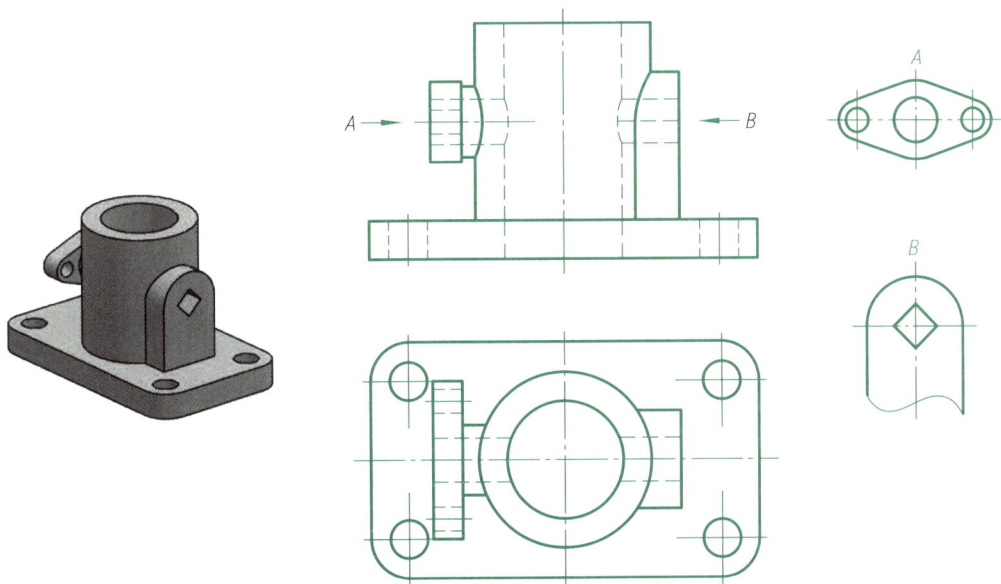

图 6-1-7　局部视图

局部视图的绘制和标记要点如下:

(1)局部视图边界的表示

在绘制局部视图时,需用波浪线或者双折线来表示断裂边界,如图 6-1-7 中视图 *B* 所示。但是,在特殊情况下,如果所需表达的局部结构外轮廓线是封闭的,波浪线或者双折线可以省略不画,如图 6-1-7 中视图 *A* 所示。

在绘制表示断裂边界线的波浪线时,既不应超出轮廓线,也不应画在中空处;一般认为,有材料的地方才有波浪线,如图 6-1-8 所示。

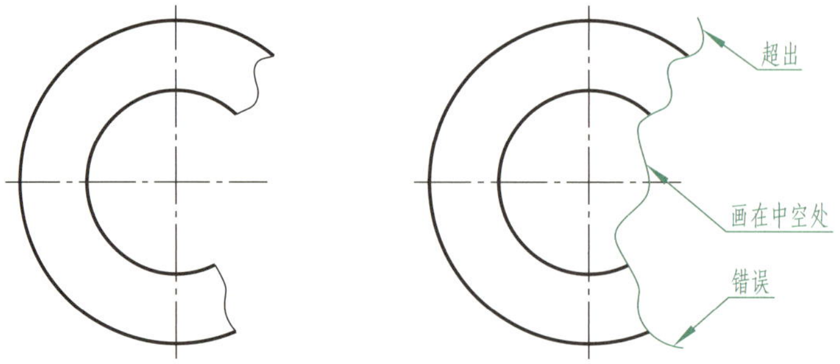

图 6-1-8　局部视图中波浪线的画法

（2）局部视图的标记

局部视图可按基本视图的配置形式配置，此时可以不做任何标注。如图 6-1-9 所示，将两个凸台的局部视图按照其投影方向进行摆放，由位置即可反向推断出其投影方向，所以无需对投影方向和视图名称进行任何标记。

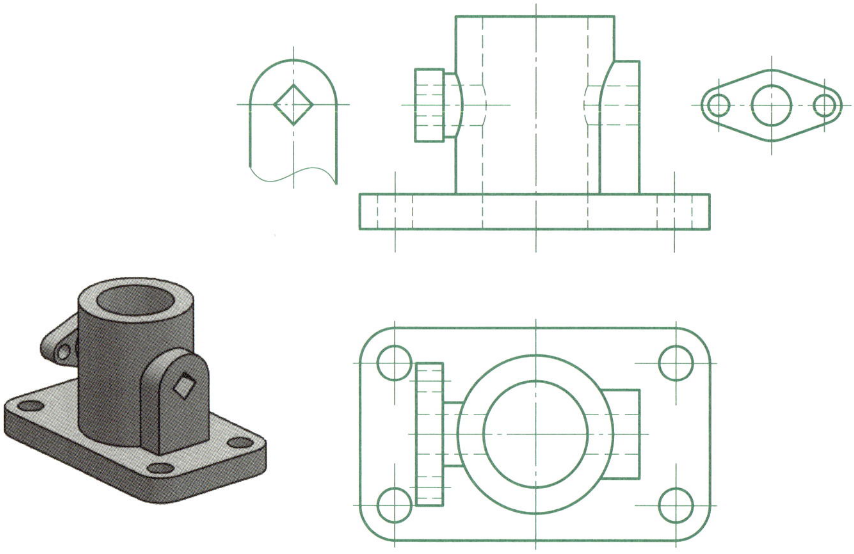

图 6-1-9　按照基本视图配置形式配置局部视图

局部视图也可按向视图的配置形式进行自由配置，此时需对视图的投影方向和视图名称进行标注，标注形式与向视图相同。如图 6-1-7 所示，在主视图中用"→"表示其投影方向，大写字母 A 和 B 分别表示从该投影方向投影后得到的视图名称。

6.1.4　斜视图

将机件向不平行于基本投影面的平面投射所得到的视图称为斜视图。

根据正投影法的相似性可知，当物体的表面与投影面成倾斜位置时，如果直接将其投影至该投影面，将得到一个与原结构形状和大小都类似的图形，不能反映该局部结构的实形，不利于绘图、读图。绘图过程中，为了

动画
斜视图的形成

清晰地表达这一倾斜部分的结构和形状,可增设一个与倾斜表面平行的辅助投影面,并将倾斜部分向新增的辅助投影面进行投射,如图 6-1-10 所示。

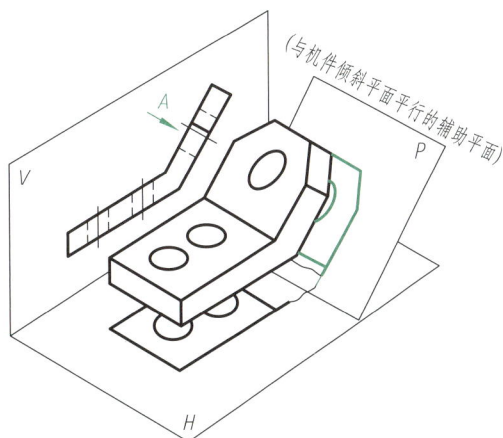

图 6-1-10　斜视图投影过程原理图

　　斜视图仅应用于表达机件上与基本投影面倾斜的局部结构的形状。因此,在斜视图中只需绘制出与基本投影面倾斜的局部结构,其余部分不在斜视图中进行表达。

　　斜视图绘制和标记要点如下:

　　(1) 斜视图的断开边界的表示

　　和局部视图类似,斜视图只要求表达倾斜部分的局部形状,其余部分不必在斜视图中绘出,因此需用波浪线或双折线表示其断裂边界。

　　(2) 斜视图的标记

　　斜视图通常按向视图的标记形式进行视图名称和投影方向的标注,即在视图上方用大写字母标注出视图的名称,用箭头"→"指明投射方向,并在箭头附近标注出同样的大写字母。标注时需注意:所有字母都必须水平书写。

　　(3) 斜视图的配置

　　斜视图一般按投影关系进行配置,即按照其投影方向,将斜视图放置在投影线方向下方,方向需与投影方向保持一致,如图 6-1-11(a) 所示。

　　必要时,在不引起误解的前提下,也可将斜视图旋转放正,放置于其他地方,但需在斜视图上方用旋转符号注明旋转方向,如图 6-1-11(b) 所示。标注旋转符号时,旋转符号表示的旋转方向应与图形的旋转方向相同,且大写字母要放在靠近旋转符号的箭头端。

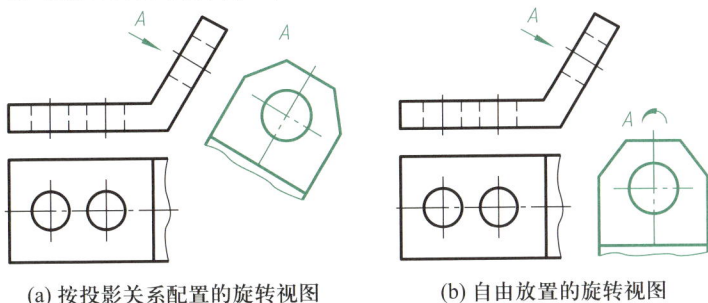

(a) 按投影关系配置的旋转视图　　(b) 自由放置的旋转视图

图 6-1-11　斜视图的配置

任务 6.2 机件内部形状的表达及应用

📖 **相关知识** ▶

在用视图表达机件的形状和结构时,一般只画出机件的可见部分,必要时才用虚线绘制其内部结构;因此,当机件的内部结构较为复杂时,如果只用视图进行表达,就会出现许多细虚线,不利于读图和尺寸标注,如图 6-2-1 所示。为了清楚地表达机件的内部结构,避免出现过多虚线,可采用剖视图对机件的内部结构进行表达。

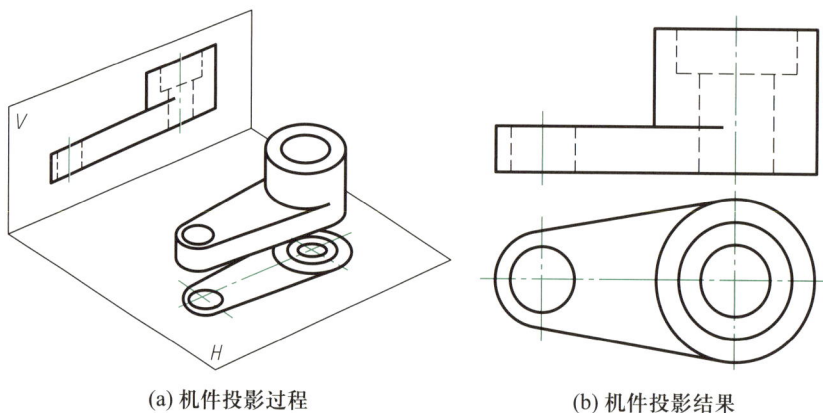

(a) 机件投影过程   (b) 机件投影结果

图 6-2-1 机件的投影

6.2.1 剖视图的形成

动画
剖视图的形成

微课
将外形视图改
为剖视图

1. 剖视图的形成过程

如图 6-2-2 所示,假想用一平面沿机件的前、后对称面将其剖开,将处在观察者和剖切平面之间的前半部分移去,只将剖切断面和断面后的可见部分沿箭头所指的方向进行投射,即得到如图 6-2-3 所示的剖视图。

2. 剖视图的绘制

在剖视图的绘制中,首先需要对机件的结构进行分析,确定哪些特征需要被剖切,再确定剖切平面的位置,并绘制出剖视图,具体步骤如下:

(1) 分析机件的内、外形状和总体特征,确定剖切平面的剖切位置。

剖切平面通常需要满足以下两点:① 通过待表达的内部结构对称中心,即对称平面;② 为了便于绘制剖切特征的投影视图,剖切平面还需要平行于基本投影平面。特殊情况下,也可选用投影面垂直面剖切机件。

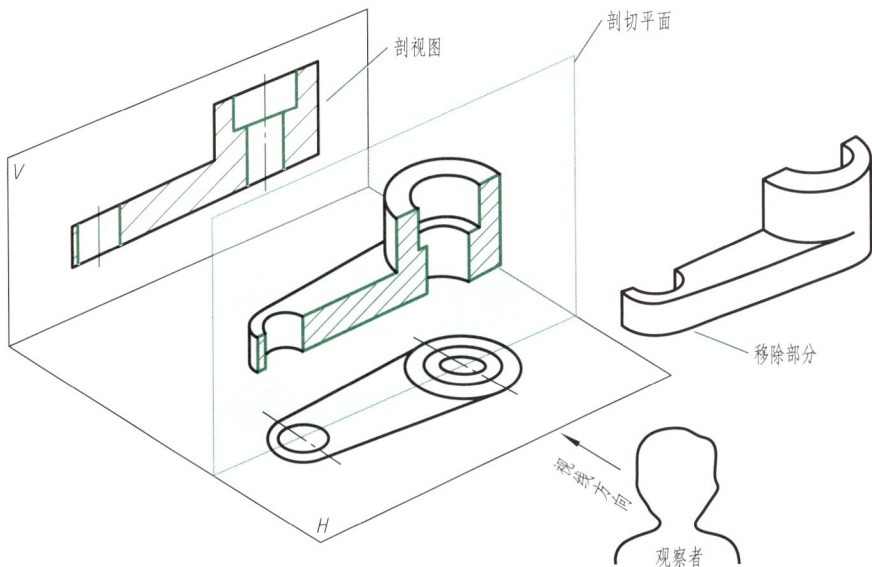

图 6-2-2 剖视图形成过程

（2）分析剖面区域形状，绘制剖视图。

确定了剖切平面位置后，假想将处在观察者和剖切平面之间的前半部分移去，就能得到剖视图。

在绘制剖视图时，需注意以下几点：

① 用平面将机件剖切开是一个假想过程，并不是真正地将某些结构切掉并移除，因此，剖视图以外的视图不能出现结构不完整的情况，如图 6-2-4 所示。

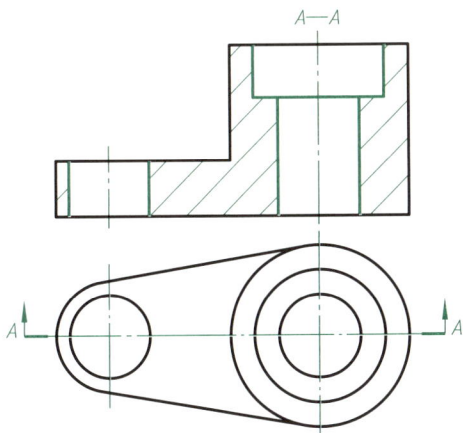

图 6-2-3 剖视图

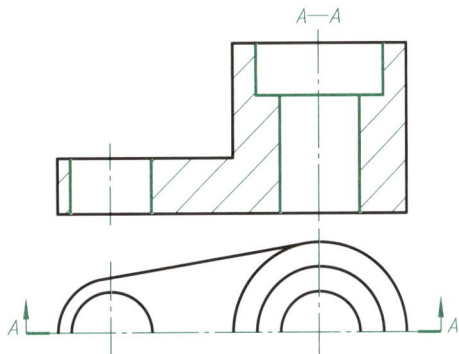

图 6-2-4 错误画法示例：俯视图结构不完整

② 位于剖切断面后方的可见轮廓线应全部绘出，避免漏线和错线，如图 6-2-5 所示。

③ 对于剖切断面后方的不可见结构，若在其他视图中已表达清楚，则剖视图中相应结构的虚线应省略，即在一般情况下剖视图中不画细虚线。但是，若省略细虚线后，不能确定机件结构的形状，或画出少量细虚线后能节省一个视图时，则应画出对应的细虚线。

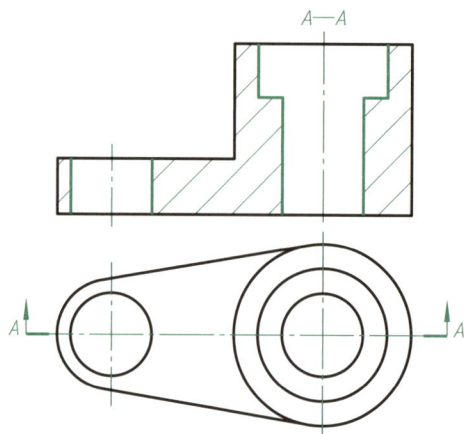

图 6-2-5　错误画法示例：剖切后可见轮廓线未全部绘出

（3）在剖面区域内画剖面符号

在绘制剖视图时,通常应在剖面区域内按规定画出与零件材料相对应的剖面符号。在绘制剖面符号时,需要严格遵守国家标准（GB/T 4457.5—2013、GB/T 17453—2005）规定。机械图样中,常用材料的剖面符号见表 6-2-1。

表 6-2-1　常用材料的剖面符号

金属材料（已有规定剖面符号者除外）		木质胶合板（不分层数）	
线圈绕组元件		基础周围的泥土	
转子、电枢、变压器和电抗器等的叠钢片		混凝土	
非金属材料（已有规定剖面符号者除外）		液体	
玻璃及供观察用的其他透明材料		型砂、填砂、粉末冶金、砂轮、陶瓷刀片及硬质合金刀片等	
木材纵断面		木材横断面	

机械图样中,最常用的是金属材料,其剖面符号一般应画成与主要轮廓线或剖面区域的对称线成 45°的一组平行细实线,也称剖面线。剖面线之间的距离视剖面区域的大小而定,通常可取 2~4 mm;同一零件的各个剖面区域的剖面线方向相同,间隔相等。当剖视图中的主要轮廓线与水平方向成 45°或接近 45°时,剖面线应与水平方向成 30°或 60°,如图 6-2-6 所示。

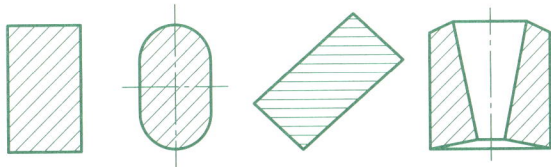

图 6-2-6　剖面线的画法

3. 剖视图的标注

（1）剖视图标注三要素

如图 6-2-7 所示,剖视图的标注要素有剖切线、剖切符号和视图名称。

微课
剖视图的标准

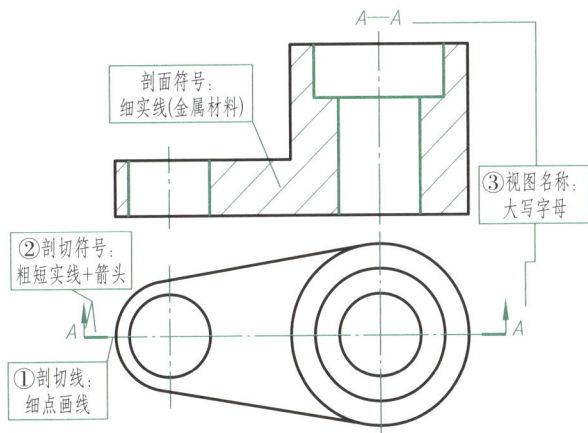

图 6-2-7　剖视图标注三要素

① 剖切线（细点画线）:用于表示剖切平面位置的线,用细点画线表示,画在剖切符号之间,通常可省略不画。

② 剖切符号（粗短实线+箭头）:指示剖切平面的起始、转折和结束位置,以及视图投射方向的符号,分别用粗短实线和箭头表示。

③ 视图名称（字母）:剖视图的视图名称一般用大写字母"×—×"标注在剖视图上方,同时,为便于读图时查找该剖视图对应的剖切位置和投射方向,应在对应的剖切符号附近注写相同的字母。

（2）剖视图的标注方法

① 当剖视图不按投影关系配置时,剖视图中代表剖切位置和投射方向的剖切符号（粗短实线+箭头）,以及视图名称（字母）需标注完整,不能省略。

② 当剖视图按投影关系配置,中间又无其他图形隔开时,表示投射方向的箭头可以省略。

③ 当单一剖切平面通过机件的对称面或主要对称面,且剖视图按投影关系配置,中间又没有其他图形隔开时,不必标注。

④ 当单一剖切平面的剖切位置明显时,局部剖视图不必标注。

6.2.2 剖视图的种类

根据国家标准的规定,剖视图按机件被剖切开的范围大小可分为全剖视图、半剖视图和局部剖视图三种。

1. 全剖视图

用剖切平面(一个或者几个)完全剖开机件所得的剖视图称为全剖视图,如图 6-2-8 所示。当机件的外形简单,内部结构复杂且不对称时,常采用全剖视图。

图 6-2-8 全剖视图

2. 半剖视图

当机件具有对称平面,向垂直于对称平面的投影面上投影时,以对称中心为界,一半画成视图,一半画成剖视图,用以表达机件内部结构,称为半剖视图。

半剖视图的特点是用剖视图表达机件的内部结构,同时又可以用正常视图表达机件的外部形状。所以,当机件的内、外均需表达,且机件的形状又对称时,常采用半剖视图,如图 6-2-9 所示。

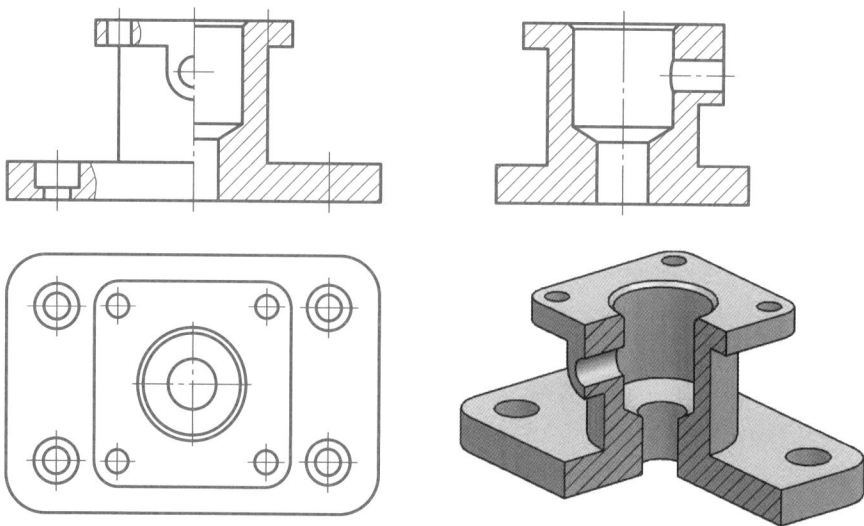

图 6-2-9 半剖视图

标注时,如果是单一剖切平面并通过机件的对称面或主要对称面,且剖视图按投影关系配置,中间又没有其他图形隔开时,可不必标注。

画半剖视图时应注意以下问题:

① 国家标准规定,绘制半剖视图时,表达外部形状的半个视图画在左边,表达内部结构的半个剖视图画在右边,且二者的分界线应为对称中心线,用细点画线,不能绘制成粗实线;特殊情况下,如果在该处有需要用粗实线表达的轮廓线刚好与两者分界线重合,应采用局部视图,局部视图的范围大小视机件的具体形状和结构而定。

② 在表示外形的半个视图中,一般不需用细虚线绘制不可见的内部结构,但对于孔、槽等要素,需要画出中心线位置,对于那些在半剖视图中尚未表达清楚的结构,可以在半个视图中作局部剖。

3. 局部剖视图

用剖切面局部剖开机件,所得的剖视图称为局部剖视图,如图 6-2-9 主视图中左边的两个孔结构部分所示。局部剖视图中,被剖部分与未剖部分的分界线,用波浪线或双折线绘制。

局部剖视图具有同时表达机件内、外结构的优点,且不受机件是否对称的条件限制,所以应用比较广泛;但是应注意,在同一视图中,不宜多处采用局部剖视图,否则会使图形显得凌乱。

画局部剖视图应注意以下问题:

① 局部剖视图中的波浪线表示的是机件断裂边的轮廓线,因此,波浪线不能超出视图的轮廓线;绘制孔槽、孔洞等空心结构时,波浪线也不能穿空画过。

② 表示断裂边界的波浪线不能与视图的图线重合或画在轮廓线的延长线上。

6.2.3　剖切面的种类及其应用

剖视图可用来表达机件不可见的内部结构,在绘制剖视图时,剖切面的选择很重要。剖切面一般平行于基本投影面,但也可以倾斜于基本投影面;可以是单一的剖切面,也可以是多个相交或平行的剖切面。下面将介绍几种常用的剖切面。

动画
不同剖切面的
剖切过程

1. 单一剖切面

常用的单一剖切面分为平行于基本投影面和不平行于基本投影面两种。

(1) 平行于基本投影面的单一剖切面

平行于基本投影面的单一剖切面是最为常见的剖切面。前面所讲的全剖视图、半剖视图、局部剖视图,都是用这种剖切面剖切得到的。

(2) 不平行于基本投影面的单一剖切面(斜剖)

用不平行于基本投影面的剖切面剖开机件的方法称为斜剖,该剖切面的特征是垂直于某一基本投影面,适用于当机件具有倾斜部分,同时这些部分内剖结构较复杂需进行剖切表达的情况。

这种剖视图必须标注。一般采用斜视图的配置方式,即字母必须水平书写,且一般按投影关系配置,在不致引起误解的情况下,也允许将图形旋转,但必须标注,如图 6-2-10 所示。

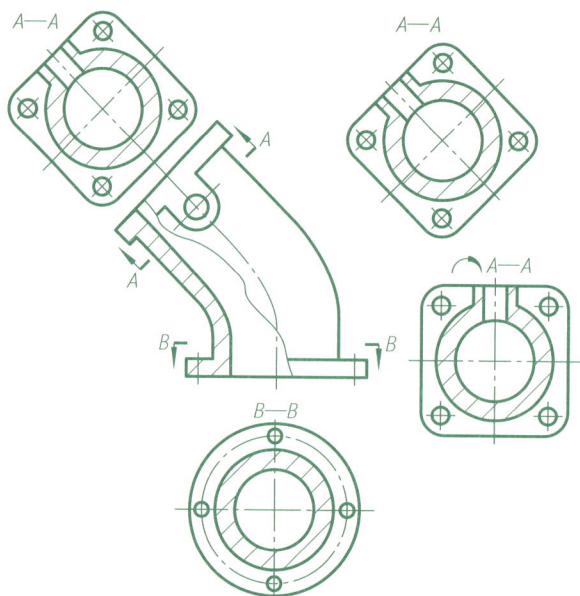

图 6-2-10　斜剖

2. 几个相交的剖切面(旋转剖)

用几个相交的剖切面(交线垂直于某一基本投影面)剖开机件的方法称为旋转剖。旋转剖适用于表达那些具有明显回转轴线,且内部结构用一个剖切面不能表达完全的机件,如图 6-2-11(a)所示。

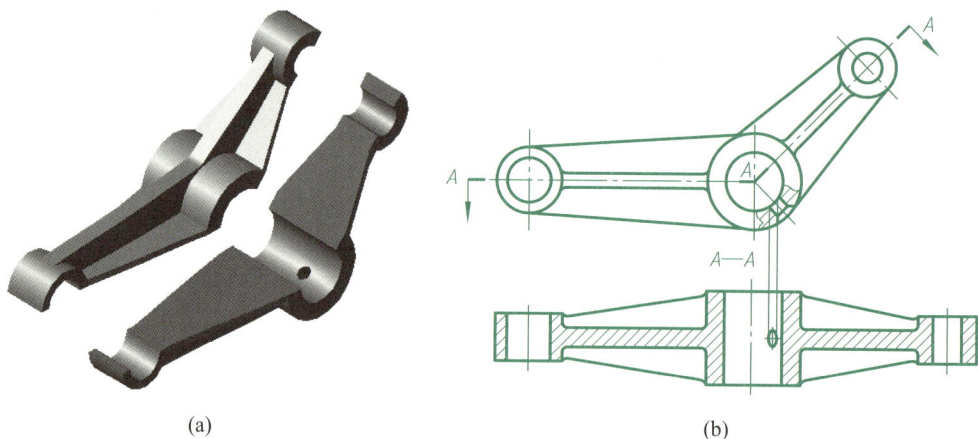

(a)　　　　　　　　　　　　　　(b)

图 6-2-11　旋转剖

采用几个相交的剖切面绘制剖视图时,先假想按剖切位置剖开机件,然后将被倾斜剖切面剖切的结构及相关部分旋转到与选定的投影面平行后,再一同进行投射。如图 6-2-11(b)所示即为采用两个相交的剖切平面获得的全剖视图,右上角悬臂以及剖切开的圆孔都是经过旋转再进行投射的,因此,主视图和俯视图中该部分结构不再保持"长对正"的关系;由于经过了旋转再进行投射,俯视图剖开的视图中,右上角悬臂以及剖切开的圆孔可反映实际形状和尺寸。

绘制旋转剖视图时需注意以下几点：

① 旋转剖视图必须标注。标注时，首先在剖切平面起始、转折、结束的地方画上表示剖切平面的剖切符号（粗实线），标上同一字母；然后，在起始和结束的地方画上表示投影方向的箭头；最后，在得到的旋转剖视图上方中间位置用同一字母写出其名称"×-×"。

② 对于位于剖切面后未被剖切的结构，一般应按照原来的位置画出其投影，如图 6-2-11（b）中的油孔。

③ 当剖切后产生不完整要素时，该部分按照不剖画出。

3. 几个平行的剖切面（阶梯剖）

用几个相互平行的剖切面剖开机件的方法称为阶梯剖，适用于当机件上需剖切表达的多个内部结构（如孔、槽）轴线位于相互平行的平面上时。

如图 6-2-12 所示，机件下方大孔结构和上方槽内小孔结构的轴线并不在同一平面内，用单一剖切平面剖切机件时，不能全部显示所有孔结构，因此，可按照图 6-2-12（a）所示，采用两个平行的剖切平面，分别把机件下方大孔结构和上方槽内小孔结构剖开，再向投影面投射，这样就可以清晰地表达所有内部结构了。

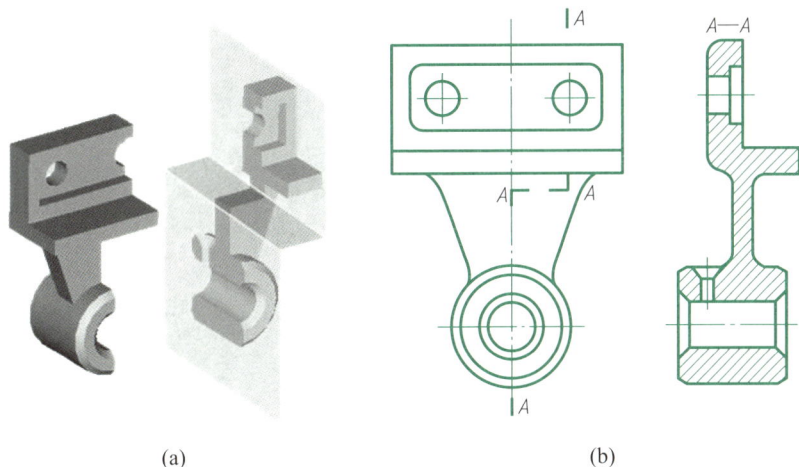

(a)　　　　　　　(b)

图 6-2-12　阶梯剖

画阶梯剖视图时需注意以下几点：

① 阶梯剖视图必须标注。标注时，首先在剖切面起始、转折、结束的地方画上表示剖切面的剖切符号（粗实线），标上同一字母；然后，在起始和结束的地方画上表示投影方向的箭头（符合省略条件时，箭头可以不画）；最后，在得到的阶梯剖视图上方中间位置用同一字母写出其名称"×-×"，如图 6-2-12（b）所示。

② 在剖视图的剖面区域范围内，不允许画出剖切面转折处的分界线。如图 6-2-13（a）所示，剖切面分界线不应画出。同时，为了避免发生误解，剖切面的转折处不应与图中的轮廓线重合。

③ 在剖视图内不能出现不完整的要素，如图 6-2-13（b）所示；只有当两个要素有公共对称中心线或轴线时，才可以此为界各画一半。

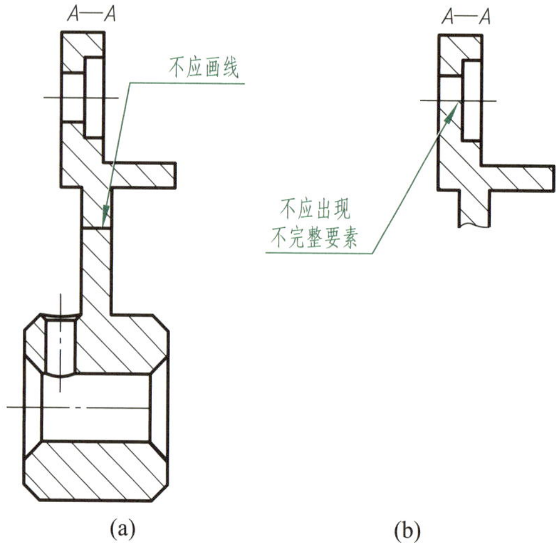

图 6-2-13 阶梯剖视图常见标注错误

任务6.3 断面图

相关知识 ▶▶

假想用剖切面将机件的某处切断,仅画出剖切面与机件接触部分的图形,称为断面图,简称断面。

画断面图时,要注意断面图与剖视图之间的区别。断面图在绘制时只需要画出机件被剖切后的断面形状即可;而剖视图除了画出机件断面,还要画出断面后的可见轮廓线,如图 6-3-1 所示。

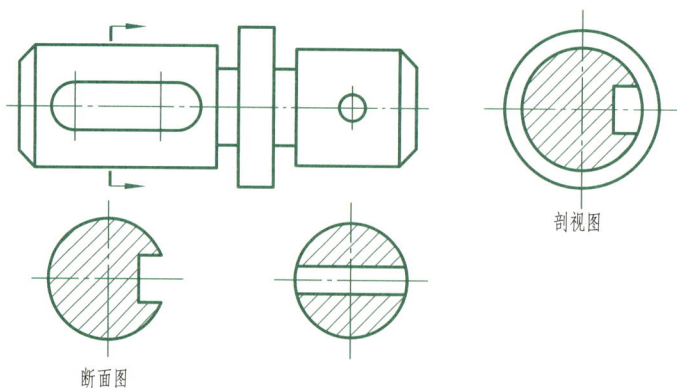

图 6-3-1 断面图和剖视图

断面图通常用于表达机件上某一局部的断面,如机件上的肋板、轮辐、键槽、小孔及各种型材的断面形状等。根据断面图在绘制时所配置的位置不同,可分为移出断面图和重合断面图。

6.3.1　移出断面图

1. 移出断面图的绘制

画在视图轮廓线外的断面图称为移出断面图,如图 6-3-1 中所示。

在绘制移出断面图时,需注意以下几点:

(1)移出断面的轮廓线用粗实线绘制。

(2)当剖切面通过回转面形成的孔或凹坑的轴线时,这些结构应按剖视绘制,如图 6-3-2(a)和(b)所示。

(3)当剖切面通过非圆孔会导致完全分离的两个断面时,这些结构亦应按剖视绘制,如图 6-3-2(c)所示。

(4)若移出断面由两个或多个相交的剖切面剖切得到,中间一般应断开;如图 6-3-2(d)所示。其中,剖切面分别垂直于轮廓线,断面图需中间用波浪线断开。

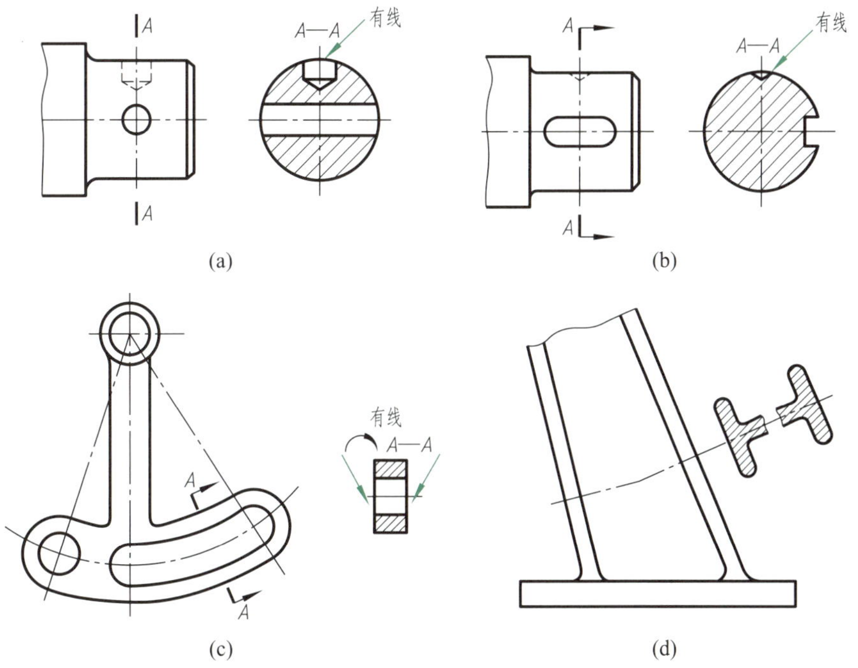

图 6-3-2　移出断面图的画法

2. 移出断面图的配置

移出断面图通常按以下原则配置:

(1)移出断面图一般尽量配置在剖切符号的延长线,或剖切线的延长线上,如图 6-3-3(a)所示。此时,由于视图配置在剖切符号或剖切线的延长线上,断面图和原视图之间的逻辑关系十分清晰,可不必标注出断面图上方的字母。

（2）断面图按照投影关系进行配置时，由于投影方向已明确，因此无需标注箭头，如图6-3-3(b)所示。

（3）断面图的图形对称时，移出断面可配置在视图的中断处，如图6-3-3(b)所示，断面图无需标注。

（4）当断面图对称时，由于投影方向的选择不会影响断面的形状和结构，因此可省略箭头的标注，如图6-3-3(d)所示。

（5）在不致引起误解时，允许将断面图旋转，但必须标注旋转符号，如图6-3-2(c)所示。

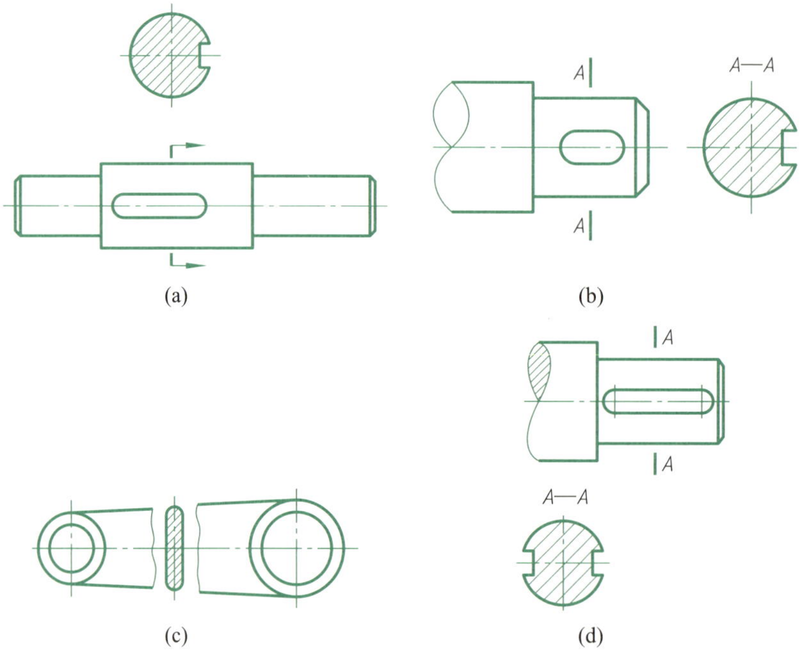

图6-3-3　移出断面图的配置和标注

6.3.2　重合断面图

画在视图轮廓线内的断面图称为重合断面图，如图6-3-4所示。重合断面图的轮廓线用细实线绘制，当视图中的轮廓线与重合断面的图形重叠时，视图中的轮廓线仍应连续画出，不可中断。在标注时，对称的断面图可直接省略标注，如图6-3-4(a)所示；不对称的断面图则需画出剖切符号的粗短实线与箭头，如图6-3-4(b)所示。

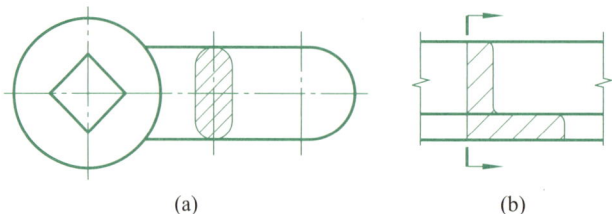

图6-3-4　重合断面图

任务 6.4   机件其他表达方法

国家标准规定的其他图样画法有很多,本任务仅介绍机件的局部放大图及常用简化画法。

📖 **相关知识** ▶▶

6.4.1   局部放大图的画法、标注及应用

如图 6-4-1 所示,将机件的部分结构用大于原图形的比例画出,并配置在图纸适当区域的图形称为局部放大图。局部放大图常用于机件上结构较小、在绘制视图时不能进行清晰表达,同时也不便于标注尺寸部分的表达。

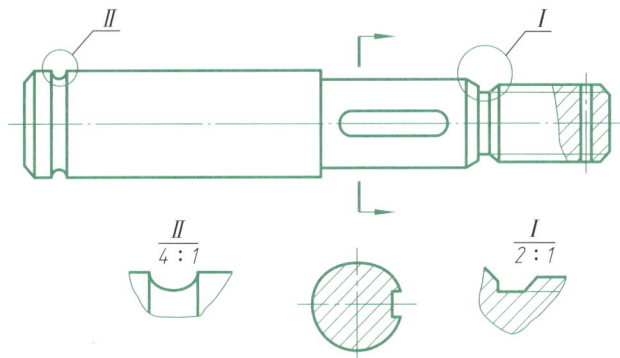

动画
局部放大图的
原理

图 6-4-1   局部放大图

局部放大图应尽量配置在被放大结构的附近,原视图中该部分结构可以简化。局部放大图可画成视图、剖视图或断面图,它与被放大部分的表达方法无关,但局部放大图的投射方向应与被放大部位的投射方向一致;与整体联系的部分用波浪线画出,其剖面线的方向和间隔应与原图中有关的剖面线方向和间隔相同。

局部放大图必须标注,其标注内容有:

(1)用细实线圈出被放大结构范围。在视图中,需要放大的部位要用细实线圈出,以对局部放大图的位置进行标记。

(2)对局部放大图进行编号。当需要放大的部位不止一处时,应用罗马数字对这些放大部位依次进行编号,并用引线(细实线)标注在被放大结构附近。

(3)在局部放大图的上方标注出绘图采用的比例及对应的罗马数字编号,罗马数字和比例之间需绘制一条水平的细实线。

6.4.2   常用简化画法

简化画法是对机件某些机构表达方法的简化,使得图形既清晰又简单易画。

（1）对于机件的肋板、轮辐及薄壁等结构,如果按纵向剖切,肋板不画剖面符号,而用粗实线将它与邻接部分分开;但剖切面横向剖切这些结构时,则应画出剖面符号,如图 6-4-2 所示。

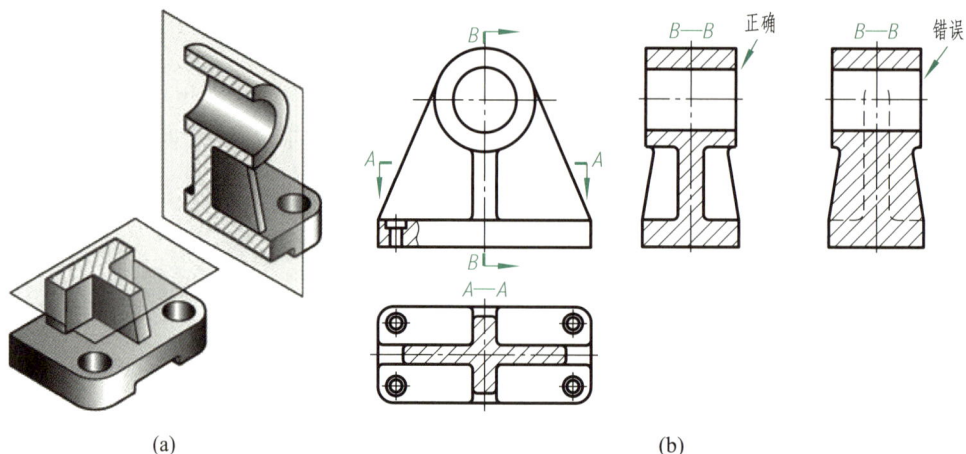

(a)　　　　　　　　　　　　　　(b)

图 6-4-2　肋板的规定画法

（2）当回转体上均匀分布的肋板、轮辐、孔等结构不处于剖切平面上时,可将这些结构旋转到剖切平面上画出,如图 6-4-3 所示。

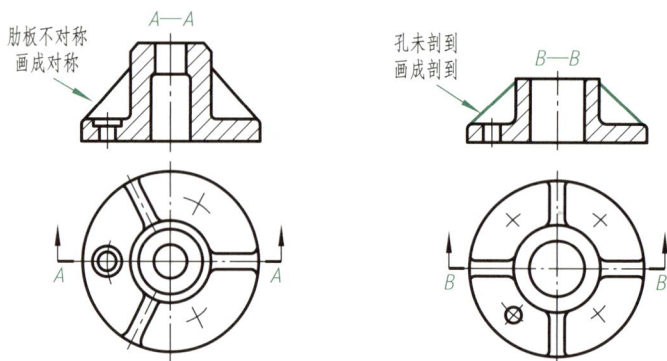

图 6-4-3　均匀分布肋板和孔的画法

（3）当视图之间的逻辑关系较清晰,不致引起误解时,可省略剖面符号的标注,如图 6-4-4 所示。

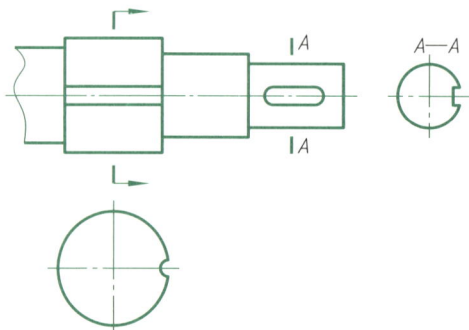

图 6-4-4　移出断面图省略剖面符号标注

（4）当机件上有多个相同的孔、槽等结构要素，并按一定规律分布时，只需画出几个完整的结构，其余的可用细实线连接，或用细点画线表示出它们的中心位置；但此类视图必须在图中注明该结构的总数，如图 6-4-5 所示。

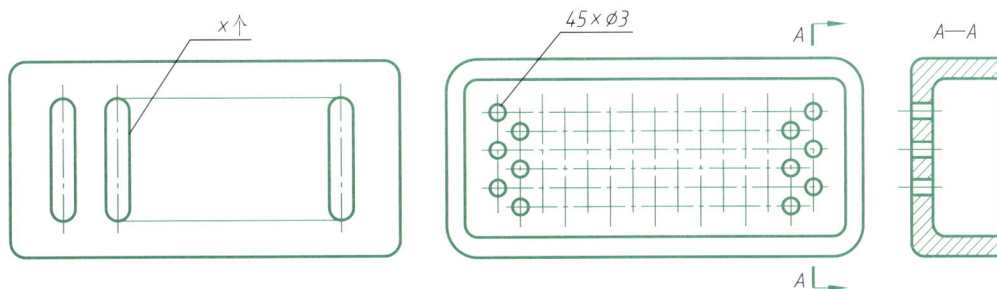

图 6-4-5　相同要素的简化画法

（5）对于轴、杆、型材、连杆等较长的机件，如果沿长度方向形状相同或按一定规律变化，允许断开画出。但标注尺寸时，仍需标注实际长度，如图 6-4-6 所示。

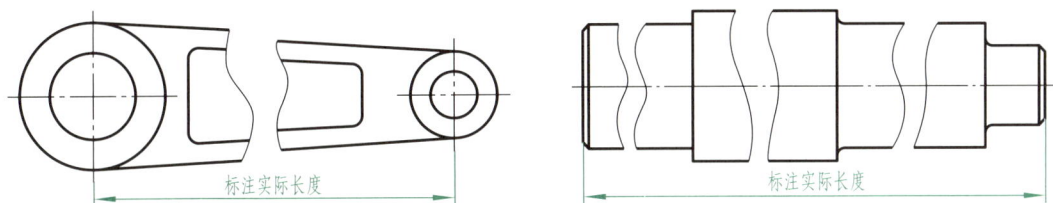

图 6-4-6　断开画法

（6）对于对称的机件，在不致引起误解时，可只画一半或四分之一；并在对称中心线的两端画出两条与其垂直的平行细实线，如图 6-4-7 所示。

图 6-4-7　对称机件简化画法

（7）对于需要表示位于切平面之前，已经被切掉的结构时，可用细双点画线绘制出假想轮廓线的投影，如图 6-4-8 所示。

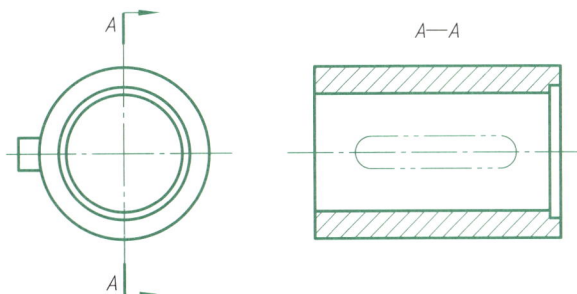

图 6-4-8　假想轮廓线的绘制

任务 6.5 图样表达方法的综合应用

📖 任务要求 ▶▶

根据图 6-5-1 所示轴承座的三视图,想象出它的形状,用适当的表达方法重新画出该轴承座的三视图,并调整尺寸标注。

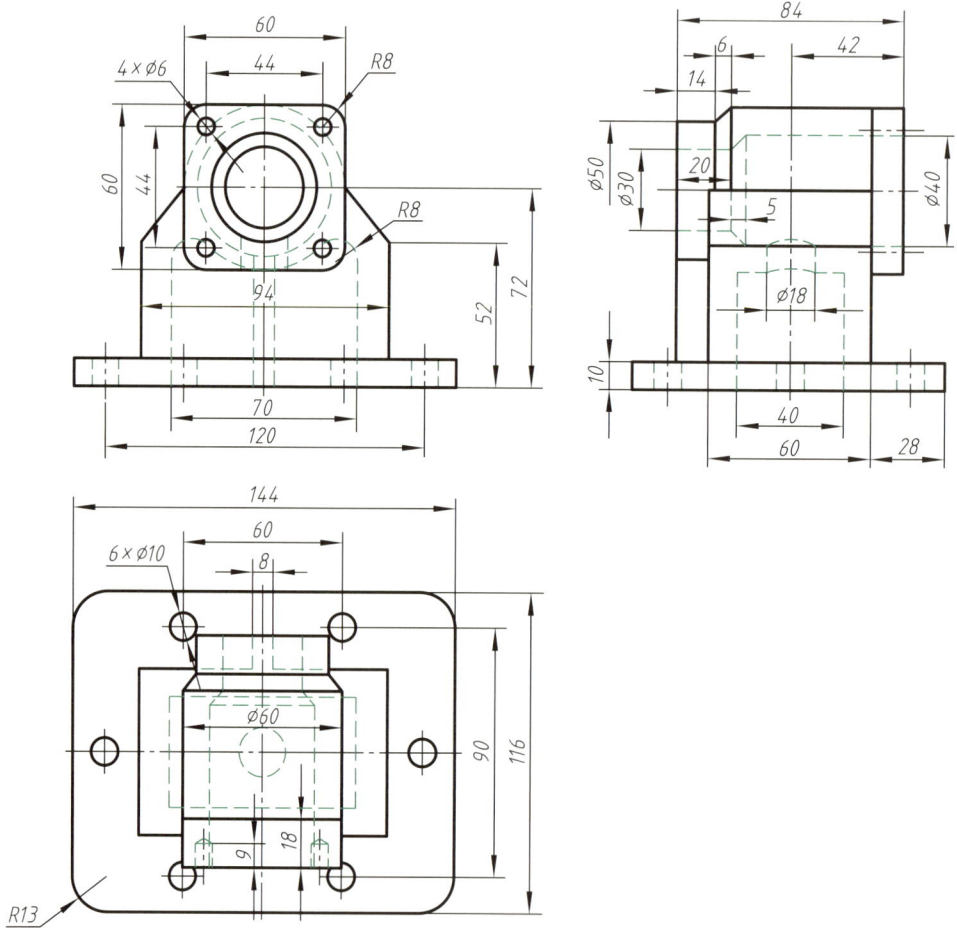

图 6-5-1 轴承座的三视图

📖 相关知识 ▶▶

6.5.1 图样表达总结

1. 表达方案的确定

在实际应用中,应针对机件结构特点恰当地选择表达方法,确定表达方案。一个机件通常可按照其机构和特点制订出多个表达方案,在确定最佳方案时,要在完整、清晰地表达机件各部分结构形状的前提下,力求绘图数量少、绘图简单、看图方便。

2. 视图选择的原则

在选择机件的某一表达方案时,一般先确定主视图,再选配其他视图和其他表达方法,也应遵循一定的原则。

(1)主视图选择的原则

选择机件安放位置时,应尽可能与机件的工作位置或加工位置相一致。主视图的投射方向应尽可能反映机件的形状特征,使表达的信息最多。

(2)选配其他视图的原则

所选视图应有确定的表达重点,使视图数量最少。选择视图时,尽量避免使用较多细虚线来表达机件的轮廓;同时,视图选择应避免表达上的重复。

3. 机件内、外结构的表达

当机件有内、外结构都需要表达时,要综合考虑机件结构特点,合理选择视图和剖视图。

(1)当机件对称时,可采用半剖视图;

(2)当机件不对称,且内、外结构一个简单、一个复杂时,在表达中要突出重点,外形较复杂时以视图为主,内部结构较复杂时则以剖视图为主;

(3)对于非对称,且内、外结构均复杂的机件,当投影不重叠时,可合理选择局部视图或局部剖视图;当投影重叠时,则分别进行表达。

6.5.2 图样表达方法的综合应用

如图 6-5-2 所示为阀体实体模型,在选择其表达方案时,需进行以下分析:

1. 形体分析

从实体模型可知,该阀体由中间部位的圆柱形主体、顶部凸缘、底板和两个侧面凸台组成,其主体结构为空腔圆柱体,顶部凸缘、底板和两个侧面凸台的内、外结构都较复杂,都需进行表达。

2. 选择基本视图

主视图中,阀体需按工作位置放置;同时,主视图要尽可能多地反映机件结构。因此,主视图可按图 6-5-2(b)所示,用两个相交的剖切面对机件进行剖切,以实现圆柱形主体和两个侧面凸台内部结构的表达。

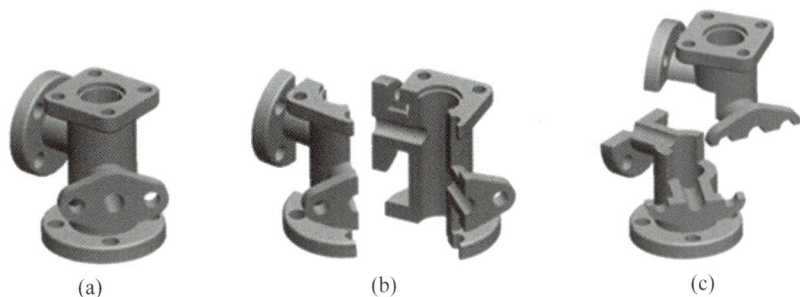

(a)	(b)	(c)

图 6-5-2　阀体实体模型

同时,可按图 6-5-2(c) 所示,应用两个平行的剖切面对机件进行剖切,实现两个侧面凸台内部结构的重点表达。

3. 选择其他视图

主视图应用旋转剖、俯视图应用阶梯剖后,空腔圆柱体和两个侧面凸台的内部结构已经基本表达清楚,同时,底板形状及其上小孔的分布情况也已在俯视图中表达清晰,只有两个侧面凸台外部形状、顶部凸缘形状及其上小孔的分布情况需要表达。

因此,对于两个侧面凸台外部形状,可应用单一剖切平面分别对两凸台进行剖切,或者应用局部视图对其外部形状进行表达;对于顶部凸缘形状及其上小孔的分布情况,可直接应用局部视图对其进行表达。

综上所述,用五个视图即可完整、清晰、简洁地把阀体表达清楚,如图 6-5-3 所示。

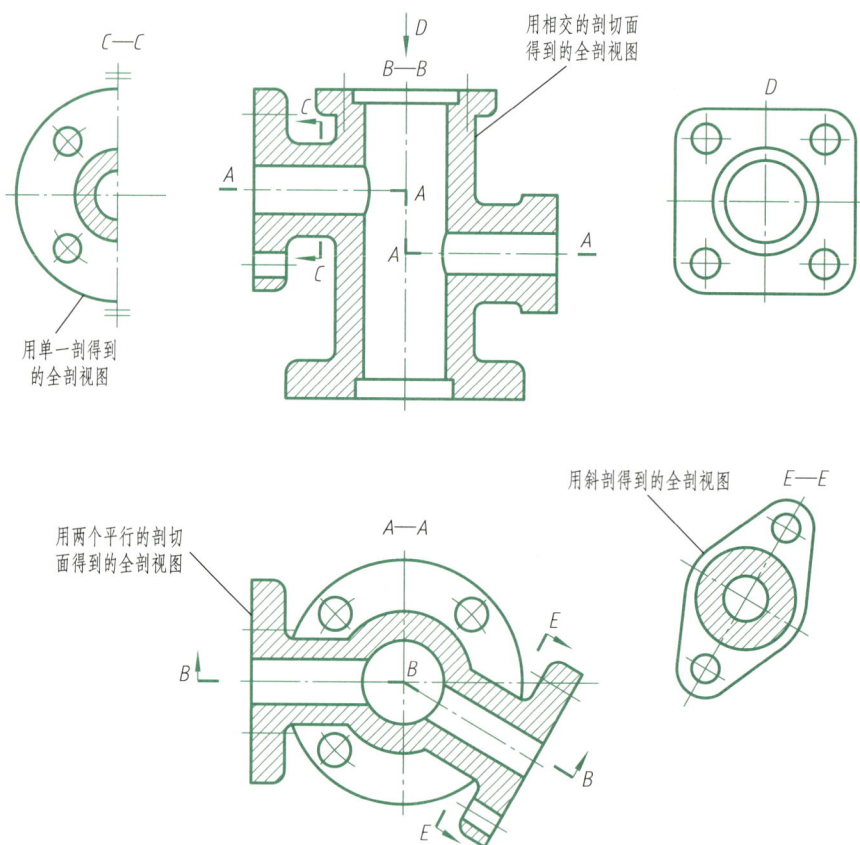

图 6-5-3 阀体的综合表达方案

📖 **任务实施** ▶▶

任务实施步骤见表 6-5-1。

表 6-5-1 任务实施步骤

序号	作图步骤	作图方法	作图结果
步骤 1	形体分析，确定机件结构	根据三视图，采用形体分析的方法，想象出轴承座的形状	
步骤 2	改画图形	选择适当的表达方法，改画轴承座三视图，并进行尺寸标注	

项目七 标准件与常用件的绘制

"螺丝钉"精神

　　螺钉联接在机器中无处不在,小到如何提升产品质量、大到助力制造强国建设都与小小的螺钉联接质量密不可分。

学习目标

　　1. 熟练掌握螺纹及螺纹联接的画法规定,熟悉螺纹标记的含义,掌握其标注规定及查表方法;

　　2. 熟练掌握螺纹紧固件的装配联接画法,了解螺纹紧固件的标注规定及查表方法;

　　3. 掌握键、销、滚动轴承的表示方法,标注规定及查表方法;

　　4. 了解齿轮参数的计算公式,掌握直齿圆柱齿轮的画法和齿轮啮合画法,了解锥齿轮、蜗轮蜗杆及其啮合画法;

　　5. 了解弹簧参数及画法。

"螺丝钉"精神

学习重点和难点

　　1. 学习重点

　　(1) 螺纹及螺纹紧固件的联接画法规定;

　　(2) 螺纹标记的含义及其标注方法;

　　(3) 圆柱齿轮及其啮合的画法规定。

　　2. 学习难点

　　(1) 螺纹紧固件的联接画法;

　　(2) 理解螺纹标记中各种符号、代号的含义;

　　(3) 键联结的画法;

　　(4) 齿轮的主要参数和画法规定。

　　标准件是指结构、尺寸、画法、标记等各个方面都符合国家标准规定的零件或部件,如螺纹件、键、销、滚动轴承等都是标准件。还有一些零件,它们的部分结构也已标准化,如齿轮的齿形,这些零件称为常用件。为了设计和制图的简便,对标准件和常用件的画法也进行了规定。

任务 7.1　螺纹及螺纹紧固件的绘制（GB/T 4459.1—1995）

相关知识 ▷

螺纹是指在圆柱或圆锥表面,沿着螺旋线加工成的具有相同截面形状的连续凸起和沟槽,一般将凸起称为牙。在圆柱或圆锥外表面上加工的螺纹称为外螺纹,在圆柱或圆锥内表面上加工的螺纹称为内螺纹。

微课
螺纹的形成和
螺纹的基本要素

7.1.1　螺纹的基本要素

螺纹的基本要素包括牙型、大径、小径、中径、线数、螺距、导程和旋向等。其中牙型、大径、线数、螺距和旋向称为螺纹五要素,只有这五个要素都相同的外螺纹和内螺纹才能互相旋合。

1. 牙型

通过螺纹轴线的剖面上的螺纹轮廓形状称为牙型。常用标准螺纹的牙型角及特征代号见表7-1-1。

表7-1-1　常用标准螺纹的牙型角及特征代号

螺纹种类		特征代号	牙型放大图	功用
紧固螺纹	普通螺纹	M	60°	常用的联接螺纹,分为粗牙和细牙两种,一般联接多用粗牙。在相同的大径下,细牙螺纹的螺距较粗牙小,多用于薄壁或紧密联接的零件
管螺纹	55°非密封管螺纹	G	55°	螺纹本身不具有密封性,若要求联接后具有密封性,可压紧被联接件螺纹副外的密封面,也可在密封面间添加密封介质。适用于管接头、旋塞、阀门
	55°密封管螺纹	R_1 R_p R_2 R_c		包括圆锥内螺纹与圆锥外螺纹、圆柱内螺纹与圆柱外螺纹两种联接形式,必要时,允许在螺纹副中添加密封介质,以保证联接的密封性。适用于管子、管接头、旋塞、阀门等

螺纹种类		特征代号	牙型放大图	功用
传动螺纹	梯形螺纹	Tr		用于传递运动和动力,如机床丝杠、尾架丝杆等
	锯齿形螺纹	B		用于传递单向压力,如螺旋压力机、千斤顶螺杆等

2. 大径、小径和中径

大径(又称公称直径)是指与外螺纹牙顶、内螺纹牙底相切的假想圆柱或圆锥的直径;小径是指与外螺纹牙底或内螺纹牙顶相切的假想圆柱或圆锥的直径;在大径和小径之间假想有一圆柱或圆锥,当其母线上的牙宽和槽宽相等时,则该假想圆柱或圆锥的直径称为螺纹中径,如图 7-1-1 所示。

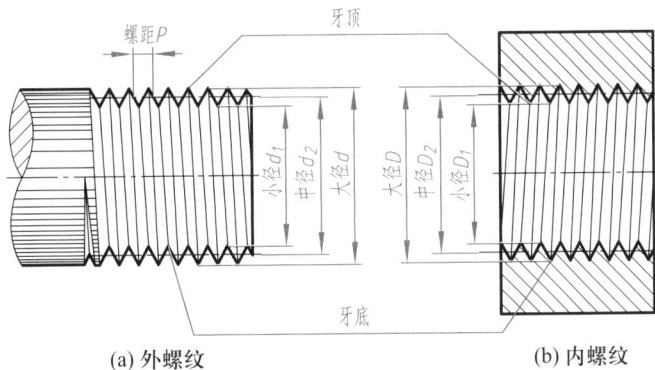

(a) 外螺纹　　　　　　　　(b) 内螺纹

图 7-1-1　螺纹各部分的名称及大径、中径和小径

3. 线数

形成螺纹的螺旋线条数称为线数,依据此有单线螺纹和多线螺纹之分,多线螺纹在垂直于轴线的剖面内是均匀分布的,单线螺纹和多线螺纹如图 7-1-2 所示。

4. 螺距和导程

相邻两牙在中径线上对应两点轴向的距离称为螺距。同一条螺旋线上,相邻两牙在中径线上对应两点轴向的距离称为导程,如图 7-1-2 所示。线数 n、螺距 P、导程 P_h 之间的关系为 $P_h = nP$。

5.旋向

沿轴线方向看,顺时针方向旋转的螺纹称为右旋螺纹,逆时针方向旋转的螺纹称为左旋螺纹,如图7-1-3所示。

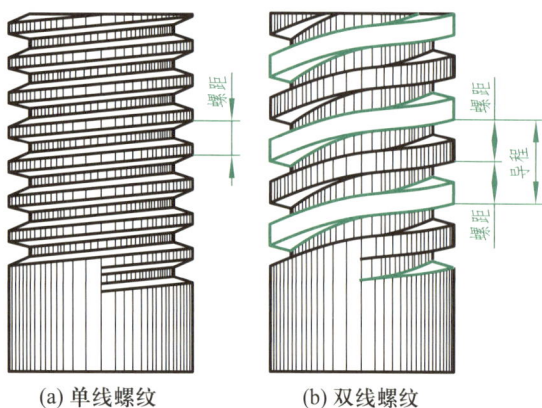

<table>
<tr><td>(a) 单线螺纹</td><td>(b) 双线螺纹</td><td>(a) 右旋螺纹</td><td>(b) 左旋螺纹</td></tr>
</table>

图 7-1-2　单线螺纹和双线螺纹　　　图 7-1-3　螺纹的旋向

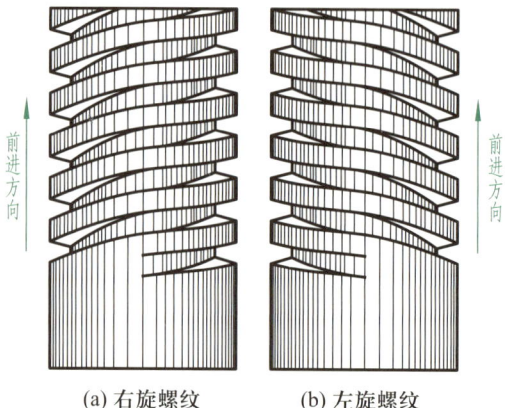

7.1.2　螺纹的规定画法

螺纹的真实投影很复杂,为了简化绘图,国家标准《机械制图　螺纹及螺纹紧固件表示法》(GB/T 4459.1—1995)进行了规定。

1.外螺纹的画法

外螺纹的牙顶用粗实线表示,牙底用细实线表示。在不反映圆的视图上,牙底的细实线应画倒角,螺纹终止线用粗实线表示。在比例画法中螺纹小径可按大径的0.85倍绘制。螺尾部分一般不必画出,当需要表示时,该部分用与轴线成30°的细实线画出。在反映圆的视图上,小径用约3/4圈的细实线圆弧表示,倒角圆不画,如图7-1-4所示。

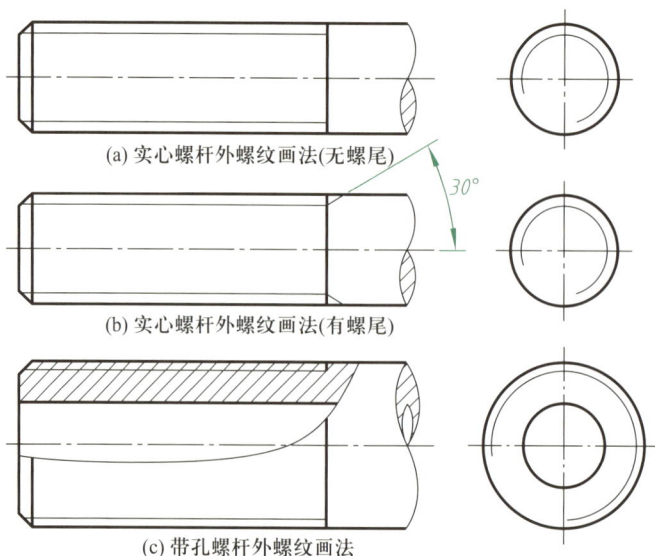

(a) 实心螺杆外螺纹画法(无螺尾)

(b) 实心螺杆外螺纹画法(有螺尾)

(c) 带孔螺杆外螺纹画法

图 7-1-4　外螺纹的画法

微课
螺纹的规定画法

2. 内螺纹的画法

采用剖视图时，内螺纹的牙顶用细实线表示，牙底用粗实线表示。采用比例画法时，小径可按大径的 0.85 倍绘制。在反映圆的视图上，大径用 3/4 圆的细实线圆弧表示，倒角圆不画。若为盲孔，采用比例画法时，终止线到孔的末端的距离可按 0.5 倍的大径绘制，钻孔时在末端形成的锥面锥角按 120°绘制。需要注意的是，内螺纹的公称直径也是大径，螺纹的终止线用粗实线绘制，剖面线应画到粗实线。其余要求同外螺纹，如图 7-1-5 所示。

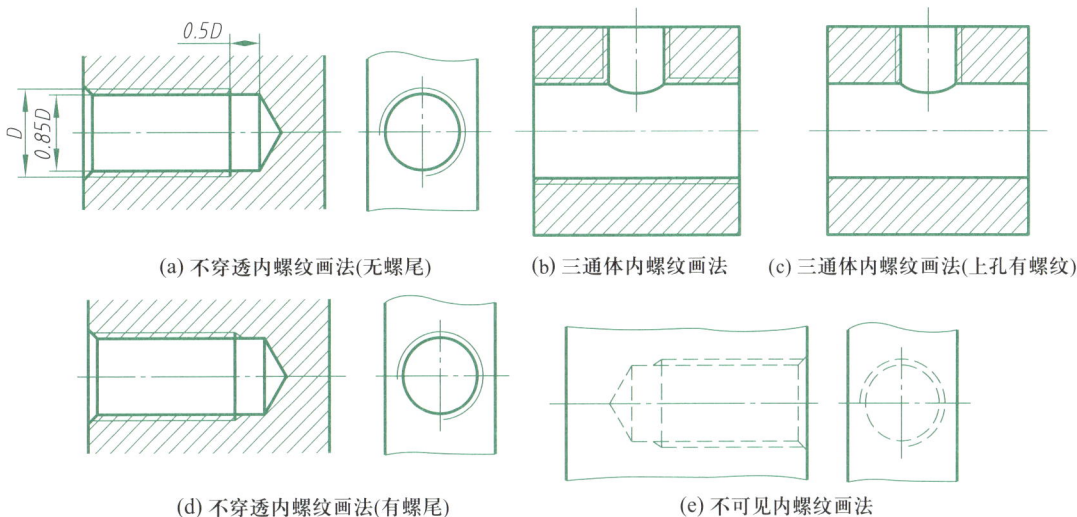

(a) 不穿透内螺纹画法(无螺尾)　　　(b) 三通体内螺纹画法　　　(c) 三通体内螺纹画法(上孔有螺纹)

(d) 不穿透内螺纹画法(有螺尾)　　　　　　(e) 不可见内螺纹画法

图 7-1-5　内螺纹的画法

3. 内、外螺纹旋合的画法

在剖视图中，内、外螺纹的旋合部分应按外螺纹的画法绘制，其余不旋合部分按各自原有的画法绘制。必须注意，表示内、外螺纹大径的细实线和粗实线，以及表示内、外螺纹小径的粗实线和细实线应分别对齐。在剖切平面通过螺纹轴线的剖视图中，实心螺杆按不剖绘制，如图 7-1-6 所示。

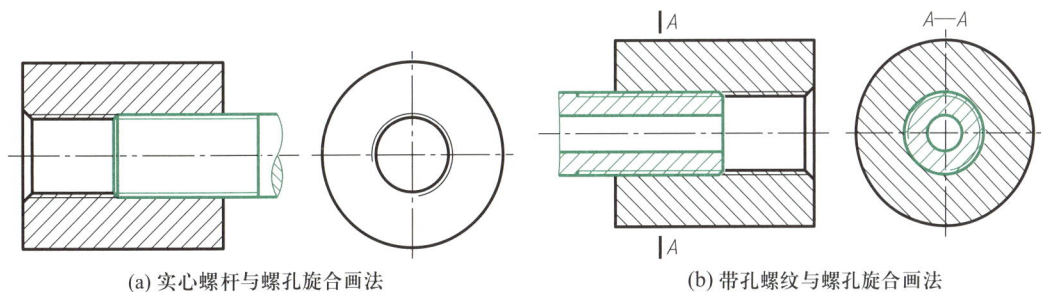

(a) 实心螺杆与螺孔旋合画法　　　　　　(b) 带孔螺纹与螺孔旋合画法

图 7-1-6　内、外螺纹旋合的画法

4. 螺纹牙型表示法

螺纹牙型一般不在图形中表示，当需要表示螺纹牙形时，可按图 7-1-7 所示的形式绘制。

5:1

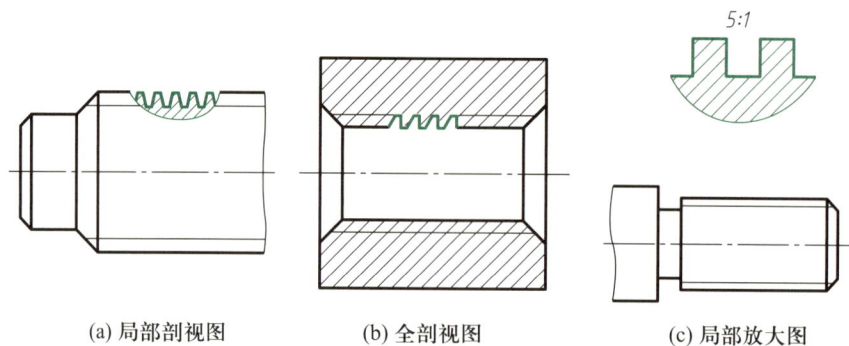

(a) 局部剖视图　　　　　(b) 全剖视图　　　　　(c) 局部放大图

图 7-1-7　螺纹牙型表示法

7.1.3　常用螺纹的种类和标注

1. 螺纹的种类

螺纹的分类情况如下：

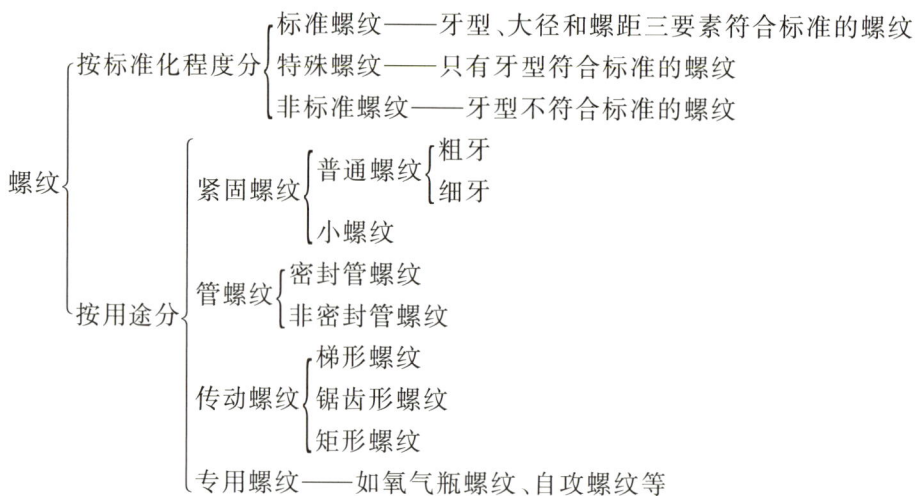

2. 螺纹的标注

（1）普通螺纹（GB/T 197—2018）

完整的螺纹标记主要由特征代号、尺寸代号、公差带代号及其他信息组成。

① 特征代号：普通螺纹特征代号用字母"M"表示。

② 尺寸代号：单线螺纹的尺寸代号为公称直径×螺距，对于粗牙螺纹可以省略标注其螺距项。多线螺纹的尺寸代号为公称直径×P_h导程（P 螺距）。

③ 公差带代号：普通螺纹公差带代号包括中径公差带代号和顶径公差带代号。如果两者相同，则只注一个公差带代号。

④ 其他信息：螺纹的旋合长度和旋向。

对短旋合长度和长旋合长度的螺纹，在公差带代号后分别标注旋合长度代号"S"和"L"。中等旋合长度螺纹不标注旋合长度代号（N）。

对左旋螺纹，应在旋合长度代号之后标注旋向代号"LH"。旋合长度代号与旋向代号之间用"–"分开。右旋螺纹不标注旋向代号。

标注示例：

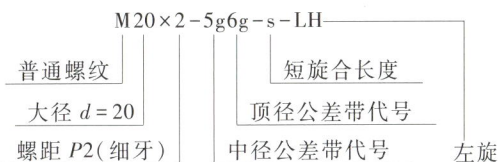

（2）传动螺纹

① 特征代号：常用的传动螺纹有梯形螺纹"Tr"和锯齿形螺纹"B"。

② 尺寸代号：单线螺纹尺寸代号为公称直径×螺距，多线螺纹尺寸代号为公称直径×P_h 导程（P 螺距）。如果是左旋螺纹则标记内还应加代号"LH"。

③ 公差带代号：如中径和顶径公差带代号相同，则只标注一次。

④ 旋合长度代号：有中等旋合长度和长旋合长度两种，中等旋合长度（N）不标注，长旋合长度标注"L"。

标记示例：

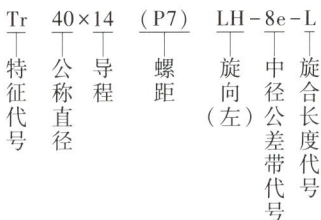

（3）管螺纹

常用的管螺纹分为密封管螺纹和非密封管螺纹。管螺纹的标记必须标注在大径的指引线上，表 7-1-1 中管螺纹标记组成如下。

密封管螺纹标记组成：| 特征代号 |—| 尺寸代号 |—| 旋向代号 |

非密封管螺纹标记组成：| 特征代号 |—| 尺寸代号 |—| 公差等级代号 |—| 旋向代号 |

7.1.4　螺纹紧固件

1. 常用的螺纹紧固件及其标记

常用螺纹紧固件有螺栓、双头螺柱、螺母、垫圈、螺钉等，如图 7-1-8 所示。

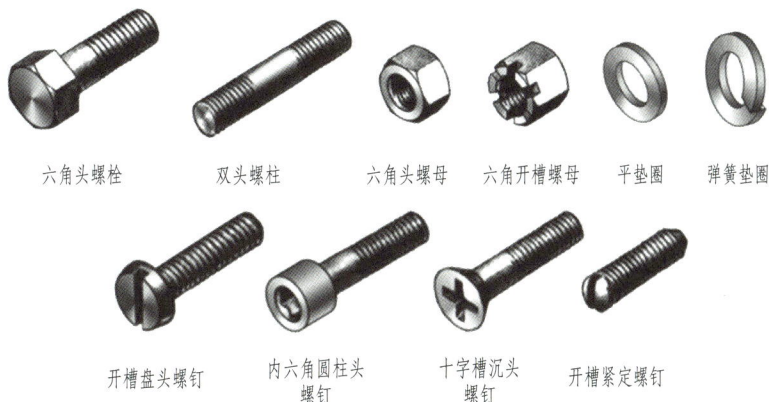

图 7-1-8　常用螺纹紧固件

常用螺纹紧固件的结构、尺寸都已标准化,其标记示例见表7-1-2。

表7-1-2　常用螺纹紧固件的标记示例

紧固件名称	标记形式	标记示例	说明
螺栓	名称　标准代号　特征代号 公称直径×公称长度	螺栓 GB 5782-86 M12×50	表示螺纹公称直径 $d=12$,公称长度 $L=50$(不包括头部)的螺栓
双头螺柱	名称　标准代号　特征代号 公称直径×公称长度	螺柱 GB 899-88 M16×80	表示公称直径 $d=16$,公称长度 $L=80$(不包括旋入端)的双头螺柱
螺母	名称　标准代号　特征代号 公称直径	螺母 GB 6170-86 M12	表示螺纹规格 $D=M12$ 的螺母
平垫圈	名称　标准代号 螺栓公称直径-性能等级	垫圈 GB 97.2-85 12-140HV	表示螺栓公称直径 $d=12$,性能等级为140HV,倒角型,不经表面处理的平垫圈
弹簧垫圈	名称　标准代号 螺纹公称直径	垫圈 GB 93-87—20	表示螺纹公称直径 $d=20$ 的弹簧垫圈
螺钉	名称　标准代号　特征代号 公称直径×公称长度	螺钉 GB65-85 M10×40	表示螺钉公称直径 $d=12$,公称长度 $L=40$(不包括头部)的开槽圆柱头螺钉
紧定螺钉	名称　标准代号　特征代号 公称直径×公称长度	螺钉 GB 71-85 M5×12	表示螺钉公称直径 $d=5$,公称长度 $L=12$ 的开槽锥端紧定螺钉

2. 螺纹紧固件的比例画法

螺纹联接图中紧固件的尺寸,可根据已知紧固件的规格从相应的标准中查得,但通常根据螺纹公称直径 d、D,按比例关系计算出各部分尺寸,近似地画出螺纹紧固件,见表7-1-3。

表7-1-3　常用螺纹紧固件的比例画法

螺纹紧固件	螺纹紧固件的画法示意图	尺寸数值的计算关系
螺栓	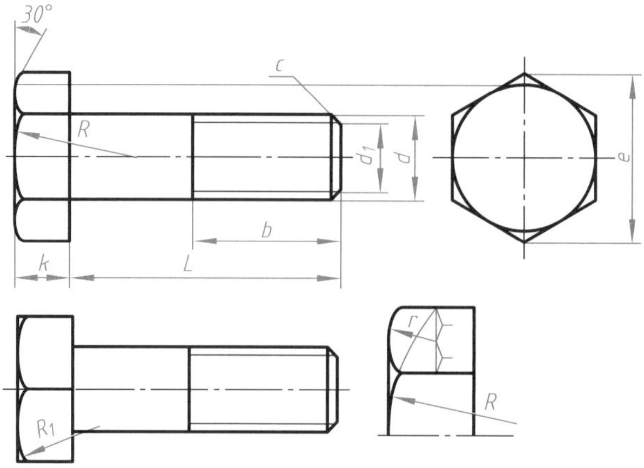	d、L 根据要求; $d_1=0.85d$; $c=0.1d$; $b=2d$; $R=1.5d$; $k=0.7d$; $e=2d$; $R_1=d$;

续表

螺纹紧固件	螺纹紧固件的画法示意图	尺寸数值的计算关系
螺母		D 根据要求; 其他尺寸与螺栓头部相同; $m = 0.8d$
垫圈		$d_2 = 2.2d$; $d_1 = 1.1d$; $h = 0.15d$; $n = 0.12d$
螺钉		螺钉各尺寸计算关系见螺钉画法示意图

3. 常用螺纹紧固件联接的画法

　　螺栓用于被联接零件允许钻成通孔的情况;双头螺柱用于被联接零件之一较厚或不允许钻成通孔的情况;螺钉用于上述两种情况,而且不经常拆开和受力较小的联接中。因此,螺纹联接通常分为螺栓联接、双头螺柱联接和螺钉联接,如图 7-1-9 所示。

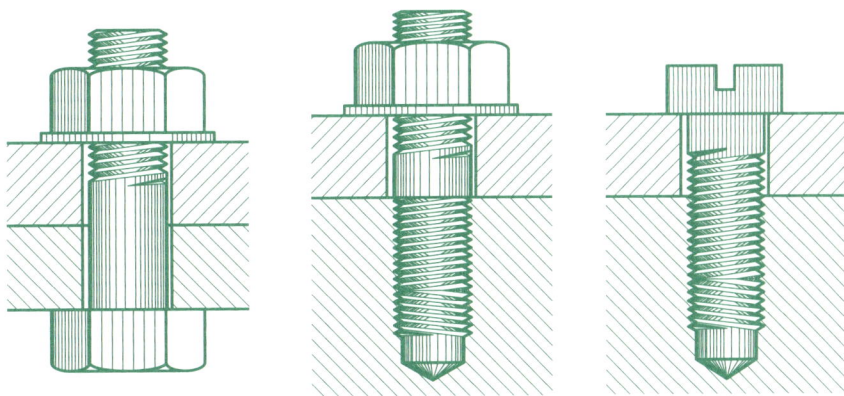

图 7-1-9　螺纹联接的常见方式

画螺纹紧固件的装配图时,应遵守下列基本规定:

① 两零件接触表面画一条线,不接触表面画两条线。

② 两零件邻接时,不同零件的剖面线方向应相反,或者方向一致、间隔不等。

③ 对于紧固件和实心零件(如螺钉、螺栓、螺母、垫圈、键、销、球及轴等),若剖切平面通过其基本轴线时,这些零件都按不剖绘制,仍画外形;需要时,可采用局部剖视。

(1)螺栓联接

螺栓联接的紧固件有螺栓、螺母和垫圈。紧固件一般采用比例画法绘制。

动画
螺栓联接

如图 7-1-10 所示为螺栓联接比例画法的绘图过程。其中螺栓长度 L 可按下式估算:

$$L \geqslant t_1 + t_2 + 0.15d + 0.8d + (0.2 \sim 0.3)d$$

根据上式的估算值,从有关手册中选取与估算值相近的标准长度值作为 L 值。

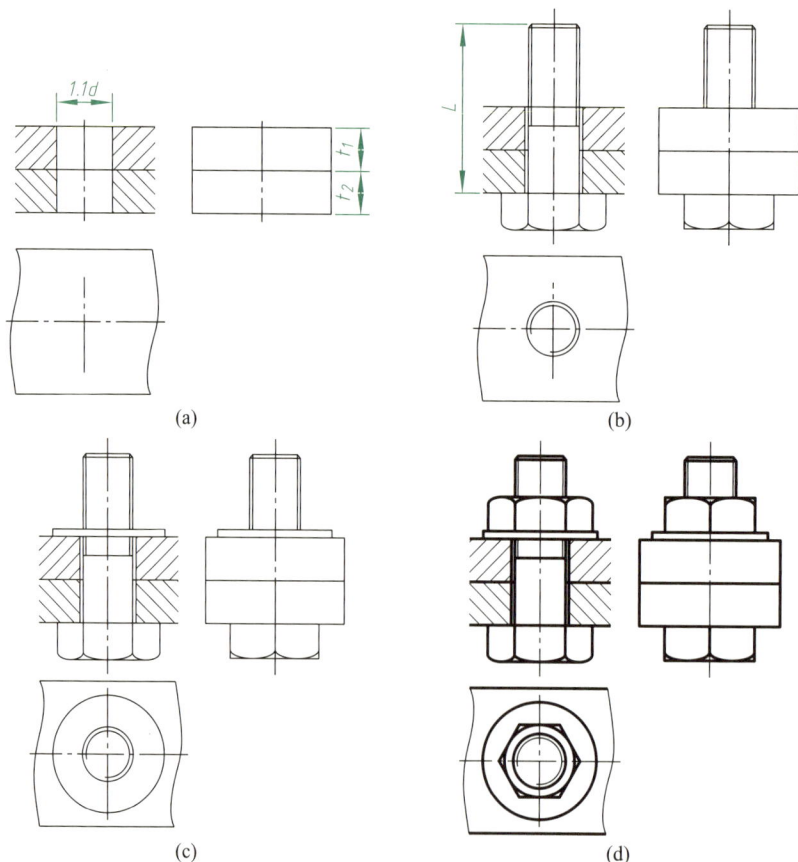

图 7-1-10　螺栓联接比例画法的绘图过程

在装配图中,螺栓联接也可采用如图 7-1-11 所示的简化画法。但应注意,螺母、螺栓的六方倒角省略不画,螺栓上螺纹端面的倒角也省略不画。

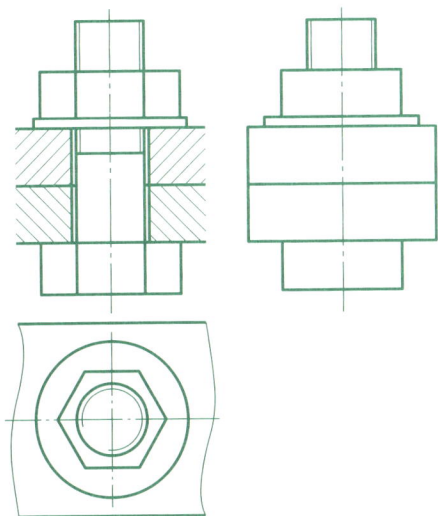

图 7-1-11 螺栓联接简化画法

（2）双头螺柱联接

双头螺柱两端均加工有螺纹，一端旋入联接件的基体，一端与螺母旋合。双头螺柱联接的比例画法和螺栓联接的比例画法基本相同。双头螺柱联接画法如图 7-1-12 所示。

双头螺柱旋入端长度 b_m 要根据旋入件的材料而定，以确保联接牢靠。对应于不同材料，b_m 有下列四种取值：

钢或青铜，取 $b_m=d$；铸铁，取 $b_m=1.25d$ 或 $b_m=1.5d$；铝合金，取 $b_m=2d$。

螺柱的公称长度 L 可按下式估算：

$$L \geqslant t+0.15d+0.8d+(0.2\sim0.3)d$$

根据上式的估算值，对照有关手册中螺柱的标准长度系列，选取与估算值相近的标准长度值作为 L 值。

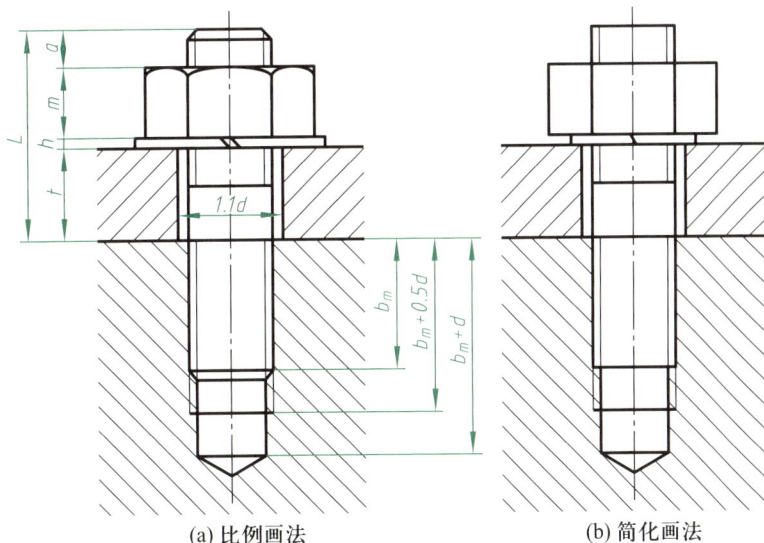

(a) 比例画法　　　　　　(b) 简化画法

图 7-1-12 双头螺柱联接画法

（3）螺钉联接

螺钉联接的比例画法,其旋入端与螺柱相同,被联接板孔部画法与螺栓相同。按头部结构分为圆柱头和沉头螺钉等,这些结构的比例画法如图7-1-13所示。

图7-1-13　螺钉联接的比例画法

任务 7.2　齿轮的绘制（GB/T 4459.2—2003）

相关知识 ▷

齿轮在装备制造业中的应用十分广泛,它是用来传递运动和动力的常用件。

常见的齿轮传动形式有三种:

（1）圆柱齿轮传动:用于两轴线平行的传动,如图7-2-1(a)所示。

（2）锥齿轮传动:用于两轴线相交的传动,如图7-2-1(b)所示。

（3）蜗轮蜗杆传动:用于两轴线垂直交叉的传动,如图7-2-1(c)所示。

齿轮一般有标准与变位之分,齿轮的齿形有渐开线、摆线、圆弧等形状,本书主要介绍渐开线标准齿轮的有关知识和画法。

直齿圆柱齿轮　　　　　　齿轮齿条　　　　　　内齿轮外齿轮

(a) 圆柱齿轮传动

(b) 锥齿轮传动　　　(c) 蜗轮蜗杆传动

图 7-2-1　常见的齿轮传动形式

微课
直齿圆柱齿
轮的认知

7.2.1　直齿圆柱齿轮

1. 直齿圆柱齿轮各部分名称和参数，如图 7-2-2 所示。

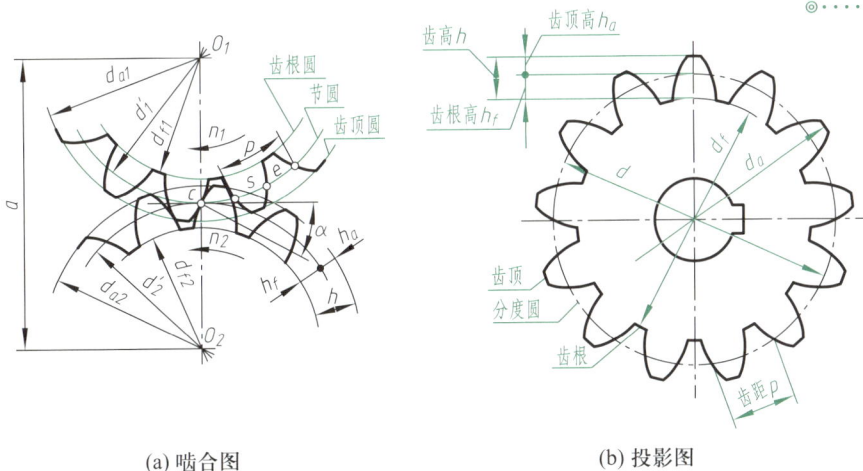

(a) 啮合图　　　　　　(b) 投影图

图 7-2-2　直齿圆柱齿轮各部分名称和代号

齿数 z：一个齿轮的轮齿总数。

齿顶圆：齿轮齿顶所在的圆，其直径（或半径）用 d_a（或 r_a）表示。

齿根圆：齿轮齿槽底所在的圆，其直径（或半径）用 d_f（或 r_f）表示。

分度圆：用来分度（分齿）的圆，该圆位于齿厚和槽宽相等的地方，其直径（或半径）用 d（或 r）表示。

159

齿顶高:齿顶圆与分度圆之间的径向距离,用 h_a 表示。

齿根高:齿根圆与分度圆之间的径向距离,用 h_f 表示。

全齿高:齿顶圆与齿根圆之间的径向距离,用 h 表示,$h = h_a + h_f$。

齿厚:一个齿的两侧齿廓之间的分度圆弧长,用 s 表示。

槽宽:一个齿槽的两侧齿廓之间的分度圆弧长,用 e 表示。

齿距:相邻两齿的同侧齿廓之间的分度圆弧长,用 p 表示,$p = s + e$。

齿宽:齿轮轮齿的宽度(沿齿轮轴线方向度量),用 b 表示,图中无标注。

模数 m:以 z 表示齿轮的齿数,那么齿轮的分度圆周长 $\pi d = zp$。因此分度圆直径为 $d = (p/\pi) \cdot z$,式中:p/π 称为齿轮的模数,用 m 表示,即 $m = p/\pi$,模数以 mm 为单位。模数 m 是齿轮设计和制造时的重要参数,不同模数的齿轮,要用不同模数的刀具来加工制造。模数越大,齿轮的尺寸越大,承载能力越大。为了便于设计和减少加工齿轮的刀具数量,GB/T 1357—2008 对齿轮的模数 m 做了标准化规定,见表 7-2-1。

表 7-2-1　圆柱齿轮模数标准系列(摘自 GB/T 1357—2008)

第一系列	1　1.25　1.5 2　2.5　3　4　5　6　8　10　12　16　20　25　32　40　50
第二系列	1.125　1.375　1.75　2.25　2.75　3.5　4.5　5.5　(6.5)　7　9　11　14　18　22　28　35　45

压力角、齿形角 α:齿轮传动时,一齿轮(从动轮)齿廓在分度圆上点 C 的受力方向与运动方向所夹的锐角称为压力角。加工齿轮用刀具的基本齿条的法向压力角称为齿形角。压力角和齿形角均用 α 表示。我国采用的标准压力角为 20°。

中心距 a:两圆柱齿轮轴线间的距离。

2. 标准直齿圆柱齿轮尺寸的计算

已知模数 m 和齿数 z 时,标准直齿圆柱齿轮轮齿的其他参数均可计算出来,计算公式见表 7-2-2。

表 7-2-2　标准直齿圆柱齿轮轮齿各部分的尺寸计算

名称	符号	公式	名称	符号	公式
分度圆直径	d	$d = mz$	齿根高	h_f	$h_f = 1.25m$
齿顶圆直径	d_a	$d_a = m(z+2)$	全齿高	h	$h = h_a + h_f$　$h = 2.25m$
齿根圆直径	d_f	$d_f = m(z-2.5)$	中心距	a	$a = m/2 (z_1 + z_2)$
齿顶高	h_a	$h_a = m$	齿距	p	$p = \pi m$

3. 直齿圆柱齿轮的画法

单个直齿圆柱齿轮一般用两个视图表达,如图 7-2-3(a)所示,规定画法中规定齿顶圆和齿顶线用粗实线绘制,分度圆和分度线用点画线绘制,齿根圆和齿根线用细实线绘制(也可省略不画);在剖视图中,当剖切平面通过齿轮的轴线时,轮齿部分一律按不剖处理,此时齿根线要用粗实线来绘制,齿轮的其他部分仍按照实际形状投影绘制,如图 7-2-3(b)所示。

当需要表示斜齿或人字齿的齿线时,可用三条与齿线方向一致的细实线表示其形状,如图 7-2-3(c)所示。

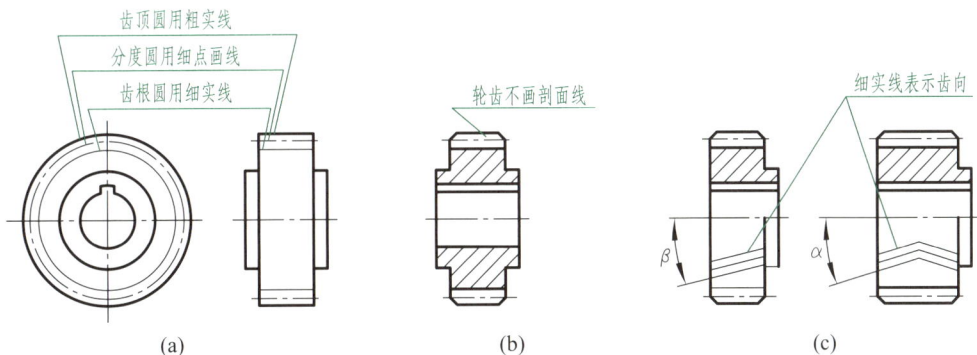

图 7-2-3 直齿圆柱齿轮的画法

在零件图中,轮齿部分的径向尺寸仅标注出分度圆直径和齿顶圆直径即可,轮齿部分的轴向尺寸仅标注齿宽和倒角,其他参数如模数、齿数等可在位于图纸右上角的参数表中给出,如图 7-2-4 所示。

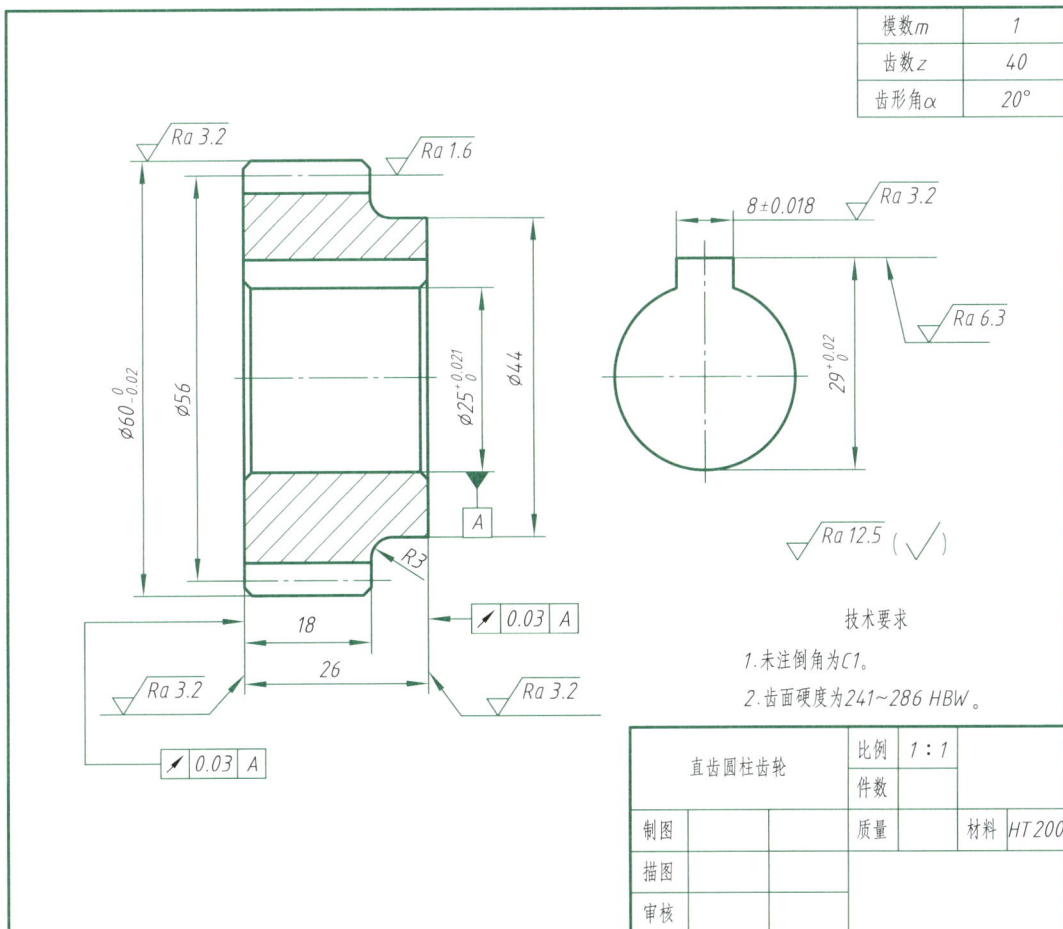

图 7-2-4 直齿圆柱齿轮零件图

直齿圆柱齿轮外啮合画法如图 7-2-5 所示。在反映圆的视图上,齿顶圆用粗实线绘制,两齿轮的分度圆相切,齿根圆省略不画;在不反映圆的视图上,当剖切平面通过两啮合齿轮的轴线时,在啮合区域内,将一个齿轮的轮齿用粗实线绘制,另一个齿轮的轮齿被遮挡的部分用虚线绘制,也可省略不画。应注意:齿根线与齿顶线之间的缝隙相差 $0.25m$(m 为模数)。

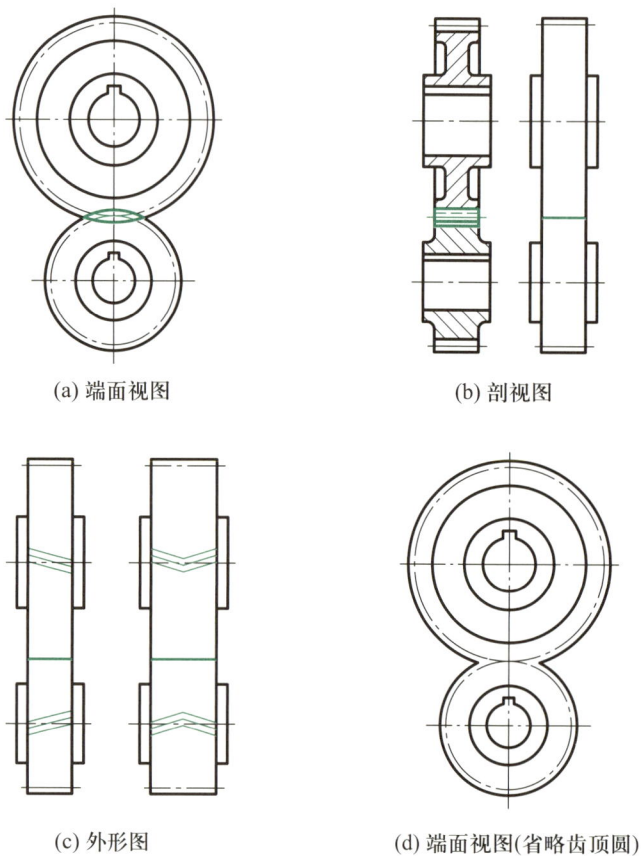

(a) 端面视图　　　　　　　　　　(b) 剖视图

(c) 外形图　　　　　　　(d) 端面视图(省略齿顶圆)

图 7-2-5　直齿圆柱齿轮啮合外啮合画法

7.2.2　直齿锥齿轮

直齿锥齿轮的轮齿分布在锥面上,其齿形及模数沿轴向变化。规定大端的法向模数为标准模数,法向齿形为标准渐开线。在轴剖面内,大端背锥线素与分度锥线素垂直,轴线与分度锥线素的夹角 δ 称为分锥角。

直齿锥齿轮的表示及基本参数如图 7-2-6 所示,其中 $h_a = m$,$d = mz$,$h_f = 1.2m$,$d_a = m(z + 2\cos\delta)$。

直齿锥齿轮的画法与直齿圆柱齿轮的画法基本相同,单个锥齿轮画法如图 7-2-7(a)所示。锥齿轮啮合画法如图 7-2-7(b)所示,常用的标准锥齿轮传动,两分度圆锥相切,两分锥角 δ_1 和 δ_2 互为余角。

图 7-2-6   直齿锥齿轮的表示及基本参数

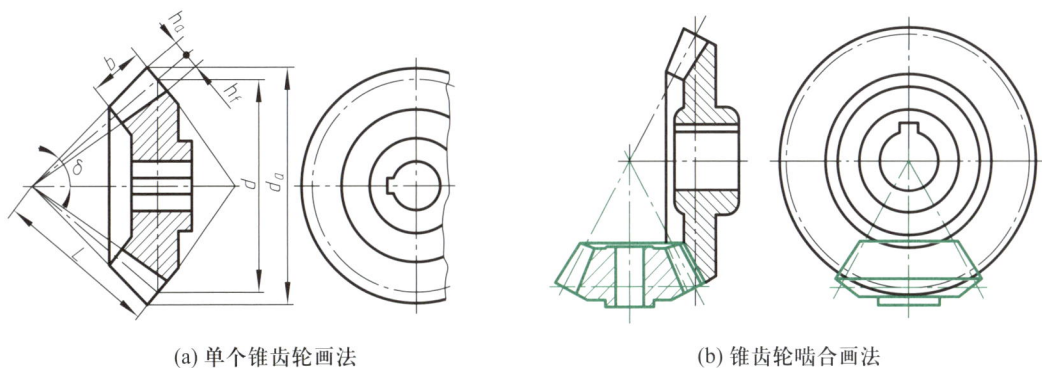

(a) 单个锥齿轮画法   (b) 锥齿轮啮合画法

图 7-2-7   直齿锥齿轮的画法

任务 7.3   键、销的绘制

📖 **相关知识** ▶▶

　　键主要用于轴和轴上的零件(如齿轮、皮带轮等)之间的连结,如图 7-3-1 所示,将键嵌入轴上的键槽中,再把齿轮装在轴上,当轴转动时,通过键连结,齿轮也将和轴同步转动,达到传递扭矩和动力的目的。

图 7-3-1　键的连结

7.3.1　常用键及其标记

常用的键有普通型平键、普通型半圆键和钩头型楔键等。普通型平键又有 A 型、B 型和 C 型三种,表 7-3-1 列出了常用键及其标记示例。

表 7-3-1　常用键及其标记示例

名称及标准编号	外形图	图例	标记示例
普通型　平键 GB/T 1096—2003		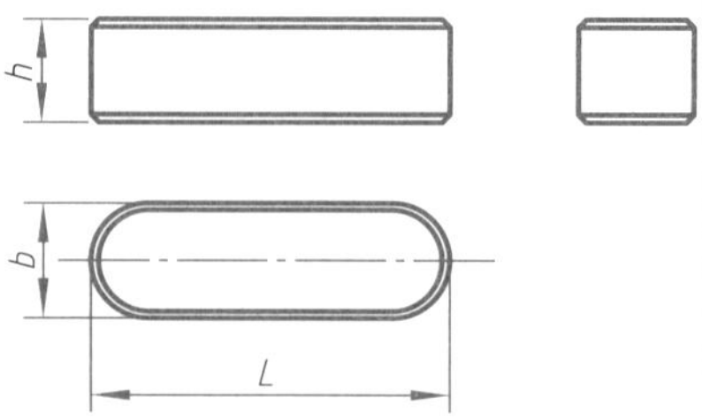	$b=8mm$、$h=7mm$、$L=25mm$ 的普通型平键(A 型不需要标出,如为 B 型或 C 型,标记中的尺寸前应标出字母 B 或 C)标记为:GB/T 1096 键 8×7×25
普通型　半圆键 GB/T 1099.1—2003		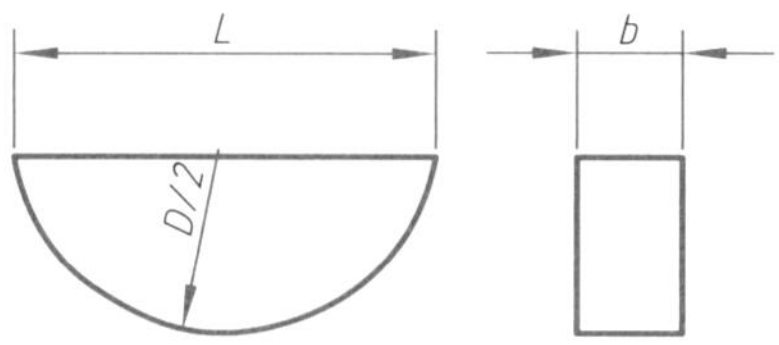	$b=6mm$、$h=10mm$、$D=25mm$ 的普通型半圆键标记为:GB/T 1099.1—2003 键 6×10×25
钩头型　楔键 GB/T 1565—2003		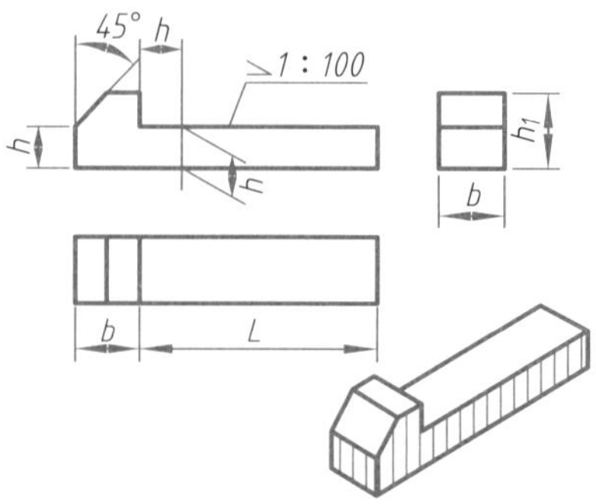	$b=6mm$、$L=25mm$ 的钩头型楔键标记为:GB/T 1565—2003 键 6×25

7.3.2　常用键连结的画法及尺寸标注

1. 普通型平键连结画法（GB/T 1095—2003）

当采用普通型平键时，键的长度 L 和宽度 b 要根据轴的直径 d 和传递的扭矩大小通过计算后从标准中选取适当值。轴和轮毂上键槽的表示方法及尺寸标注如图 7-3-2（a）、（b）所示。轴上的键槽若在前面，局部视图可以省略不画，键槽在上面时，键槽和外圆柱面产生的截交线可用柱面的转向轮廓线代替。

在装配图上，键连结的画法如图 7-3-2（c）所示。因为键是实心零件，所以当平行于键剖切时，键按不剖绘制，但当垂直于键剖切时，键按剖视图绘制。键的上表面和轮毂上键槽的底面为非接触面，所以画两条图线。轮、轴和键剖面线的方向要遵守装配图中剖面线的规定画法。

图 7-3-2　普通型平键连结画法

2. 普通型半圆键连结画法（GB/T 1098—2003）

普通型半圆键连结常用在载荷不大的传动轴上，其工作原理和画法与普通平键相似，键槽表示方法和装配方法如图 7-3-3（a）、（b）所示。

3. 钩头型楔键连结画法（GB/T 1563—2017）

钩头型楔键的上顶面有 1∶100 的斜度，装配时将键沿轴向嵌入键槽内，靠键的上、下面将轴和轮连结在一起，键的侧面为非工作面，其装配图的画法如图 7-3-4 所示。

图 7-3-3　普通型半圆键连结画法

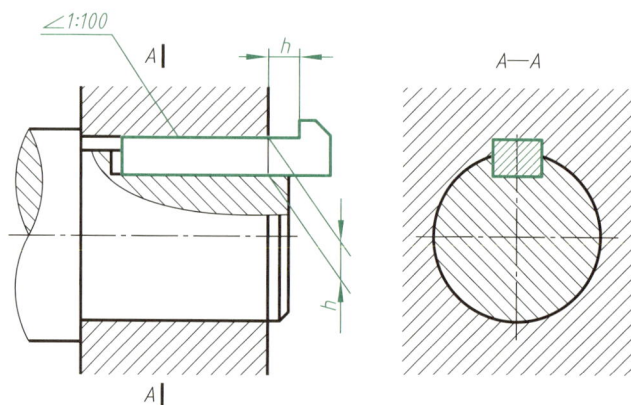

图 7-3-4　钩头型锲键连结装配图画法

7.3.3　销的画法

在机械零件中,销主要用于联接、定位或防松等。常用的销有圆柱销、圆锥销和开口销等,它们的标准编号、图例及标记示例等见表 7-3-2。

表 7-3-2　常用销及其标记示例

名称	标准编号	图例	标记示例
圆柱销	GB/T 119.1—2000		公称直径 $d=8$mm,公差为 m6,公称长度 $L=30$mm,材料为钢,不经淬火,不经表面处理的圆柱销: 销 GB/T 119.1　8m6×30
圆锥销	GB/T 117—2000		公称直径 $d=10$mm,公称长度 $L=60$mm,材料为 35 钢,热处理硬度为 27~37HRC,表面氧化处理的 A 型圆锥销:销 GB/T 117　10×60

续表

名称	标准编号	图例	标记示例
开口销	GB/T 91—2000		公称直径 $d=5$mm,公称长度 $L=50$mm,材料为低碳钢,不经表面处理的开口销:销 GB/T 91　5×50

用销联接(或定位)的两零件上的孔,一般是在装配时一起配钻铰的,因此,在零件图上标注销孔尺寸时,应注明"配作"字样,如图 7-3-5(a)所示。圆锥销孔的直径 $\phi6$ 为所配圆锥销的公称直径(小端直径),销联接的画法如图 7-3-6(b)、(c)所示。

(a) 销孔的尺寸注法　　(b) 圆柱销、圆锥销的联接　　(c) 开口销的联接

图 7-3-5　销的联接画法

任务 7.4　滚动轴承的绘制(GB/T 4459.7—2017)

相关知识 ▷

滚动轴承是一种支承转动轴的标准件,它具有结构紧凑,摩擦力小等特点,使用时应根据设计要求,选用标准系列的轴承代号。

7.4.1　滚动轴承的结构和类型

滚动轴承的结构一般由外圈、内圈、滚动体、保持架四部分组成,如图 7-4-1 所示。

滚动轴承的类型按承受载荷的方向分为三类:

(1)向心轴承:主要承受径向载荷,如深沟球轴承。

微课
滚动轴承的
结构类型

（2）推力轴承：只承受轴向载荷，如推力球轴承。

（3）向心推力轴承：同时承受径向和轴向载荷，如圆锥滚子轴承。

外圈
内圈
滚动体
保持架

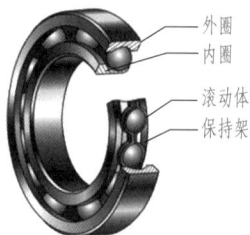

图 7-4-1　滚动轴承的结构

7.4.2　滚动轴承的代号（GB/T 272—2017）

滚动轴承代号是用字母加数字来表示滚动轴承的结构、尺寸、公差等级、技术性能等特征的产品符号。它由基本代号、前置代号和后置代号构成，其排列如下：

前置代号　　基本代号　　后置代号

1. 基本代号

基本代号表示轴承的基本类型、结构和尺寸，是滚动轴承代号的基础。滚动轴承（除滚针轴承外）的基本代号由轴承类型代号、尺寸系列代号、内径代号构成。轴承类型代号用阿拉伯数字或大写拉丁字母表示；尺寸系列代号和内径代号用数字表示。例如：

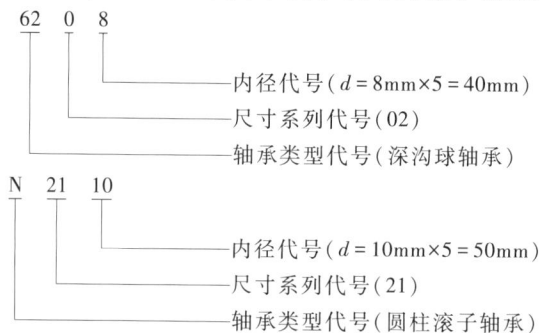

62　0　8

内径代号（$d = 8mm \times 5 = 40mm$）
尺寸系列代号（02）
轴承类型代号（深沟球轴承）

N　21　10

内径代号（$d = 10mm \times 5 = 50mm$）
尺寸系列代号（21）
轴承类型代号（圆柱滚子轴承）

（1）轴承类型代号

轴承类型代号用阿拉伯数字或者大写拉丁字母表示，滚动轴承的轴承类型代号见表 7-4-1。

表 7-4-1　滚动轴承的轴承类型代号

代号	轴承类型	代号	轴承类型
0	双列角接触球轴承	7	角接触球轴承
1	调心球轴承	8	推力圆柱滚子轴承
2	调心滚子轴承	N	圆柱滚子轴承
3	推力调心滚子轴承	NN	双列与多列圆柱滚子轴承
4	圆锥滚子轴承	U	外球面球轴承
5	双列深沟球轴承	QJ	四点接触球轴承
6	推力球轴承		

（2）尺寸系列代号

尺寸系列代号由滚动轴承的宽（高）度系列代号和直径代号组合而成，向心轴承和推力轴承尺寸系列代号见表 7-4-2。

表 7-4-2　向心轴承和推力轴承尺寸系列代号

直径系列代号	向心轴承								推力轴承			
	宽度系列代号								高度系列代号			
	8	0	1	2	3	4	5	6	7	9	1	2
	尺寸系列代号											
7	—	—	17	—	37	—	—	—	—	—	—	—
8	—	08	18	28	38	48	58	68	—	—	—	—
9	—	09	19	29	39	49	59	69	—	—	—	—
0	—	00	10	20	30	40	50	60	70	90	10	—
1	—	01	11	21	31	41	51	61	71	91	11	—
2	82	02	12	22	32	42	52	62	72	92	12	22
3	83	03	13	23	33	—	—	—	73	93	13	23
4	—	04	—	24	—	—	—	—	74	94	14	24
5										95		

（3）内径代号

表示轴承的公称内径，轴承的内径代号及其示例见表 7-4-3。

表 7-4-3　轴承的内径代号及其示例

轴承公称内径/mm		内径代号	示例
0.6~10（非整数）		用公称内径直径直接表示，在其与尺寸系列代号之间用"/"分开	深沟球轴承 618/2.5 $d=2.5$mm
1~9（整数）		用公称内径毫米数直接表示，对深沟球及角接触球轴承 7、8、9 直径系列，内径与尺寸系列代号之间用"/"分开	深沟球轴承 625　618/5 $d=5$mm
10~17	10	00	深沟球轴承 6 200 $d=10$mm
	12	01	
	15	02	
	17	03	
20~480（22、28、32 除外）		公称内径除以 5 的商数为个位数时，需在商数左边加"0"，如 08	调心滚子轴承 23 208 $d=40$mm
≥500 以及 22、28、32		用公称内径毫米数直接表示，但在与尺寸系列之间用"/"分开	调心滚子轴承 230/500 $d=500$mm，深沟球轴承 62/22　$d=22$mm

2. 前置代号和后置代号

当轴承的结构形式、尺寸、公差、技术要求等有改变时,可在其基本代号左右添加的补充代号。前置代号用字母表示,后置代号用字母(加数字)表示。

7.4.3 滚动轴承的画法

GB/T 4459.7—2017 对滚动轴承的画法作了统一规定,有简化画法和规定画法之分,简化画法又分为通用画法和特征画法两种。

1. 简化画法

用简化画法绘制滚动轴承时可用通用画法或特征画法,但在同一图样中一般采用同一种画法。

(1)通用画法

在剖视图中,当不需要确切地表示滚动轴承的外轮廓、载荷特性、结构特征时,可用矩形线框及位于线框中央正立的十字符号的方法表示。矩形线框和十字符号均用粗实线绘制,十字符号不应与矩形线框接触,通用画法应绘制在轴的两侧。滚动轴承通用画法的尺寸比例示例见表 7-4-4。

表 7-4-4   滚动轴承通用画法的尺寸比例示例

通用画法 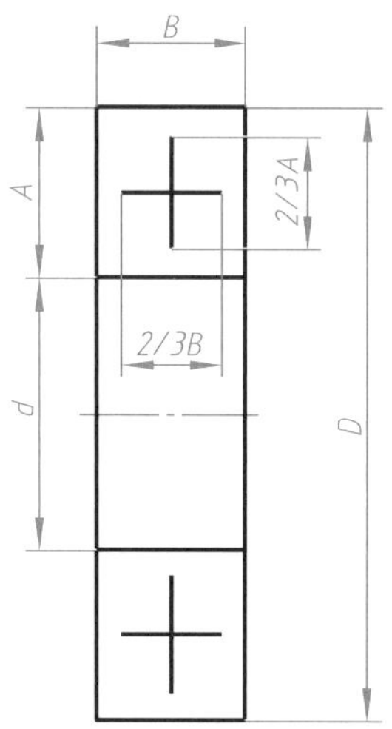	表示外圈无挡边的通用画法 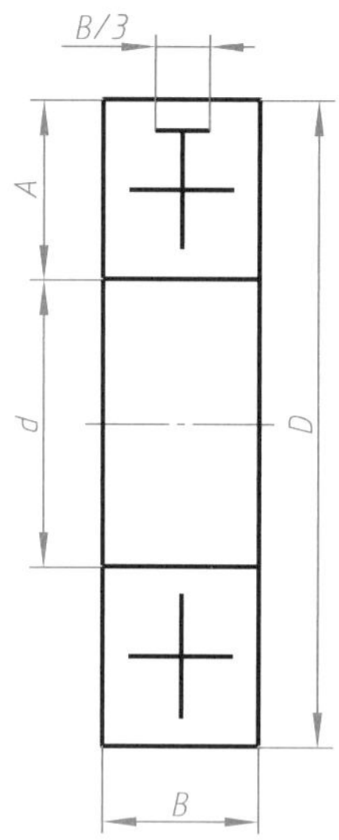	表示内圈有单挡边的通用画法 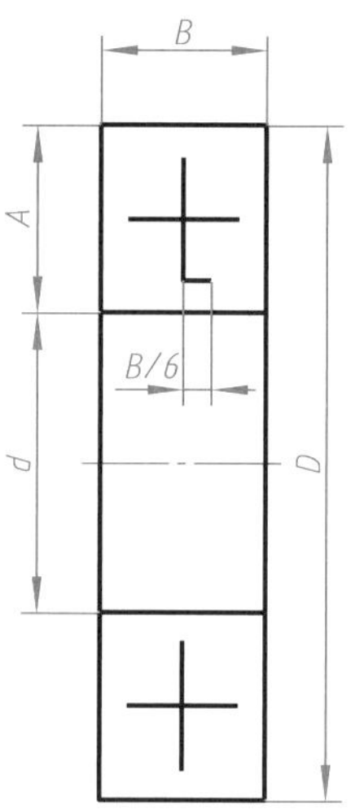

(2)特征画法

在剖视图中,如需要较形象地表示滚动轴承的结构特征时,可采用在矩形线框内画出其结构要素符号的方法表示。结构要素符号由长粗实线(或长粗圆弧线)和短粗实线组成。长粗实线表示滚动体的滚动轴线,长粗圆弧线表示可调心轴承的调心表面或滚动体滚动轴线的包络线;短粗实线表示滚动体的列数和位置。短粗实线和长粗实线(或长粗圆弧线)相交成 90°(或相交于法线方向),并通过滚动体的中心。特征画法的矩形线框用粗实线绘制,并且应绘制在轴的两侧。

在垂直于滚动轴承轴线的投影面上，无论滚动体的形状（球、柱、针等）及尺寸如何，均可按图 7-4-2 所示画法进行绘制。

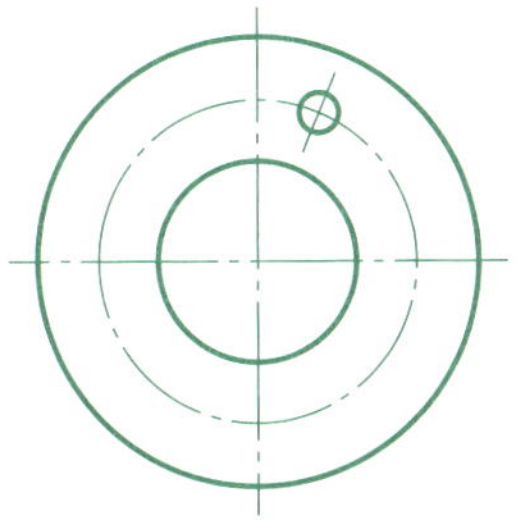

图 7-4-2　滚动轴承轴线垂直投影面的特征画法

常用滚动轴承的特征画法及规定画法的尺寸比例示例见表 7-4-5。

表 7-4-5　常用滚动轴承的特征画法及规定画法的尺寸比例示例

轴承类型	特征画法	规定画法	装配画法
深沟球轴承（GB/T 276—2013）	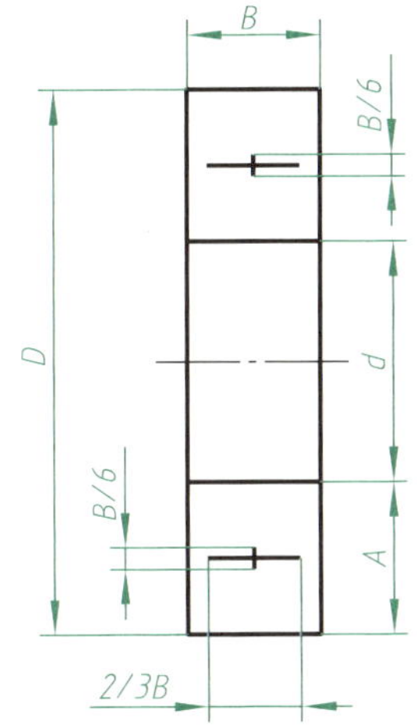	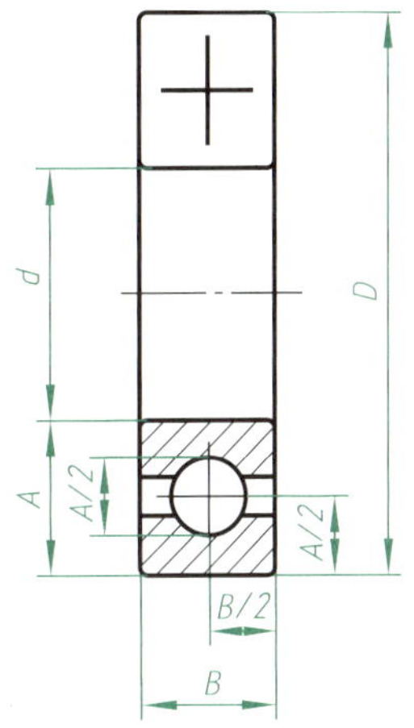	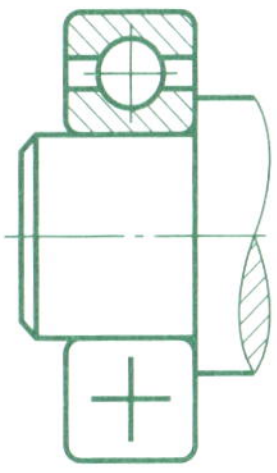
圆锥滚子（GB/T 297—2015）	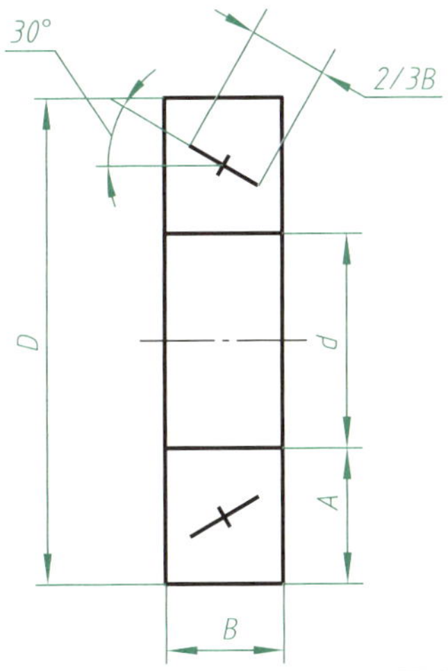	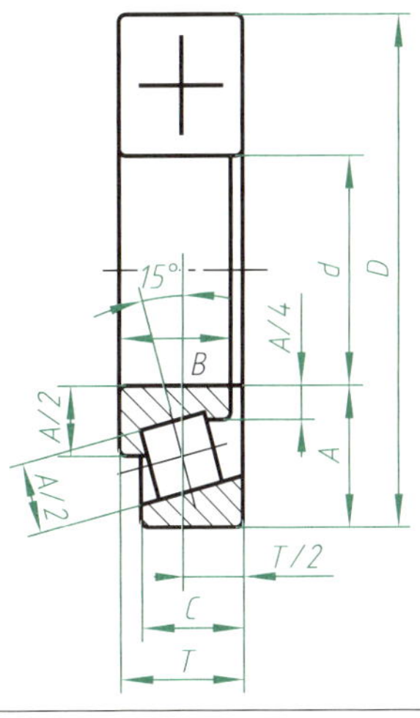	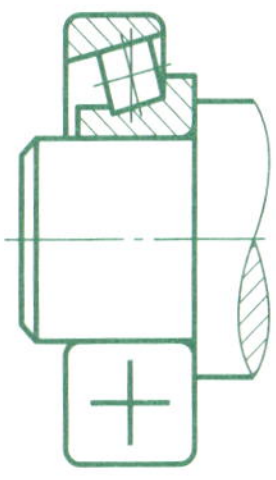

续表

轴承类型	特征画法	规定画法	装配画法
推力球轴承 （GB/T 301—2015）			

2. 规定画法

必要时,在滚动轴承的产品图样、产品样本、产品标准、用户手册和使用说明书中可采用规定画法。采用规定画法绘制滚动轴承的剖视图时,轴承的滚动体不画剖面线,其套圈等可画成方向和间隔相同的剖面线,滚动轴承的保持架及倒角等可省略不画。规定画法一般绘制在轴的一侧,另一侧按通用画法绘制,深沟球轴承画图步骤如图7-4-3所示。规定画法中各种符号、矩形线框和轮廓线均采用粗实线绘制,其比例示例见表7-4-5。

滚动轴承在装配图中的画法如图7-4-4所示。

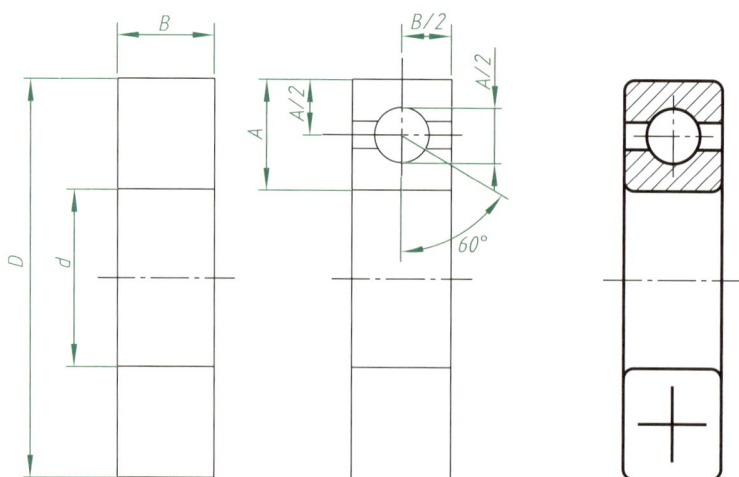

动画
深沟球轴承
规定画法

图 7-4-3　深沟球轴承画图步骤

图 7-4-4　滚动轴承在装配图中的画法

任务 7.5 弹簧的绘制(GB/T 4459.4—2003)

📖 相关知识 ▶

弹簧具有储存能量的特性,起到减振、加紧、测力等作用,是机械、电气设备中常用的零件,它的种类很多,常见的有圆柱螺旋弹簧、板弹簧、平面涡卷弹簧等。圆柱螺旋弹簧又分为压缩弹簧、拉伸弹簧和扭转弹簧。常见的弹簧种类如图 7-5-1 所示。

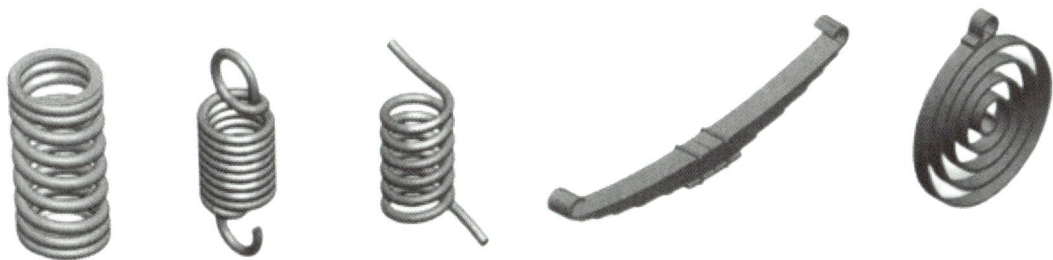

图 7-5-1　常见的弹簧种类

7.5.1　圆柱螺旋压缩弹簧各部分名称及尺寸关系(表 7-5-1)

表 7-5-1　圆柱螺旋压缩弹簧各部分名称及尺寸关系

名称	符号及尺寸计算	说明
材料直径	d	制造弹簧所用金属丝的直径
弹簧外径	D_2	弹簧的最大直径

续表

名称	符号及尺寸计算	说明
弹簧内径	$D_1,D_1=D_2-2d$	弹簧的内孔最小直径
弹簧中径	$D,D=(D_1+D_2)/2=D_1+d=D_2-d$	弹簧轴剖面内簧丝中心所在柱面的直径
有效线圈	n	保持相等节距且参与工作的圈数
支承圈数	n_z	为了使弹簧工作平衡,端面受力均匀,制造时将弹簧两端的 0.75~1.25 圈压紧靠实,并磨出支承平面
总圈数	n_1	有效圈数和支承圈数的总和
节距	t	相邻两有效圈上对应点间的轴向距离
自由高度	$H_0,H_0=nt+(n_c-0.5)d$	未受载荷作用时的弹簧高度(或长度)
展开长度	$L,L\approx n_1\sqrt{(\pi D)^2+t^2}$	制造弹簧时所需的金属丝长度
旋向	左旋应注明"左",右旋不表示	与螺旋线的旋向意义相同,分为左旋和右旋两种

7.5.2　圆柱螺旋压缩弹簧的标记

圆柱螺旋压缩弹簧是标准件,弹簧的标记由类型代号、规格、精度代号、旋向代号和标准编号组成,规定如下:

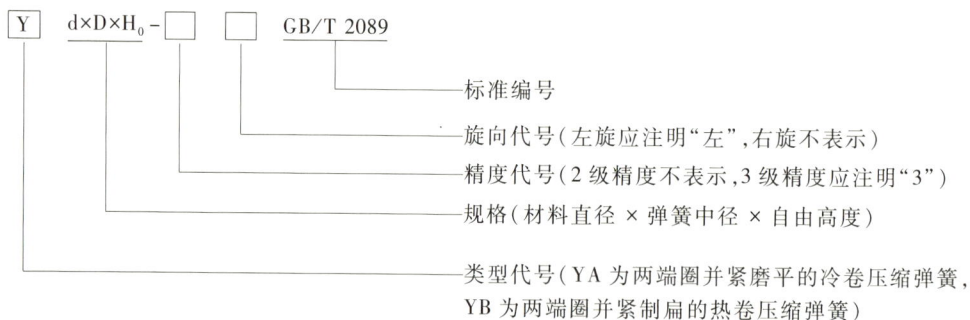

Y　d×D×H₀-□　□　GB/T 2089

——标准编号
——旋向代号(左旋应注明"左",右旋不表示)
——精度代号(2 级精度不表示,3 级精度应注明"3")
——规格(材料直径 × 弹簧中径 × 自由高度)
——类型代号(YA 为两端圈并紧磨平的冷卷压缩弹簧,YB 为两端圈并紧制扁的热卷压缩弹簧)

例如 YA 型弹簧,材料直径为 1.2mm,弹簧中径为 8mm,自由高度为 40mm,精度等级为 2 级,右旋,标记为:YA 1.2×8×40 GB/T 2089。

7.5.3　圆柱螺旋压缩弹簧的画法规定

动画
圆柱螺旋压缩
弹簧的画法

1. 弹簧的画法
GB/T 4459.4—2003 对弹簧画法作了如下规定:
(1)在平行于螺旋弹簧轴线的投影面视图中,各圈的轮廓线应画成直线。
(2)有效圈数在四圈以上时,可以每端只画出 1~2 圈(支承圈除外),

其余省略不画。

（3）螺旋弹簧均可画成右旋，但左旋弹簧不论画成左旋还是右旋，一律要注写旋向"左"字。

（4）螺旋压缩弹簧如要求两端并紧且磨平，不论支承圈多少均按支承圈为 2.5 圈绘制，必要时可按支承圈的实际结构绘制。

圆柱螺旋压缩弹簧作图步骤见表 7-5-2。

表 7-5-2 圆柱螺旋压缩弹簧作图步骤

作图结果				
作图方法	根据弹簧的自由高度 H_0、弹簧中径 D，作出矩形 $abcd$	画出支承圈部分，d 为线径	画出部分有效圈，t 为节距	按右旋旋向（或实际旋向）作相应圆的公切线，画成剖视图

弹簧的表示方法有剖视图、视图和示意图，圆柱螺旋压缩弹簧的表示方法如图 7-5-2 所示。

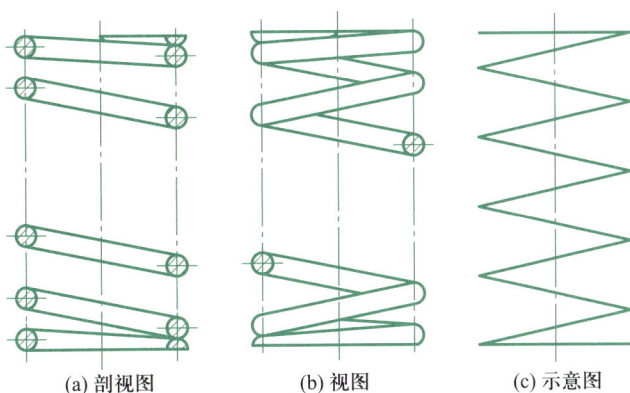

(a) 剖视图　　　　　　(b) 视图　　　　　　(c) 示意图

图 7-5-2 圆柱螺旋压缩弹簧的表示方法

2. 装配图中弹簧的简化画法

在装配图中，弹簧被看作实心物体，被弹簧挡住的结构一般不画，可见部分应画至弹簧的外轮廓或弹簧中径，如图 7-5-3(a)、(b)所示。当材料直径小于 2mm 的弹簧被剖切时，其剖切面可以涂黑,也可以采用示意图画法,如图 7-5-3(c)所示。

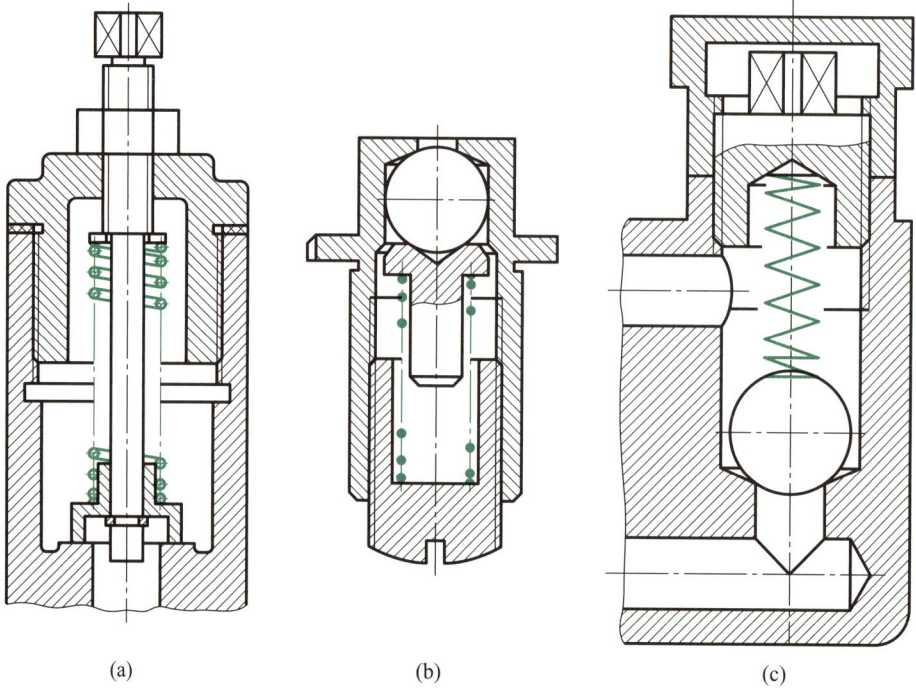

(a)　　　　　　　　　(b)　　　　　　　　　(c)

图 7-5-3　装配图中弹簧的简化画法

项目八　零件图的绘制与识读

差之毫厘，
谬以千里

学习目标

1. 了解零件图的作用及内容；
2. 掌握零件的常用工艺结构；
3. 掌握识读零件图的方法和步骤；
4. 能正确识读和绘制零件图。

学习重点和难点

1. 学习重点
（1）典型零件的表达方法；
（2）零件图尺寸及技术要求的标注；
（3）零件的读图方法。
2. 学习难点
（1）零件结构表达方案的选择；
（2）识读零件图。

任何一台机器或部件都是由不同的零件装配而成的，加工制造零件必须依据零件图来进行。

📖 相关知识 ▷▷

任务 8.1 零件图的内容

微课
零件图的种类
及作用

　　零件图是表达机器零件的形状、结构、尺寸和技术要求等内容的图样，是产品生产工艺过程中设计部门提交给生产部门的重要技术文件，是生产准备、制造加工、质检装配、服务维修的基本依据。

　　如图 8-1-1 所示为阀盖零件图，从图中可以看出，一张完整的零件图一般包含五部分内容。

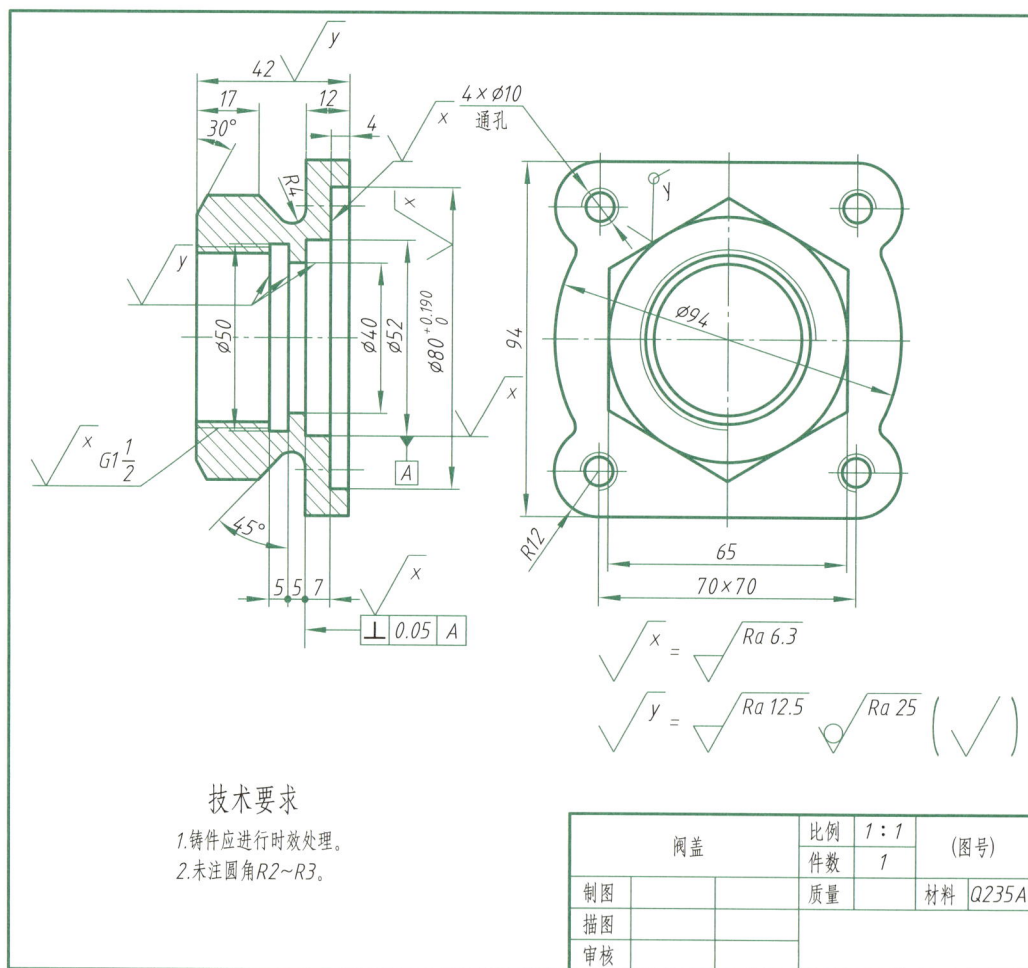

技术要求
1.铸件应进行时效处理。
2.未注圆角R2~R3。

阀盖		比例	1:1	(图号)
		件数	1	
制图		质量		材料 Q235A
描图				
审核				

图 8-1-1　阀盖零件图

1. 一组视图

在零件图中需用一组视图来表达零件的形状和结构,应根据零件的结构特点选择适当的剖视、剖面、局部放大等表达方法,用最简明的方法将零件的形状、结构表达出来。

2. 完整的尺寸

零件图上的尺寸不仅要标注得完整、清晰,而且还要标注得合理,能够满足设计意图,适宜于制造生产,便于检验。

3. 技术要求

零件图上的技术要求包括表面粗糙度、尺寸极限与配合、表面形状公差和位置公差、表面处理、热处理、检验等要求,零件制造后要满足这些要求才算是合格产品。

4. 标题栏

对于标题栏的格式,国家标准 GB/T 10609.1—2008 作了统一规定,使用中应尽量采用标准推荐的标题栏格式。零件图标题栏的内容一般包括零件名称、材料、数量、比例、图的编号以及设计、描图、绘图、审核人员的签名等。

任务 8.2 零件的视图表达

机器设备千差万别,不同设备中各种零件的功用各不相同,如何为各种零件选择恰当的表达方法,确定合理的表达方案,即如何以较少的绘图工作量,正确、完整、清晰地表达出零件的全部结构形状,是画好零件图的关键。

8.2.1 零件图的视图表达方法

零件的形状结构要用一组视图来表示,这一组视图并不一定局限于三个基本视图,可视需要采用各种表示方法,以简明的方法将零件的形状和结构表达清楚。表达方案的确定尤其需要处理好主视图的选择和视图配置等问题。

1. 主视图的选择

主视图是零件图中的核心,主视图的选择直接影响到其他视图的选择及读图的方便和图幅的利用。选择主视图就是要确定零件的摆放位置和主视图的投射方向。因此,在选择主视图时,要考虑以下几点:

(1)形体特征原则。主视图要能将组成零件的各形体间的相互位置和主要形体的形状、结构表达得最清楚。

(2)加工位置原则。按照零件在主要加工工序中的装夹位置选取主视图,便于看图、加工和检测尺寸。

(3)工作位置原则。工作位置是指零件装配在机器或部件中工作时的位置。按工作位置选取主视图,便于想象零件的作用和组装。

2. 其他视图的选择

其他视图的选择原则是:首先考虑看图方便,配合主视图,在完整、清晰地表达出零件结构

形状的前提下,力求制图简便,视图数量尽可能少。所以,配置其他视图时应注意以下几点:

(1)零件的主要结构优先选用基本视图,并在基本视图上作适当的剖视来表达。

(2)零件的次要结构和局部形状用局部视图、向视图、斜视图或斜剖视图表达,表达时应尽量按投影关系配置在有关视图附近。

(3)一些局部结构表达不清楚或不便于标注尺寸时,应采用局部放大图表示。

(4)倾斜结构尽量使用斜视图或斜剖视图来表达。

(5)所选的每个视图都有明确的表达重点,具有独立存在的意义,各个视图互相配合、互相补充,视图数量尽可能少而清晰。

(6)能采用省略、简化方法表达的要尽量采用。

8.2.2 典型零件的视图选择

工程实际中的零件结构千变万化,但从总体结构上可将其大致分为轴套类零件、轮盘类零件、叉架类零件、箱体类零件等,每类零件的表达方法有共性的一面,掌握各类零件的表达方法后,可以做到举一反三、触类旁通。

动画
齿轮轴

1. 轴套类零件的表达方法

如图 8-2-1 所示的轴,即属于轴套类零件。轴套类零件的表面大部分为圆柱面,其上的常见结构有键槽、孔、退刀槽、倒角、倒圆、螺纹等。由于这类零件一般在卧式机床上加工,因此其主视图常按加工位置确定,考虑切削力对零件刚度的影响,一般是大端在左,小端在右,轴线水平放置。轴套类零件的主要结构形状是回转体,一般只画一个主视图。零件上键槽、孔等,可作移出断面图。砂轮越程槽、退刀槽和中心孔等可用局部放大图表达。

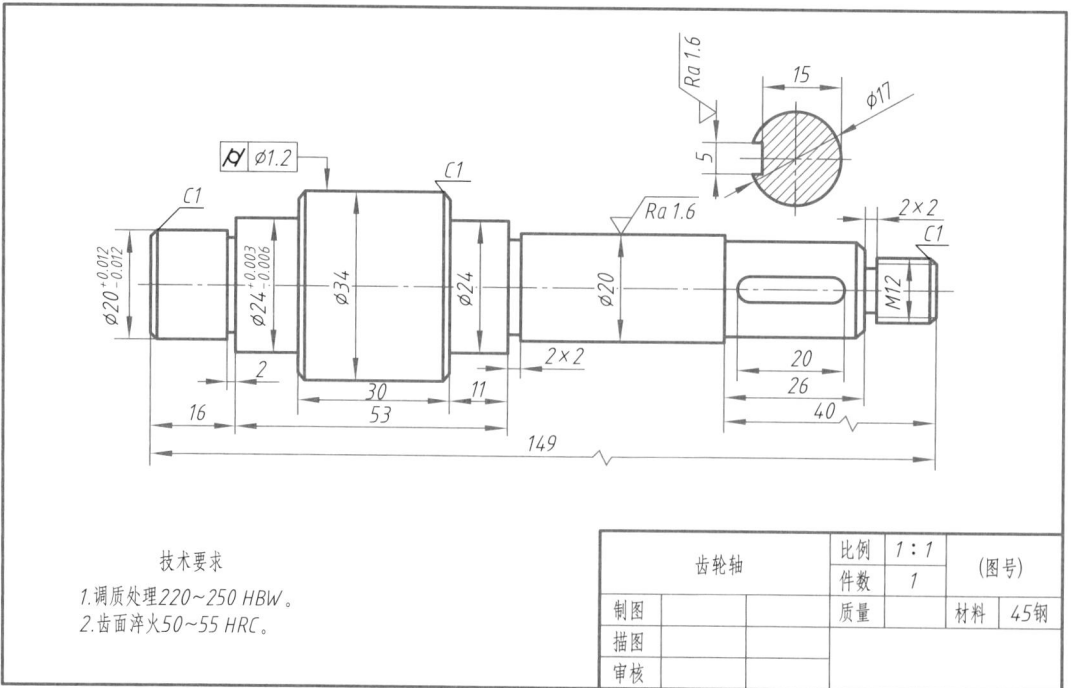

图 8-2-1 轴套类零件表达方法

2. 轮盘类零件的表达方法

如图 8-2-2 所示,轴承盖以及各种轮子、法兰盘、端盖等属于轮盘类零件。其主要形体是回转体,径向尺寸一般大于轴向尺寸。这类零件的毛坯为铸件或锻件,机械加工以车削为主,主视图一般按加工位置水平放置。但有些较复杂的盘盖,因加工工序较多,主视图也可按工作位置画出。轮盘类零件的表达一般需要两个视图,即主视图和左视图(或右视图)。主视图表达内部结构,一般采用全剖视图;根据结构特点,视图具有对称面时,可作半剖视图;无对称面时,可作全剖或局部剖视图,表达零件的内、外总体结构形状和大小。其他结构形状,如轮辐和筋板等可用移出断面或重合断面画法,也可用简化画法。

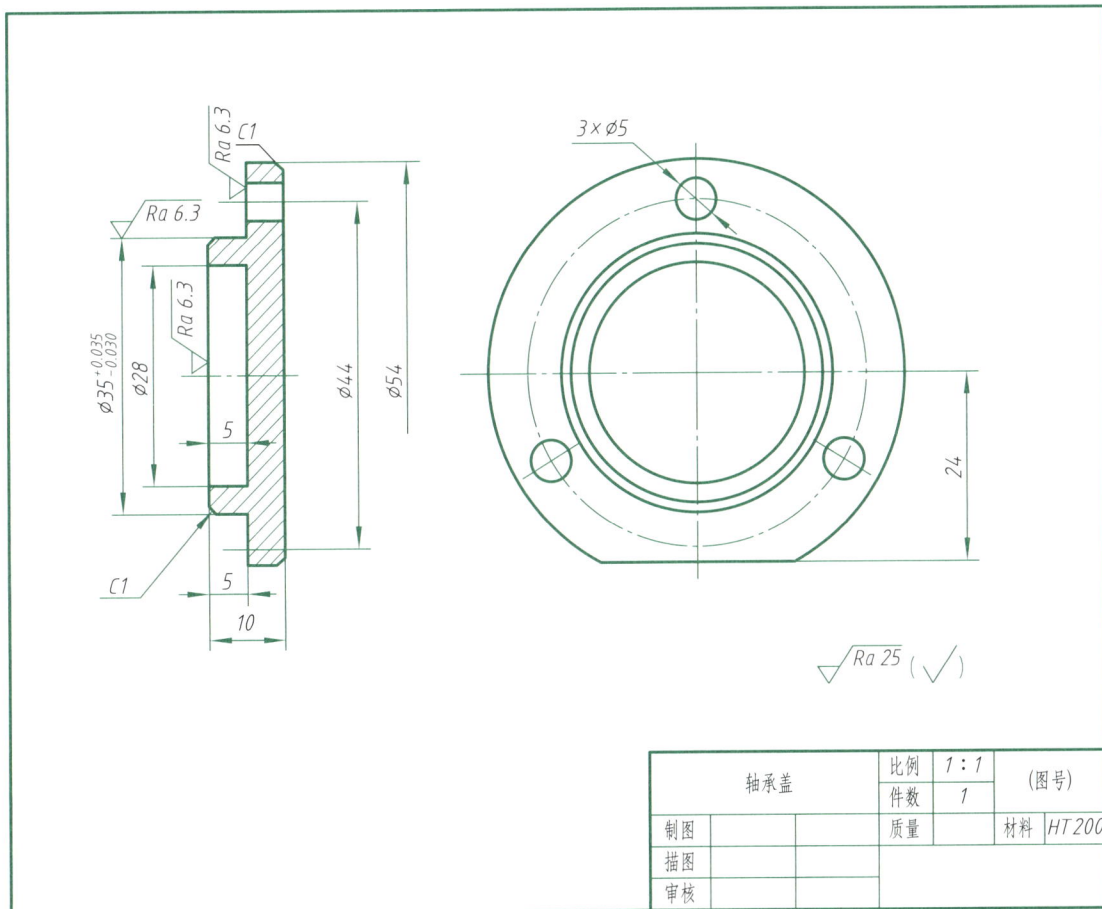

图 8-2-2 轮盘类零件表达方法

3. 叉架类零件的表达方法

如图 8-2-3 所示,托架以及各种杠杆、连杆、支架等属于叉架类零件。叉架类零件的结构形状一般比较复杂,需经多道加工工序和多种加工工艺,主视图主要由形状特征和工作位置来确定。叉架类零件的表达一般需要两个以上的基本视图,并用斜视图、局部视图、断面图等表达内外形状和

细部结构。如图 8-2-3 所示,主视图和俯视图采用了局部剖视图,此外采用了一个向视图和一个移出断面图来表达底板和肋板的形状。

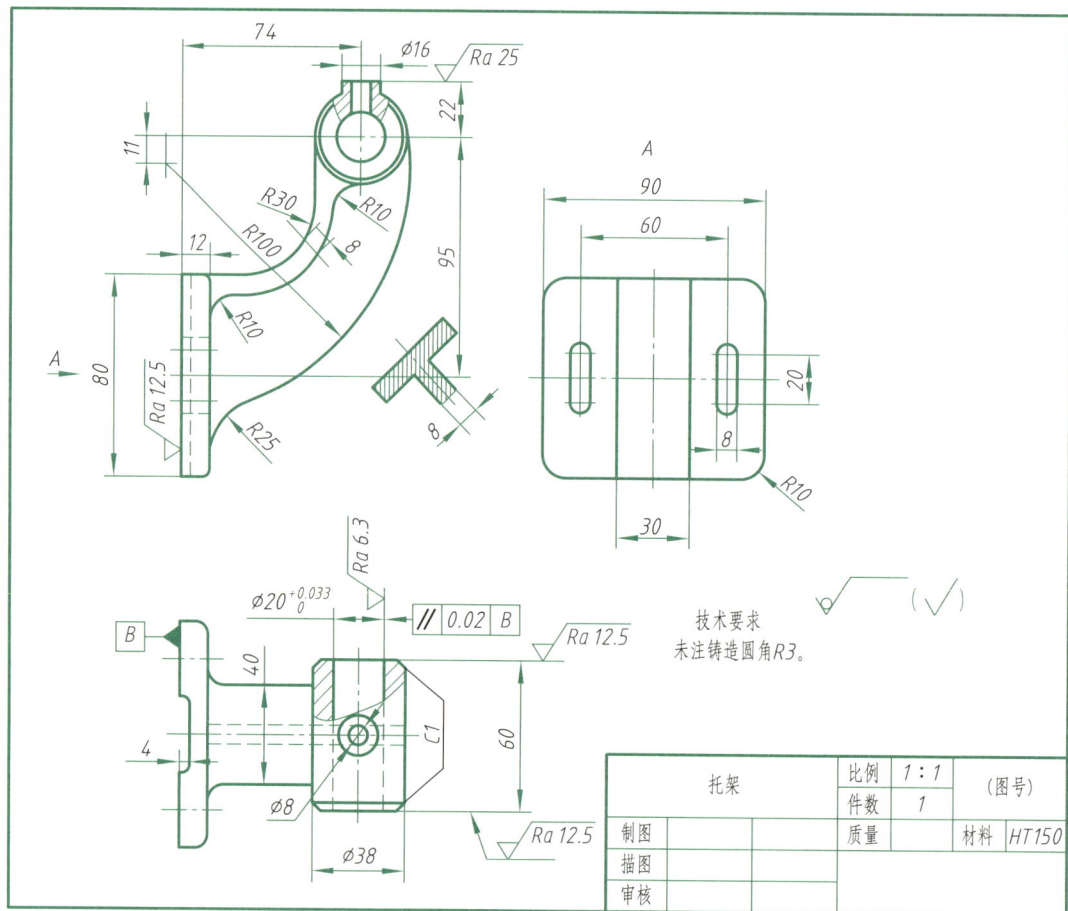

图 8-2-3 叉架类零件表达方法

4. 箱体类零件的表达方法

如图 8-2-4 所示,阀体以及减速器箱体、泵体、阀座等属于箱体类零件,其大多为铸件,一般起支承、容纳、定位和密封等作用,内外形状较为复杂。这类零件一般经多种工序加工而成,工作表面采用铣削或刨削,箱体上的孔系多采用钻、扩、铰、镗等。主视图可采用工作位置或主要表面的加工位置,表达方法可采用全剖视图、局部剖视图等,由于零件结构比较复杂,常需要三个或三个以上的视图表达。图 8-2-4 中,由于主视图上无对称面,采用了大范围的局部剖视来表达内、外形状,并选用了 A—A 剖视、C—C 局部剖和密封槽处的局部放大图。

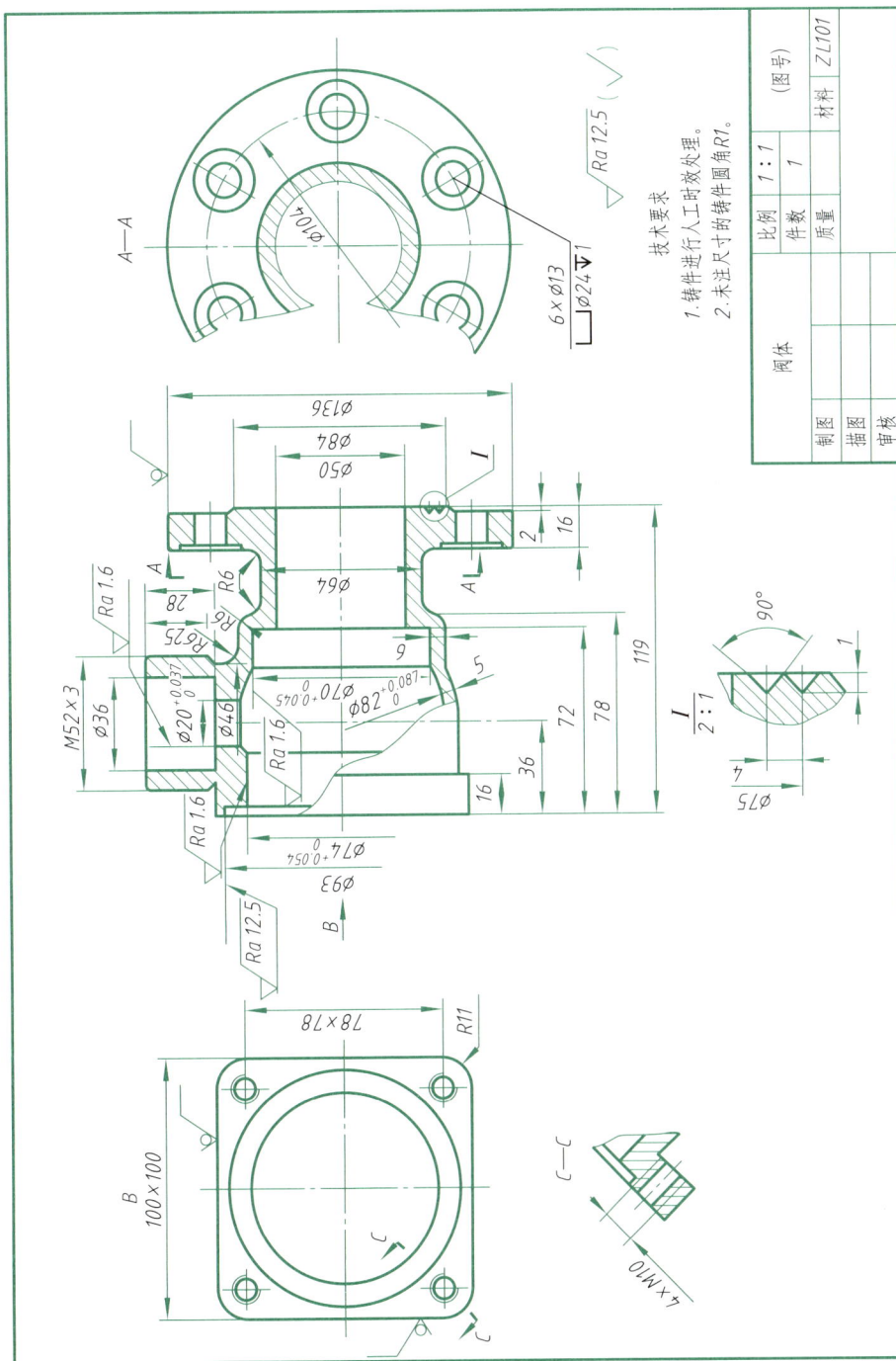

图 8-2-4 箱体类零件表达方法

技术要求
1. 铸件进行人工时效处理。
2. 未注尺寸的铸件圆角 R1。

阀体		比例	1:1	(图号)	
		件数	1	材料	ZL101
		质量			
制图					
描图					
审核					

任务 8.3　零件上常见的工艺结构

　　机械零件大部分都要通过铸造和机械加工来制造。因此，所绘制的零件既要符合设计要求，又要符合铸造工艺和机械加工工艺要求，以免造成废品或使制造工艺复杂化。下面介绍铸造工艺和机械加工工艺方面的基本常识。

8.3.1　机械加工工艺结构

1. 倒角和倒圆

　　机械加工后，铸件的圆角被切去，出现了尖角。为了去除毛刺、锐边和便于装配，一般常在轴和孔的端部加工出 45°倒角；为了避免应力集中产生裂纹，轴肩处往往加工成圆角过渡形式，称为倒圆。两者的画法和标注如图 8-3-1 所示。

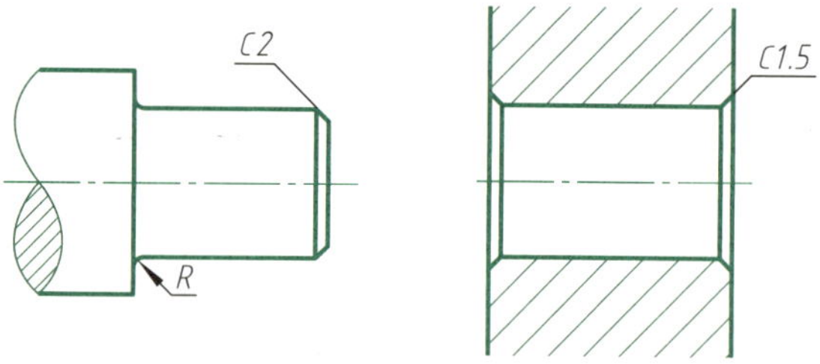

图 8-3-1　倒角与倒圆的画法和标注

2. 退刀槽和越程槽

　　在切削加工中，为了便于退出刀具，并在装配时更方便与有关零件靠紧，常在加工表面的台肩处加工出退刀槽或越程槽。常见的有螺纹退刀槽、砂轮越程槽、刨削越程槽等，退刀槽尺寸可查阅 GB/T 3—1997，砂轮越程槽尺寸可查阅 GB/T 6403.5—2008。退刀槽的尺寸标注形式，一般可按"槽宽×直径"或"槽宽×槽深"标注，越程槽一般用局部放大图画出，如图 8-3-2 所示。

3. 钻孔结构

　　零件上各种不同形式和用途的孔，多数是用钻头加工而成的，钻头顶角约为 120°，用钻头钻出的不通孔，底部的锥顶角约为 120°，阶梯孔中圆锥台的锥顶角也约为 120°，该角度不必在图样上注出，如图 8-3-3 所示。

　　用钻头钻孔时，要求钻头轴线尽量垂直于被钻孔的零件端面，以保证钻孔准确并避免钻头折断，如图 8-3-4 所示为三种钻孔端面结构。

图 8-3-2　退刀槽和越程槽

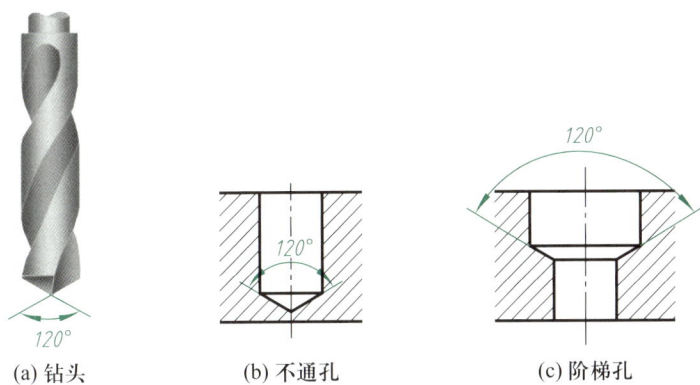

(a) 钻头　　　　(b) 不通孔　　　　(c) 阶梯孔

图 8-3-3　不通孔和阶梯孔

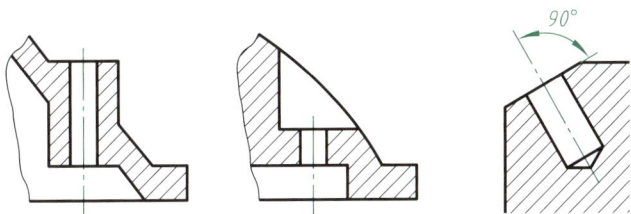

图 8-3-4　三种钻孔端面结构

4. 凸台和凹坑

　　为了保证零件表面间有良好的接触,一般要对零件与其他零件接触的表面进行加工。为了降低零件加工费用,就必须减小零件加工面积,因此常在零件上设计出凸台和凹坑等,如图 8-3-5 所示。

(a) 凸台　　　　　(b) 凹坑　　　　　(c) 凹槽　　　　　(d) 凹腔

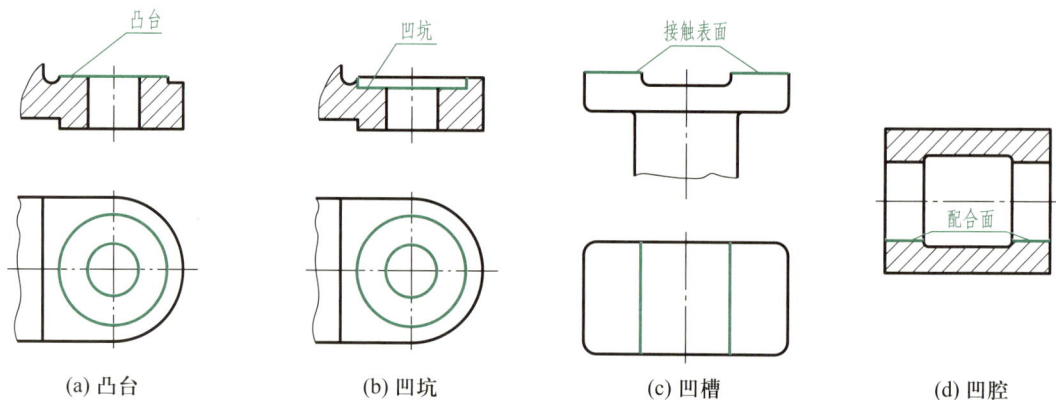

图 8-3-5　凸台和凹坑

8.3.2　铸造工艺结构

1. 铸造圆角

为防止浇注铁水时冲坏砂型、避免铁水冷却收缩时在转角处开裂和缩孔,铸件各表面相交处均做成圆角,称为铸造圆角,如图 8-3-6 所示。同一铸件上的圆角半径应尽可能相同,铸造圆角在图上应画出,其半径一般为 3~5 mm,在图上一般不注出,常在技术要求中统一说明。

图 8-3-6　铸造圆角

2. 过渡线

当零件上两相交表面以圆角光滑过渡时,两表面的交线就不明显了。为了使看图时更容易区分不同形体,国家标准规定在两表面的分界处仍按没有圆角的情况用细实线画出交线,两端面应画至理论交点处止而不与圆角接触,如图 8-3-7 所示。

3. 拔模斜度

铸件在铸造前的砂型造型过程中,为了能从砂型中顺利取出木模,常在木模表面沿起模方向做成 3°~6° 的斜度,这个斜度会留在铸件上,称为拔模斜度,如图 8-3-8 所示。

4. 铸件壁厚

在浇注零件时,为了避免各部分因冷却速度不同而产生缩孔或裂缝等缺陷,应尽量使零件壁厚均匀或逐渐过渡,如图 8-3-9 所示。

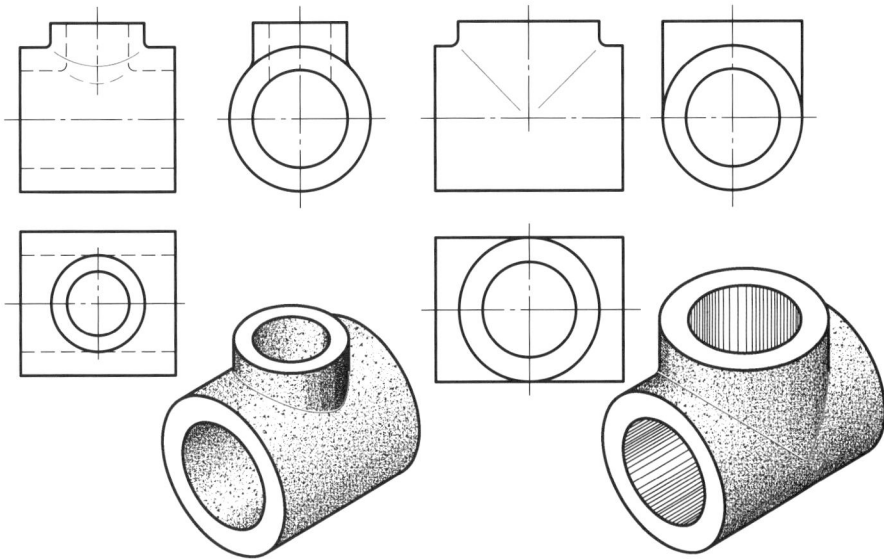

图 8-3-7　两曲面相交的过渡线画法

(a)　　　　　　　　　(b)

图 8-3-8　铸件上的拔模斜度

(a) 不合理　　　(b) 合理　　　(c) 不合理　　　(d) 合理

图 8-3-9　铸件壁厚

零件的大小完全由图上所标注的尺寸来确定,零件图的尺寸除了应正确、完整、清晰之外,还必须合理。所谓尺寸标注合理,是指所标注尺寸既要满足设计要求,又要满足加工、测量和检验等制造工艺要求。

8.4.1 尺寸基准的选择

尺寸基准是标注和测量尺寸的起点。通常选择零件上的几何元素如底面、对称面、端面、轴线等作为尺寸基准。

根据基准的作用不同,一般将基准分为设计基准、工艺基准、测量基准等。

（1）设计基准

根据机器结构和零件的设计要求所选定的基准,称为设计基准。如图 8-4-1 所示,依据该轴在机器中的位置,确定轴线和轴肩端平面分别为该轴的径向和轴向设计基准。

（2）工艺基准

根据零件的加工制造、测量和检验等工艺要求所选定的基准,称为工艺基准。如图 8-4-1 所示,加工时都是以轴的右端面来定位的,因此右端面为该零件的工艺基准。

（3）测量基准

测量某些尺寸时,确定零件在量具中位置所依据的点、直线和平面,称为测量基准。

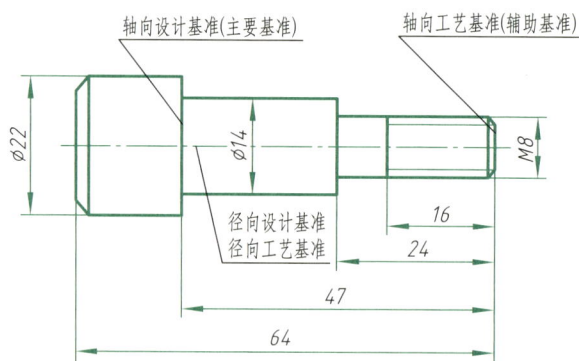

图 8-4-1　设计基准与工艺基准

从设计基准出发标注尺寸,其优点是在标注尺寸时反映了设计要求,能保证所设计的零件在机器中的性能。而从工艺基准出发标注尺寸,则便于加工和测量。因此标注尺寸时应尽可能将设计基准与工艺基准统一起来,即基准重合原则。当两者不能重合时,主要尺寸应从设计基准出发标注,一般尺寸应从工艺基准出发标注,常用的基准要素有安装面、支撑面、端面、零件的对称面、回转体轴线等。

此外,根据尺寸基准的重要性不同,还可将基准分为主要基准和辅助基准,两者应有尺寸联系,如图 8-4-1 中的尺寸 47。

8.4.2 尺寸标注的步骤

当零件结构比较复杂,形体比较多时,完整、清晰、合理地标注出全部尺寸是一件非常复杂的工作,只有遵从合理科学的方法和步骤,才能将尺寸标注得符合要求。标注复杂零件的尺寸通常按下述步骤进行:

(1)分析尺寸基准,标注出主要形体的定位尺寸;

(2)形体分析,标注出主要形体的定形尺寸;

(3)形体分析,标注次要形体的定形及定位尺寸;

(4)整理加工,完成全部尺寸的标注。

在标注每一部分尺寸时,先标注定形尺寸,再参考尺寸基准,标出各部分主要形体长、宽、高三方向的定位尺寸,把一个形体的尺寸标注完后,再标注另一个形体。

按形体分析法标注出全部形体的尺寸后,还要综合起来检查各形体之间的相对位置是否确定,有无多余、遗漏尺寸,基准是否合理,尺寸布置是否清晰。检查无误后,将全部尺寸加深。

标注尺寸是一件非常细致的工作,应严格遵守形体分析法的基本原则。不要看到一个尺寸就标注一个尺寸,也不能一个形体没有标注完就去标注另一个形体,这些都是产生重复标注或遗漏尺寸的主要原因。

8.4.3 尺寸标注的形式

根据尺寸在图样上的布置,尺寸标注有下列三种形式。

1. 链状式

链状式就是把尺寸依次注写成链状,常用于若干相同结构之间的距离、阶梯状零件中尺寸要求十分精确的各段尺寸,以及用组合刀具加工的零件尺寸等的标注,如图 8-4-2(a)所示。

2. 坐标式

坐标式就是各个尺寸均从一个事先选定的基准标注起,常用于需要从一个基准定出一组精确尺寸的零件的标注,如图 8-4-2(b)所示。

3. 综合式

综合式是链状式与坐标式的综合,应用最为普遍,如图 8-4-2(c)所示。

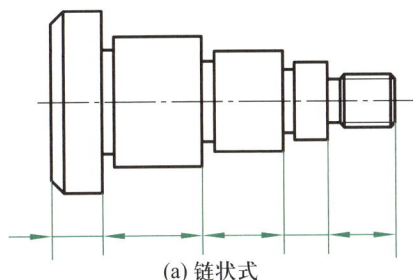

(a)链状式

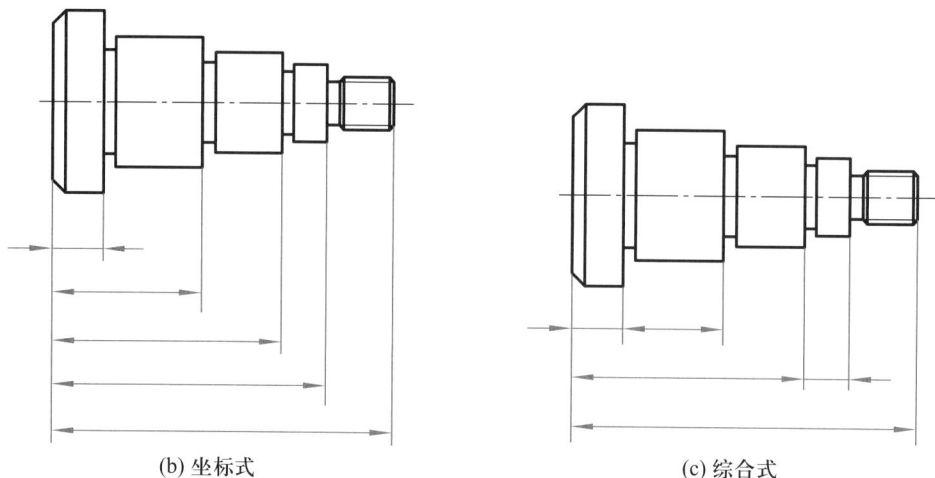

(b) 坐标式　　　　　　　　　　(c) 综合式

图 8-4-2　尺寸标注形式

8.4.4　标注尺寸应注意的问题

1. 功能尺寸要直接标注出来

功能尺寸是指影响产品工作性能、精度及配合的重要尺寸。直接标注出功能尺寸，能够直接反映对尺寸公差、几何公差的要求，以保证设计要求。如图 8-4-3 所示，轴承座的高度尺寸 a 和轴孔直径尺寸 b 即为此零件的功能尺寸。

2. 避免出现封闭尺寸链

封闭的尺寸链是头尾相接的一组尺寸，这样标注的尺寸在加工时难以保证设计的精度要求，如图 8-4-4（a）所示。因此，在标注尺寸时要在尺寸链中选择一个不重要的尺寸，作为开口环，以积累所有尺寸的误差，这样就保证了其他尺寸的设计精度要求，如图 8-8-4（b）中右侧所示。

3. 按加工顺序标注尺寸

按加工顺序标注尺寸，符合加工过程，便于加工与测量。如图 8-4-5 所示，阶梯轴的加工顺序是：先加工直径为 11 mm，长为 30 mm 的外圆；再加工直径为 9 mm，长为 20 mm 的外圆；然后加工定位尺寸为 8 mm，尺寸为 2×φ4 mm 的退刀槽；最后加工 M6 的螺纹。这样标注的尺寸便于加工与测量，省时省力。

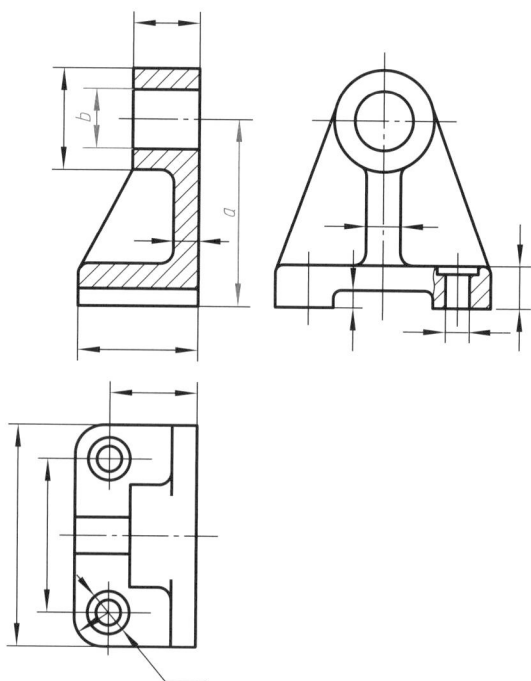

图 8-4-3　功能尺寸直接标注

190

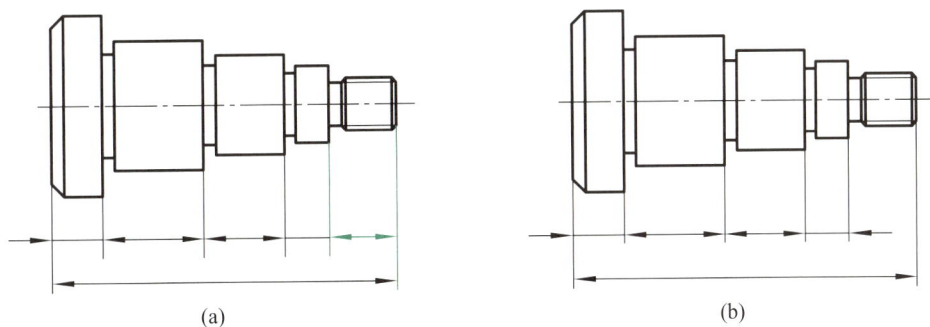

图 8-4-4　避免出现封闭尺寸链

图 8-4-5　按加工顺序标注尺寸

4. 尺寸标注要便于测量

如图 8-4-6(a)所示,是由设计基准标注的尺寸,但不便于测量。如果这些尺寸对设计影响不大,可改为如图 8-4-6(b)所示的标注形式,便于测量。

(a) 不便于测量

(b) 便于测量

图 8-4-6　尺寸标注要便于测量

任务 8.5 零件图的技术要求

零件图中除了图形和尺寸外,还有制造该零件时应满足的一些加工要求,通常称为技术要求,如尺寸公差、几何公差、表面结构以及热处理等。技术要求一般采用符号、代号或标记标注在图形上,或者用文字注写在图样的适当位置。

8.5.1 标注尺寸公差

1. 公差和偏差相关术语

以图 8-5-1 所示为例,说明尺寸公差相关的基本术语。

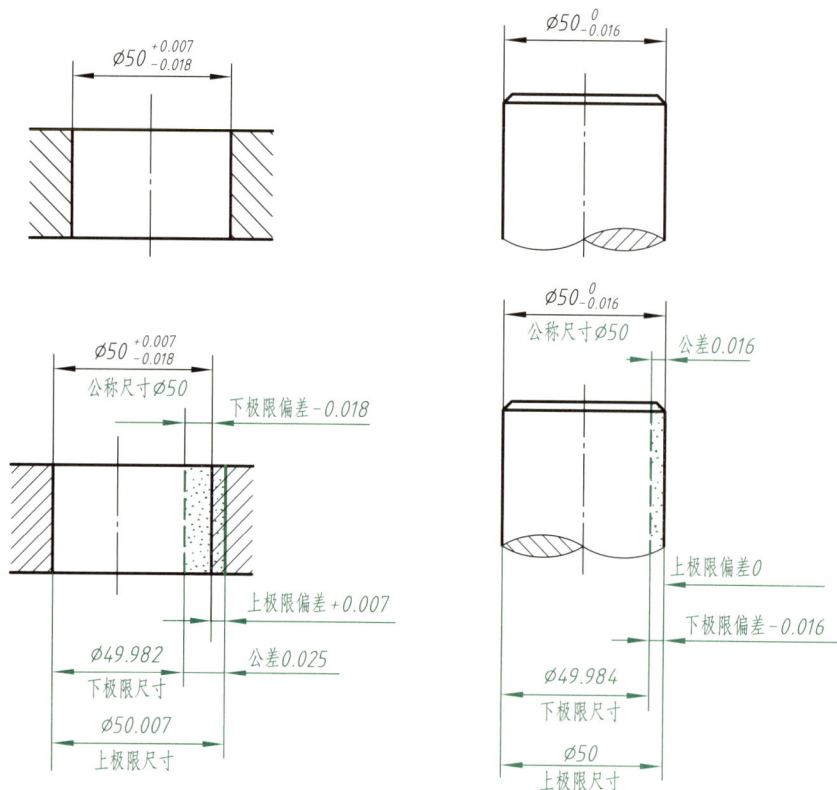

图 8-5-1 尺寸公差相关的基本术语

公称尺寸:由图样规范定义的理想形状要素的尺寸,如 φ50。

极限尺寸:允许尺寸变化的极限值。为了满足要求,实际尺寸位于上、下极限尺寸之间,含极限尺寸。允许的最大尺寸称为上极限尺寸,允许的最小尺寸称为下极限尺寸。如:φ50.007 为孔的上极限尺寸,φ49.982 为孔的下极限尺寸。

极限偏差:有上极限偏差和下极限偏差。上极限尺寸与公称尺寸的代数差称为上极限偏差;下极限尺寸与公称尺寸的代数差称为下极限偏差。孔的上极限偏差用 ES 表示,下极限偏差用 EI 表示;轴的上极限偏差用 es 表示,下极限偏差用 ei 表示。极限偏差可为正、负或者零值。

尺寸公差:允许尺寸的变动量。尺寸公差等于上极限尺寸减去下极限尺寸,或者上极限偏差减去下极限偏差,公差总是大于零的正数。如图 8-5-1 中孔的公差为 0.025。

公差带:在公差带图解中,用距离公称尺寸的位置表示正负,上方为正,下方为负,公差带是指由代表上、下极限偏差的两条直线限定的区域,如图 8-5-2(a)所示,图中矩形的上边代表上极限偏差,下边代表下极限偏差,矩形的长度无实际意义,高度代表公差。

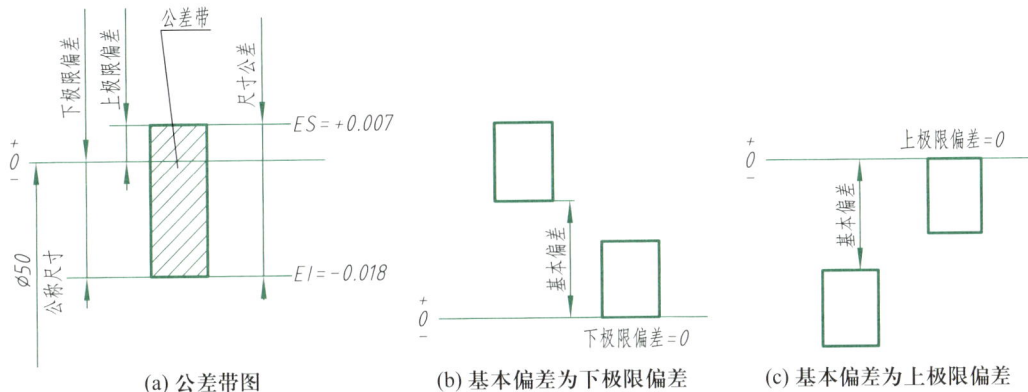

(a) 公差带图　　　　　(b) 基本偏差为下极限偏差　　　　　(c) 基本偏差为上极限偏差

图 8-5-2　公差带图和基本偏差

2. 标准公差与基本偏差

国家标准 GB/T 1800.1—2020 规定,公差带是由标准公差和基本偏差组成的,标准公差决定公差带的高度,基本偏差确定公差带相对零线的位置。

(1)标准公差:标准公差是由国家标准规定的公差值,其大小由两个因素决定,一个是公差等级,另一个是公称尺寸。GB/T 1800.1—2020 将公差划分为 20 个等级,分别为 IT01、IT0、IT1、IT2、…、IT18,其中 IT01 精度最高,IT18 精度最低。公称尺寸相同时,公差等级越高,标准公差值越小,尺寸精度越高。

(2)基本偏差:基本偏差是用于确定公差带相对于零线位置的极限偏差,一般为靠近零线的偏差,如图 8-5-2(b)、(c)所示。当公差带在公称尺寸上方时,基本偏差为下极限偏差;当公差带在公称尺寸下方时,基本偏差为上极限偏差;当公称尺寸穿过公差带时,离公称尺寸近的偏差为基本偏差;当公差带关于公称尺寸对称时,基本偏差为上极限偏差或下极限偏差如 JS(js)。基本偏差有正号和负号。

孔和轴的基本偏差代号各有 28 种,用字母或字母组合表示,孔的基本偏差代号用大写字母表示,轴用小写字母表示,如图 8-5-3 所示。需要注意的是,公称尺寸相同的轴和孔若基本偏差代号相同,则基本偏差值一般情况下互为相反数。此外,在图 8-5-3 中,公差带不封口,这是因为基本偏差只决定公差带位置的原因。

(3)公差带代号:一个公差带的代号,由表示公差带位置的基本偏差代号及表示公差带大小的公差等级及公称尺寸组成。如 φ50H8 中的 φ50 是公称尺寸,H 是基本偏差代号,大写表示孔,公差等级为 IT8。

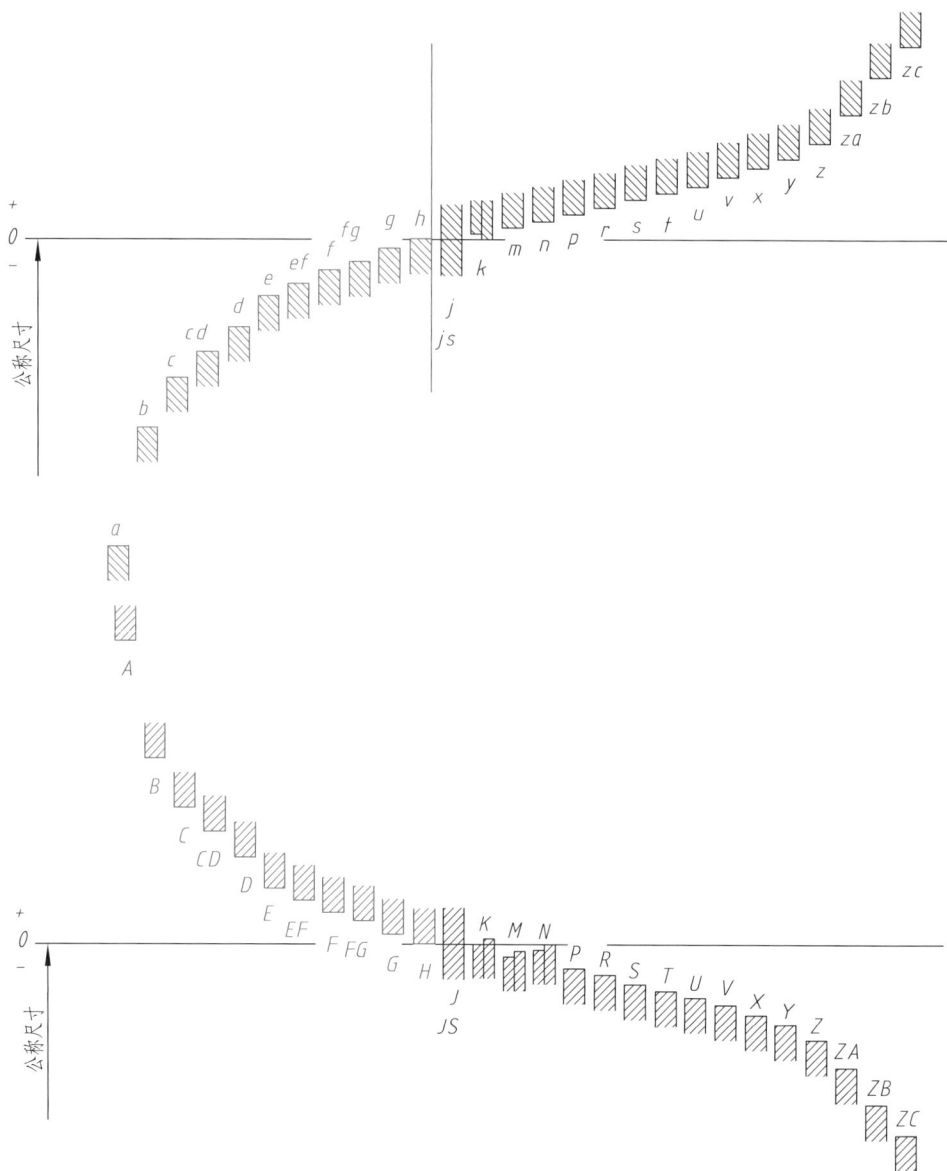

图 8-5-3　孔、轴基本偏差代号

3. 配合相关术语

类型相同且待装配的外尺寸要素(轴)和内尺寸要素(孔)之间的关系称为配合。按配合性质不同,配合可分为间隙配合、过盈配合和过渡配合三类。

(1)间隙配合:孔和轴装配时总是存在间隙的配合。此时,孔的下极限尺寸大于或在极端情况下等于轴的上极限尺寸,如图 8-5-4 所示。

(2)过盈配合:孔和轴装配时总是存在过盈的配合。此时,孔的上极限尺寸小于或在极端情况下等于轴的下极限尺寸,如图 8-5-5 所示。

(3)过渡配合:孔和轴装配时可能具有间隙或过盈的配合。此时,轴和孔的公差带相互交叠,如图 8-5-6 所示。

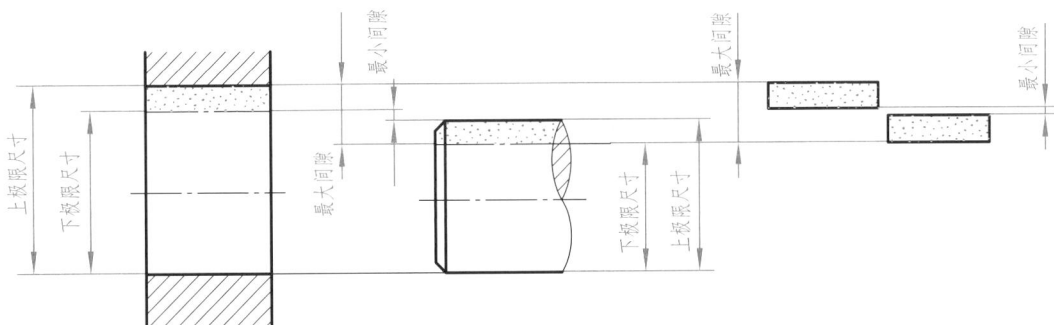

图 8-5-4　间隙配合

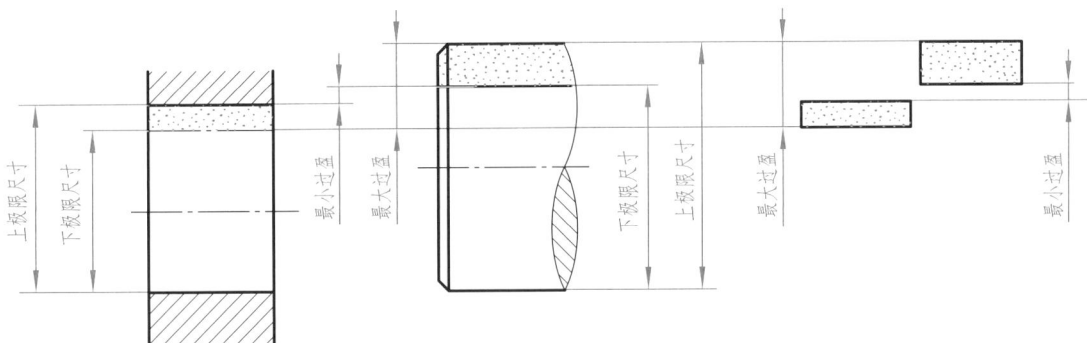

图 8-5-5　过盈配合

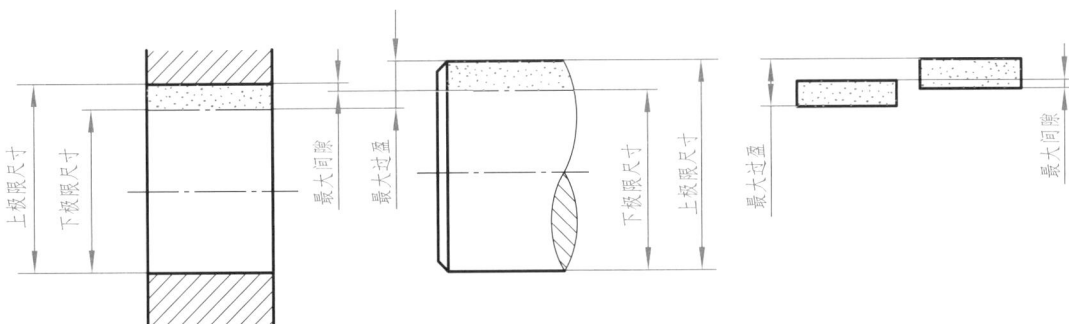

图 8-5-6　过渡配合

4. 极限与配合的标注

(1) 极限与配合在零件图中的标注

在零件图中,线性尺寸的公差有三种标注形式:一是只标注公差带代号;二是只标注上、下极限偏差;三是既标注公差带代号,又标注上、下极限偏差,此时偏差值用括号括起来,如图 8-5-7 所示。

标注极限与配合时应注意以下几点:

① 上、下极限偏差的字高比公称尺寸数字小一号,且下极限偏差与公称尺寸数字在同一水平线上。

② 当公差带相对于公称尺寸对称,即上、下极限偏差互为相反数时,可采用"±"加偏差

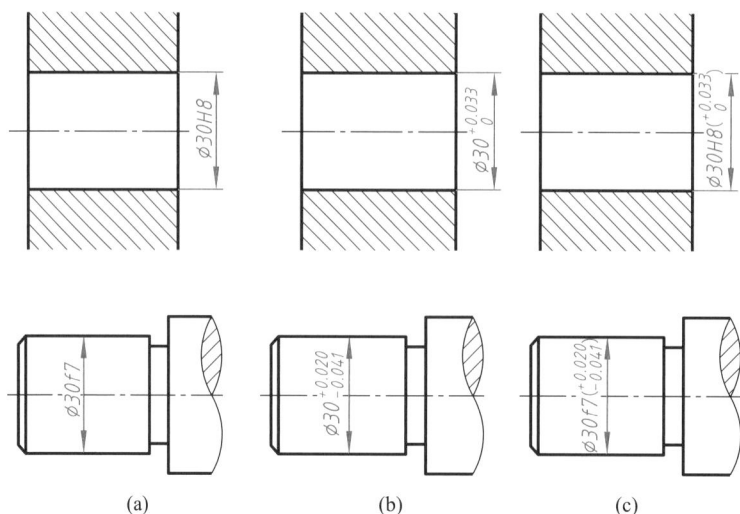

图 8-5-7　零件图中极限偏差的标注

绝对值的注法,如 $\phi30\pm0.016$(此时偏差和公称尺寸数字为同字号)。

③ 上、下极限偏差的小数位必须相同、对齐,当上极限偏差或下极限偏差为零时,用数字"0"标出,如 $\phi30^{+0.033}_{0}$ 小数点末位的"0"一般不予注出,仅当需要凑齐上、下极限偏差小数点后的位数 0 时,才用"0"补齐。

(2)极限与配合在装配图中的标注

在装配图上一般只标注配合代号。用分数形式表示,分子为孔的公差带代号,分母为轴的公差带代号。对于与轴承等标准件相配的孔或轴,则只标注专用件(配合件)的公差带代号。如轴承内圈孔与轴的配合,只标注轴的公差带代号;外圈的外圆柱面与箱体孔的配合,只标注箱体孔的公差带代号,如图 8-5-8 所示。

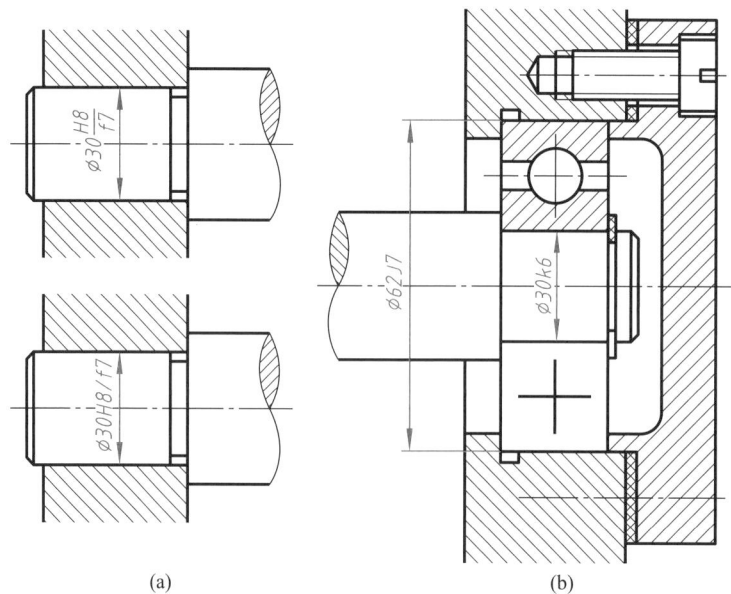

图 8-5-8　装配图中配合代号的标注

8.5.2 标注几何公差

几何公差包括形状、方向、位置和跳动公差。零件在加工过程中,不仅产生尺寸误差和表面粗糙度,而且会产生几何误差。几何误差的允许变动量称为几何公差。几何公差的术语、定义、代号及其标注详见国家标准GB/T 1182—2018,本书仅进行简要介绍。

微课
零件的几何
公差标注

1. 公差特征项目及符号

在机械图样中,几何公差应采用公差框格、几何特征、符号、公差值、基准、被测要素以及其他附加符号等标注。几何公差的类型、几何特征、符号等见表 8-5-1。

表 8-5-1　几何公差的类型、几何特征、符号

公差类型	几何特征	符号	有无基准	公差类型	几何特征	符号	有无基准
形状公差	直线度	—	无	方向公差	线轮廓度	⌒	有
	平面度	▱	无		面轮廓度	⌓	有
	圆度	○	无	位置公差	位置度	⊕	有
	圆柱度	⌀	无		同轴度	◎	有
	线轮廓度	⌒	无		对称度	⹀	有
	面轮廓度	⌓	无		线轮廓度	⌒	有
方向公差	平行度	//	有		面轮廓度	⌓	有
	垂直度	⊥	有	跳动公差	圆跳动	↗	有
	倾斜度	∠	有		全跳动	↗↗	有

2. 几何公差的标注

几何公差框格及基准代号画法如图 8-5-9 所示。指引线连接被测要素和公差框格,指引线的箭头指向被测要素的表面或其延长线,箭头方向一般为公差带的方向。框格中的字符高度与尺寸数字的高度相同,基准中的字母一律水平书写。

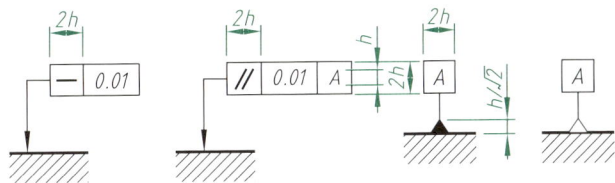

图 8-5-9　几何公差框格及基准代号画法

3. 几何公差的公差带定义和标注示例

几何公差的公差带形状、定义、标注和解释示例见表8-5-2。

表8-5-2 几何公差的公差带形状、定义、标注和解释示例

名称	公差带形状	公差带定义	标注示例	标注解释
平面度		公差带为距离等于公差值 t 的两平行平面所限定的区域		提取(实际)表面应限定在间距等于 0.015 的两平行平面之间
直线度		由于公差值前加注 ϕ，公差带为直径等于公差值 ϕt 的圆柱面所限定的区域		圆柱面的提取(实际)中心线应限定在直径等于 $\phi0.008$ 的圆柱面内
圆柱度		公差带为半径差等于公差值 t 的两同轴柱面所限定的区域		提取(实际)圆柱面应限定在半径差等于 0.06 的两同轴圆柱面之间
圆度		公差带为在给定截面内，半径差等于公差值 t 的两同心圆所限定的区域		圆柱面的任一横截面内，提取(实际)圆周应限定在半径差等于 0.02 的两共面同心圆之间
平行度		公差带为距离等于公差值 t、平行于基准平面的两平行平面所限定的区域		提取(实际)表面应限定在间距等于 0.025、平行于基准 A 的两平行平面之间
平行度		公差带为平行于基准平面、距离等于公差值 t 的两平行平面所限定的区域		提取(实际)中线应限定在平行于基准 A、间距等于 0.025 的两平行平面之间
对称度		公差带为间距等于公差值 t，对称于基准中心平面的两平行平面所限定的区域		提取(实际)中心面应限定在间距等于 0.025，对称于基准中心平面 A 的两平行平面之间

续表

名称	公差带形状	公差带定义	标注示例	标注解释
垂直度	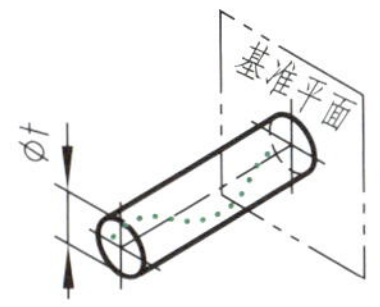	公差值前加注符号 φ，公差带为直径等于公差值 φt，轴线垂直于基准平面的圆柱面所限定的区域	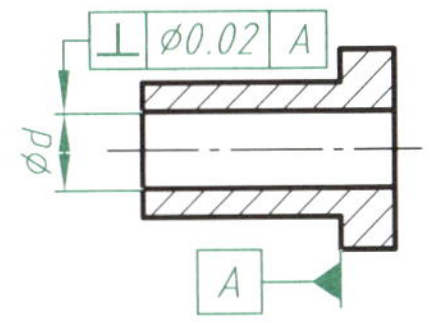	圆柱面的提取（实际）中心线应限定在直径等于 φ0.02、垂直于基准平面 A 的圆柱面内
同轴度	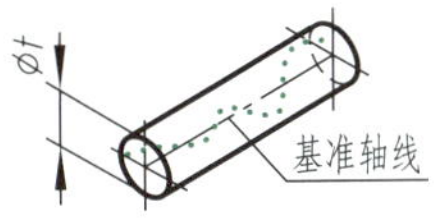	公差值前标注符号 φ，公差带为直径等于公差值 φt 的圆柱面所限定的区域。该圆柱面的轴线与基准轴线重合	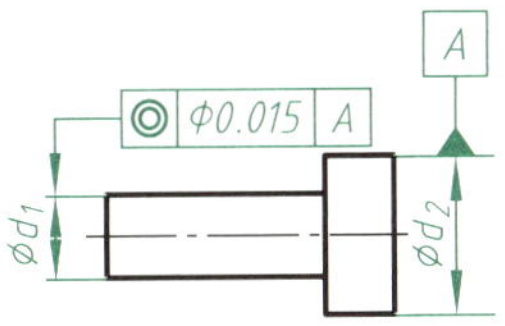	小圆柱面的提取（实际）中心线应限定在直径等于 φ0.015、轴线和基准轴线 A 重合的圆柱面内
圆跳动	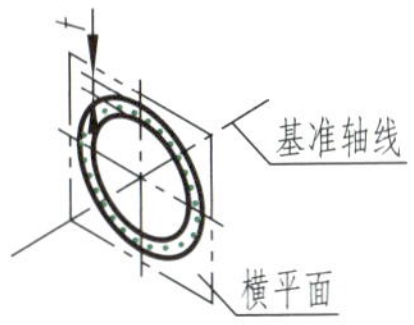	公差带为在任一垂直于基准轴线的横截面内、半径差等于公差值 t、圆心在基准轴线上的两同心圆所限定的区域	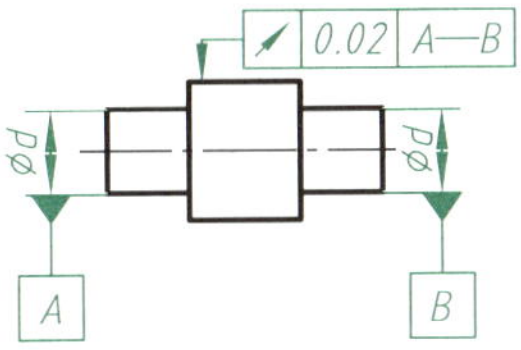	在任一垂直于公共基准轴线 A-B 的横截面内，提取（实际）圆应限定在半径差等于 0.02、圆心在基准轴线 A-B 上的两同心圆之间

8.5.3 标注零件表面结构要求

表面结构是表面粗糙度、表面波纹度、表面缺陷、表面纹理和表面几何形状的总称。表面结构的各项要求在图样上的表示法在 GB/T 131—2006 中均有具体规定。本节主要介绍常用的表面粗糙度表示法。

微课
零件的表面粗
糙度标注

1. 表面粗糙度的基本概念及术语

（1）表面粗糙度的概念

零件在经过机械加工后的表面会留有许多高低不平的凸峰和凹谷，零件加工表面上具有的较小间距和峰谷所组成的微观几何形状特性称为表面粗糙度。表面粗糙度与加工方法、刀刃形状和切削用量等各种因素都有密切关系。

表面粗糙度是评定零件表面质量的一项重要技术指标，对于零件的配合、耐磨性、耐腐蚀性，以及密封性等都有显著影响，是零件图中必不可少的一项技术要求。

（2）评定表面结构常用的轮廓参数

对于零件表面结构的状况，可由三个参数组加以评定：轮廓参数（由 GB/T 3505—2009 定义）、图形参数（由 GB/T 18618—2009 定义）、支承率曲线参数（由 GB/T 18778.2—2003 和 GB/T 18778.3—2006 定义）。其中轮廓参数是目前我国机械图样中最常用的评定参数。本节仅介绍轮廓参数中评定粗糙度轮廓（R 轮廓）的两个高度参数 Ra 和 Rz，如图 8-5-10

所示。

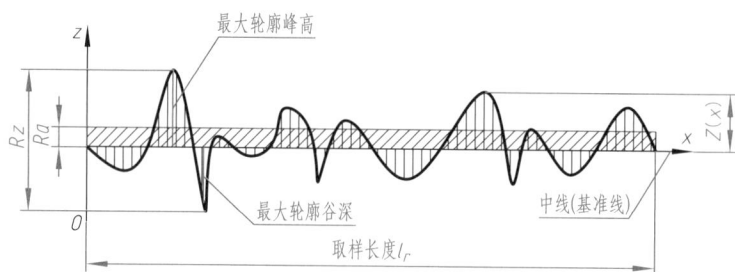

图 8-5-10　轮廓的算术平均偏差 Ra 和轮廓的最大高度 Rz

① 轮廓的算术平均偏差 Ra，指在一个取样长度内，纵坐标 $z(x)$ 绝对值的算术平均值（图 8-5-10）。

② 轮廓的最大高度 Rz：指在同一取样长度内，最大轮廓峰高和最大轮廓谷深之和的高度（图 8-5-10）。

表 8-5-3 列出了国家标准推荐的 Ra 优先选用系列。

表 8-5-3　轮廓的算术平均偏差 Ra 值　　　　　　　　　　　μm

0.012	0.025	0.05	0.1	0.2	0.4	0.8
1.6		6.3	12.5	25	50	100

2. 表面粗糙度的符号及其画法

（1）标注表面结构要求的图形符号

标注表面结构要求时的图形符号及尺寸见表 8-5-4 和表 8-5-5。

表 8-5-4　标注表面结构要求时的图形符号

符号名称	符号	含义
基本图形符号	H_1、H_2 的尺寸见表 8-5-4	未指定工艺方法的表面，仅用于简化代号的标注，没有补充说明时不能单独使用
扩展图形符号		用去除材料方法获得的表面，仅当其含义是"被加工表面"时可单独使用
		不去除材料的表面，也可用于表示保持上道工序形成的表面，不管这种状况是通过去除材料或不去除材料形成的
完整图形符号		当要求标注表面结构特征的补充信息时，在上述三个符号的长边上可加一横线，用于标注有关参数或说明

符号名称	符号	含义
工件轮廓各表面有相同的表面结构的图形符号（全周符号）		在上述三个符号的长边上加一个圆，表示对投影视图上封闭的轮廓线所表示的各表面有相同的表面结构要求

表 8-5-5　表面结构图形符号的尺寸

数字与大写字母（或小写字母）的高度 h	2.5	3.5	5	7	10	14	20
符号的线宽 d'、数字与字母的笔画宽度 d	0.25	0.35	0.5	0.7	1	1.4	2
高度 H_1	3.5	5	7	10	14	20	28
高度 H_2	7.5	10.5	15	21	30	42	60

（2）表面结构要求在图形符号中的注写位置

为了明确表面结构要求，除了标注表面结构参数和数值外，必要时应标注补充要求，包括传输带、取样长度、加工工艺、表面纹理及方向、加工余量等。这些补充要求在图形符号中的注写位置如图 8-5-11 所示。

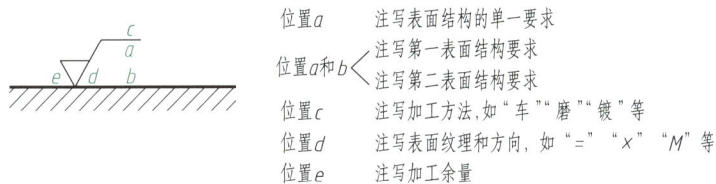

位置 a　注写表面结构的单一要求
位置 a 和 b 〈 注写第一表面结构要求／注写第二表面结构要求
位置 c　注写加工方法，如"车""磨""镀"等
位置 d　注写表面纹理和方向，如"＝""x""M"等
位置 e　注写加工余量

图 8-5-11　补充要求的注写位置

（3）表面粗糙度代号

表面粗糙度符号中注写了具体参数代号及参数值等要求后，称为表面粗糙度代号。表面粗糙度代号示例及其含义见表 8-5-6。

表 8-5-6　表面粗糙度代号示例及其含义

序号	代号示例	含义/解释	补充说明
1	Ra 0.2	表示不允许去除材料，单向上限制，默认传输带，R 轮廓，算术平均偏差为 0.2 μm，评定长度为 5 个取样长度（默认），16% 规则（默认）	参数代号与极限值之间应留空格。本例未标注传输带，应理解为默认传输带，此时取样长度可在 GB/T 10610—2009 和 GB/T 6062—2009 中查取

续表

序号	代号示例	含义/解释	补充说明
2	⎷ Rzmax 0.2	表示去除材料,单向上限值,默认传输带,R 轮廓,轮廓最大高度的最大值为 0.2 μm,评定长度为 5 个取样长度(默认),最大规则	示例 1~4 均为单项极限要求,且均为单项上限值,则均可不加注"U";若为单向下限值,则应加注"L"
3	⎷ 0.008-0.8/Ra 3.2	表示去除材料,单向上限值,传输带 0.008~0.8 mm,R 轮廓,算术平均偏差为 3.2 μm,评定长度为 5 个取样长度(默认),16%规则(默认)	传输带"0.008~0.8"中的前后数值分别为短波和长波滤波器的截止波长($\lambda_s \sim \lambda_c$)以表示波长范围,此时取样长度等于 λ_c
4	⎷ -0.8/Ra3 3.2	表示去除材料,单向上限值,传输带 0.002 5~0.8,R 轮廓,算术平均偏差为 3.2 μm,评定长度为 3 个取样长度,16%规则(默认)	传输带仅注出一个截止波长值(本例"0.8"表示值)时,另一截止波长值。应理解为默认值,由 GB/T 6062—2009 中查知 $\lambda_s = 0.002\ 5$ mm
5	⎷ U Rzmax 3.2 L Ra 0.8	表示不允许去除材料,双向极限值,两极限值均使用默认传输带,R 轮廓。上限值为 3.2 μm,评定长度为 5 个取样长度(默认),最大规则。下限值为 0.8 μm,评定长度为 5 个取样长度(默认),16%规则(默认)	本例为双向极限要求,用"U"和"L"分别表示上限值和下限值,在不致引起歧义时,可不加注"U""L"

3. 表面粗糙度的标注

（1）表面结构要求在图样中的注法

表面结构符号中注写了具体参数代号及数值等要求后即称为表面结构代号,为避免误解,在参数代号和数值之间插入空格,如 Ra 6.3。表面结构的要求在图样中标注就是表面结构代号在图样中的标注。具体注法如下:

① 表面结构要求对每一个表面一般只标注一次,并尽可能标注在相应的尺寸及其公差的同一图样上。除非另有说明,所标注的表面结构一般要求是对完工零件表面的要求。

② 表面结构要求的注写和读取方向与尺寸的注写和读取方向一致。表面结构要求可标注在轮廓线上,其符号应从材料外指向并接触表面,如图 8-5-12 所示。必要时,表面结构也可以用带箭头或黑点的指引线引出标注,如图 8-5-13 所示。

③ 在不致引起误解时,表面结构要求可以标注在给定的尺寸线或尺寸界线上,也可以标注在轮廓线延长线上,如图 8-5-14 所示。

④ 表面结构要求也可标注在几何公差框格上,如图 8-5-15 所示。

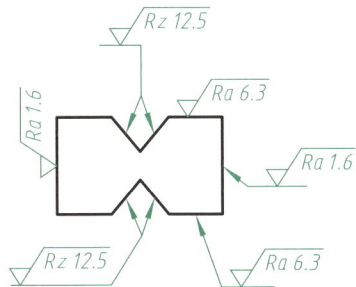

图 8-5-12　表面结构要求标注在轮廓线上

图 8-5-13　用指引线引出标注表面结构

图 8-5-14　表面结构要求标注在尺寸线、
尺寸界线或轮廓延长线上

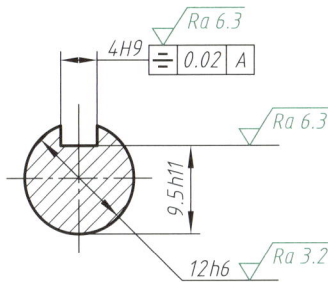

图 8-5-15　表面结构要求标注在几何公差框格上

圆柱和棱柱的表面结构要求只标注一次,如图 8-5-16 所示。如果每个棱柱表面有不同的表面结构要求,则应分别标注,如图 8-5-17 所示。

图 8-5-16　表面结构要求标注在
圆柱特征的延长线上

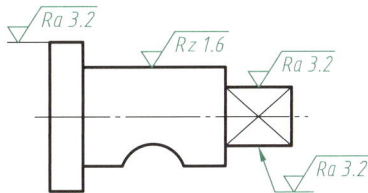

图 8-5-17　圆柱和棱柱的
表面结构要求标注

（2）表面结构要求在图样中的简化标注

① 有相同表面结构要求的简化注法

如果在工件的多数（包括全部）表面有相同的表面结构要求，则其表面结构要求可统一标注在图样的标题栏附近（不同的表面结构要求应直接标注在图样中）。此时（除全部表面有相同要求的情况外），表面结构要求的符号后面应有：

a. 在圆括号内给出无任何其他标注的基本符号，如图 8-5-18（a）、（b）所示。

b. 在圆括号内给出不同的表面结构要求，如图 8-5-18（c）所示。

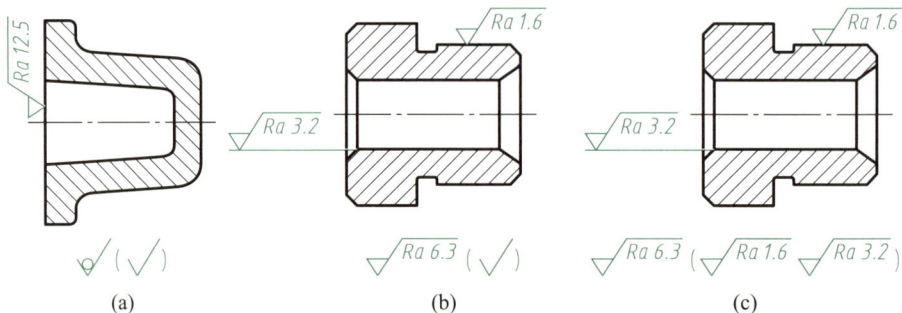

图 8-5-18　有相同表面结构要求的简化注法

② 多个表面有共同要求的简化注法

a. 用带字母的完整符号的简化注法如图 8-5-19 所示，用带字母的完整符号以等式的形式，在图形或标题栏附近对有相同表面结构要求的表面进行简化标注。

b. 只用表面结构符号的简化注法如图 8-5-20 所示，用表面结构符号以等式的形式，给出多个表面相同的表面结构要求。

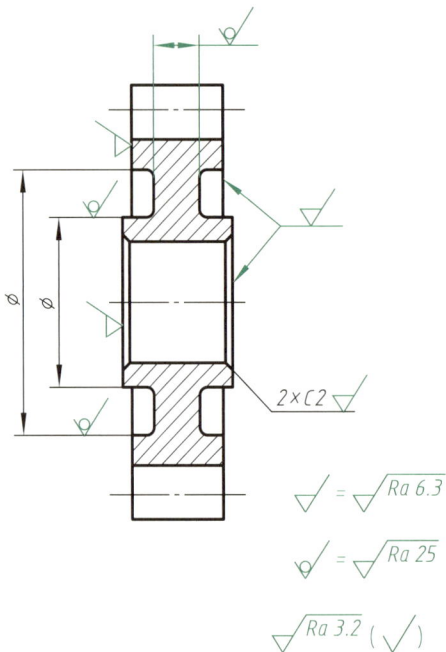

图 8-5-19　用带字母的完整符号的简化注法

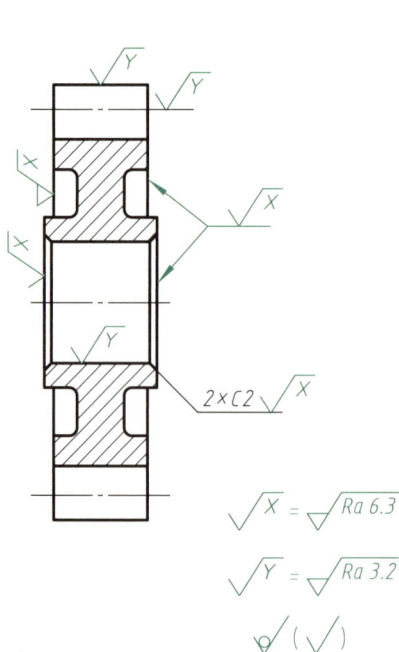

图 8-5-20　只用表面结构符号的简化注法

任务 8.6 读零件图

📖 任务要求 ▷

读托架零件图 8-6-1。

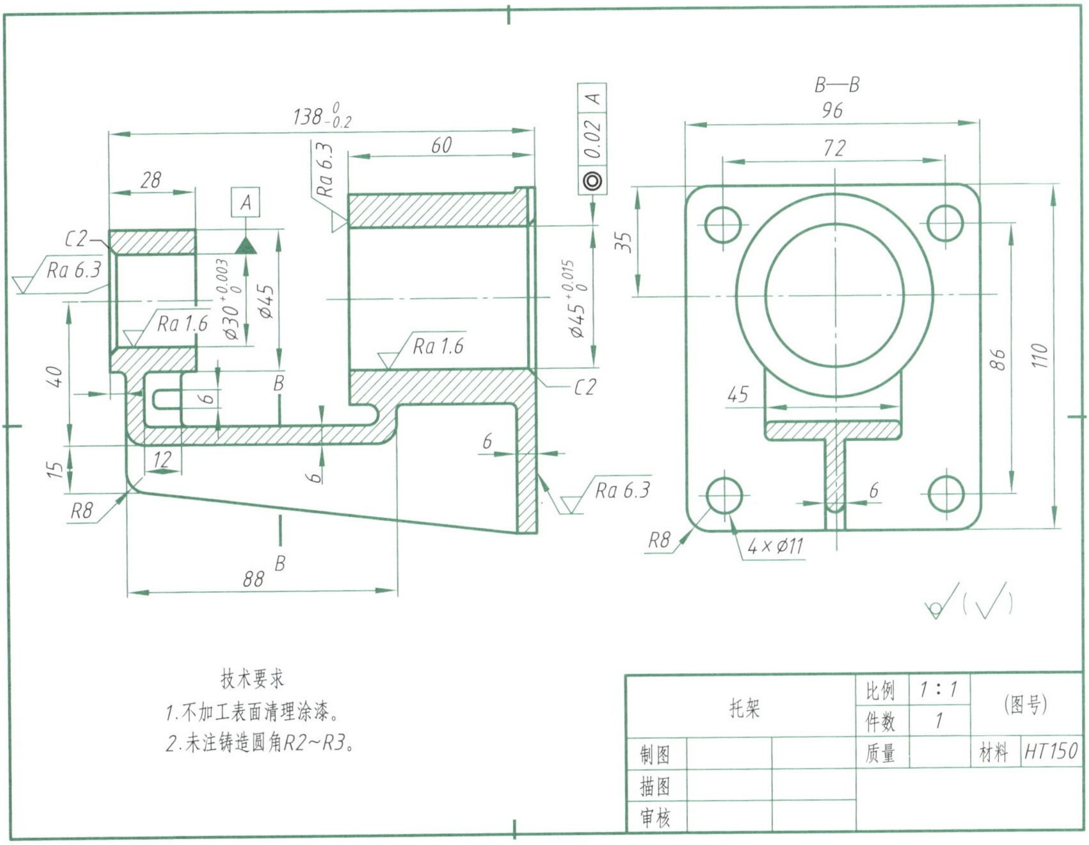

图 8-6-1 托架零件图

8.6.1 读零件图的目的

一张零件图的内容是相当丰富的,不同工作岗位的人看图的目的也不同,通常读零件图的主要目的为:

（1）对零件有一个概括了解,如名称、材料等。

（2）根据给出的视图,想象出零件的形状,进而明确零件在设备或部件中的作用及零件各部分的功能。

（3）通过阅读零件图的尺寸,对零件各部分的大小有一个概念,进一步分析出各方向尺寸的主要基准。

（4）明确制造零件的主要技术要求,如表面粗糙度、尺寸公差、几何公差、热处理及表面处理等要求,以便确定正确的加工方法。

8.6.2 读零件图的方法及步骤

读零件图是由概括了解到细致分析,分析视图、想象零件空间形状为核心,联系尺寸和技术要求交叉进行的过程。零件图不仅综合反映机械工程图学的基本知识,而且包含了各种加工工艺方面的知识和经验。

1. 看标题栏

零件图应从标题栏读起。从标题栏中可以了解到零件名称、材料、绘图比例,对零件的类型、真实大小、可采用的加工方法等有一个大概的了解。

2. 看视图

先读主视图,对零件的主体结构形状有一个概括的认识;其次结合主视图分析其他视图,想象出零件的总体结构形状;最后分析表达各局部结构形状的图形,建立零件从整体到细节的完整认知。

3. 分析尺寸

在解读视图时需要关注各组成部分的尺寸标注,帮助理解各组成部分的形状和大小。在读懂视图的基础上,系统地分析零件图中的尺寸标注。首先确定各方向上的尺寸基准,再分析各组成部分的定形尺寸和定位尺寸,掌握各组成部分的真实大小和相对位置。

4. 看技术要求

分析配合表面的尺寸公差、形位公差及其基准,掌握尺寸、形状和相对位置的精度等级;分析各表面的粗糙度,确定应采用的加工方法;阅读技术要求中的文字说明,了解零件其他方面的质量要求。

5. 综合考虑

通过上述步骤,分析视图投影、尺寸、技术要求,对零件的结构形状、功用和特点有个全面的了解。在此基础上再全面综合考虑零件的结构和工艺是否合理,表达方案和表达方法选择是否恰当,以及检查有无看错或漏看等。

任务实施 ▶

（1）读标题栏:该零件名称为托架,属于叉架类零件,材料为 HT150,比例为 1∶1,毛坯采用铸造成型。

（2）分析视图:零件用了一个主视图和一个左视图,再加一个重合断面图来表达。主视图最能反映该零件的形状特征,是全剖视图,沿零件的对称平面剖切得到的,用于表达零件左右两个安装孔及肋板的形状;另外主视图还表达了零件各组成部分之间的相对位置关系,主视图下方的肋板在主视图中按不剖处理;左视图也采用了全剖视图,主要表达了中间连接板和肋板的断面形状,以及右侧固定板的形状,右侧固定板有四个固定托架用的小孔。

（3）分析尺寸:由于该零件右侧会固定到其他零件上,因而在长度方向的主要尺寸基准为右端面;由于 ϕ30 mm 及 ϕ45 mm 两个孔用于安装其他零件,它们的轴线是高度方向的主要尺寸基准;该零件前后对称,因而宽度方向的主要尺寸基准为对称平面。

（4）分析技术要求:该零件的 ϕ30 mm 及 ϕ45 mm 两个孔用于安装其他零件,因而有尺寸公差要求,而且两孔轴线之间有同轴度要求,这两个孔表面粗糙度为 Ra1.6 μm,是最光滑的表面;其他加工表面的表面粗糙度为 Ra 6.3,不加工表面都是直接铸造成型的。

（5）综合分析:该零件是托架,有两个孔用于支承其他零件,右侧面有四个小孔,用于固定托架。

项目九　装配图的绘制与识读

中国的魔方——鲁班锁

鲁班锁亦称为孔明锁,它起源于中国古代建筑中首创的榫卯结构。这种三维的拼插玩具内部的凹凸部分啮合十分巧妙,不用钉子和绳子,完全靠自身结构的联接支承,就像一张纸对折能够立得起来。鲁班锁看似简单,却凝结着古代工匠不平凡的智慧。

中国的魔方——
鲁班锁

学习目标

1. 掌握装配图的作用和内容;
2. 掌握装配图的表达方法;
3. 掌握装配图的尺寸标注;
4. 了解装配结构的合理性;
5. 掌握装配图绘制的方法和步骤。

学习重点和难点

1. 学习重点
(1) 装配图画法及尺寸标注;
(2) 识读装配图及由装配图拆画零件图。
2. 学习难点
装配图的画法和由装配图拆画零件图。

任务要求 ▶▶

机用虎钳是安装在机床的工作台上,用于夹紧工件,进行切削加工的一种通用工具。本任务是绘制如图 9-0-1 所示机用虎钳的装配图,并将活动钳身从装配图中拆画出来,形成零件图。

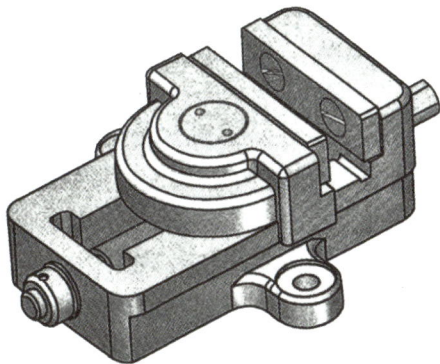

图 9-0-1　机用虎钳

任务 9.1　识读装配图

相关知识 ▶

　　装配图是表达机器或部件装配关系和工作原理的图样。设计时，一般先绘制装配图，再拆画出零件图；生产时，先根据零件图加工出零件，再根据装配图将零件装配成部件或机器。因此，装配图是进行装配、调试、检验及维修的必备资料，是表达设计思想和指导生产的重要技术文件。

9.1.1　装配图的作用

　　（1）设计环节中的作用：设计机器时，先绘制出反映机器或部件工作原理、结构特征和各零部件之间的装配、连接关系的装配图，才能进一步拆画、设计出零件图。

　　（2）制造环节中的作用：装配图是制定装配工艺规程，进行生产和检验的技术依据。

　　（3）安装调试、使用和维修环节中的作用：装配图是了解机器结构和性能的重要技术文件。

9.1.2　装配图的内容

　　如图 9-1-1 所示为传动器装配图，从图中可以看出，一张完整的装配图具备以下五方面内容：

　　1. 一组视图

　　用来表达机器的工作原理、装配关系、传动路线，以及各零件的相对位置、联接方式和主要零件结构形状等。

　　2. 必要的尺寸

　　装配图中只需标注表达机器（或部件）规格、性能、外形的尺寸，以及装配和安装时所必需的尺寸。

　　3. 技术要求

　　用文字说明机器（或部件）在装配、调试、安装和使用过程中的技术要求。

　　4. 零件序号和明细栏

　　为了便于生产管理和看图，装配图中必须对每种零件进行编号，并在标题栏上方绘制明细栏，明细栏中要按编号填写零件的名称、材料、数量，以及标准件的规格尺寸等。

　　5. 标题栏

　　装配图标题栏包括机器（或部件）名称、图号、比例，以及图样责任者的签名等内容。

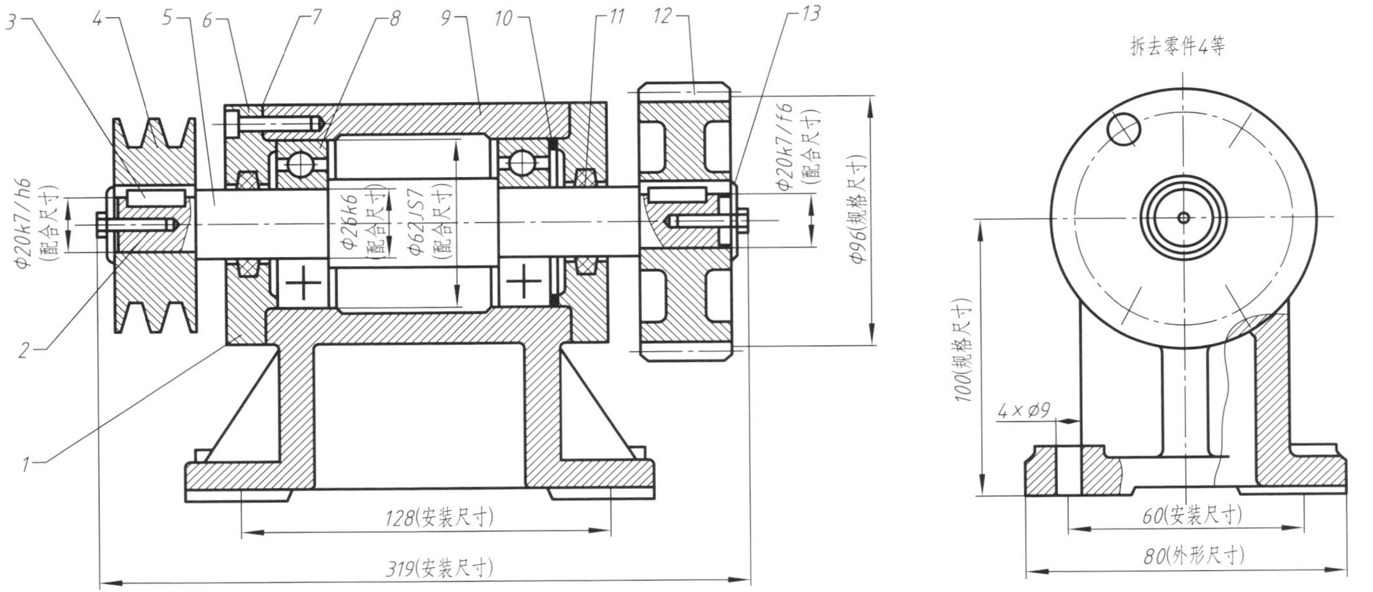
3
4
5
6
7
8
9
10
11
12
13
2
1
Φ20k7/h6
(配合尺寸)
Φ26k6
(配合尺寸)
Φ62JS7
(配合尺寸)
Φ20k7/f6
(配合尺寸)
Φ96(规格尺寸)
128(安装尺寸)
319(安装尺寸)
拆去零件4等
100(规格尺寸)
4×Ø9
60(安装尺寸)
80(外形尺寸)

技术要求

1. 用手转动主轴应旋转轻松灵活。

2. 主轴轴线与箱底平面的平行度公差为0.05。

13	GB/T 892-1986	挡圈B2B	2		
12		齿轮	1	45	m=3, z=32
11		毡圈	2	半粗羊毛	
10		调整环	1	Q235A	
9		箱体	1	HT200	
8	GB/T 276-2013	滚动轴承6305	2		
7		纸垫片	2	纸	
6	GB/T 65-2016	螺钉M6×20	12		
5		轴	1	45	

4		带轮	1	HT200	
3	GB/T 1096-2003	键6×6×20	2		
2	GB/T 5781-2016	螺栓M5×20	2		
1		端盖	2	HT200	
序号	代号	名称	数量	材料	备注

设计				
校核			比例	1:1	传动器
审核				
班级			共 张第 张	

图 9-1-1 传动器装配图

任务 9.2　装配图的表达方法

📖 **相关知识** ▶

零件图表达零件的各种方法均适用于装配图,但装配图和零件图表达的重点不同,前者主要表达机器或部件的工作原理、装配关系及结构形状,因此装配图还有一些规定画法和特殊画法。

9.2.1　装配图的规定画法

微课
装配图的规
定画法

在装配图中,为了便于区分不同的零件,并能清晰地表达出各零件之间的装配关系,在画法上有以下规定。

1. 接触面和配合面的画法

两相邻零件的接触面和配合面只画一条线,而基本尺寸不同的非配合面和非接触面,即使间隙很小,也必须画成两条线。如图 9-2-1(a)所示的轴和孔的配合面、图 9-2-1(b)所示的两个被联接件的接触面均画成一条线;图 9-2-1(b)所示的螺杆和孔之间是非接触面,应画成两条线。

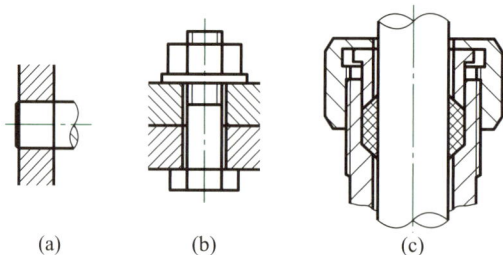

|(a)|(b)|(c)|

图 9-2-1　接触面和配合面的画法

2. 剖面线的画法

在剖视图和断面图中,同一个零件的剖面线倾斜方向和间隔应保持一致;相邻两零件的剖面线方向应相反,或者方向一致、间隔不同。如图 9-2-2 所示的滑动轴承装配图中,轴承座在主视图和左视图中的剖面线画成同方向、同间隔;而轴承盖与轴承座的剖面线方向相反;如图 9-2-1(c)所示的填料压盖与阀体的剖面线方向虽然一致,但间隔不同,也能以此来区分不同的零件。当装配图中零件的剖面厚度小于 2 mm 时,允许将剖面涂黑代替剖面线。

3. 实心零件和螺纹紧固件的画法

在剖视图中,当剖切平面通过实心零件(如轴、连杆等)和螺纹紧固件(如螺栓、螺母、垫圈等)的基本轴线时,这些零件按不剖绘制。如图 9-2-2 所示的螺栓、螺母,图 9-2-1(b)所示的螺栓、螺母及垫圈和图 9-2-1(c)所示的轴的投影均不画剖面线。若其上的孔、槽等结构需要表达时,可采用局部剖视。当剖切平面垂直于轴线剖切时,应画出剖面线,如图 9-2-2所示的俯视图中螺栓的投影。

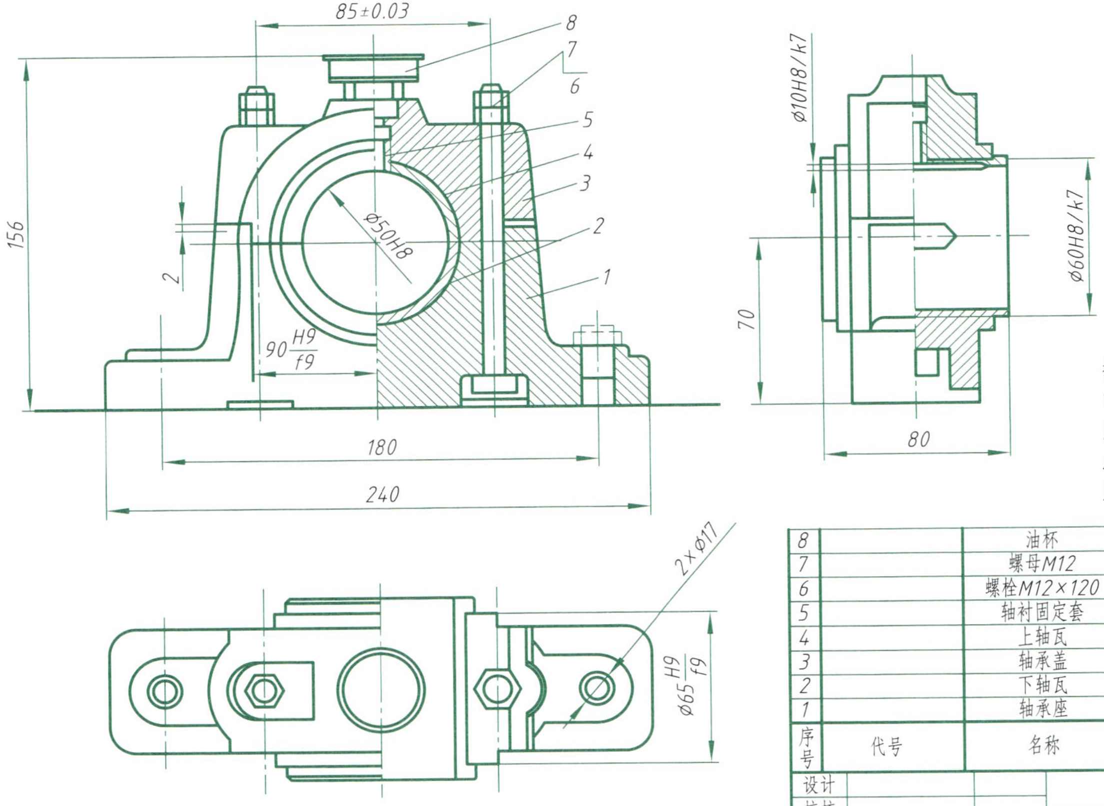

技术要求

1. 上、下轴衬与轴承盖之间
应保证接触良好。
2. 轴承装配后再加工油孔。
3. 调整试转后，工作面涂一层防锈油。

序号	代号	名称	数量	材料	单件总计 质量	备注
8		油杯	1	HT20~40		JB275-79
7		螺母M12	4	Q235		GB/T 6170-2000
6		螺栓M12×120	2	Q235		GB/T 5782-2000
5		轴衬固定套	1	青铜		
4		上轴瓦	1	HT15~33		
3		轴承盖	1	青铜		
2		下轴瓦	2	HT15~33		
1		轴承座	1			

		比例	1:1	共　张　第　张	
				滑动轴承	
设计		学号			
校核					
审核					
班级					

Φ60H8/k7

80

Φ10H8/k7

70

2×Φ11

$\dfrac{H9}{f9}$

Φ65

8　7　6　5　4　3　2　1

85±0.03

Φ50H8

2

$\dfrac{H9}{f9}$

90

180

240

156

图 9-2-2　滑动轴承装配图

9.2.2　装配图的特殊画法

1. 拆卸画法

当一个或几个零件在装配图的某一视图中遮住了要表达的大部分装配关系或其他零件时,可假想拆去一个或几个零件后再绘制该视图,这种画法称为拆卸画法,如图 9-2-2 所示的拆去轴承盖、上轴瓦等的俯视图和拆去油杯等零件的左视图。需要说明时,可在图上加注"拆去零件××等"。但应注意,拆卸画法是一种假想的表达方法,所以在其他视图上,仍需完整地画出它们的投影。

2. 沿零件的结合面剖切画法

在装配图中,为了表示机器或部件的内部结构,可假想沿着某些零件的结合面进行剖切。这时,零件的结合面不画剖面线,其他被剖切的零件则要画剖面线,如图 9-2-2 所示的俯视图中右半部是沿轴承盖和轴承座的结合面剖切,结合面上不画剖面线,螺栓则要画出剖面线。

3. 假想画法

在装配图中,当需要表达该部件与其他相邻零、部件的装配关系时,可用双点画线画出相邻零、部件的轮廓,如图 9-2-3(a)所示。当需要表明某些零件的运动范围和极限位置时,可以在一个极限位置上画出该零件,而在另一个极限位置用双点画线画出其轮廓,如图 9-2-3(b)所示手柄的极限位置画法。

图 9-2-3　装配图的假想画法

4. 夸大画法

在装配图中,对于一些薄片零件、细丝弹簧、小的间隙和锥度等,可不按其实际尺寸作图,而适当地将其夸大画出以使图形清晰,如图 9-2-4 所示的垫片画法。

9.2.3　装配图的简化画法

（1）在装配图中,对于若干相同的零件或零件组,如螺栓联接等,可仅详细画出一处,其余只需用细点画线表示出位置,如图 9-2-5 所示的主视图中的螺栓画法。

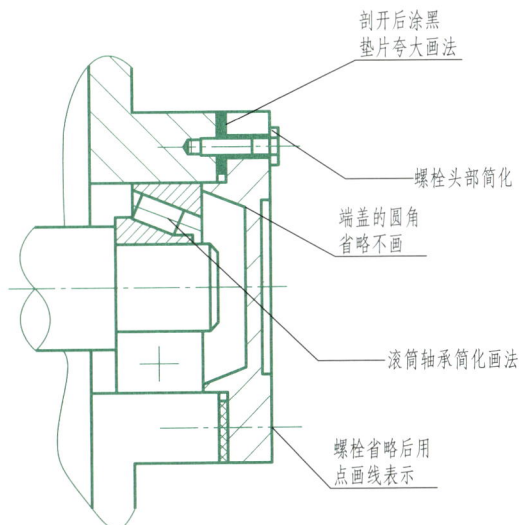

图 9-2-4　垫片画法

（2）在装配图中，零件上的工艺结构（如倒角、小圆角、退刀槽等）可省略不画。六角螺栓头部及螺母的倒角曲线也可省略不画，如图 9-1-2、图 9-2-5 所示的螺栓头部及螺母的画法。

（3）在装配图中，剖切平面通过某些标准产品组合件（如油杯、油标、管接头等）轴线时，可以只画外形。对于标准件（如滚动轴承、螺栓、螺母等）可采用简化画法或示意画法，如图 9-2-5 所示的滚动轴承的画法。

图 9-2-5　滚动轴承的画法

（4）在装配图中可省略螺栓、螺母、垫圈等紧固件的投影,而用细点画线和指引线指明其位置。此时,表示紧固件组的公共指引线,应根据其不同类型从被联接件的某一端引出,如螺栓、双头螺柱联接从其装有螺母的一端引出(螺钉从其装入端引出),如图9-2-6所示。

图 9-2-6 紧固件组的简化画法

任务 9.3 装配图的标注

相关知识 ▶

装配图不是制造零件的直接依据,因此,装配图中的标注与零件图也有所不同。装配图标注主要包含尺寸标注、技术要求、零件序号、明细栏。

9.3.1 装配图的尺寸标注

微课
装配图的尺寸标注

装配图和零件图在生产中的作用不同,因此,在图上标注尺寸的要求也不同。装配图中需注出一些必要的尺寸,这些尺寸按作用不同,可分为以下几类。

1. 性能(规格)尺寸

表示该机器性能(规格)的尺寸,称为性能(规格)尺寸,它是设计产品时的主要依据。如图9-1-2所示的传动器的外连齿轮分度圆直径 $\phi 96$,主轴中心线高度100。

2. 装配尺寸

保证机器中各零件装配关系的尺寸,称为装配尺寸。装配尺寸包括配合尺寸和主要零件相对位置尺寸。如图 9-1-2 所示的滚动轴承外圈与箱体间的 $\phi62JS7$,滚动轴承内圈与主轴间的 $\phi25k6$,带轮和齿轮与主轴间的 $\phi20H7/h6$。

3. 安装尺寸

机器和部件安装时所需的尺寸,称为安装尺寸。如图 9-1-2 所示的传动器箱体安装孔直径 $4\times\phi9$、四个孔的中心距 128 和 80。

4. 外形尺寸

表示机器或部件外形轮廓的尺寸,即总长、总宽和总高,称为外形尺寸。可根据外形尺寸确定机器或部件在包装、运输、安装时所占的空间。如图 9-1-2 所示的传动器总长 219、总宽 110。

5. 其他重要尺寸

其他重要尺寸是指根据装配体的特点和需要,必须标注的尺寸。如经过计算的重要设计尺寸、重要零件间的定位尺寸、主要零件的尺寸等。

装配图上的尺寸要根据情况具体分析,上述五类尺寸并不是每一张装配图都必须标注的,有时,同一尺寸兼有几种含义。

9.3.2 装配图的技术要求

不同性能的机器或部件,其技术要求也不同。一般可从机器或部件的装配要求、检验要求和使用要求几方面来考虑。

1. 装配要求

装配要求包括对机器或部件装配方法的指导,装配时的加工说明,装配后的性能要求等。

2. 检验要求

检验要求包括机器或部件基本性能的检验方法和条件,装配后保证达到的精度,检验与实验的环境温度、气压,振动实验的方法等。

3. 使用要求

使用要求包括对机器或部件的基本性能要求,维护和保养的要求及使用操作时的注意事项等。

装配图的技术要求一般用文字写在明细栏上方或图纸下方的空白处。若技术要求过多,可另编技术文件,但在装配图上只注出技术文件的文件号。

微课
装配图的技术
要求

9.3.3 装配图的零件序号

为了便于读图和图样管理以及做好生产准备工作,在装配图中需要对零、部件进行编号,并将其必要信息填写在明细栏中。

(1)装配图中每种零、部件都要编写序号,同一种零、部件一般只给一个编号,数量填写在明细栏里相应的一栏中。

(2)序号应注写在视图轮廓以外,填写在指引线一端的横线上或圆圈中,字体比尺寸数字大一号或两号,如图 9-3-1(a)、(b)所示;也可注写在指引线端部附近,字体比尺寸数字

微课
装配图的零件
序号

大两号,如图 9-3-1(c)所示。

(3)指引线应从零、部件投影清晰的可见轮廓内引出,并在起始端画一小圆点。若所指部分不宜画小圆点,如很薄的零件或涂黑的剖面,可用箭头指向该区域,如图 9-3-1(d)所示。

(4)指引线相互不能相交,当通过剖面区域时,指引线不能与剖面线平行。指引线可以画成折线,但只可弯折一次,如图 9-3-1(e)所示。

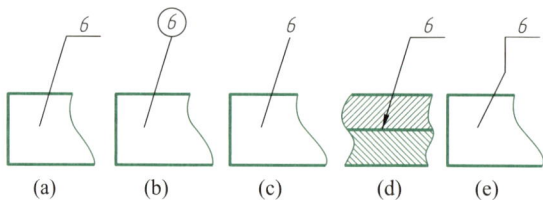

图 9-3-1 序号的编写形式

(5)一组紧固件以及装配关系清晰的零件组可以采用公共指引线,如图 9-3-2 所示。

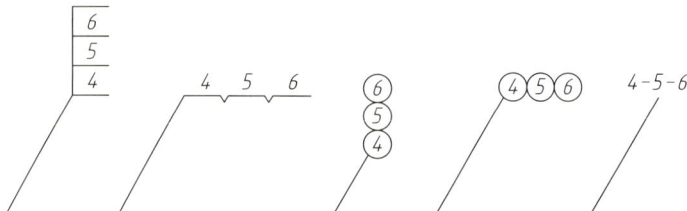

图 9-3-2 零件组序号的编写形式

(6)序号要求沿水平或垂直方向按顺时针或逆时针顺次排列整齐。

9.3.4 装配图的明细栏

明细栏是装配图中所有零、部件的详细目录,包括序号、代号、名称、数量、材料,质量、备注等内容。绘制和填写明细栏时应注意:

(1)明细栏直接画在标题栏的上方,与标题栏相接。如位置不够,也可将明细栏的部分表格移至标题栏的左侧。

(2)在明细栏中,序号应自下而上、从小到大依次填写,以便在漏编或增加零、部件时继续向上画。

(3)标准件应将其规定标记填写在零件名称一栏,也可以将标准件注写在视图中的适当位置。

(4)明细栏也可不画在装配图中,按 A4 幅面作为装配图的续页单独给出,此时,编写顺序为自上而下。

在实际绘制装配图时,为了避免遗漏或重复编号,一般先画出指引线,待检查无重复及遗漏后,再依次编号,最后填写明细栏。

明细栏是机器或部件的详细目录,如图 9-3-3 所示为 GB/T 10609.2—2009 中要求的明细栏的格式和尺寸。

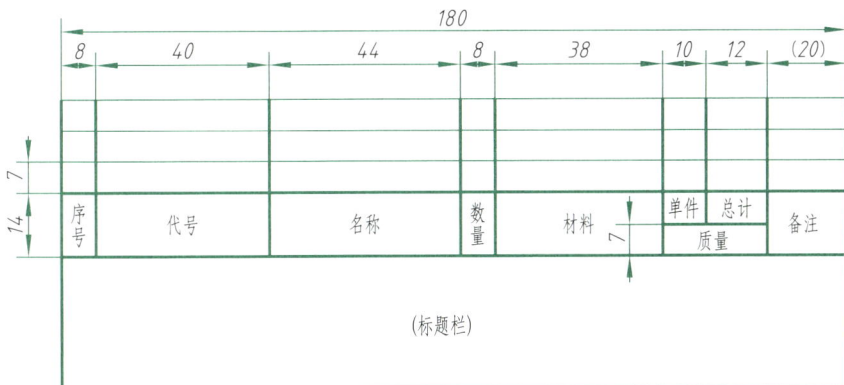

图 9-3-3　明细栏的格式和尺寸

任务 9.4 常见的装配工艺结构

📖 **相关知识** ▷▷

在设计和绘制装配图的过程中,应考虑到装配结构的合理性,以保证机器和部件的性能要求,并便于零件的加工和拆装。

9.4.1 装配工艺结构

(1)两个零件接触时,在同一方向上只能有一个接触面,否则就会给零件的制造和装配工作造成困难,如图 9-4-1 所示。

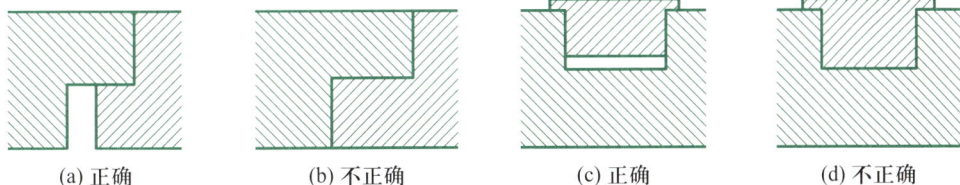

(a) 正确　　　(b) 不正确　　　(c) 正确　　　(d) 不正确

图 9-4-1　接触面画法

(2)轴颈与孔的配合,在同一方向上只允许一对配合面,如图 9-4-2 所示。

(3)两锥面配合时,锥体顶部与锥孔底部之间必须留有空隙,如图 9-4-3 所示,应使 L_1 大于 L_2。

(4)为了确保轴肩与孔端紧密贴合,需要孔端倒角或轴根切槽,如图 9-4-4 所示。

(5)滚动轴承的轴向定位结构应方便拆装,如图 9-4-5 所示。

(6)为了保证两零件的装配精度,通常设计定位销结构。为方便加工和拆卸,销孔最好做成通孔,如图 9-4-6 所示。

(a) 正确　　　　　　　　(b) 不正确

图 9-4-2　轴孔配合面画法

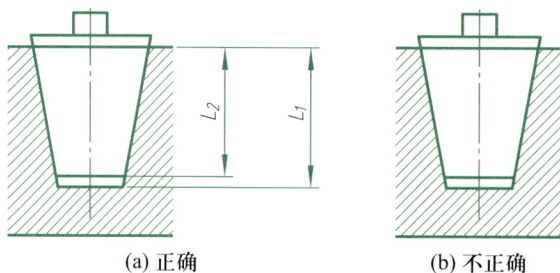

(a) 正确　　　　　　　　(b) 不正确

图 9-4-3　锥面配合画法

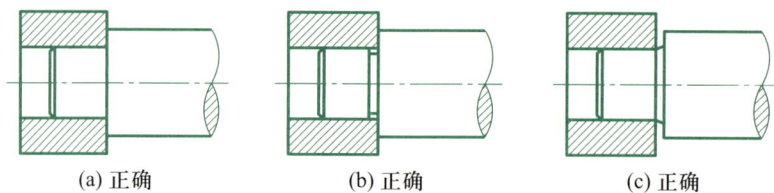

(a) 正确　　　　(b) 正确　　　　(c) 正确

图 9-4-4　孔端倒角或轴根切槽

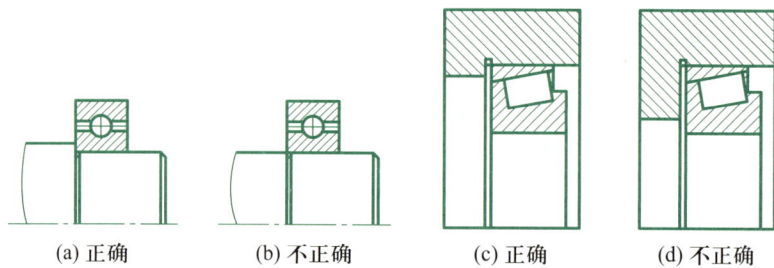

(a) 正确　　(b) 不正确　　(c) 正确　　(d) 不正确

图 9-4-5　轴承结构方便拆装

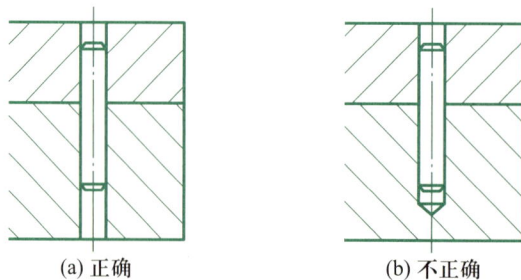

(a) 正确　　　　　　　　(b) 不正确

图 9-4-6　销联接的结构

（7）为了方便紧固件的拆装,应留有足够的空间,如图9-4-7所示。

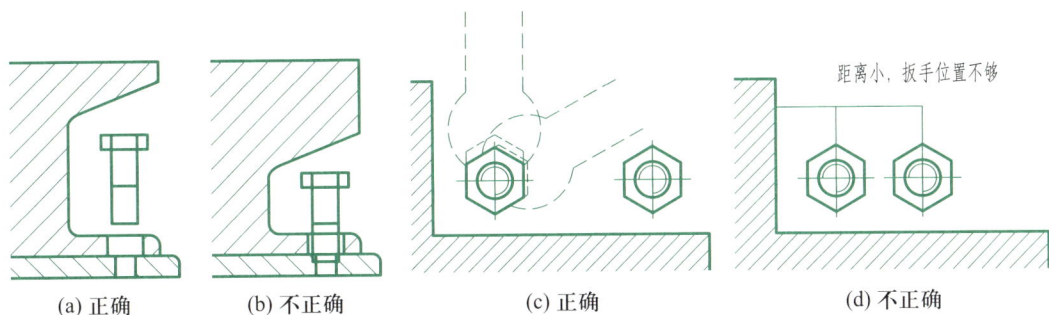

(a) 正确　　　(b) 不正确　　　(c) 正确　　　(d) 不正确

图9-4-7　紧固件的拆装

9.4.2　机器上的常见装置

（1）在机器或部件中,为了防止内部液体外漏,同时防止外部灰尘等杂质的侵入,应采取合理的密封装置,如图9-4-8所示。

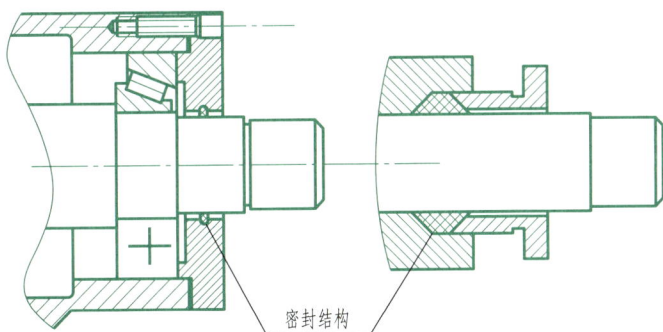

图9-4-8　常见密封装置

（2）在机器或部件中,为了防止因振动或冲击而造成螺纹紧固件的松动,必要时需要考虑防松装置,如图9-4-9所示。

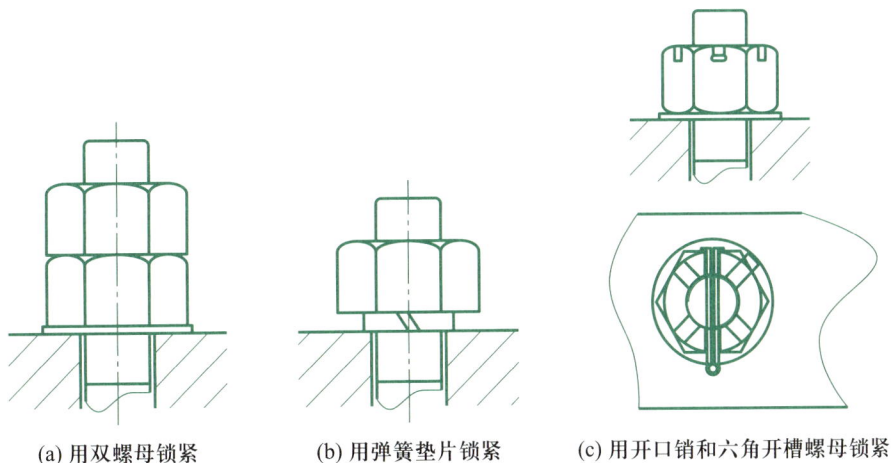

(a) 用双螺母锁紧　　(b) 用弹簧垫片锁紧　　(c) 用开口销和六角开槽螺母锁紧

图9-4-9　常见防松装置

任务9.5　装配图的绘制

📖 相关知识 ▷▷

装配图的作用是表达机器或部件的工作原理、装配关系以及主要零件的结构、形状。因此在画装配图之前,要对所绘制的机器或部件的工作原理、装配关系以及主要零件的形状、零件之间的相对位置、定位方式等进行分析,重点围绕主要装配干线进行工作。在机器或部件中,有些装配关系密切的零件可能是围绕着一条或者多条轴线进行装配,这些轴线称为装配轴线或装配干线。

9.5.1　装配图表达方案的确定

微课
装配图表达方案的确定

装配图表达方案包括主视图的选择、其他视图的配置及表达方法的选择。

1. 主视图的选择及表达方法

(1)按机器或部件的工作位置放置。当工作位置倾斜时,可将其调整摆正,使主要装配干线、主要安装面处于特殊位置。

(2)能较好地表达机器或部件的工作原理和结构特征。

(3)能较好地表达零、部件的相对位置和装配关系,以及主要零件的形状特征。

(4)在表达方法上,通常选择通过装配干线将机器或零、部件剖开,画出剖视图作为装配图的主视图。

2. 其他视图的配置及表达方法

(1)考虑还有哪些装配关系、工作原理以及主要零件的结构特征还没有表达清楚,再选择其他视图以及相应的表达方法。

(2)尽可能地考虑用基本视图以及基本视图上的剖视图(包括装配图的一些特殊表达方法)来表达有关内容。

(3)要考虑合理地布置视图的位置,使图样清晰并有利于图幅的充分利用。

微课
装配图的画图步骤

9.5.2　装配图的画图步骤

(1)根据表达方案确定的视图数目、部件的实际大小和复杂程度,选择合适的比例和图幅,并在图纸上进行布局。注意留出标注尺寸、编注零件序号、书写技术要求、确定标题栏和明细栏的位置。

(2)画出各视图的主要基准线,包括装配干线、对称中心线、轴线及作图基准线等。

(3)画出各视图主要部分的底稿,以装配干线为基准,由内向外逐个画出各个零件,也可根据情况灵活应用。一般从主视图画起,几个视图配合进行,但也可从其他视图画起,再画主视图。

(4)画次要零件、小零件及各部分细节。

(5)底稿画完后,经校核整理,加深图线,画剖面线,标注尺寸,编写零、部件序号,填写明细栏、标题栏和技术要求等,完成装配图。

机用虎钳装配图如图9-5-1所示。

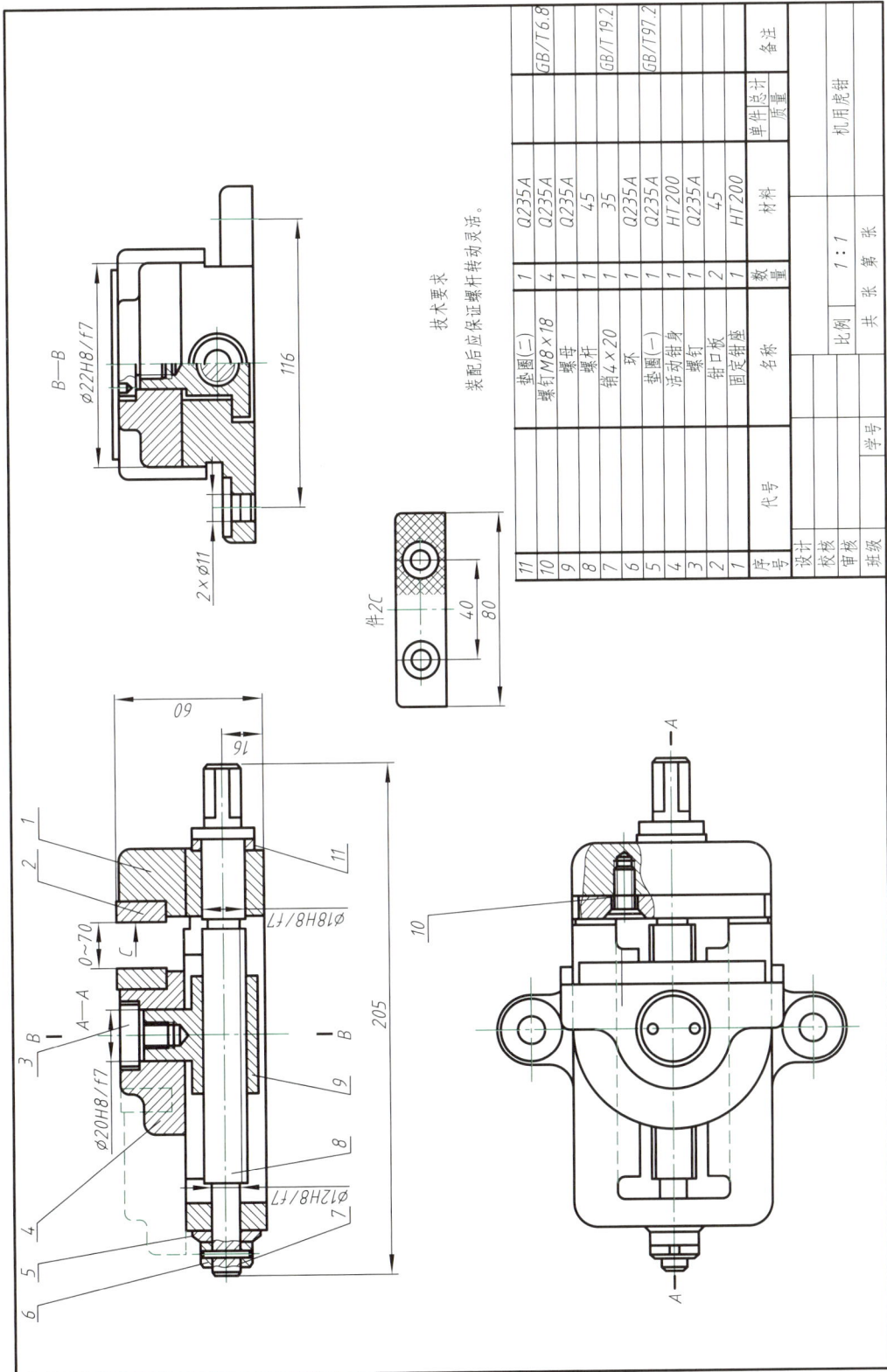

图 9-5-1 机用虎钳装配图

11		垫圈(二)	1	Q235A		GB/T 6.8
10		螺钉M8×18	4	Q235A		
9		螺母	1	Q235A		GB/T 19.2
8		螺杆	1	35		
7		销4×20	1	Q235A		GB/T 97.2
6		环	1	Q235A		
5		垫圈(一)	1	HT200		
4		活动钳身	1	Q235A		
3		螺钉	2	45		
2		钳口板	2	HT200		
1		固定钳座	1			
序号	代号	名称	数量	材料	单件 总计 质量	备注

比例 1:1　共 张 第 张

机用虎钳

技术要求
装配后应保证螺杆转动灵活。

任务 9.6 读装配图和拆画零件图

📖 相关知识 ▷▷

在机器或部件的设计、装配、检验和维修工作中,或在技术交流的过程中,都需要装配图。因此,熟练阅读装配图,正确地根据装配图拆画零件图,是每个工程技术人员必须具备的基本技能之一。读装配图的目的是:

(1) 了解机器或部件的性能、用途和工作原理。

(2) 了解各零件间的装配关系及拆卸顺序。

(3) 了解各零件的主要结构形状和作用。

9.6.1 读装配图的方法

1. 概括认识

读装配图时,首先要看标题栏、明细栏,从中了解该机器或部件的名称、组成该机器或部件的零件名称、数量、材料以及标准件的规格等。根据视图的大小、画图的比例和装配体的外形尺寸等,对装配体有一个初步印象。

如图 9-5-1 所示是机用虎钳装配图。由标题栏可知该部件名称为机用虎钳,对照图上的序号和明细栏,可知它由 11 种零件组成,其中垫圈 5、销 7、螺钉 10 是标准件(明细栏中有标准编号),其他为非标准件。根据实践知识或查阅说明书及有关资料,大致可知:机用虎钳是安装在机床工作台上,用于夹紧工件以便进行切削加工的一种通用工具。

2. 分析视图,明确表达

首先要找到主视图,再根据投影关系识别出其他视图,找出剖视图、断面图所对应的剖切位置,识别出表达方法的名称,从而明确各视图表达的意图和重点,为下一步深入看图做准备。

机用虎钳装配图采用了主、俯、左三个基本视图,并采用了单件画法、局部放大图、移出断面图等表达方法。各视图及表达方法的分析如下:

(1) 主视图采用了全剖视图,主要反映机用虎钳的工作原理和零件的装配关系。

(2) 俯视图主要表达机用虎钳的外形,并通过局部剖视图表达钳口板 2 与固定钳身 1 联接的局部结构。

(3) 左视图采用 B—B 半剖视图,表达固定钳身 1、活动钳身 4 和螺母 9 三个零件之间的装配关系。

(4) 件 2 的 A 向视图,用来表达钳口板 2 的形状。

3. 分析工作原理和零件的装配关系

对于比较简单的装配体,可以直接对装配图进行分析。对于比较复杂的装配体,需要借助说明书等技术资料来阅读图样。读图时,可先从反映工作原理、装配关系较明显的视图入手,抓主要装配干线或传动路线,分析研究各相关零件间的联接方式和装配关系,判明固定件与运动件,搞清传动路线和工作原理。

（1）机用虎钳的主视图基本反映出其工作原理：旋转螺杆 8，使螺母 9 带动活动钳身 4 在水平方向左右移动，进而夹紧或松开工件。机用虎钳的最大夹持厚度为 70mm。

（2）主视图反映了机用虎钳主要零件间的装配关系：螺母 9 从固定钳身 1 下方的空腔装入工字形槽内，再装入螺杆 8，用垫圈 11、5，环 6 和销 7 将螺杆轴向固定；螺钉 3 用于联接活动钳身 4 与螺母 9，最后用螺钉 10 将两块钳口板 2 分别与固定钳身 1、活动钳身 4 联接。

4. 分析视图，看懂零件的结构形状

在弄清上述内容的基础上，还要看懂每一个零件的形状。读图时，借助序号指引的零件上的剖面线，利用同一零件在不同视图上的剖面线方向与间隔一致的规定，对照投影关系以及与相邻零件的装配情况，逐步想象出各零件的主要结构形状。

分析时，一般先从主要零件着手，然后是次要零件。有些零件的具体形状可能表达得不够清楚，这时需要根据该零件的作用及与相邻零件的装配关系进行推想，完整构思出零件的结构形状，为拆画零件图做准备。

固定钳身、活动钳身、螺杆、螺母是机用虎钳的主要零件，它们在结构和尺寸上都有非常密切的联系，要读懂装配图，必须看懂它们的结构形状。

（1）根据主、俯、左视图，可知固定钳身的结构为左低右高，下部有一空腔，且有工字形槽（因矩形槽的前后各凸起一个长方形而形成）。空腔的作用是放置螺杆和螺母，工字形槽的作用是使螺母带动活动钳身沿水平方向左右移动。

（2）由三个基本视图可知，活动钳身主体左侧为阶梯半圆柱，右侧为长方体，前后向下探出的部分包住固定钳身，二者的结合面采用基孔制间隙配合（$\phi 82H8/f7$）。中部的阶梯孔与螺母的结合面采用基孔制间隙配合（$\phi 20H8/h7$）。

（3）由主视图、俯视图可知，两端轴径与固定钳身两端的圆孔采用基孔制间隙配合（$\phi 12H8/f7$、$\phi l8H8/f7$）。螺杆左端加工出锥销孔，右端加工出矩形平面。

（4）由主、左视图可知，螺母的结构为上圆下方，上部圆柱与活动钳身相配合，并通过螺钉调节松紧度；下部方形内的螺纹孔可旋入螺杆，将螺杆的旋转运动转变为螺母的直线移动。左固定钳身与工字形槽的下导面相接触，故而应有较高的表面结构要求。底部凸台的上表面左右水平移动，带动活动钳身沿螺杆轴线移动，达到夹紧或松开的目的。把机用虎钳中每个零件的结构形状都分析清楚之后，将各个零件联系起来，便可想象出机用虎钳的完整形状。

9.6.2　由装配图拆画零件图

📖 相关知识 ▶

在新产品设计过程中，一般是先画出装配图，方案通过后，再根据装配图拆画出零件图进行加工制造，最后再根据装配图进行组装。拆画零件图必须在看懂装配图的基础上进行，其主要步骤及注意事项如下：

1. 确定零件的形状

装配图主要表达机器或部件的工作原理及零件间的装配关系，并不要求将每一个零件的结构形状都表达清楚，因此在拆画零件图时，首先要仔细分析、读懂装配图，根据零件在装配图中的作用及相邻零件之间的关系，将要拆画的零件从装配图中分离出来，再根据该零件在装配图中的投影及与相邻零件间的关系想象出零件的形状。

2. 确定表达方案

由于装配图与零件图表达的出发点和侧重点不同,因此拆画零件的视图数量和表达方法不能简单地从装配图中照抄照搬,而应根据零件本身的结构特点确定零件的视图选择和表达方案。

一般来说,对于轴套类零件,仍按加工位置(轴线水平位置)选取主视图,但许多零件尤其是箱体类零件的主视图方位与装配图还是一致的。

在各视图中,应将装配图中省略了的零件工艺结构补全,如倒角、倒圆、退刀槽、越程槽等。

3. 尺寸标注

首先确定尺寸基准,再根据零件图尺寸标注的要求进行标注。

拆画零件图尺寸的获得方法:

(1)抄注。装配图中所注尺寸。

(2)查找。标准结构和工艺结构应查有关标准校对后再标注。

(3)计算。某些尺寸应根据装配图所给定的参数,通过计算来确定。如齿轮的分度圆、齿顶圆直径等,应根据装配图所给的模数、齿数及有关公式计算得到。

(4)量取。在装配图中未注出的尺寸,在图样比例准确时,可直接量取,取整数。

另外,在标注尺寸时应注意,有装配关系的尺寸应互相协调。如配合部分的轴、孔,其基本尺寸应相同。其他尺寸,也应相互适应,使其不在零件装配或运动时产生矛盾或产生干涉现象。

4. 确定表面结构的表示和其他技术要求。

📖 任务实施 ▷▷

从图9-5-1所示机用虎钳装配图中拆画活动钳身4零件图的方法和步骤如下:

1. 机用虎钳的工作原理

机用虎钳是安装在机床工作台上的通用夹紧工具。其工作原理是:旋转螺杆8,使螺母9带动活动钳身4作水平方向左右移动,夹紧工件进行切削加工。

2. 识读装配图

机用虎钳主要零件之间的装配关系是:螺母9从固定钳身1的下方空腔装入工字形槽内,再装入螺杆8,并用垫圈11、垫圈5以及环6、销7将螺杆8轴向固定;通过螺钉3将活动钳身4与螺母9联接,最后用螺钉10将两块钳口板2分别与固定钳身1和活动钳身4连接。其装配示意图如图9-6-1所示。

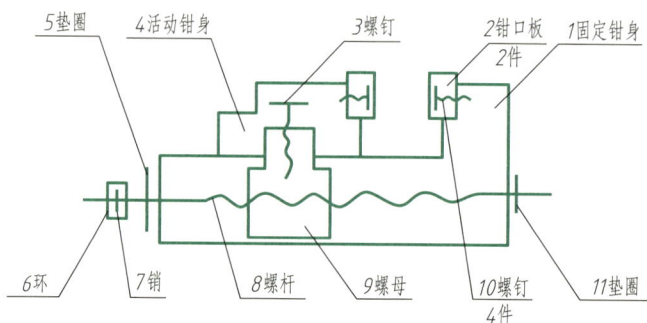

图9-6-1   机用虎钳装配示意图

3. 从装配图中分离所拆零件

（1）将装配图各视图中属于该零件的线框和剖面区拆出。根据零件的序号、投影关系、剖面线等从装配图的各个视图中找出活动钳身 4 的投影，分离后如图 9-6-2（a）所示。

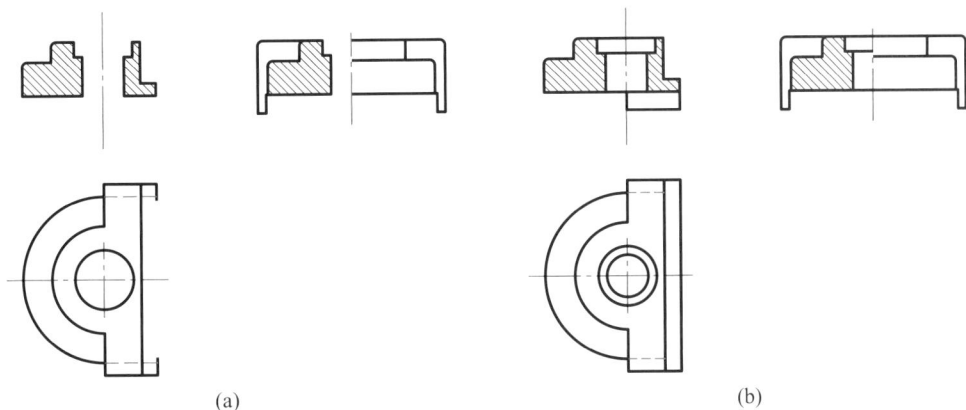

图 9-6-2　从装配图中分离出活动钳身 4 投影图

（2）根据零件的作用及装配关系补画被其他零件遮挡的轮廓以及活动钳身 4 在装配图中被省略的某些结构，如倒角、倒圆等，如图 9-6-2（b）所示。注意在拆出的主视图中看不见活动钳身 4 前后伸出的两块侧向导板，此时要根据它与固定钳身 1 的联接关系及拆出的俯视图、左视图的投影关系来确定其结构形状。

4. 确定表达方案

从拆出的视图可看出，该零件结构不是很复杂，可以不进行大的变动。从装配图的主视图中拆画活动钳身 4 的图形，显示其内部结构，可作为零件图的主视图，既符合该零件的安装位置和工作位置，又突出了零件的结构形状特征；再加上俯视图、左视图（此处左视图也可省略）反映零件的外形结构。在俯视图上采用局部剖，显示螺纹孔的结构；为了更清晰地反映用来安装钳口板 2 的两个螺纹孔的位置，可增加一个右视方向的局部视图，螺纹孔的定位尺寸根据装配图中钳口板的 C 向视图确定，如图 9-6-3 所示。

5. 尺寸标注

装配图中已给出的尺寸都是重要尺寸，可直接抄注在零件图上。对于配合尺寸，应查阅相应的国家标准，并标注出该尺寸的上、下极限偏差，如图 9-6-3 中的 $\phi 82^{+0.35}_{0}$ 等尺寸，或根据配合代号写出该尺寸的公差代号。

对装配图中未标注的尺寸，应按照装配图的绘图比例从图中直接量取，对于标准结构（如螺孔、销孔、键槽等），量取的尺寸还必须查阅相应的国家标准，并将其修正为标准值。

6. 确定技术要求

零件的技术要求（如表面结构、几何公差等），要根据装配图上所示该零件在部件中的功用及与其他零件的配合关系，并结合自己掌握的结构和工艺方面的知识来确定。

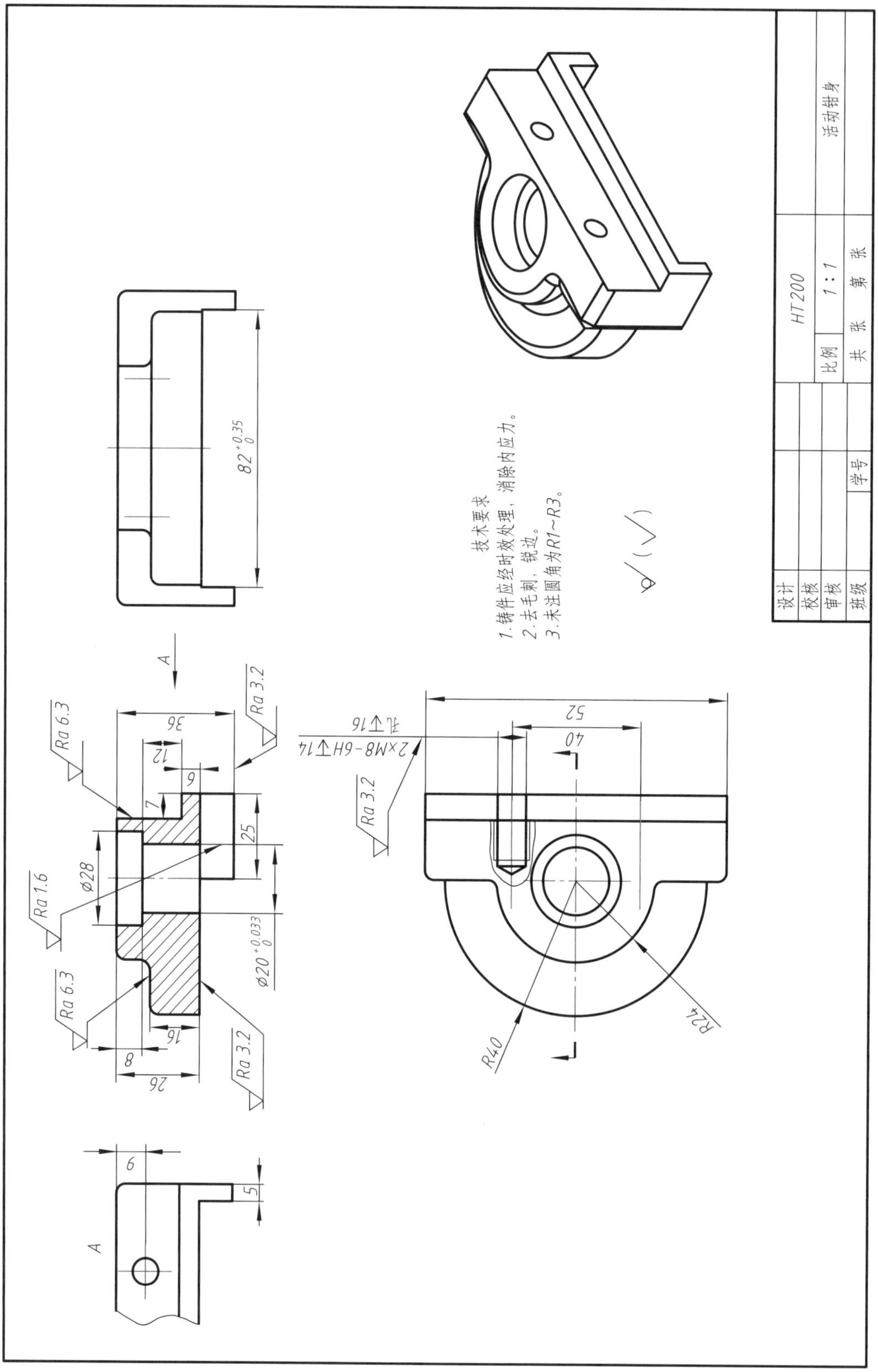

技术要求
1. 铸件应经时效处理, 消除内应力。
2. 去毛刺, 锐边。
3. 未注圆角为 R1~R3。

$\sqrt{}$ ($\sqrt{}$)

活动钳身

HT 200   1:1   第 张

比例   共 张

设计
校核
审核
班级   学号

图 9-6-3 活动钳身零件图

$82^{+0.35}_{0}$

Ra 6.3
Ra 3.2
Ra 1.6

36
12
6
7
25
Ø28
$Ø20^{+0.033}_{0}$
16
8
26

A

Ra 3.2
$2×M8-6H↧14$
孔↧16
52
40
R40
R24

Ra 3.2

6
5
A

项目十 计算机绘图基础

中望 CAD

中望 CAD 是中望软件自主研发的第三代二维 CAD 平台软件,凭借良好的运行速度和稳定性,完美兼容主流 CAD 文件格式,界面友好易用、操作方便,能够帮助用户高效顺畅地完成设计绘图。

学习目标

1. 掌握中望 CAD 基本操作及相关绘图命令的使用;
2. 熟练掌握二维图形的基本绘制方法和操作步骤;
3. 熟练掌握二维图形尺寸标注的基本方法和操作步骤。

一起向未来,
中望有担当

学习重点和难点

1. 学习重点

中望 CAD 的基本操作。

2. 学习难点

(1)二维图形的基本绘制方法和操作步骤;

(2)二维图形的尺寸标注基本方法和操作步骤。

本项目中计算机绘图所使用的软件为中望 CAD 机械版。中望 CAD 机械版是国内外首屈一指的拥有完全自主知识产权的机械设计软件,率先支持多国机械技术标准,软件中内置8 种国际通用的绘图标准,用户可根据需求切换所需标准。同时中望 CAD 机械版提供了多图框设计环境,可以在同一个文档环境中实现多个图框、多种比例同时绘图,极大地提高了绘图效率,这是同类软件无法实现的。完备、开放的国标符号库和标准件库内容丰富,方便调用,而且通过智能化、系列化的设计系统,用户可自主定制自己的零件库,任意驱动,拓宽设计视野。

任务 10.1　中望 CAD 机械教育版基本操作

相关知识 ▶

微课
中望 CAD 概述

10.1.1　中望 CAD 机械教育版 2024 下载安装

1. 软件下载

进入官网选择产品栏如图 10-1-1 所示。

图 10-1-1　中望软件官网

选择中望 CAD 机械教育版 2024 下载,可以选择 32 位或 64 位下载,如图 10-1-2 所示。

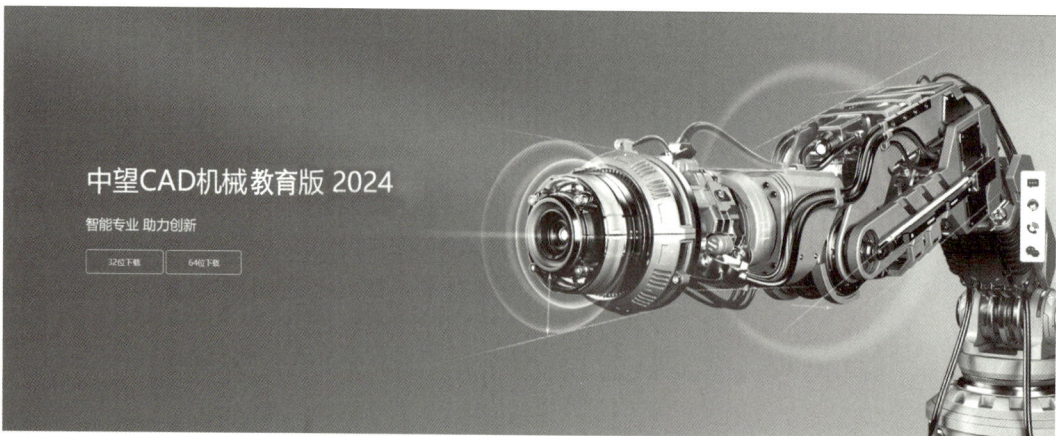

图 10-1-2　中望 CAD 机械教育版 2024

2. 软件安装

中望 CAD 机械教育版 2024 软件的安装十分简单,找到所下载的文件包,右击鼠标以管理员身份运行,如图 10-1-3 所示。

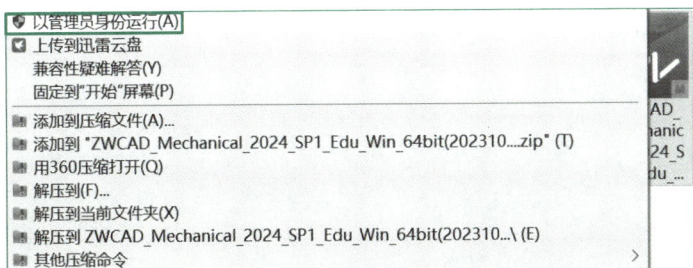

图 10-1-3　以管理员身份运行

进入软件安装界面,修改其安装的路径,选择"同意",点击"立即安装",如图 10-1-4 所示。

中望 CAD 机械教育版软件安装完成时,会弹出"试用"和"激活"选项,如图 10-1-5 所示。

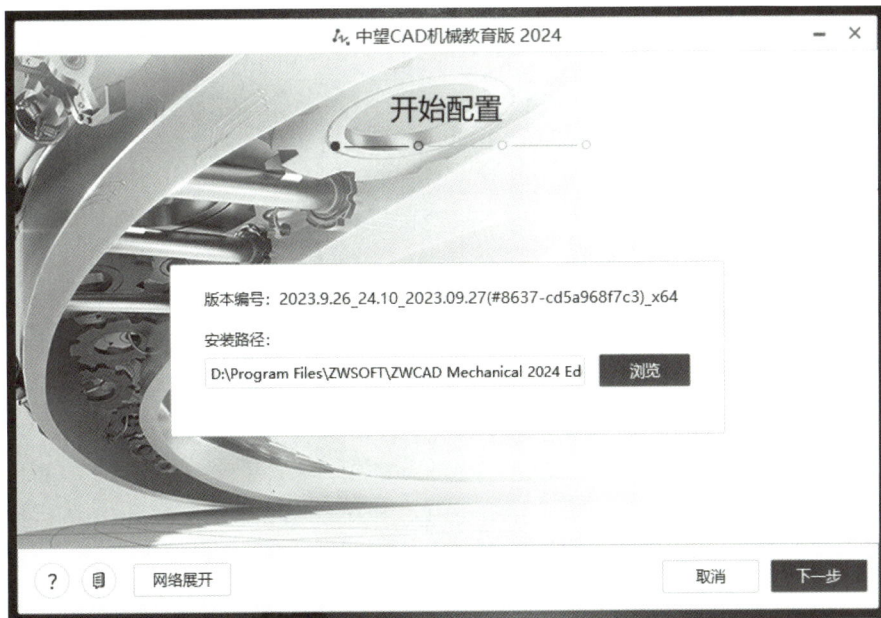

图 10-1-4　安装界面

10.1.2　中望 CAD 机械教育版 2024 启动与退出

1. 启动

方法一:通过桌面快捷方式启动,左键双击桌面上的"中望 CAD 机械教育版 2024"图标,即可启动软件,如图 10-1-6 所示,通常使用这种方法启动。

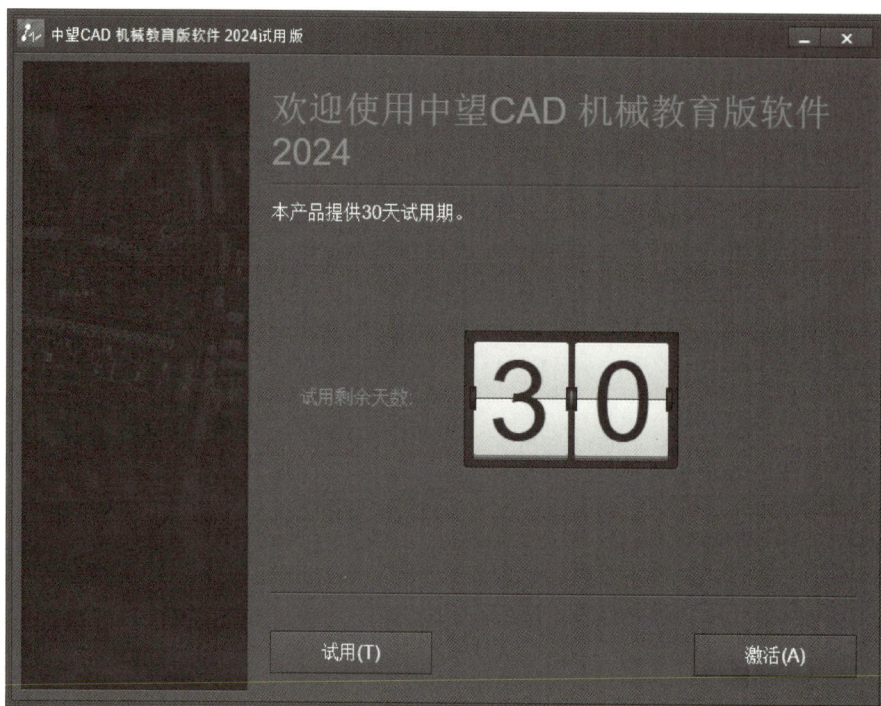

图 10-1-5　试用与激活

需要注意的是软件安装后,桌面一般会出现两个快捷图标,另一个如图 10-1-7 所示,在绘制机械图样时通常使用图 10-1-6 的快捷图标。

图 10-1-6　快捷图标 1　　　　图 10-1-7　快捷图标 2

方法二:从开始菜单中启动,执行"开始→所有程序→ZWSOFT→中望 CAD 机械教育版2024"命令,即可启动,如图 10-1-8 所示。

图 10-1-8　菜单启动流程

方法三:通过设置快捷键方式启动,在桌面的"中望 CAD 机械教育版 2024"图标处右击鼠标进入属性对话框,进行快捷键的设置,如图 10-1-9 所示。

2. 退出

方法一:菜单栏中单击"文件→退出"命令。

方法二：窗口中单击窗口右上角的窗口关闭按钮。

方法三：命令行输入 Quit 或 Exit。

退出时如果已命名的文件未进行改动，执行"退出"命令后会立即退出软件；如果已命令的文件有改动，执行"退出"命令后会弹出如图 10-1-10 所示的对话框，单击"是（Y）"按钮会对已命名的文件存盘退出；对于未命名的文件则弹出如图 10-1-11 所示的"图形另存为"对话框，完成该对话框操作后才能退出软件。单击"否（N）"按钮将放弃对图形文件的绘制或修改并退出软件。单击"取消"按钮，则取消刚进行的操作并返回到图形绘制和编辑状态。

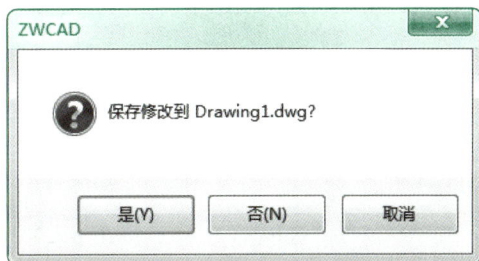

图 10-1-10　保存修改

图 10-1-9　快捷键设置

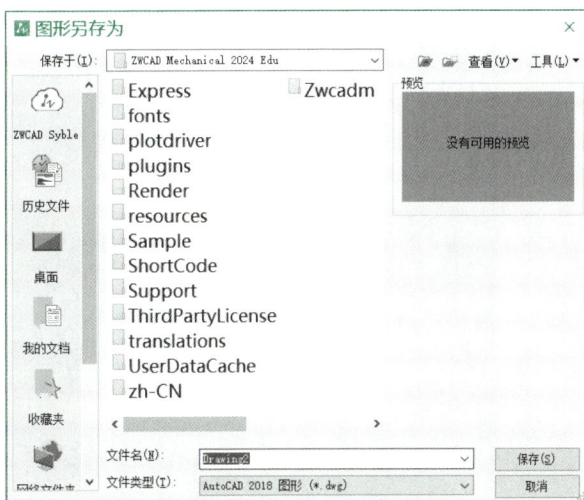

图 10-1-11　图形另存为

10.1.3　中望 CAD 机械教育版 2024 工作界面

1. 中望 CAD 工作空间选择

无论哪个版本其工作空间都分为二维草图与注释和经典两种工作界面，这两种工作界面使用起来是差不多的，只是其界面风格不同而已。中望 CAD 机械教育版 2024 的默认工作界面为二维草图与注释，作为初学者使用方便，如图 10-1-12 所示。在实际工作中通常使用的经典工作界面如图 10-1-13 所示，可在右下角"设置工作空间"处切换两种工作界面。

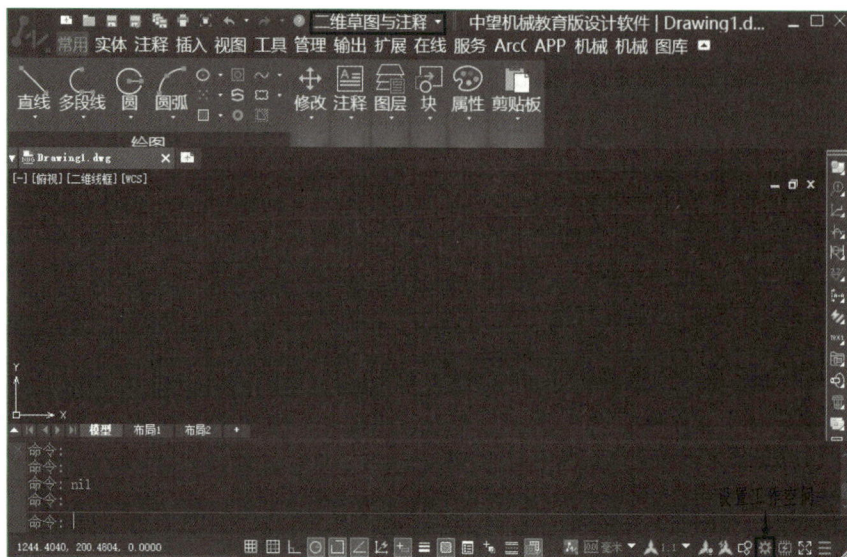

图 10-1-12　二维草图与注释工作界面

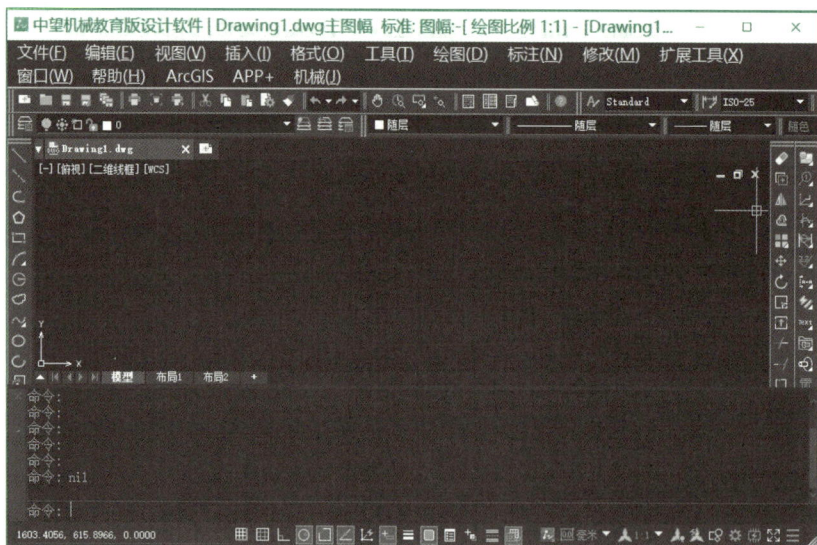

图 10-1-13　经典工作界面

2. 二维草图与注释工作界面的介绍

中望 CAD 功能强大,其工具很多,因此将工具按照功能进行分类管理,方便用户使用。其界面主要由标题栏、菜单栏、工具条、绘图区域、工作模式、命令行、状态栏等板块组成,如图 10-1-14 所示。

第 1 栏:标题栏包括新建、打开、保存、另存为、打印、预览、放弃、重做、工作空间、标题栏信息(显示软件版本信息及当前所操作图形文件的名称,如 Drawing1.dwg。其中"Drawing1"为文件名,在实际工作中一般以零件的具体名称来命名 CAD 文件名,如轴类零件、底座、端盖等;".dwg"为 CAD 图形的后缀名,即 CAD 文件的一种格式)、窗口控制按钮(最小化、最大

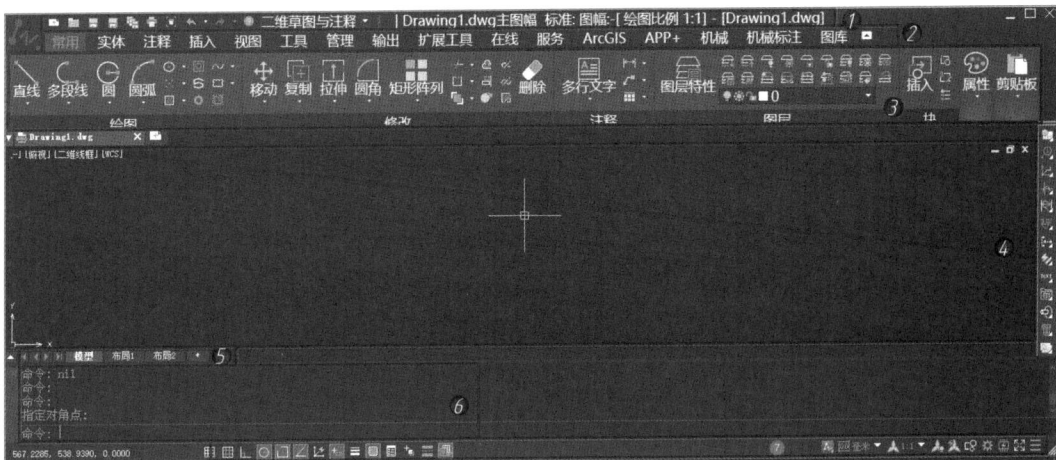

图 10-1-14　中望 CAD 机械教育版 2024 经典界面布局

化和关闭），如图 10-1-15 所示。

图 10-1-15　标题栏

第 2 栏：菜单栏包括常用、实体、注释、插入 、视图、工具、管理、输出、扩展工具、机械、图库等菜单，如图 10-1-16 所示。第 2 栏作为中望 CAD 窗口界面中的主菜单，往往将大部分命令、指令汇聚在相应的菜单下供用户调用。

图 10-1-16　主要菜单

第 3 栏：工具条显示的是当前常用菜单下的工具条，包括绘图、修改、注释、图层、块、属性和剪切板。

其中绘图工具条中包括"直线""射线""构造线""多段线""矩形""正多边形""圆""圆弧""椭圆""图案填充""样条曲线""面域"等命令按钮，如图 10-1-17 所示。

修改工具条中包括"移动""旋转""复制""镜像""拉伸""缩放""圆角""倒角""阵列""修剪""偏移""删除""分解"等命令按钮，如图 10-1-18 所示。

图 10-1-17　绘图命令

图 10-1-18　修改命令

第 4 栏：绘图区域位于屏幕中央的空白区域，类似于手工绘图时的图纸，所有的绘图操作都是在该区域中完成的。绘图栏左下角是中望 CAD 所采用的坐标系，世界坐标系（world coordinate system，WCS）是中望 CAD 系统默认坐标系，其坐标原点（0,0）位于绘图栏的左下角,X 轴的正向为水平向右,Y 轴的正向为竖直向上。中望 CAD 也允许用户根据需要自行设置用户坐标系(User Coordinate System,UCS),用户坐标系在三维建模中较常用,但对于二维绘图来说,使用世界坐标系就能够满足要求。

第 5 栏:模型空间和布局空间是 CAD 的两种工作模式,如图 10-1-19 所示。模型空间主要用于图形绘制、编辑和标注,可以绘制全比例的二维图形和三维模型,还可以添加标注、注释等内容。此外,模型空间还是一个没有界限的三维空间。布局空间又名图纸空间,主要用于打印输出图样时对图形的排列和编辑。

图 10-1-19　模型空间与布局空间

第 6 栏:命令行位于绘图区之下,即人机交互窗口。命令窗口会显示用户输入的命令以及对命令所进行的提示。当命令栏中显示"命令:"提示的时候,表明软件等待用户输入命令;当软件处于命令执行过程中,命令栏中显示各种操作提示。用户要注意命令栏中的提示内容,如图 10-1-20 所示。

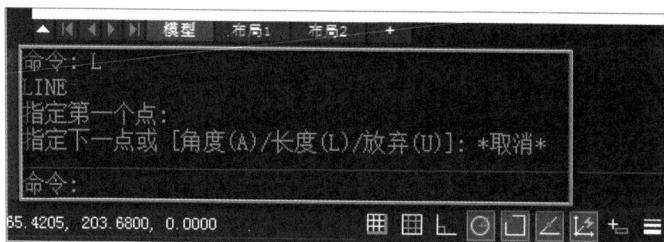

图 10-1-20　命令提示栏

第 7 栏:状态栏位于界面的最底端,主要显示当前光标位置及软件的各种状态模式,辅助用户快速绘制图形、编辑图形。用户根据实际绘图情况需进行相应状态的启用,常用的控制按钮,如捕捉、栅格、正交等,点击一次,按钮按下表示启用该功能,再点击则关闭,如图 10-1-21所示。

图标	名称	图标	名称
	捕捉模式 F9		动态输入 F12
	栅格显示 F7		显示/隐藏线宽
	正交模式 F8		显示/隐藏透明
	极轴追踪 F10		选择循环
	对象捕捉 F3		模型或图纸空间
	对象捕捉追踪 F11		设置工作空间
	动态 USC		全屏显示

图 10-1-21　状态栏

10.1.4　中望 CAD 软件的基本操作

微课
中望 CAD 基本
操作与设置

1. 图形文件管理

（1）建立一个新的图形文件，以便开始新的绘图，方式如下：

方法一：菜单栏中单击"文件→新建"。

方法二：工具栏中单击 █ 按钮。

方法三：命令行输入 New。

方法四：快捷键：<Ctrl+N>。

在开启软件时常用的新建文件方式，如图 10-1-22 所示。

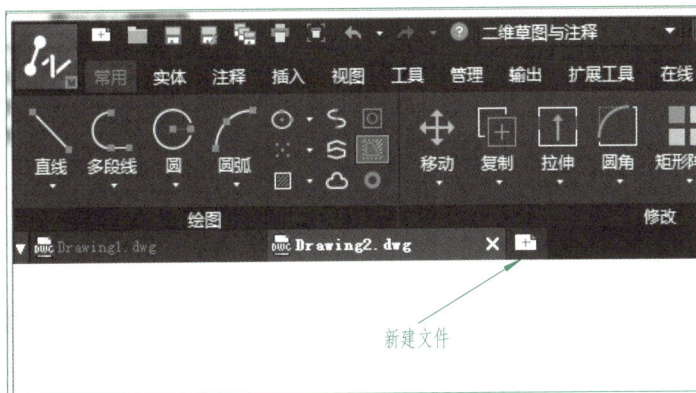

图 10-1-22　新建文件

（2）打开一个已存在的图形文件，以便查看或继续编辑。方式如下：

方法一：菜单栏中单击"文件→打开"。

方法二：工具栏中单击 █ 按钮。

方法三：命令行输入 Open。

方法四：快捷键：<Ctrl+O>。

打开已有的 CAD 文件，如图 10-1-23 所示。

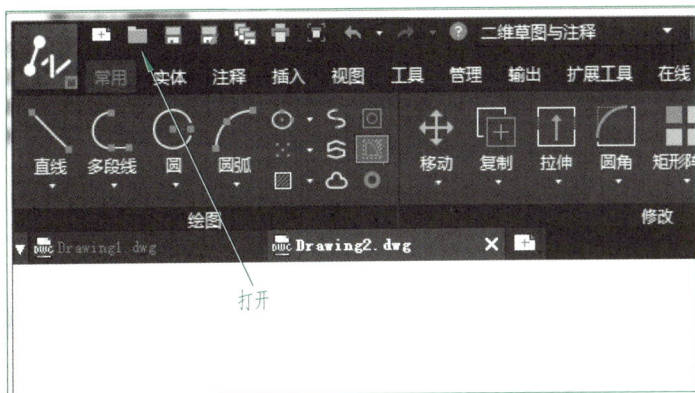

图 10-1-23　打开文件

（3）在软件操作过程中,应随时将图形文件保存到磁盘中,以免在突然断电、死机或程序出错等意外事件时造成数据丢失。保存文件的方法有手动保存、自动保存和转格式输出等。

将所绘的图形文件手动保存在磁盘中,方法如下:

方法一:菜单栏中单击"文件→保存"。

方法二:工具栏中单击█按钮。

方法三:命令行输入 Qsave。

方法四:快捷键:<Ctrl+S>。

如果要指定新的文件名保存图形,可以利用"另存为"命令,方式如下:

方法一:菜单栏中单击"文件→另存为"。

方法二:命令行输入 Saveas。

保存文件与另存为新文件如图 10-1-24 所示。

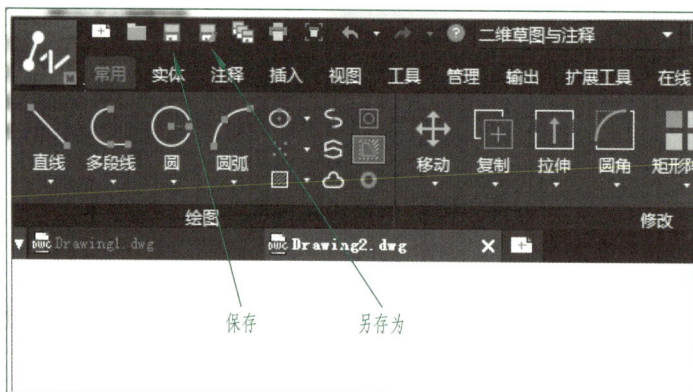

图 10-1-24　保存文件与另存为新文件

注:建议保存 CAD 低版本文件,便于其他用户使用,如 CAD2013 等格式。

中望 CAD 提供了定时自动保存功能,用户可在菜单栏中执行"工具→选项"命令打开"打开和保存"选项卡,如图 10-1-25 所示,更改自动保存设置。

图 10-1-25　打开和保存

2. 鼠标和键盘操作

绘图时左手操作键盘,右手操作鼠标,如图 10-1-26 所示。

图 10-1-26　鼠标和键盘操作

鼠标操作:

(1) 左键:点击选取(选择对象、执行命令)。

(2) 中键:滚动鼠标滚轮对图形进行实时缩放;按住滚轮拖动平移图形;双击滚轮进行图形最大化显示(找不到图形时);按住<Shift>+滚动滚轮并拖拽鼠标、拨轮,旋转三维视角(键入 plan 空格两下,将回到 XY 平面)。

(3) 右键:调用快捷菜单;按住可使用手势功能;按住<Shift>+单击右键,实现点的对象捕捉快捷菜单。

部分键盘的功能:

键盘一般用于输入坐标值、输入命令和选择命令选项等。下面是一些基本功能键的使用。

(1) Enter 键/空格键:表示确认某一操作,提示系统进行下一步的操作;直接按<空格>可重复上一个命令。例如,输入命令结束后,需要按<Enter/空格>。

(2) ESC 键:取消某一操作,恢复到无命令的状态,光标恢复到"➕"形状。停止(取消)命令。

(3) 部分热键:<Ctrl+Z/Y>:撤销/重做;按住<Shift>键可以减选对象;<Ctrl+A>:全选对象;<Ctrl+C>:复制对象;<Ctrl+V>:粘贴对象。

3. 中望 CAD 命令使用

(1) 中望 CAD 命令的输入方式

方法一:用键盘在命令行输入命令。当命令行提示为"命令:"时,可通过键盘输入命令,然后按<Enter>(书中用符号"↓"代表)或<空格>执行该命令。如在命令行中键入<L>可绘制直线,如图 10-1-27 所示。

图 10-1-27　命令行

方法二:通过菜单执行命令。选择下拉菜单或菜单浏览器中的某一命令,可执行相应的操作。

方法三:通过工具栏执行命令。单击工具栏上的某一图标按钮,执行相应的命令。

(2) 命令重复、终止(取消)、撤销与重做

中望 CAD 命令的重复:<Enter/空格>

中望 CAD 命令的终止(取消):<ESC>

中望 CAD 命令的撤销:<Ctrl+Z/Undo>

中望 CAD 命令的重做:<Redo>

10.1.5　中望 CAD 软件的基本设置

一般在默认设置下就可以绘图了,但有时为了提高绘图效率和个人绘图习惯不同,需要对绘图界面、工具栏及部分功能进行设置。

1. 绘图背景颜色设置

中望 CAD 绘图区默认绘图背景颜色如图 10-1-28(a)所示,可根据需要,设置成如图 10-1-28(b)所示。

　　　　(a)　　　　　　　　　　　　　　　　　　　(b)

图 10-1-28　绘图背景

在命令行中输入 OP(即选项),按<Enter/空格>进入选项对话框进行设置,如图 10-1-29所示。

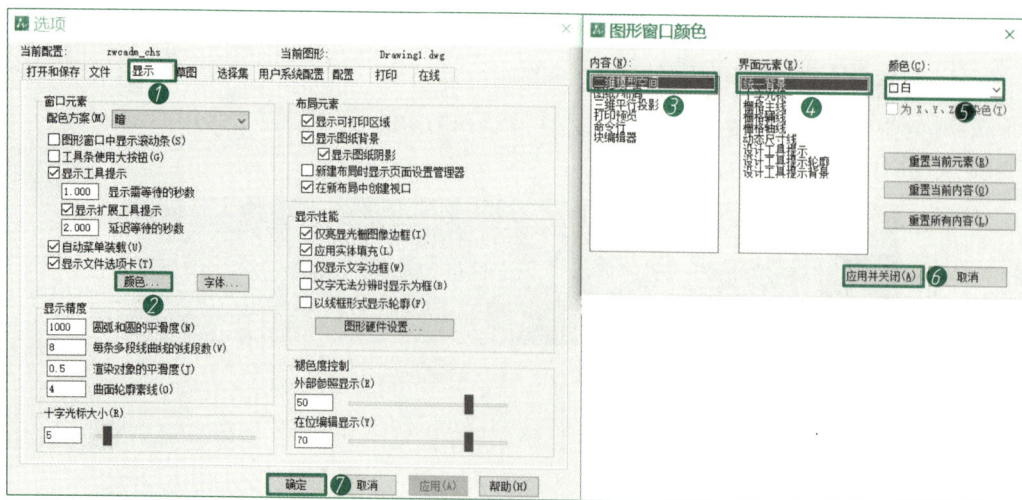

图 10-1-29　绘图背景设置

2. 关闭栅格显示

栅格背景在很多行业中都不使用,可选择关闭。按<F7>关闭栅格显示,按<F9>关闭捕捉模式,如图 10-1-30 所示。

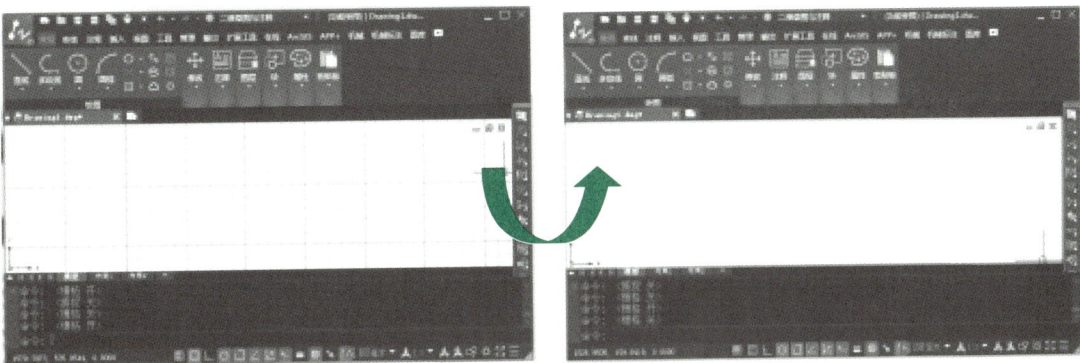

图 10-1-30　关闭栅格显示

3. 关闭动态输入

输入指令时,如果开启动态输入,所输入的指令会显示在鼠标光标附近,计算机显卡负担变大,可能导致软件在使用过程中不流畅,所以可以暂时关闭。按<F12>关闭动态输入,如图 10-1-31 所示。

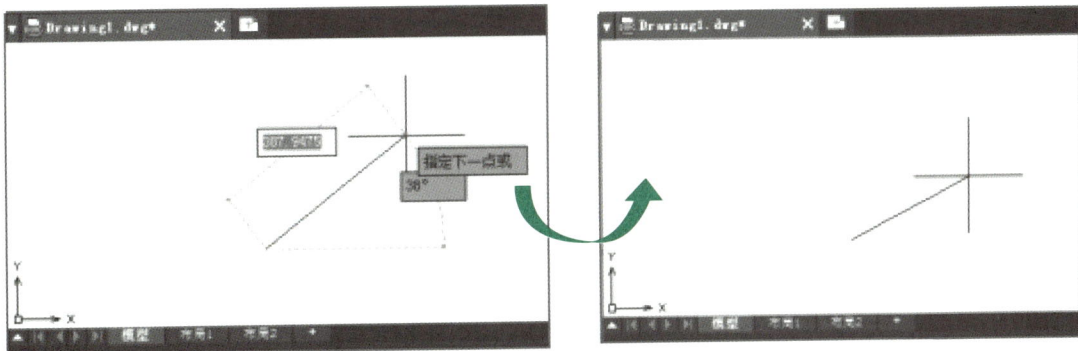

图 10-1-31　关闭动态输入

4. 光标调整

可以调整十字光标大小,在"选项→显示"中进行调整,如图 10-1-32 所示。

5. 拾取框调整

在执行命令时,鼠标的拾取框十字光标会变成方框,此时方框的大小也会影响选择对象的准确度,不能调整得太大,可在"选项→选择集"中进行调整,如图 10-1-33 所示。

6. 状态栏开关

一般情况下使用软件默认设置,打开"极轴追踪""对象捕捉""对象捕捉追踪""动态""显示"和"模型"开关。

7. 草图设置

在状态栏单击鼠标右键进入"草图设置"对话框,根据使用情况进行相应设置,如图 10-1-34 所示。初学者一般采用默认设置较好。

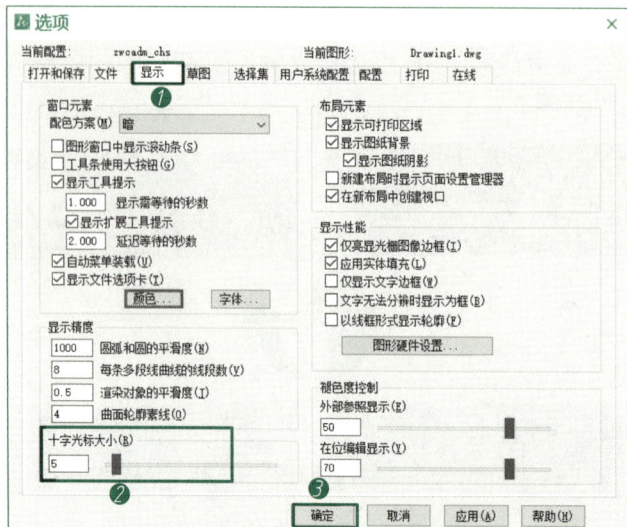

图 10-1-32　光标调整

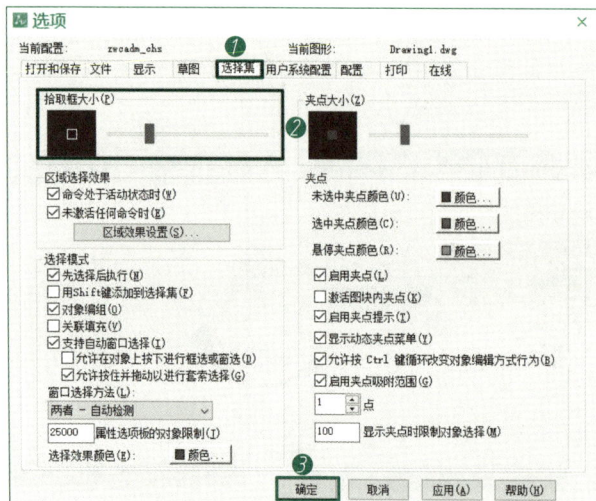

图 10-1-33　拾取框调整

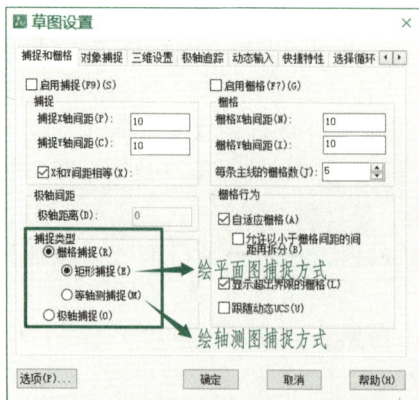

图 10-1-34　草图设置

任务 10.2 二维图形的绘制

📖 任务要求 ▶

本任务主要利用中望 CAD 常用的基本绘图命令绘制由直线、平行线、构造线、圆、圆弧、椭圆、矩形、正多边形、中心线等基本要素组成的二维图形。

10.2.1 二维平面图绘制练习

学习中望 CAD 软件绘图基本命令,绘制如图 10-2-1 所示二维平面图形。

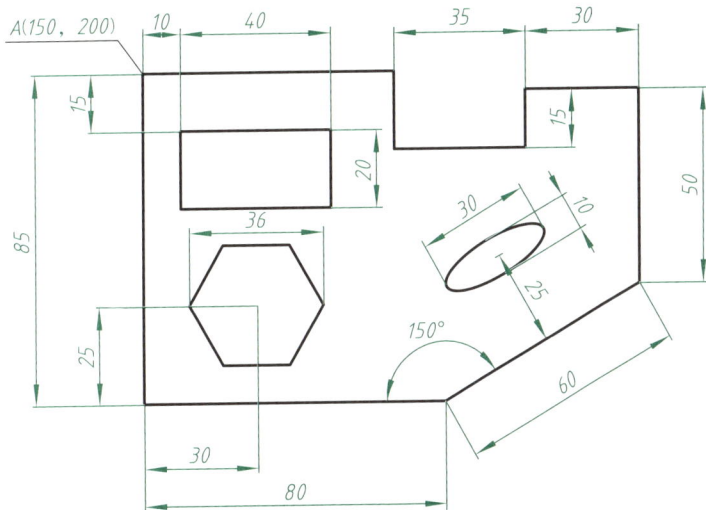

图 10-2-1 二维平面图

📖 相关知识 ▶

1. 直线命令

用于绘制一条直线段或一系列连续的直线段以及封闭的多边形,每条线段都是可以单独编辑的直线段对象。

(1) 直线命令启动方式如下:

方法一:菜单栏中单击"常用→绘图→直线 ⬜"。

方法二:命令行输入 LINE(L) ↓,按<Enter>。

(2) 常用的四种直线绘制方法如下:

第 1 种:用绝对直角坐标法绘直线

输入绝对直角坐标。当知道点的 X 和 Y 坐标值时,可输入绝对直角坐标。

格式:X,Y(例如:50,50)

例:用绝对直角坐标法绘制如图 10-2-2 所示的图形。

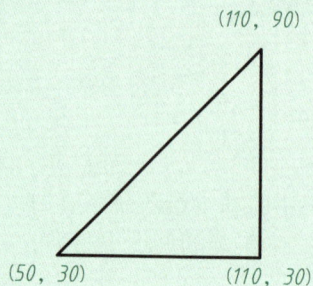

图 10-2-2　用绝对直角坐标法绘图

操作过程为:在命令行中输入"L(或 LINE)",按<Enter>,或单击"常用→绘图→直线",按提示(直线命令)绘制:

命令:LINE↓

指定第一点:50,30↓

指定下一点或[角度(A)/长度(L)/放弃(U)]:110,30↓

指定下一点或[角度(A)/长度(L)/放弃(U)]:110,90↓

指定下一点或[角度(A)/长度(L)/闭合(C)/放弃(U)]:C↓

第 2 种:用相对直角坐标法绘直线

输入相对直角坐标。当知道要确定的点和前一个点的相对位移时,可使用相对直角坐标输入参数,相对坐标值是点至图中已产生的最后一个点在 X 和 Y 方向上的增量。

格式:@ $\Delta X,\Delta Y$(例如:@ 40,30)

例:用相对直角坐标法绘制如图 10-2-3 所示的图形。

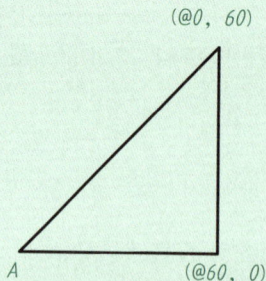

图 10-2-3　用相对直角坐标法绘图

操作过程为:在命令行中输入"L(或 LINE)",按<Enter>,或单击"常用→绘图→直线",按提示(直线命令)绘制:

命令:LINE↓

指定第一点:输入起始点,用鼠标在绘图区任意位置点取一点 A

指定下一点或[角度(A)/长度(L)/放弃(U)]:@60,0↓

指定下一点或[角度(A)/长度(L)/放弃(U)]:@0,60↓

指定下一点或[角度(A)/长度(L)/闭合(C)/放弃(U)]:C↓

第 3 种:用相对极角坐标法绘直线

相对极坐标是输入点到最后一点的连线长度、连线与零角度方向的夹角。

格式:@ 长度<夹角(例如:@ 50<30)

默认零角度方向与 X 轴的正方向是一致的,角度值以逆时针方向为正。如果角度是顺时针时,在角度值前加负号。

例:用相对极角坐标法绘制如图 10-2-4 所示的图形。

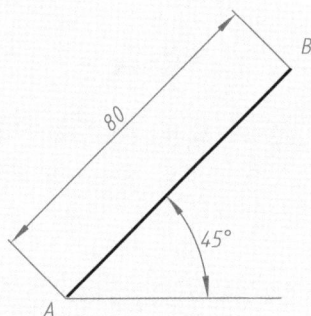

图 10-2-4 用相对极角坐标法绘图

操作过程为:在命令行中输入"L(或 LINE)",按<Enter>,或单击"常用→绘图→直线",按提示(直线命令)绘制:

命令:LINE↓

指定第一点:输入起始点,用鼠标在绘图区任意位置点取一点 A

指定下一点或[角度(A)/长度(L)/放弃(U)]:@80<45↓

第 4 种:用正交指令绘制水平线和垂直线

例:用正交指令绘制如图 10-2-5 所示的图形。

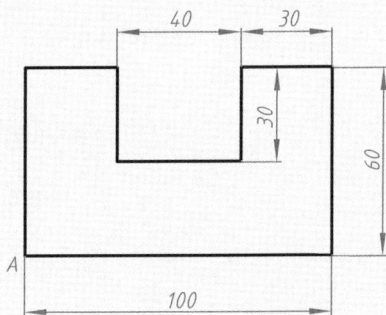

图 10-2-5 用正交指令绘图

操作过程为:在命令行中输入"L(或 LINE)",按<Enter>,或单击"常用→绘图→直线 ",按提示(直线命令)绘制:

命令:LINE↓

指定第一点:输入起始点,用鼠标在绘图区任意位置点取一点 A

指定下一点或[角度(A)/长度(L)/放弃(U)]:输入 100↓(向右拖动鼠标并使角度值为"0")

指定下一点或[角度(A)/长度(L)/放弃(U)]:输入 60↓(向上拖动鼠标并使角度值为"90")

指定下一点或[角度(A)/长度(L)/放弃(U)]:输入 30↓(向左拖动鼠标并使角度值为"180")

指定下一点或[角度(A)/长度(L)/放弃(U)]:输入 30↓(向下拖动鼠标并使角度值为"270")

指定下一点或[角度(A)/长度(L)/放弃(U)]:输入 40↓(向左拖动鼠标并使角度值为"180")

指定下一点或[角度(A)/长度(L)/放弃(U)]:输入 30↓(向上拖动鼠标并使角度值为"90")

指定下一点或[角度(A)/长度(L)/放弃(U)]:输入 30↓(向左拖动鼠标并使角度值为"180")

指定下一点或[角度(A)/长度(L)/闭合(C)/放弃(U)]:C↓

2. 平行线命令

平行线命令可绘制与指定直线平行的直线段。

直线命令启动方式如下:

方法一:菜单栏中单击"机械→绘图→平行线 "。

方法二:命令行输入 PX↓。

例:用平行线绘制如图 10-2-6 所示的图形。

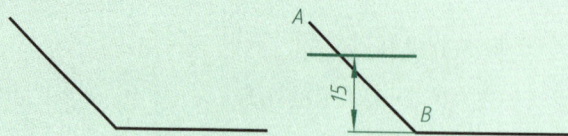

图 10-2-6　绘制平行线

操作过程为:在命令行中输入"PX",按<Enter>,或单击"机械→绘图→平行线 ",按提示(直线命令)绘制:

命令:PX

选择目标线:　//点击平行目标线

指定起点或<回车输入平行线间距>

距离:15↓

指定起点：   //单击 A 点

指定终点或<选择相交实体>： //单击 B 点

3. 矩形命令

可以通过指定两个对角点的方式绘制矩形,也可以绘制带有斜角或圆角的矩形。

(1) 矩形命令启动方式如下:

方法一:菜单栏中单击"常用→绘图→矩形▇"。

方法二:命令行输入RECTANG(REC)↓或JX。

(2) 常见的三种矩形绘制方法如下:

第 1 种:普通矩形

例:绘制如图 10-2-7(a)所示矩形。

操作过程为:单击"矩形▇",按提示(矩形)绘制:

命令:RECTANG↓

指定第一个角点或[倒角(C)/标高(E)/圆角(F)/厚度(T)/宽度(W)]:

//单击 A1 点

指定另一个角点或[面积(A)/尺寸(D)/旋转(R)]://单击 B1 点

第 2 种:倒角矩形

例:绘制倒角为 C3 的矩形,如图 10-2-7(b)所示。

操作过程为:单击"矩形▇",按提示(矩形)绘制:

命令:RECTANG↓

指定第一个角点或[倒角(C)/标高(E)/圆角(F)/厚度(T)/宽度(W)]:C↓

指定矩形的第一个倒角距离<0.0000>:3↓

指定矩形的第二个倒角距离<3.0000>:↓

指定第一个角点或[倒角(C)/标高(E)/圆角(F)/厚度(T)/宽度(W)]://单击 A2 点

指定另一个角点或[面积(A)/尺寸(D)/旋转(R)]://单击 B2 点

第 3 种:圆倒角矩形

例:绘制圆角半径为3,尺寸为30×20 矩形,如图 10-2-7(c)所示。

操作过程为:单击:"矩形▇",按提示(矩形)绘制:

命令:RECTANG↓

指定第一个角点或[倒角(C)/标高(E)/圆角(F)/厚度(T)/宽度(W)]:F↓

指定矩形的圆角半径<0.0000>:3↓

指定第一个角点或[倒角(C)/标高(E)/圆角(F)/厚度(T)/宽度(W)]:

//单击 A3 点

指定另一个角点或[面积(A)/尺寸(D)/旋转(R)]:D↓

指定矩形的长度<0.0000>:30↓

指定矩形的宽度<0.0000>:20↓

指定另一个角点或[面积(A)/尺寸(D)/旋转(R)]://单击 B3 点

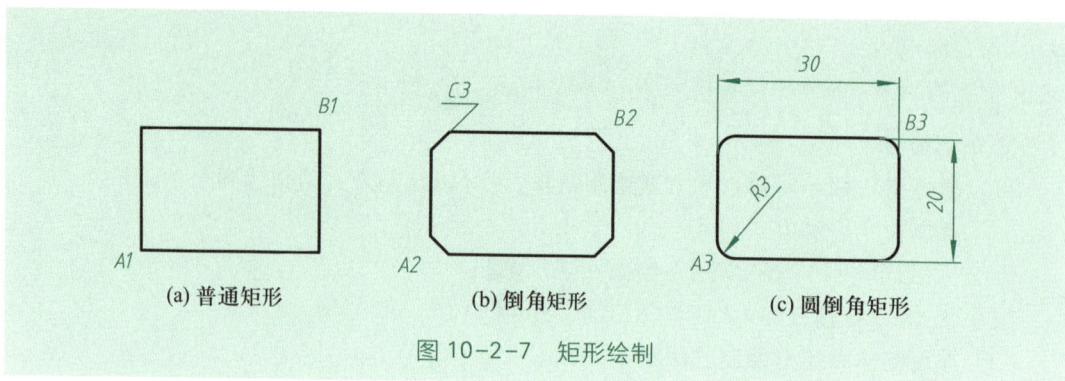

图 10-2-7　矩形绘制

4. 正多边形命令

正多边形命令用于绘制内接(默认方式)或外切于圆的正多边形,也可根据边数和边长绘制正多边形。

(1) 正多边形命令启动方式如下:

方法一:菜单栏中单击"常用→绘图→正多边形⬠"。

方法二:命令行输入 POLYGON(POL)↓。

(2) 常见的三种正多边形绘制方法如下:

第 1 种:内接法绘制正多边形

> **例:**用内接法画内接于 *R16* 圆的正六边形,如图 10-2-8(a)所示。
>
> 操作过程为:单击"正多边形⬠",按提示(正多边形)绘制:
>
> 命令:POLYGON↓
>
> 输入边的数目<4>或【多个(M)/线宽(W)】:6↓
>
> 指定正多边形的中心点或[边(E)]:　　　　　　　//单击 P1 点
>
> 输入选项[内接于圆(I)/外切于圆(C)]<I>:↓　　//默认为内切于圆
>
> 指定圆的半径:16↓

第 2 种:外切法绘制正多边形

> **例:**用外切法画外切于 *R16* 圆的正六边形,如图 10-2-8(b)所示。
>
> 操作过程为:单击"正多边形⬠",按提示(正多边形)绘制:
>
> 命令:POLYGON↓
>
> 输入边的数目<4>或【多个(M)/线宽(W)】:6↓
>
> 指定正多边形的中心点或[边(E)]://单击 P1 点
>
> 输入选项[内接于圆(I)/外切于圆(C)]<I>:↓
>
> 　　　　　　　　　　　　　　　　　　　　//默认为内切于圆
>
> 指定圆的半径:16↓

第 3 种:端点法绘制正多边形

> **例:**用端点法画边长为 16 的正六边形,如图 10-2-8(c)所示。
>
> 操作过程为:单击"正多边形⬠",按提示(正多边形)绘制:
>
> 命令:POLYGON↓

输入边的数目<4>或【多个(M)/线宽(W)】:6↓

指定正多边形的中心点或［边(E)］:E↓

指定边的第一个端点: //单击 A1 点

指定边的第二个端点:16↓   //即 B1 点

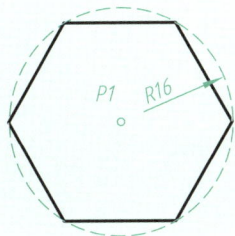

(a) 内接法画正多边形　　　(b) 外切法画正多边形　　　(c) 端点法画正多边形

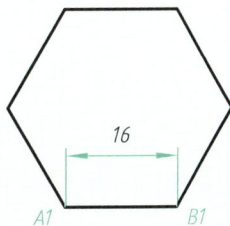

图 10-2-8 正多边形绘制

5. 椭圆命令

椭圆命令用于绘制椭圆或椭圆弧,软件中提供了中心点法,轴、端点法和圆弧法三种椭圆绘制方式。在菜单栏的"绘图"中点击"椭圆"下的 ▼ 即可选择,如图 10-2-9 所示。

(1) 椭圆命令启动方式如下

方法一:菜单栏中单击"常用→绘图→椭圆 ⬤"。

方法二:命令行输入 ELLIPSE(EL)↓。

(2) 常用的两种椭圆绘制方法如下:

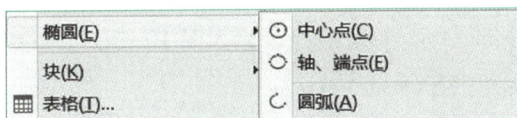

图 10-2-9 椭圆绘制方式

第 1 种:中心点法绘制椭圆

    例:绘制如图 10-2-10(a)所示的圆弧。

    操作过程为:单击"椭圆 ⬤",按提示(椭圆)绘制:

    命令:ELLIPSE↓

    指定椭圆的轴端点或［圆弧(A)/中心点(C)］:C↓

    指定椭圆中心点: //单击 O 点

    指定轴的端点: //单击 A_1 点

    指定另一条半轴长度或［旋转(R)］:   //单击 A_2 点

第 2 种:轴、端点法绘制椭圆

    例:绘制如图 10-2-10(b)所示的圆弧。

    操作过程为:单击"椭圆 ⬤"命令,按提示(椭圆)绘制:

    命令:ELLIPSE↓

指定椭圆的轴端点或[圆弧(A)/中心点(C)]：　　　　　　//单击 A_3 点

指定轴的另一端点：　　　　　　　　　　　　　　　　　//单击 A_4 点

指定另一条半轴长度或[旋转(R)]：　　　　　　　　　　//单击 A_5 点

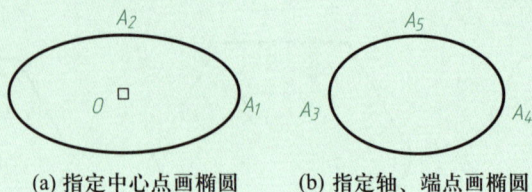

(a) 指定中心点画椭圆　　　　　(b) 指定轴、端点画椭圆

图 10-2-10　椭圆绘制

6. 删除命令

删除命令是最常用图形编辑命令之一。

删除命令启动方式如下：

方法一：菜单栏中单击"常用→修改→删除 "。

方法二：命令行输入 ERASE ↓（E）。

7. 对象捕捉命令

在绘制和编辑图形时，经常需要确定一些特殊点（如端点、圆心、直线的中点等），对象捕捉命令能快速、精准地确定其位置。

对象捕捉命令启动方式如下：

方法一：状态栏中单击 按钮。

方法二：快捷键：<Shift+鼠标右键>。

快捷菜单如图 10-2-11 所示，对象捕捉设置如图 10-2-12 所示。

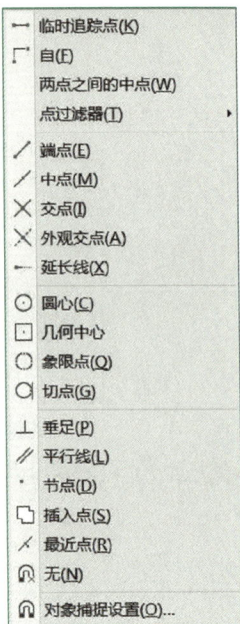

图 10-2-11　快捷菜单

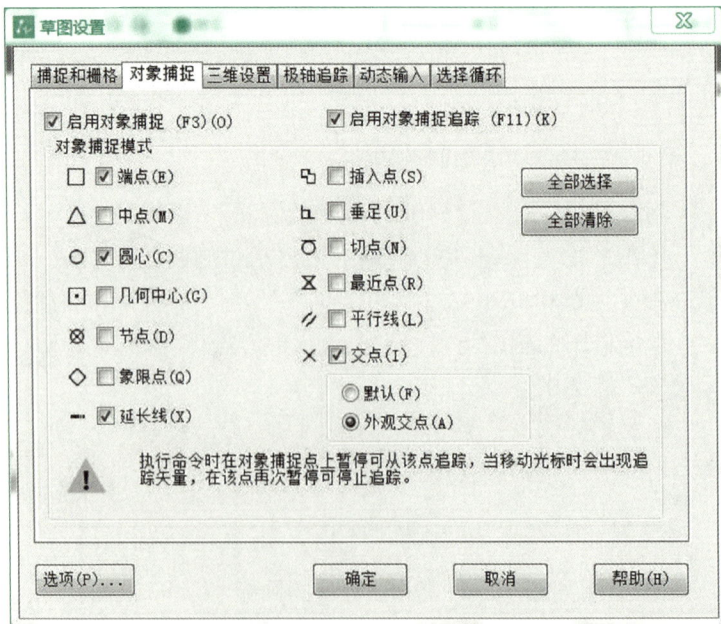

图 10-2-12　对象捕捉设置

8. 对象追踪命令

需要给图形重新定位时可以利用对象追踪命令方便绘图。

对象追踪命令启动方式如下：

方法一：状态栏中单击∠按钮。

方法二：快捷键：<TK>。

任务实施 ▶

绘图参考思路如图 10-2-13 所示。

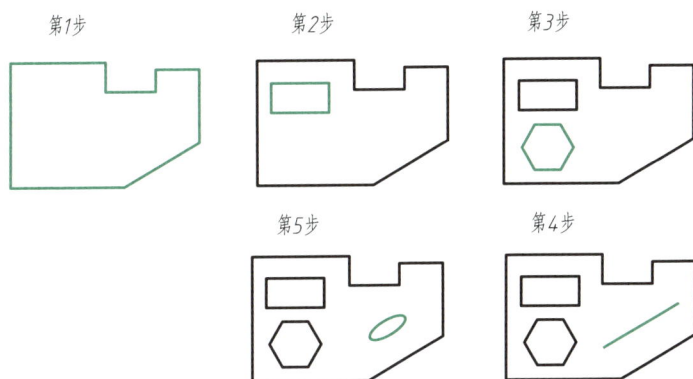

图 10-2-13　绘图参考思路

10.2.2　二维平面圆弧绘制练习

微课
手柄绘制

任务要求 ▶

使用中望 CAD 绘制如图 10-2-14 所示的图形。

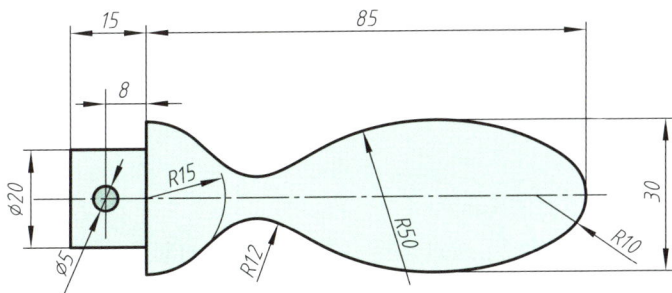

图 10-2-14　绘制手柄图形

相关知识 ▶

1. 圆命令

（1）圆命令启动方式如下：

方法一:菜单栏中单击"常用→绘图→圆 "。

方法二:命令行输入 CIRCLE(C)↓。

(2)常用的三种圆命令绘制方法如下:

软件中提供了六种画圆方式,在菜单栏的"常用"中单击"绘图",再单击"圆"命令下面的 ▼ 即可选择,如图 10-2-15 所示。

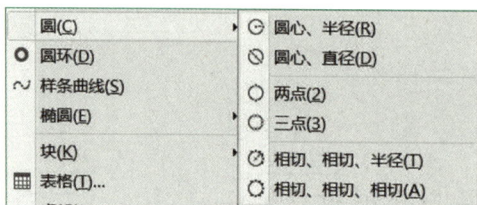

图 10-2-15 圆绘制方式

第 1 种:圆心、半径法绘制圆

通过指定圆的圆心位置和半径(直径)长度来绘制圆或确定圆心和另一圆上点画圆。

> 操作过程为:单击"圆 ",按提示[圆]绘制:
>
> 命令:CIRCLE↓
>
> 指定圆的圆心或[三点(3P)/两点(2P)/相切、相切、半径(T)]:输入圆心↓
>
> 指定圆的半径或[直径(D)]:输入圆的半径↓。

第 2 种:相切、相切、半径法画圆

通过指定与圆相切的两个对象和圆的半径绘制圆。选择"相切,相切,半径"命令,通过选择两个与圆相切的对象,并输入圆的半径画圆。

> 例:绘制如图 10-2-16(a)所示的圆。
>
> 操作过程为:单击"圆 ",按提示[圆]绘制:
>
> 命令:CIRCLE↓
>
> 指定圆的圆心或[三点(3P)/两点(2P)/相切、相切、半径(T)]:T↓
>
> 指定对象与圆的第一个切点:　　　　　　　　//单击 A 点
>
> 指定对象与圆的第二个切点:　　　　　　　　//单击 B 点
>
> 指定圆的半径:20↓。

第 3 种:相切、相切、相切法画圆

选择"相切、相切、相切"命令,通过选择三个与圆相切的对象画圆。

> 例:绘制如图 10-2-16(b)所示的圆。
>
> 操作过程为:单击"圆 ",按提示[圆]绘制:
>
> 命令:CIRCLE↓
>
> 指定圆的圆心或[三点(3P)/两点(2P)/相切、相切、半径(T)]:3P↓
>
> 指定圆上的第一个点:_tan 到　　　　　　　　//单击 A 点

指定圆上的第二个点：_tan 到　　　　　　　//单击 B 点
指定圆上的第三个点：_tan 到　　　　　　　//单击 C 点

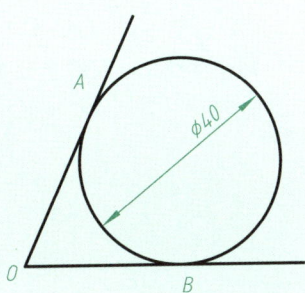

(a) 相切、相切、半径法画圆　　　(b) 相切、相切、相切法画圆

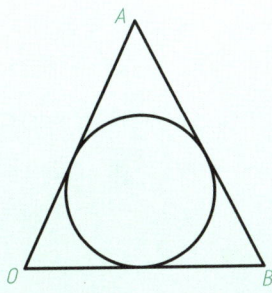

图 10-2-16　圆绘制

2. 圆弧命令

在软件中有十一种绘制圆弧的方式，通过这些方式可以根据圆弧的起点、圆心、端点、角度、长度、方向、半径等参数来进行圆弧的绘制。

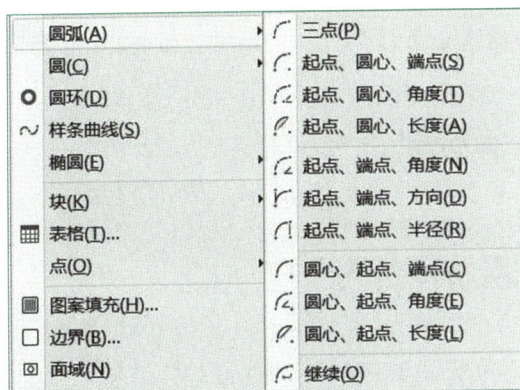

图 10-2-17　圆弧绘制方式

（1）圆弧命令启动方式如下

方法一：菜单栏中单击"常用→绘图→圆弧 "。

方法二：命令行输入 ARC↓。

（2）常用的三种圆弧绘制

绘制圆弧方法如图 10-2-17 所示。

第 1 种：三点法绘制圆弧

中望 CAD 中默认状态下可通过三点法来绘制圆弧。

例：绘制如图 10-2-18（a）所示的圆弧。

操作过程为：单击"圆弧 "，按提示（圆弧）绘制：

命令：ARC↓

指定圆弧起始点或［圆心（C）］：　　　　　　//单击 P_1 点

指定圆弧的第二点或[圆心(C)/端点(E)]:　　　　//单击 P_2 点

指定圆弧的端点:　　　　　　　　　　　　　　　//单击 P_3 点

第 2 种:起点、端点、半径法绘制圆弧

系统默认按逆时针画弧,输入的半径为正值时,画出劣弧;输入的半径为负值,画出优弧。

例:绘制如图 10-2-18(b)所示的圆弧。

操作过程为:单击"圆弧 ⬛",按提示(圆弧)绘制:

命令:ARC↓

指定圆弧起始点或[圆心(C)]:　　　　　　　　//单击 P_4 点

指定圆弧的第二点或[圆心(C)/端点(E)]:E↓

指定圆弧的端点:　　　　　　　　　　　　　　　//单击 P_5 点

指定圆弧的圆心或[角度(A)/方向(D)/半径(R)]:R↓

指定圆弧的半径:20↓

重复上述操作,指定圆弧的半径:-20↓

第 3 种:起点、端点、角度法绘制圆弧

输入角度(圆弧所对的圆心角)为正值时,画出劣弧,输入角度为负值时,画出优弧。

例:绘制如图 10-2-18(c)所示的圆弧。

操作过程为:单击"圆弧 ⬛",按提示(圆弧)绘制:

命令:ARC↓

指定圆弧起始点或[圆心(C)]:　　　　　　　　//单击 P_6 点

指定圆弧的第二点或[圆心(C)/端点(E)]:E↓

指定圆弧的端点:　　　　　　　　　　　　　　　//单击 P_7 点

指定圆弧的圆心或[角度(A)/方向(D)/半径(R)]:A↓

指定圆弧的角度:90↓

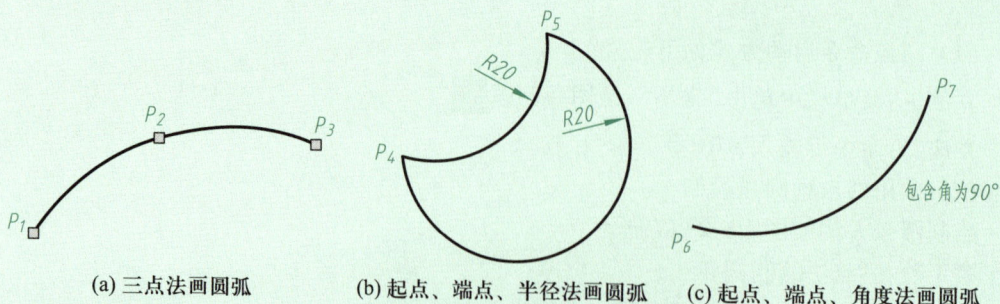

(a)三点法画圆弧　　　(b)起点、端点、半径法画圆弧　　(c)起点、端点、角度法画圆弧

图 10-2-18　3 种典型方法绘制圆弧

3.偏移命令

偏移命令用于平行复制选定的对象,通过该命令可以快速准确地创建同心圆、平行线、等距曲线等。

偏移命令启动方式如下:

方法一:菜单栏中单击"常用→修改→偏移🔄"。

方法二:命令行输入 OFFSET(O)↓。

例:将如图 10-2-19(a)所示的正六边形进行偏移,偏移量为 5,结果如图 11-2-19(b)、(c)所示。

操作过程为:单击:"偏移🔄",按提示(偏移)绘制:

命令:OFFSET↓

指定偏移距离或[通过(T)擦除(E)图层(L)<通过>:5↓

//键入偏移量 5↓

选择对象,或[退出(E)放弃(U)])<退出>://点选方式选择正八边形

指定要偏移的那一侧上的点,或[退出(E)多个(M)放弃(U)]<退出>:

//鼠标任意指定正八边形内侧一点

选择对象,或[退出(E)放弃(U)])<退出>://点选方式选择正八边形

指定要偏移的那一侧上的点,或[退出(E)多个(M)放弃(U)]<退出>:

//鼠标任意指定正八边形外侧一点

选择对象,或[退出(E)放弃(U)])<退出>:↓//按<Enter>结束命令。

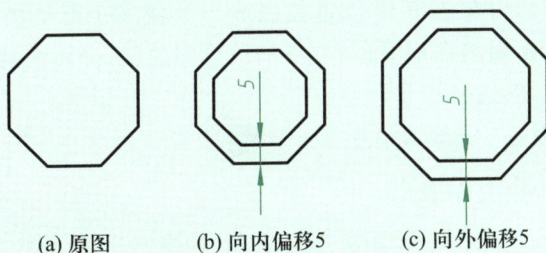

(a) 原图   (b) 向内偏移 5   (c) 向外偏移 5

图 10-2-19 偏移对象

4. 修剪命令

修剪命令用于以给定的修剪边为界,剪掉指定对象不需要的部分。

修剪命令启动方式如下:

方法一:菜单栏中单击"常用→修改→修剪✂"。

方法二:命令行输入 TRIM(TR)↓。

可以用来作为剪切边的对象有直线段、构造线、射线圆、圆弧、椭圆、椭圆弧、多段线、样条曲线以及文字等。

例:将如图 10-2-20(a)所示的安全阀衬片整体轮廓图进行修剪。

操作过程为:单击"修剪✂",按提示(修剪)绘制:

命令:TRIM↓

选取对象来剪切边界或<全选>:   //点选轮廓大圆为剪切边,可选择多个对象

选择对象:↓   //按<Enter>选择或单击鼠标右键结束剪切边选择

选择要修剪的对象,或按住[Shift]键选择要延伸的对象,或[边缘模式(E)围栏(F)窗交(C)投影(P)删除(R)]:↓//拾取修剪对象,按<Enter>结束

//重复上述过程,完成修剪,修剪结果如图 10-2-20(b)所示。

(a) 未修剪结果　　　　　　　　(b) 全部修剪结果

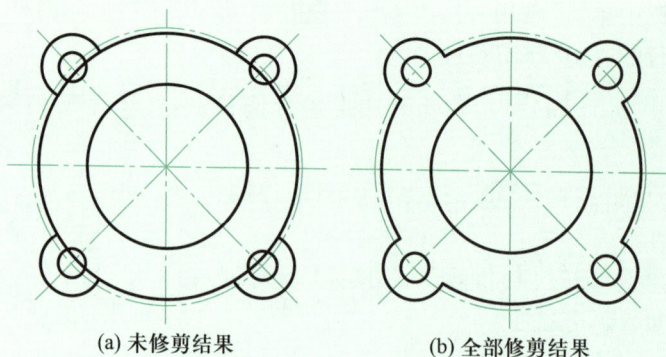

图 10-2-20　修剪对象

对于复杂的图形,为了方便修剪,在选择修剪边界时通常选定所有的对象。系统默认剪切边界必须与被剪切对象实际相交,否则不进行剪切。若没有实际相交需要进行修剪则需要输入参数"E",选择"延伸"选项即可。

5. 复制命令

复制命令可将指定的对象在其他位置复制成一个或多个相同的对象,并保留原图形。在绘制形状相同且重复出现的图形对象时,可加快绘图速度,提高绘制效率。

复制命令启动方式如下:

方法一:菜单栏中单击"常用→修改→复制 "。

方法二:命令行输入 COPY(CO)↓。

例:将如图 10-2-21 所示的图形以 A 为基点,分别水平距 A 点 50 复制原图;距 A 点 30,逆时针上移 30°复制原图。

操作过程为:单击"复制 ",按提示(复制)绘制:

命令:COPY↓

选择对象:　　　　　　　　　　　　　　　//选择原三角形

指定基点或[位移(D)模式(O)]<位移>:　　　//指定 A 点

指定第二个点或[阵列(A)]<使用第一个点作为位移>:@50,0↓

指定第二个点或[阵列(A)退出(E)放弃(U)]<退出>:@30<30↓

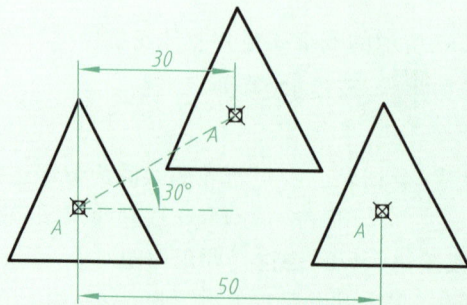

指定第二个点或[阵列(A)退出(E)放弃(U)]<退出>:↓

图 10-2-21　复制对象

6. 图案填充命令

图案填充命令是向选定的区域对象填充图案,可用于画剖面线、填充颜色或图案。图案填充必须在一个封闭的区域中进行,围成该封闭区域的边界称为填充边界。

图案填充命令启动方式如下:

方法一:菜单栏中单击"常用→绘图→图案填充▨"。

方法二:命令行输入 BHATCH(BH)↓。

　　例:使用图案填充命令完成图形填充,如图 10-2-22 所示。

图 10-2-22　填充图形

执行图案填充命令后,弹出如图 10-2-23 所示的"填充"对话框。

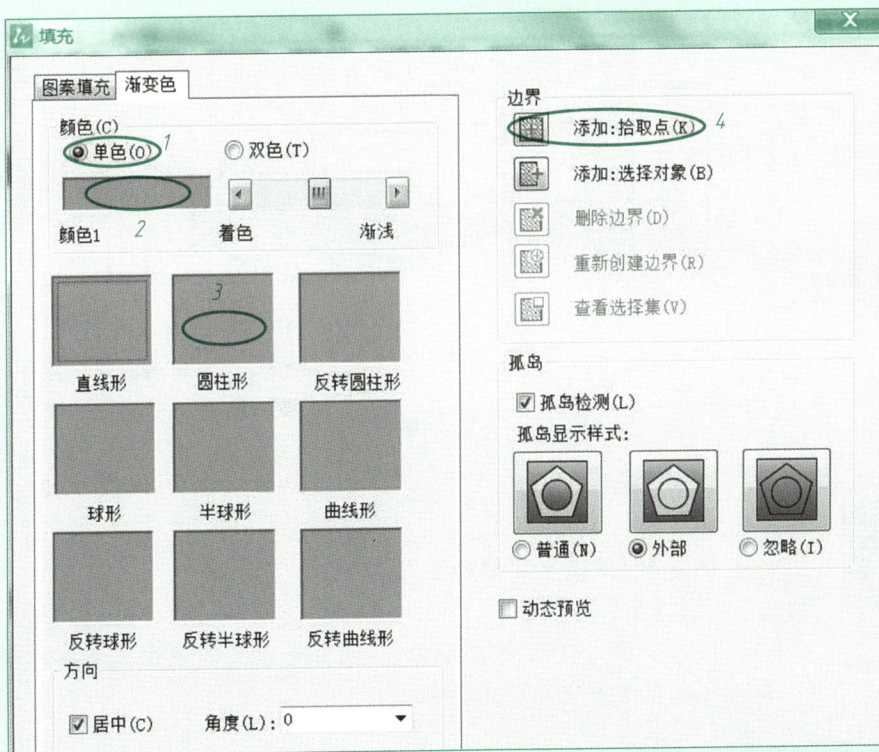

图 10-2-23　"填充"对话框

📖 **任务实施** ▷▷

绘图参考思路如图 10-2-24 所示。

第1步

第2步

第3步

第4步

第5步

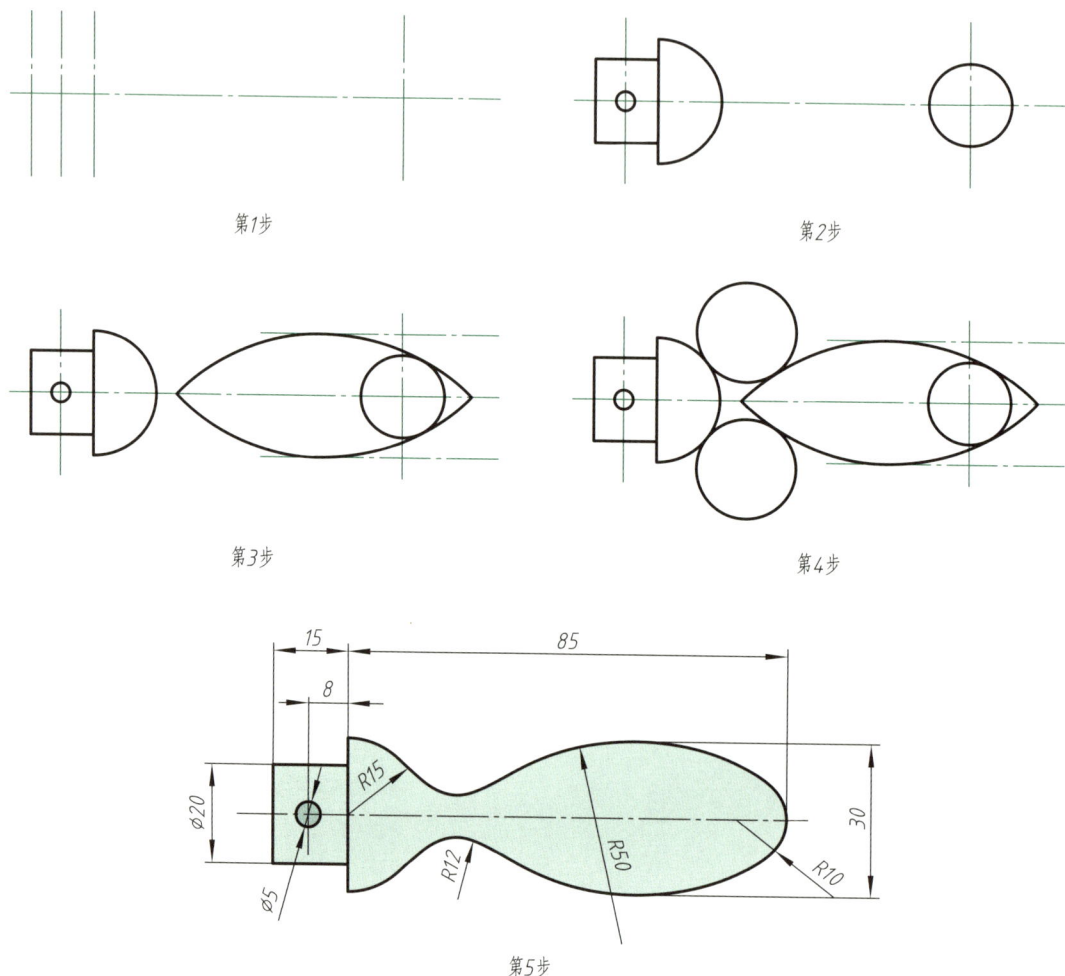

图 10-2-24 绘图参考思路

10.2.3 轴类零件绘制练习

学习中望 CAD 绘图的基本命令,并帮助读者熟练地掌握轴套类零件图绘图的基本方法和操作步骤。

任务要求 ▷▷

使用中望 CAD 绘制如图 10-2-25 所示的图形。

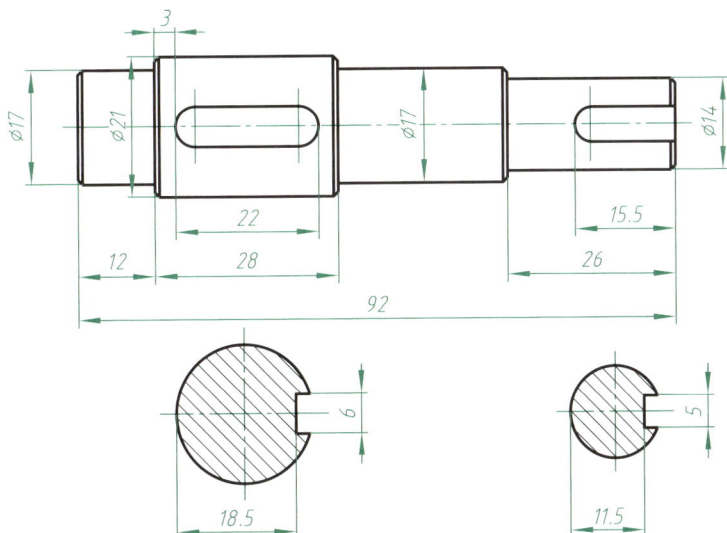

图 10-2-25 轴类零件

📖 **相关知识** ▶▶

1. 中心线命令

绘制圆、圆弧或两条平行线间的中心线,如图 10-2-26 所示。

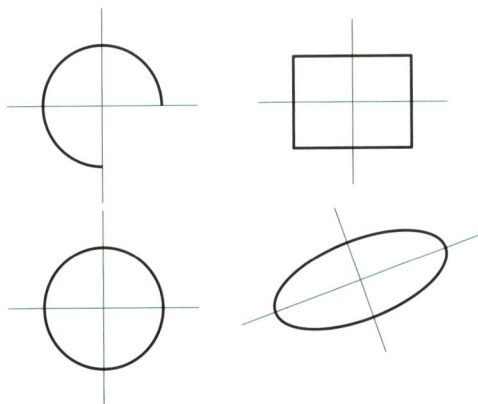

图 10-2-26 中心线

中心线命令启动方式如下:

方法一:菜单栏中单击"机械→绘图→中心线 ⊞"。

方法二:命令行输入 ZX↓。

2. 镜像命令

镜像命令用于生成已知图形的对称图形,即相对于指定镜像线复制一个或一组对象,对于轴对称图,常绘制一半图形,另一半采用镜像命令生成,减少工作量。

镜像命令启动方式如下:

方法一:菜单栏中单击"常用→修改→镜像 ⚠"。

方法二:命令行输入 MIRROR(MI)↓。

例:将如图 10-2-27(a)所示的箭头上半部分图进行镜像生成下半部分,结果如图 10-2-27(b)所示。

操作过程为:单击"镜像 ▲▲",按提示(镜像)绘制:

命令:MIRROR↓

选择对象: 　　　　　　　　　　　　　　//选择粗实线

指定径向线的第一点: 　　　　　　　　//指定中心线第一个端点

指定径向线的第二点: 　　　　　　　　//指定中心线第二个端点

要删除源对象吗?[是(Y)否(N)]:↓　　//不删除原图按<Enter>结束命令。

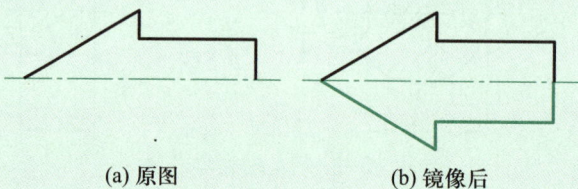

(a) 原图　　　　　　　　　　　(b) 镜像后

图 10-2-27　镜像对象

3. 移动命令

移动命令用于将指定对象从当前位置移动到另外一个给定位置,不改变图形的大小和方向,移动后原对象消失。

移动命令启动方式如下

方法一:菜单栏中单击"常用→修改→移动 ✛"。

方法二:命令行输入 MOVE(M)↓。

移动命令与实时平移命令有本质的区别。实时平移命令的结果是让整幅图形在屏幕上产生位移,图中各点的坐标值没有改变。而移动命令是使所选图形真实地产生移动,移动对象中各点的坐标值均发生了改变。

例:将如图 10-2-28 所示的图形从 P_1 点移动到 P_2 点。

操作过程为:单击"移动 ✛",按提示(移动)绘制:

命令:MOVE↓

选择对象: 　　　　　　　　　　　　　　//选择粗实线

指定基点或[位移(D)]<位移>: 　　　　//指定 P_1 点

指定第二个点或<使用第一个点作为位移>: //指定 P_2 点

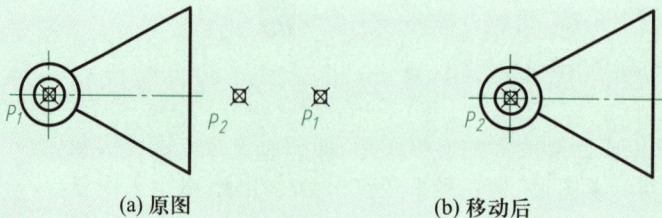

(a) 原图　　　　　　　　　　　(b) 移动后

图 10-2-28　移动对象

4. 旋转命令

旋转命令可以将某个对象旋转指定角度或参照一个对象进行旋转,系统默认逆时针角度为正。

旋转命令启动方式如下:

方法一:菜单栏中单击"常用→修改→旋转 ⟳ "。

方法二:命令行输入 ROTATE↓。

> **例**:将图 10-2-29 所示的图形以点 A 为基点旋转 45°。
>
> 操作过程为:单击"旋转 ⟳ ",按提示(旋转)绘制:
>
> 命令:ROTATE↓
>
> 选择对象:　　　　　　　　　　//选择粗实线
>
> 指定基点:　　　　　　　　　　//指定 A 点
>
> 指定旋转角度,或[复制(C)/参照(R)]<0>:45°↓　//输入旋转角度 45°,按<Enter>结束。

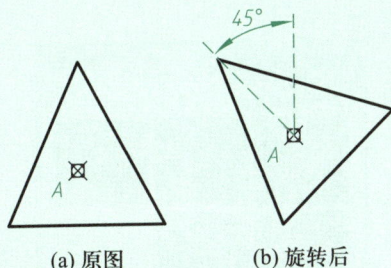

图 10-2-29　旋转对象

下方图注：
(a) 原图　　　(b) 旋转后

5. 倒角命令

倒角是机械图形中常见的结构,可用倒角命令按预定角度裁剪两条线段相交所形成的角,形成倒角,如图 10-2-30 所示。

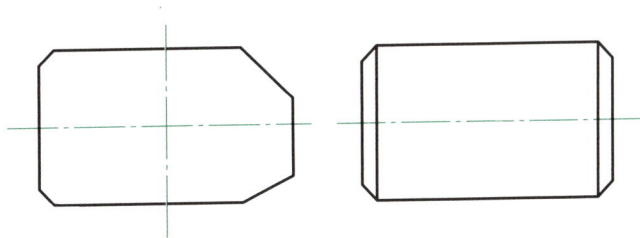

图 10-2-30　倒角

倒角命令启动方式如下:

方法一:菜单栏中单击"常用→修改→倒角 ◣ "。

方法二:命令行输入 CHAMFER↓。

6. 机械倒角命令

机械倒角是中望 CAD 独有的命令,使用快捷方便。可以通过软件中的机械倒角工具快速完成倒角,如图 10-2-31 所示。

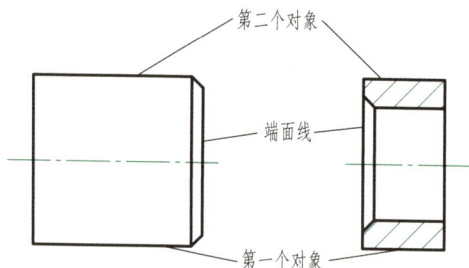

图 10-2-31　机械倒角

机械倒角命令启动方式如下：

方法一：菜单栏中单击"机械→构造工具→倒角▨"。

方法二：命令行输入 DJ↓。

启动命令，命令行中出现提示：选择第一个对象或【多段线（P）/设置（S）/添加标注（D）<设置>】：S↓，弹出如图 10-2-32 所示的"倒角设置"对话框。

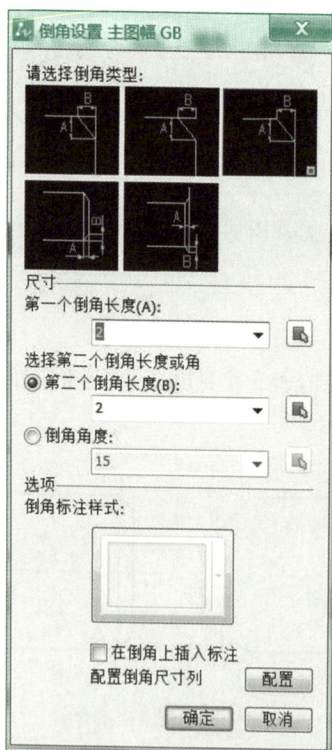

图 10-2-32　"倒角设置"对话框

7. 图层

中望 CAD 图层命令可实现自动启动（执行一次快捷键命令，如在命令行中输入"D"可以启动智能标注命令），也可进行图层新建和设置，如图 10-2-33 所示。

262

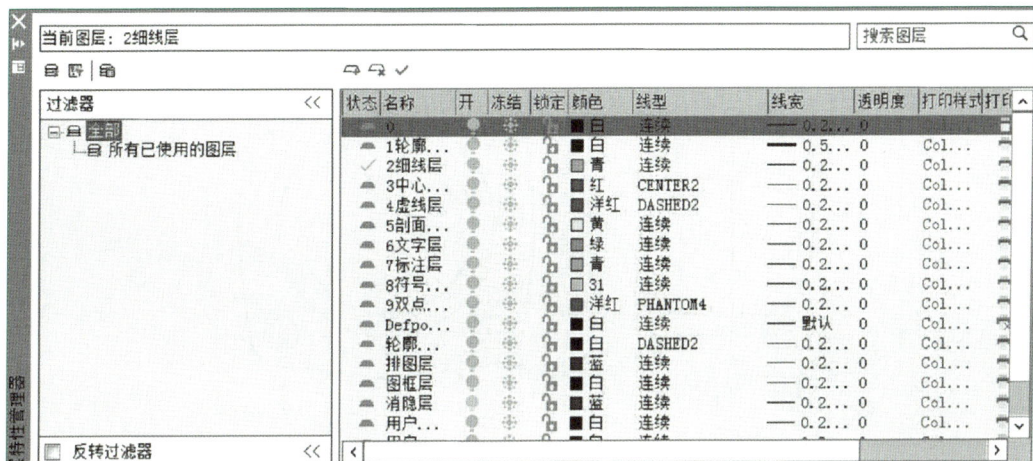

图 10-2-33 图层

任务实施 ▶▶

绘图参考思路如图 10-2-34 所示。

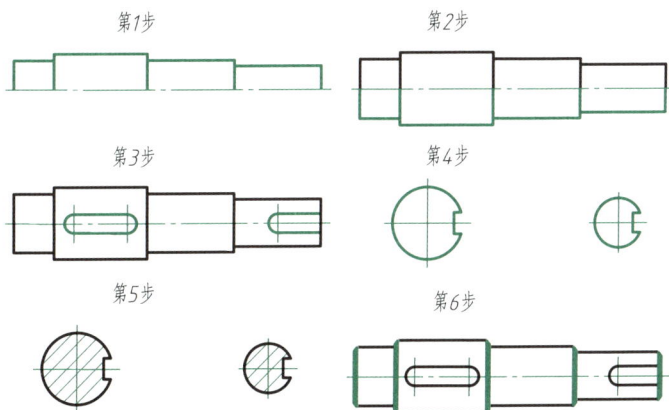

第1步   第2步

第3步   第4步

第5步   第6步

图 10-2-34 绘制参考思路

微课
端盖类零件绘制

10.2.4 端盖类零件绘制练习

学习中望 CAD 软件绘图基本命令,并帮助读者熟练地掌握中望 CAD 端盖类零件图绘制的基本方法和操作步骤。

任务要求 ▶▶

使用中望 CAD 绘制如图 10-2-35 所示的图形。

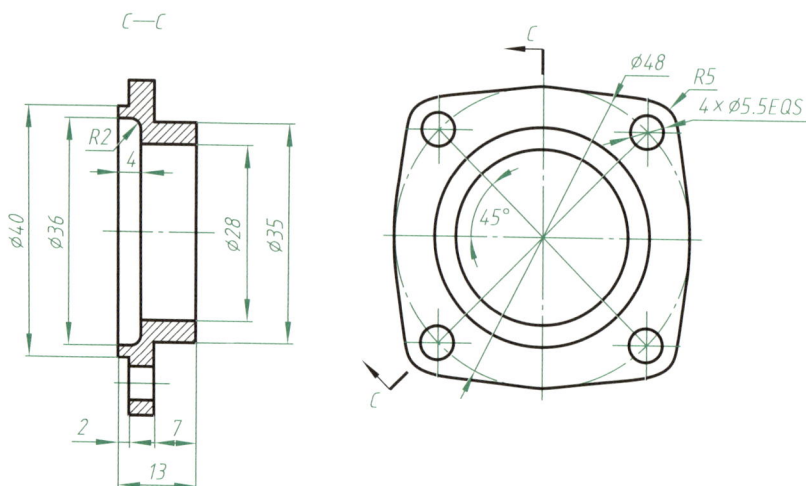

图 10-2-35　端盖类零件

📖 **相关知识** ▷▷

1. 阵列命令

阵列命令用于将指定对象按指定方式和设置进行多次复制排列。

（1）阵列命令启动方式如下：

方法一：菜单栏中单击"常用→修改→经典阵列▦"。

方法二：命令行输入 ARRAYCLASSIC ↓。

执行经典阵列命令后，弹出如图 10-2-36 所示的"阵列"对话框。通过其中的"矩形阵列"和"环形阵列"选项，可进行相应设置，然后，直接单击"确定"即可实现矩形或环形阵列。

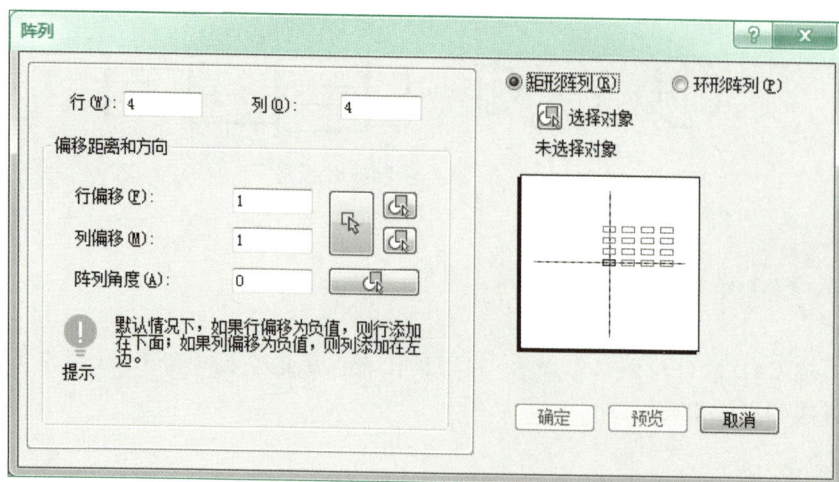

图 10-2-36　"阵列"对话框

（2）常用的两种阵列方式绘制方法如下。

第 1 种：矩形阵列绘图

用户将选定的对象按设置好的行数、列数等参数进行矩形复制分布，阵列由选定的目标向指定方向排列。

例：对如图 10-2-37 所示的三角形作两行三列的矩形阵列，行间距为 40，列间距为 30。在"阵列"对话框中选择矩形阵列，行偏移设置为 40，列偏移设置为 30，阵列角度设置为 0，单击"确定"即可完成三角形的阵列。

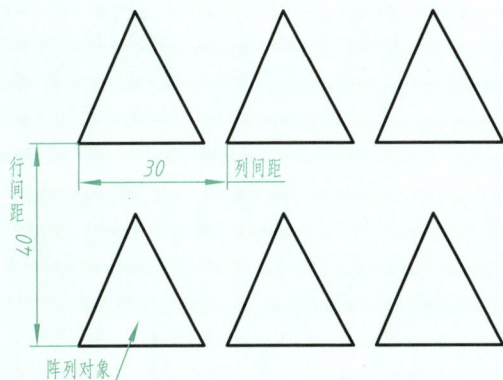

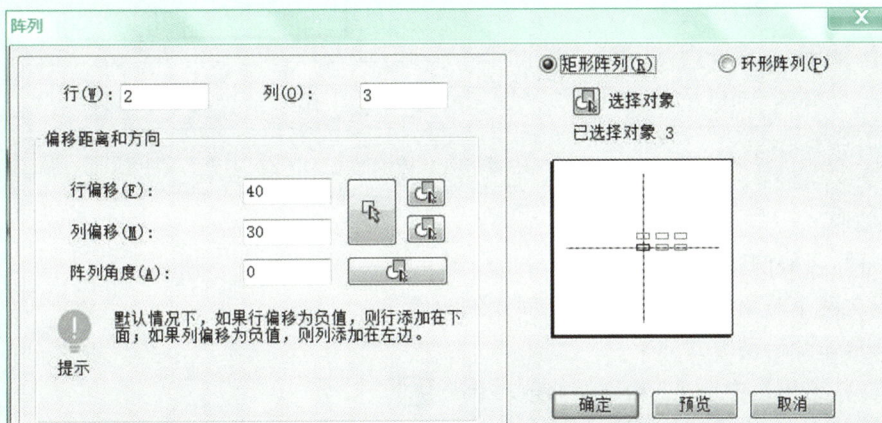

图 10-2-37 矩形阵列

第 2 种：环形阵列绘图

用户将选定的对象按设置好的项目数、填充角度等参数进行环形复制分布。

例：如图 10-2-38 所示，以安全阀阀盖左视图为例，采用环形阵列方式绘制阀盖四角孔，此处仅绘制整体轮廓，后续使用相应图形编辑命令完成整体图形绘制。

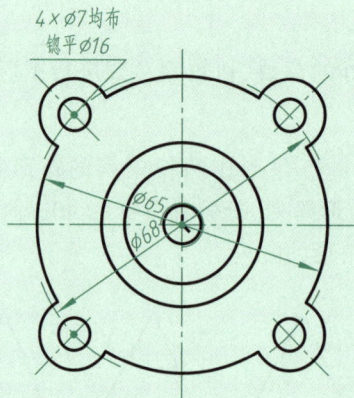

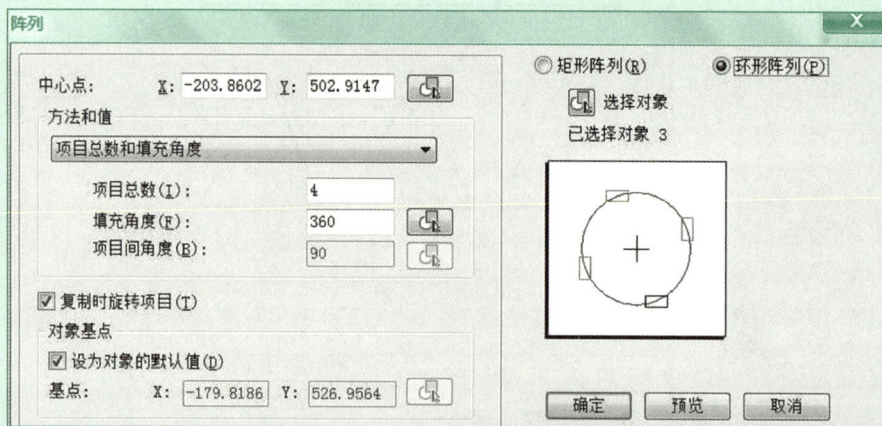

图 10-2-38　环形阵列

2. 倒圆角

第 1 种:一般倒圆角绘图

用于在两个对象(直线或曲线)之间绘制出圆角。

倒圆角命令启动方式如下:

方法一:菜单栏中单击"常用→修改→倒圆■"。

方法二:命令行输入 FILLET↓。

> 例:对如图 10-2-39(a)所示图形进行倒圆角,圆角半径为 2,结果如图 10-2-39(b)所示。
>
> 操作过程为:单击"倒圆■",按提示(倒圆角)绘制:
>
> 命令:FILLET↓
>
> 当前设置:模式=修剪,半径=<当前设定值>
>
> 选择第一个对象或[多段线(P)/半径(R)/修剪(T)/多个(M)/放弃(U)]:R↓//首次使用倒圆角命令时,需先设置倒圆角半径
>
> 指定圆角半径<当前设定值>:2↓　　　　　//倒圆角半径设置为 2
>
> 选择第一个对象或[多段线(P)/半径(R)/修剪(T)/多个(M)/放弃(U)]:

//用户根据需要输入选项,或拾取第一个需要倒圆角的对象,此时选择左上角圆弧

选择第二个对象,或按住 shift 键选择对象以应用角点或[半径(R)]:

//拾取第二个需要倒圆角的对象,如果拾取第二个对象的同时按下<Shift>,将被拾取的两个对象以圆角半径为零的方式相交,此时选择大圆上半部分圆弧

//重复倒圆角命令,结果如图 10-2-39(b)。

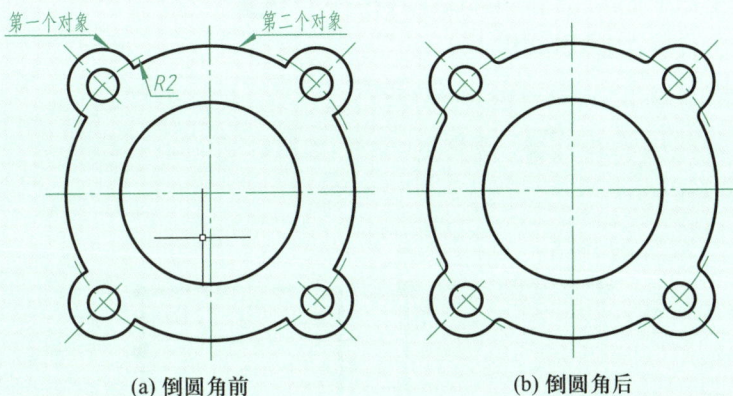

图 10-2-39　倒圆角对象

第 2 种:机械倒圆角绘图

机械倒圆角是中望 CAD 独特的命令,使用快捷方便,可以通过软件中的机械倒圆角工具快速完成倒圆角,如图 10-2-40 所示。

机械倒圆角命令启动方式如下:

方法一:菜单栏中单击"机械→构造工具→倒圆角 ■"。

方法二:命令行输入 DJ↓。

操作过程为:在命令行输入"DJ"后出现提示:选择第一个对象或【多段线(P)/设置(S)/添加标注(D)<设置>】:S↓然后弹出如图 10-2-41 所示的"圆角设置"对话框,输入设置后单击"确定"即可。

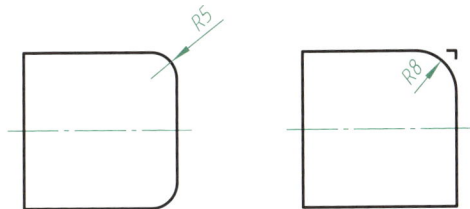

图 10-2-40　倒圆角对象

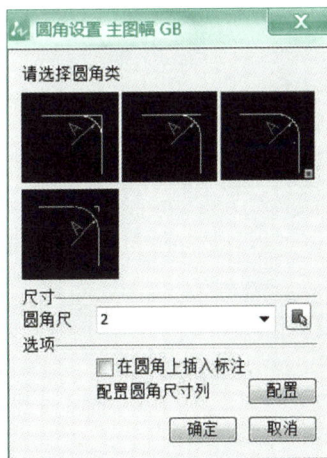

图 10-2-41　"圆角设置"对话框

3. 分解命令

分解命令用于将复合对象(多段线、多线、用矩形命令绘制的矩形、正多边形、图块、尺寸标注等)分解(炸开)为独立对象。如一个尺寸标注对象通过分解后就变成了箭头、尺寸线、尺寸界线和尺寸数字四个部分。

分解命令启动方式如下:

方法一:菜单栏中单击"常用→修改工具栏→分解 "。

方法二:命令行输入 EXPLODE↓。

例: 将如图 10-2-42 所示对象进行分解。

操作过程为:单击"分解 ",按提示(分解)绘制:

命令:EXPLODE↓

选择对象: //长方形

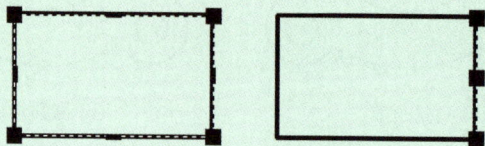

图 10-2-42 分解对象

📖 **任务实施** ▷

绘图参考思路如图 10-2-43 所示。

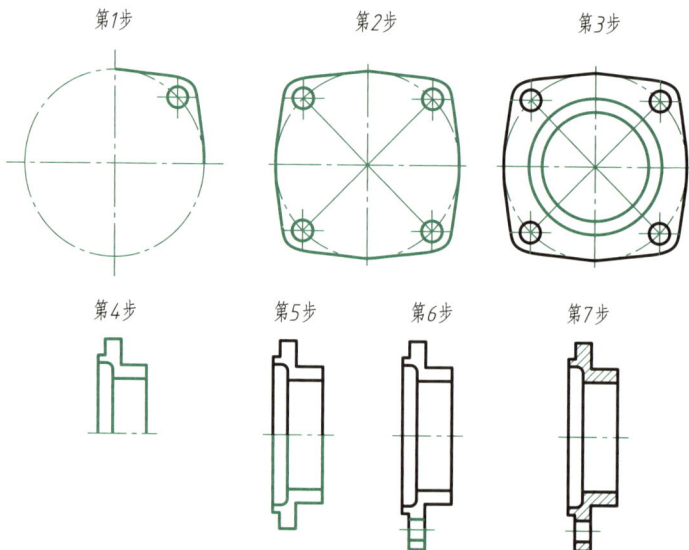

图 10-2-43 绘图参考思路

任务 10.3 二维图形尺寸标注

📖 相关知识 ▶

10.3.1 中望 CAD 图框调用与设置

中望 CAD 中有多种标准图幅供用户选择,方便快捷。

（1）图框的调用

方法一:菜单栏中单击"机械"→"图框"→"图幅设置"。

方法二:命令行输入 TF↓。

调用命令后显示如图 10-3-1 所示的对话框,用户根据要求对样式、图幅大小、绘图比例等进行选择。单击"确定",将会显示如图 10-3-2 所示的图幅框。

（2）标题栏设置

双击标题栏对话框,弹出"标题栏编辑 主图幅 GB"对话框,如图 10-3-3 所示,可对应填入相关标题栏中的信息。

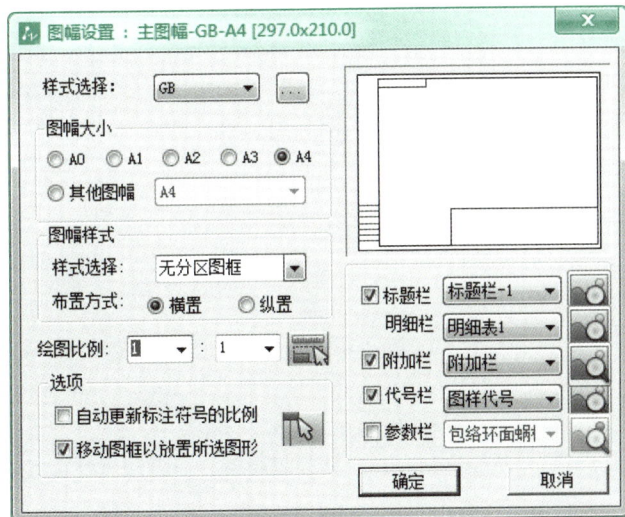

微课
图框调用与设置

图 10-3-1 "图幅设置"对话框

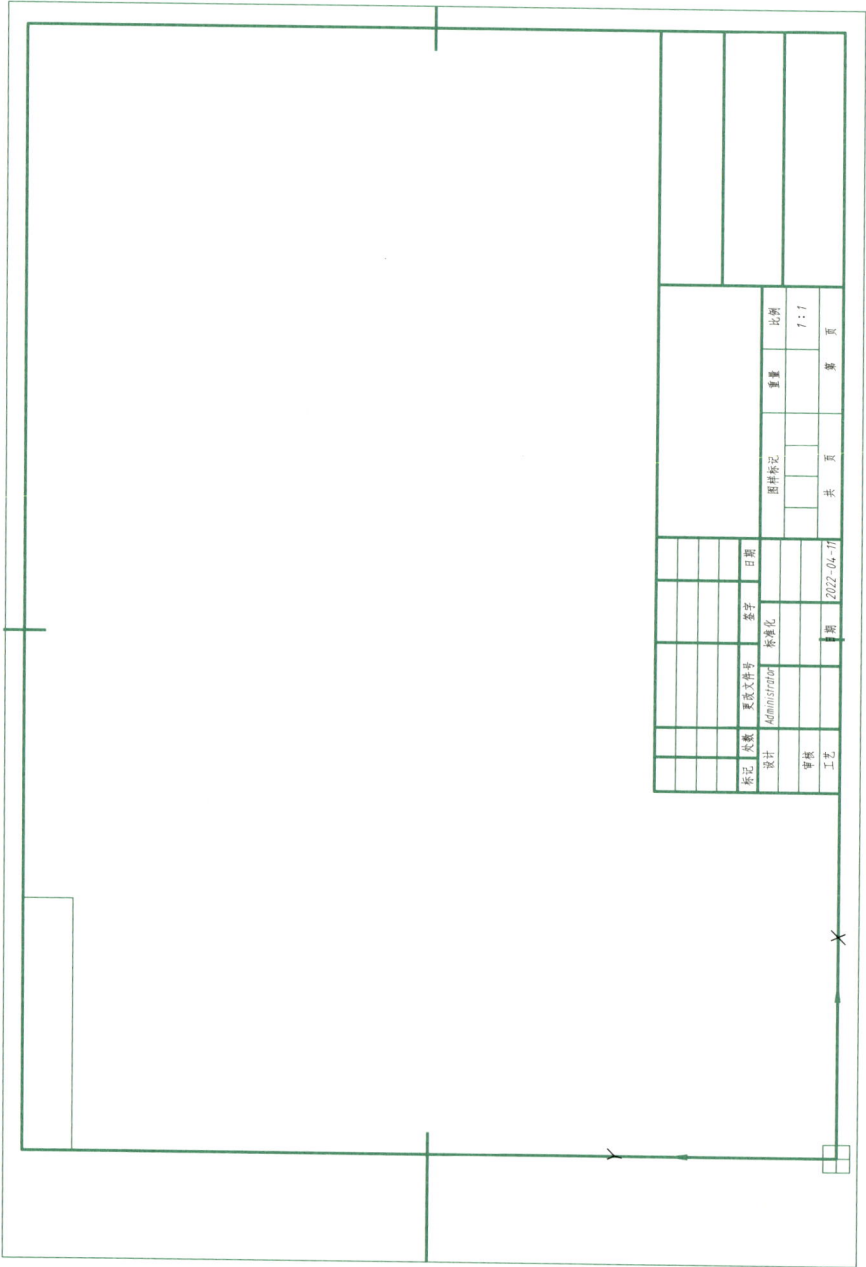

图 10-3-2　图幅框

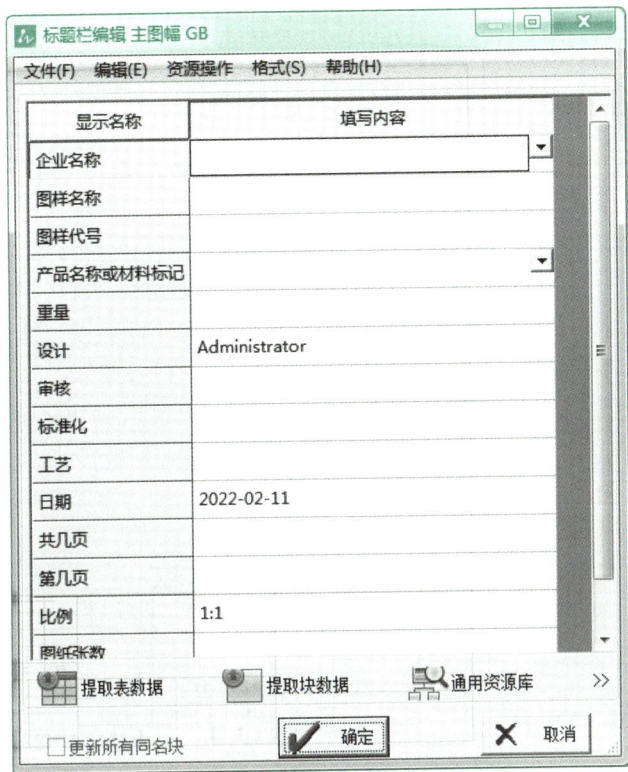

图 10-3-3　"标题栏编辑"对话框

10.3.2　中望 CAD 尺寸标注

1. 智能标注命令

智能标注能够在单一命令中创建多种类型的尺寸标注,并提供公差或配合功能。

智能标注命令启动方式如下:

方法一:菜单栏中单击"机械标注→尺寸标注→智能标注▣"。

方法二:命令行输入 ZWMPOWERDIM(D)↓。

例:如图 10-3-4 所示,将零件进行尺寸标注。

操作过程为:单击"智能标注"▣,按提示(智能标注)绘制:

命令:D↓

(单个)指定第一个尺寸界线原点或[角度(A)/基线(B)/连续(C)/选择(S)/退出(X)]<选择(S)>:　　　　　　　//单击 40 一端

指定第二个尺寸界线原点:　　　　　　　//单击 40 另一端

指定尺寸线位置:　　　　　　　//尺寸线放置在合适的位置

(单个)指定第一个尺寸界线原点或[角度(A)/基线(B)/连续(C)/选择(S)/退出(X)]<选择(S)>:　　　　　　　//单击 14 一端

271

指定第二个尺寸界线原点：   //单击 14 另一端

指定尺寸线位置：   //尺寸线放置在合适的位置

（单个）指定第一个尺寸界线原点或［角度（A）/基线（B）/连续（C）/选择（S）/退出（X）］<选择（S）>：   //单击 20 一端

指定第二个尺寸界线原点：   //单击 20 另一端

指定尺寸线位置：   //尺寸线放置在合适的位置

（单个）指定第一个尺寸界线原点或［角度（A）/基线（B）/连续（C）/选择（S）/退出（X）］<选择（S）>：   //单击 25 一端

指定第二个尺寸界线原点：   //单击 25 另一端

指定尺寸线位置：   //单击<回车>，弹出如图 10-3-5 所示"增强尺寸标注"对话框，添加符号及公差

//重复完成其他尺寸标注。

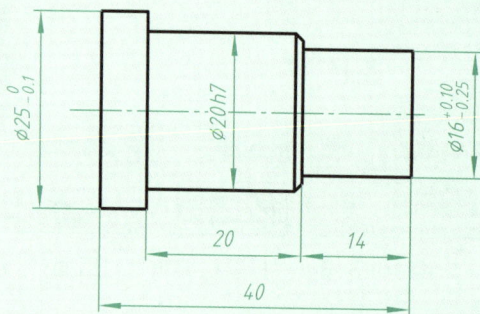

图 10-3-4　智能标注

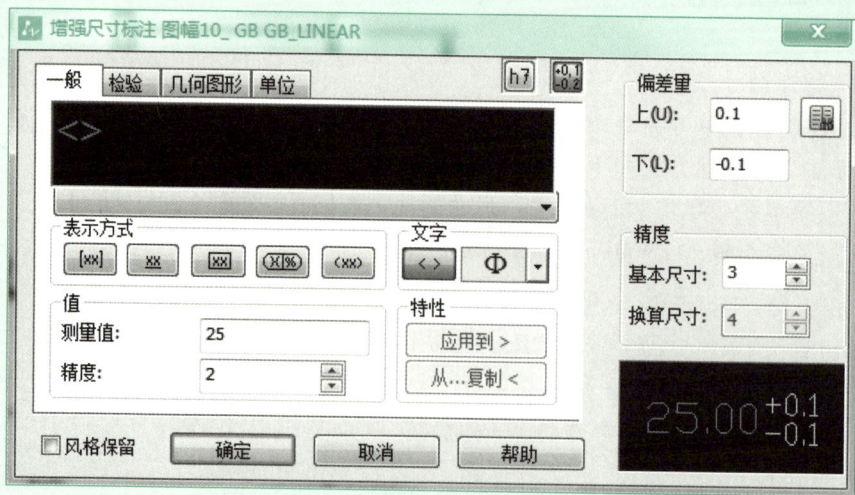

图 10-3-5　"增强尺寸标注"对话框

2. 标注样式修改

中望 CAD 提供国标标注样式，其样式与各图幅相匹配，一般情况下不进行修改，如图 10-3-6所示。

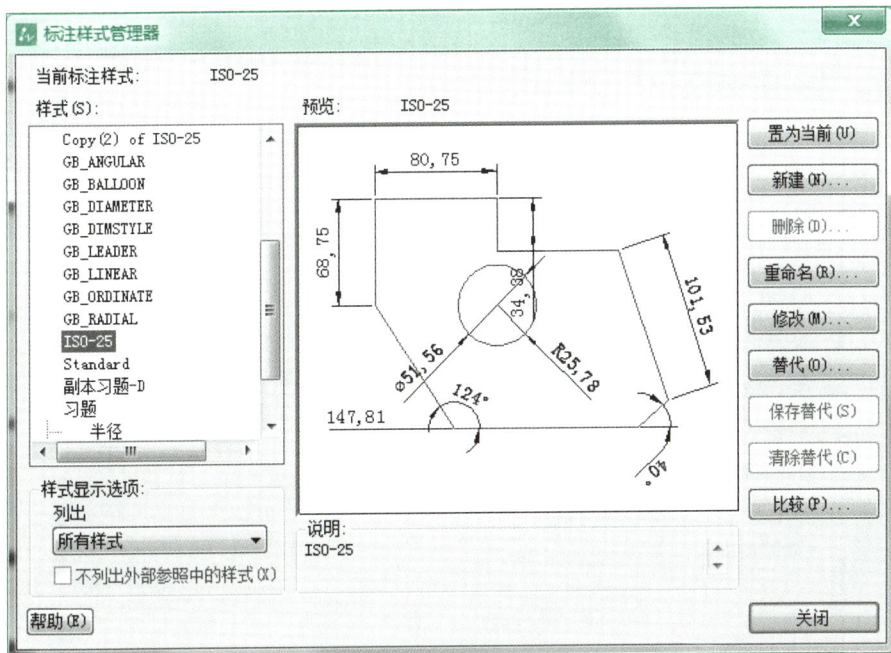

图 10-3-6　标注样式管理器

也可以根据实际需要对标注样式中的符号和箭头、文字等进行相应的调整。如图 10-3-7、图 10-3-8 所示。其公差样式可以不在标注样式中调整。

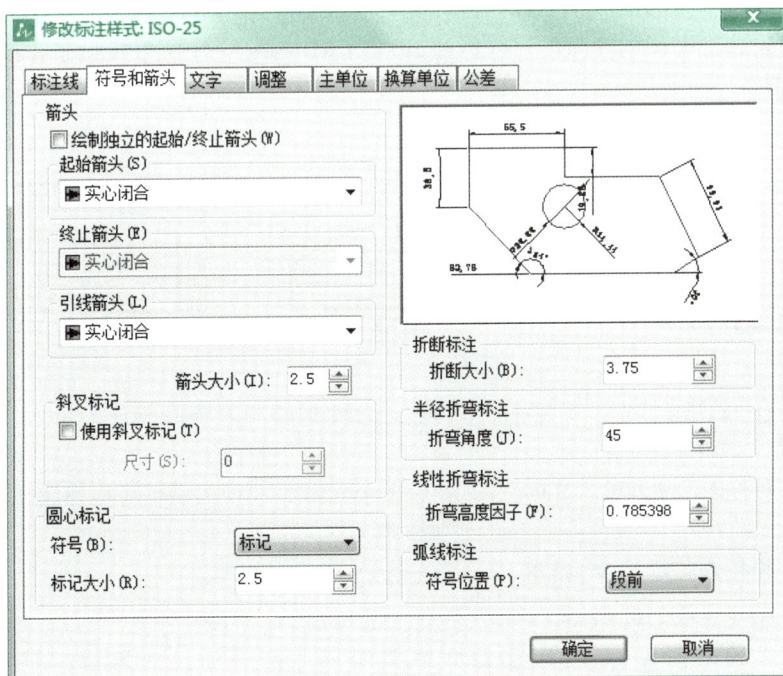

图 10-3-7　符号箭头修改

273

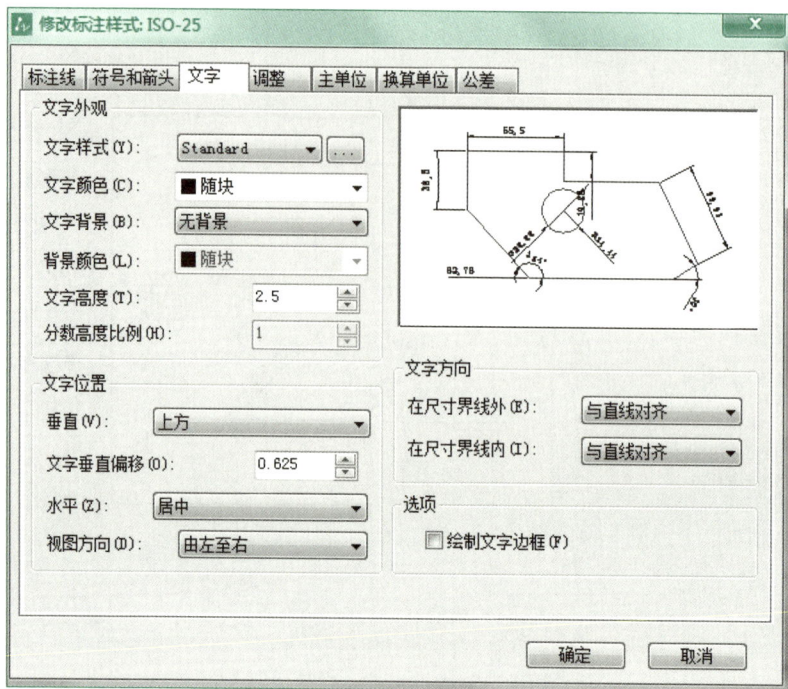

图 10-3-8　文字修改

3. 尺寸标注特殊情况

第 1 种：超过半圆的圆弧尺寸标注，如图 10-3-9 所示。

第 2 种：未超过半圆的圆弧的尺寸标注，中望 CAD 的尺寸标注中提供了折线标注，如图 10-3-10 所示。

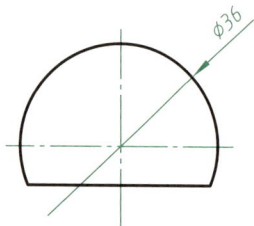

图 10-3-9　圆弧标注 1

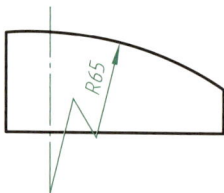

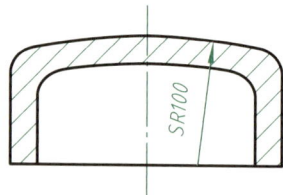

图 10-3-10　圆弧标注 2

第 3 种：对称图形断开的尺寸标注，中望 CAD 的尺寸标注中提供了对称标注，如图 10-3-11 所示。

第 4 种：弦长和弧度标注，如图 10-3-12 所示。

第 5 种：尺寸界线的倾斜标注，如图 10-3-13 所示。

第 6 种：多孔的简化标注，应在特性中关闭尺寸箭头和尺寸界线，如图 10-3-14 所示。

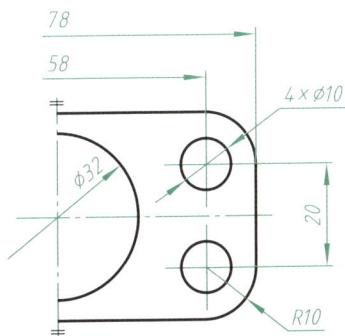

图 10-3-11 对称标注

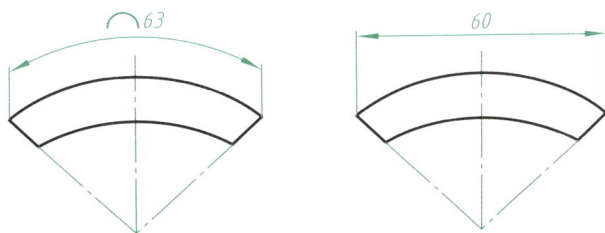

图 10-3-12 弦长和弧度标注

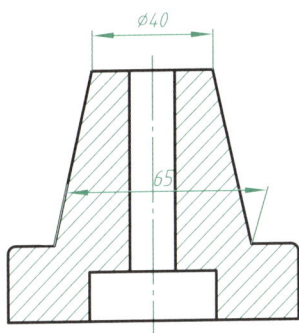

图 10-3-13 倾斜标注

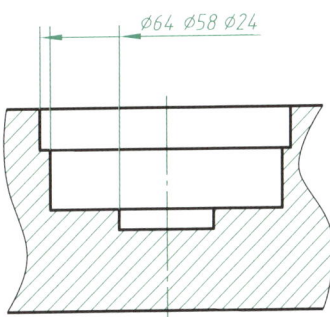

图 10-3-14 简化标注

4. 尺寸公差和形位公差标注

（1）尺寸公差，在执行尺寸标注时，按<空格>快捷启用增强尺寸标注，就可以实现公差等标注，如图 10-3-15 所示。

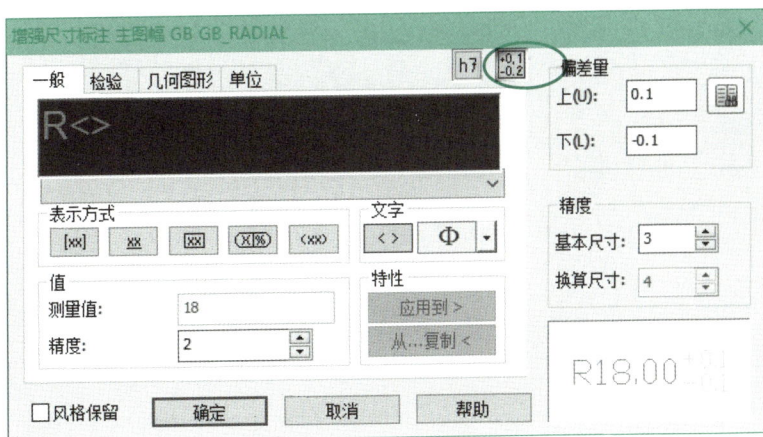

图 10-3-15 添加尺寸公差

（2）形位公差，在命令行中输入"XW"，快捷启用形位公差标注，如图 10-3-16 所示。

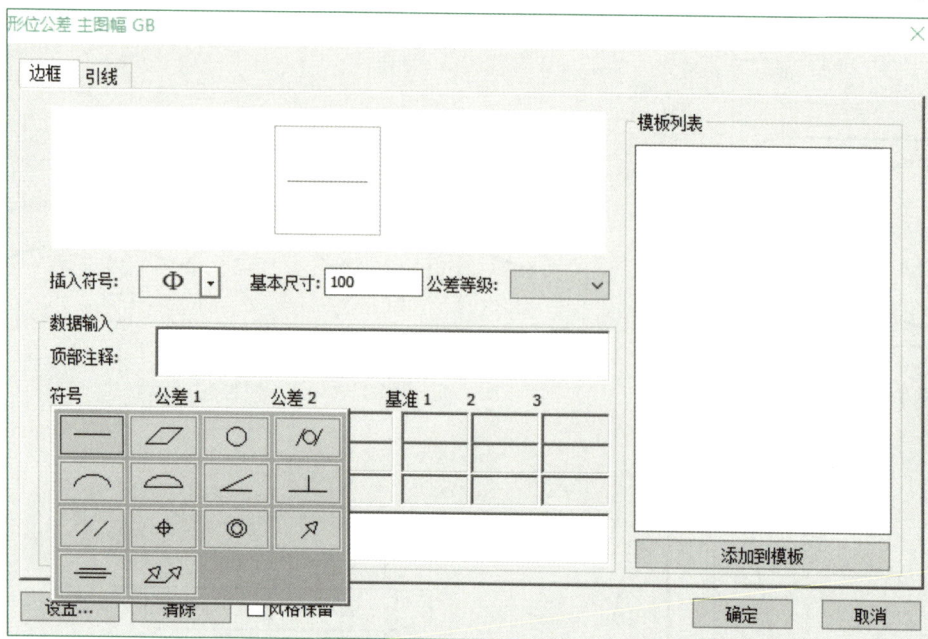

图 10-3-16　添加形位公差

5. 粗糙度标注

在命令行中输入"CC",快捷启用粗糙度标注,如图 10-3-17 所示。

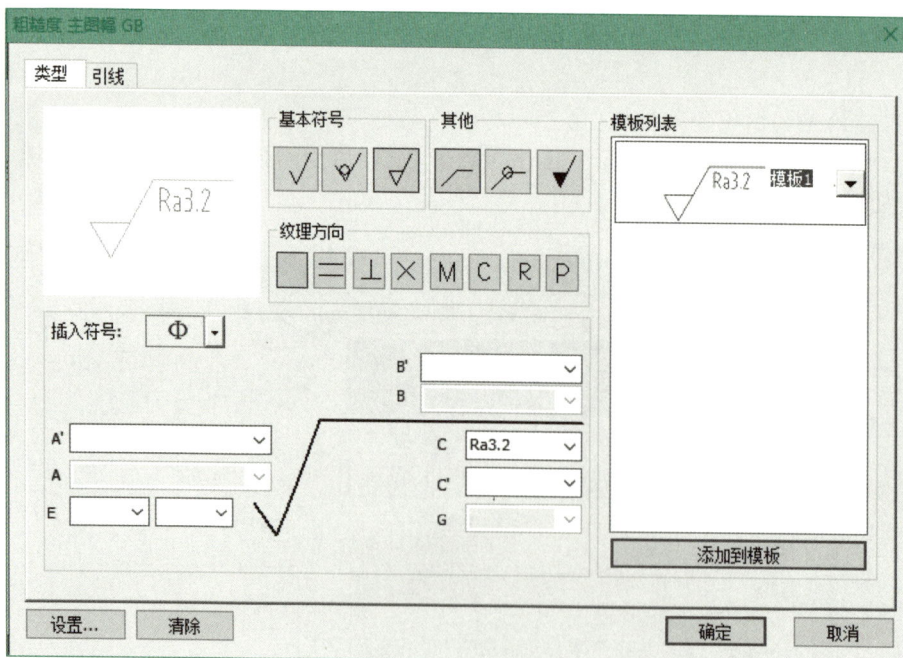

图 10-3-17　添加粗糙度

6. 技术要求

在命令行中输入"TJ",快捷启用技术要求标注,如图 10-3-18 所示。

图 10-3-18　添加技术要求

例：轴类零件图标注实例，如图 10-3-19 所示。

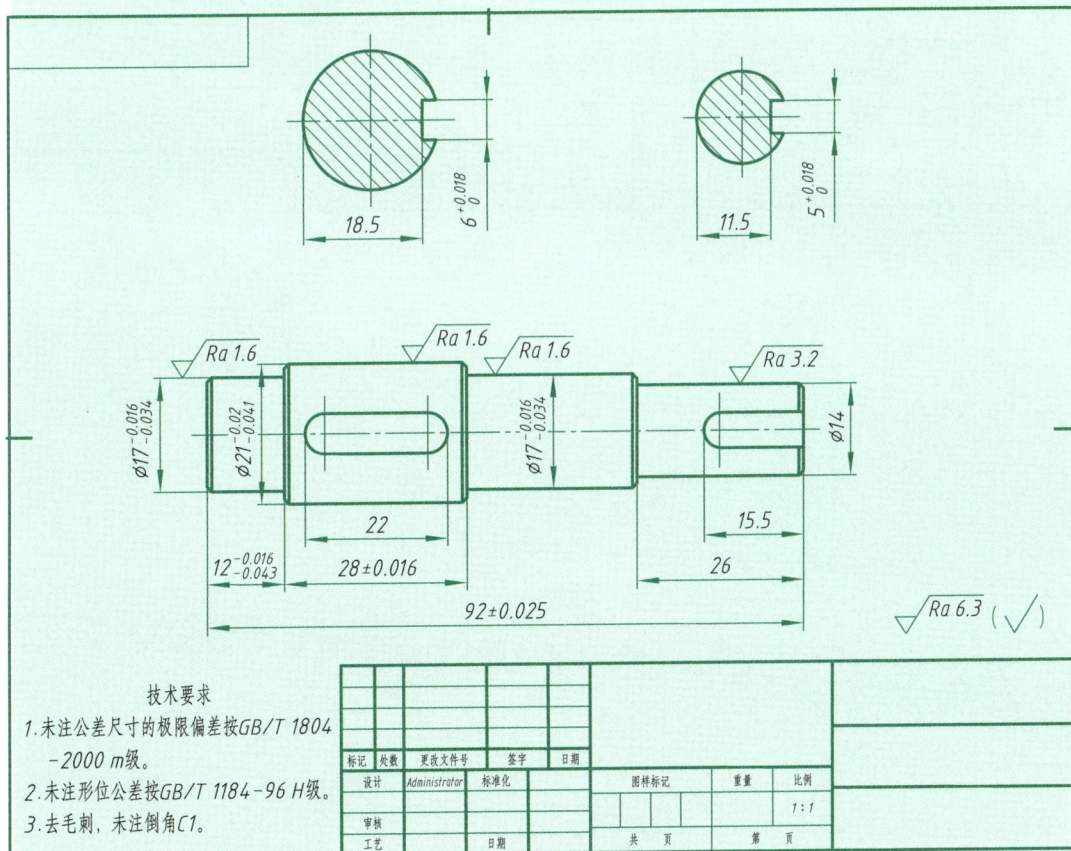

技术要求

1. 未注公差尺寸的极限偏差按GB/T 1804
  -2000 m级。

2. 未注形位公差按GB/T 1184-96 H级。

3. 去毛刺，未注倒角C1。

图 10-3-19　轴类零件图标注实例

例:端盖类零件图标注实例,如图 10-3-20 所示。

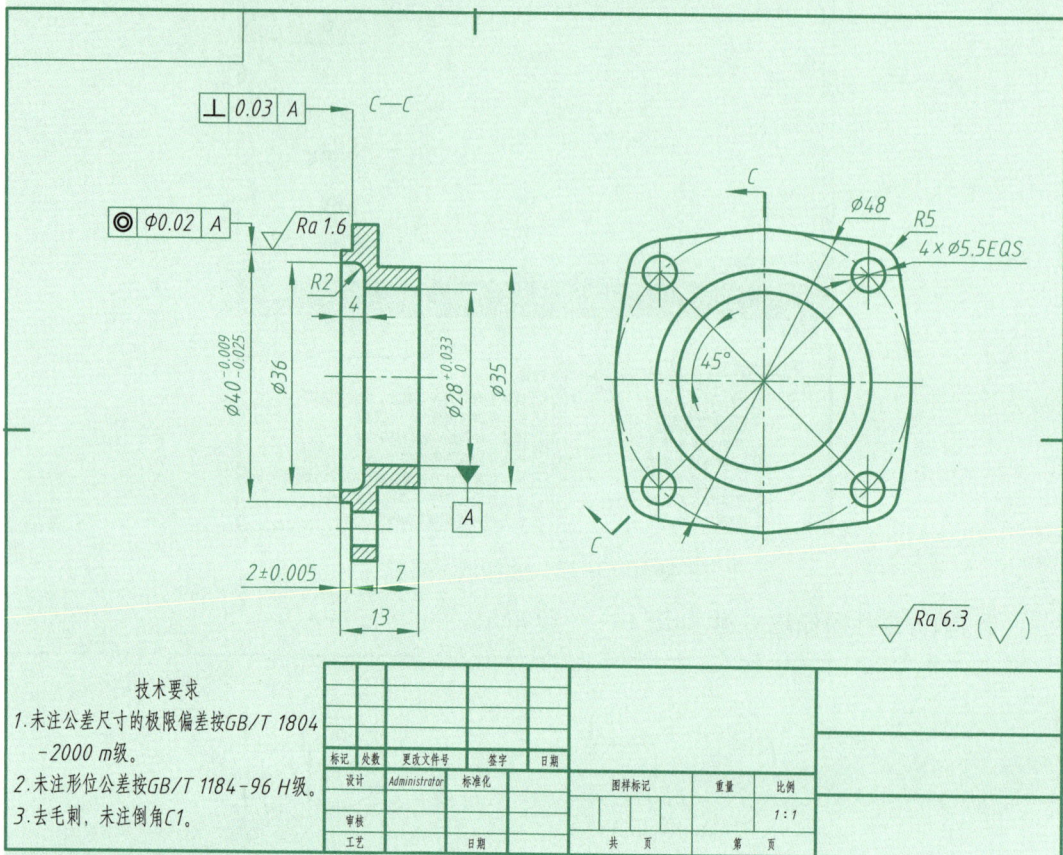

图 10-3-20　端盖类零件图标注实例

技术要求
1. 未注公差尺寸的极限偏差按GB/T 1804 -2000 m级。
2. 未注形位公差按GB/T 1184-96 H级。
3. 去毛刺,未注倒角C1。

附　　录

一、螺纹

附表 1　普通螺纹直径与螺距（GB/T 193—2003）　　　　mm

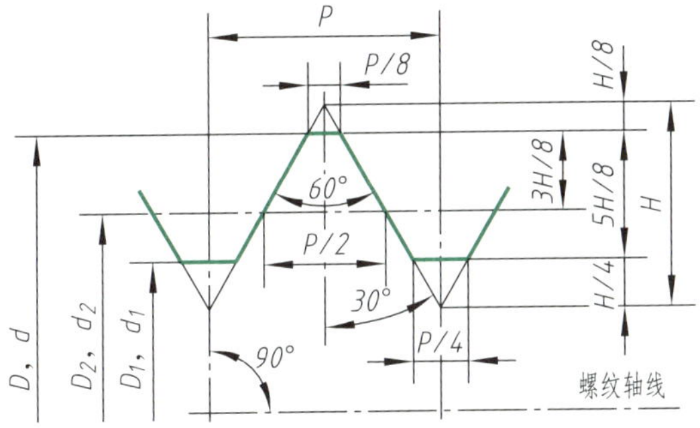

D——内螺纹大径
d——外螺纹大径
D_1——内螺纹小径
d_1——外螺纹小径
D_2——内螺纹中径
d_2——外螺纹中径
P——螺距

标记示例：

M10-6g（粗牙普通外螺纹、公称直径 d = 10、右旋、中径及大径公差带均为 6g、中等旋合长度）

M10×1LH-6H（细牙普通内螺纹、公称直径 D = 10、螺距 P = 1、左旋、中径及小径公差带均为 6H、中等旋合长度）

公称直径 D、d		螺距 P		粗牙螺纹小径
第一系列	第二系列	粗牙	细牙	D_1、d_1
3	—	0.5	0.35	2.459
—	3.5	0.6		2.850
4	—	0.7	0.5	3.242
—	0.7	0.75		3.688
5	—	0.8		4.134
6	—	1	0.75	4.917
8	—	1.25	1、0.75	6.647
10	—	1.5	1.25、1、0.75	8.376
12	—	1.75	1.5、1.25、1	10.106
—	14	2		11.835

公称直径 D、d		螺距 P		粗牙螺纹小径
第一系列	第二系列	粗牙	细牙	D_1、d_1
16	—	2	1.5、1	13.835
—	18			15.294
20	—	2.5		17.294
—	22		2、1.5、1	19.294
24	—	3		20.752
—	27	3		23.752
30	—	3.5	(3)、2、1.5、1	26.211
—	33		(3)、2、1.5	29.211
36	—	4	3、2、1.5	31.670
—	39			34.670
42	—	4.5		37.129
—	45	4.5		40.129
48	—	5	4、3、2、1.5	42.587
—	52	5		46.587
56	—	5.5		50.046

注:1. 优先选用第一系列,其次是第二系列,第三系列尽可能不用(第三系列未列入),括号内尺寸尽可能不用。

2. M14×1.25 仅用于火花塞;M35×1.5 仅用于滚动轴承锁紧螺母。

3. 中径 D_2、d_2 未列入。

附表 2　细牙普通螺纹螺距与小径的关系

mm

螺距 P	小径 D_1、d_1	螺距 P	小径 D_1、d_1	螺距 P	小径 D_1、d_1
0.35	$d_1+0.621$	1	$d_2+0.917$	2	$d_3+0.835$
0.5	$d_1+0.459$	1.25	$d_2+0.647$	3	$d_3+0.752$
0.75	$d_1+0.188$	1.5	$d_2+0.376$	4	$d_3+0.670$

注:表中的小径按 $D_1=d_1=d_2\times 5/8H$,$H=\sqrt{3}/2P=0.866025404P$ 计算得出。

附表 3　55°密封管螺纹（GB/T 7306.1—2000，GB/T 7306.2—2000）

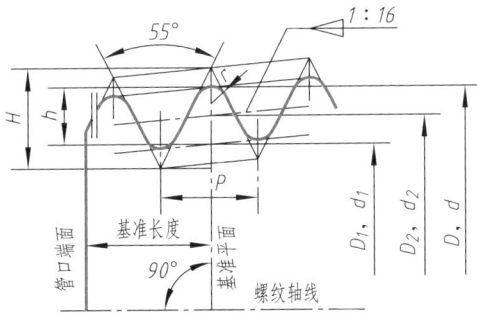

标记示例：

R1/2　（尺寸代号 1/2，右旋圆锥外螺纹）

Rc1/2-LH　（尺寸代号 1/2，左旋圆锥内螺纹）

Rp1/2　（尺寸代号 1/2，右旋圆柱内螺纹）

尺寸代号	基面上的基本直径			螺距 P /mm	牙高 h /mm	圆弧半径 r /mm	每 25.4 mm 内的牙数 n	有效螺纹长度 /mm	基准的基本长度 /mm
	大径 $d=D$ /mm	中径 $d_2=D_2$ /mm	小径 $d_1=D_1$ /mm						
1/8	9.728	9.147	8.566	0.907	0.581	0.125	28	6.5	4.0
1/4	13.157	12.301	11.445	1.337	0.856	0.184	19	9.7	6.0
3/8	16.662	15.806	14.950					10.1	6.4
1/2	20.955	19.793	18.631	1.814	1.162	0.249	14	13.2	8.2
3/4	26.441	25.279	24.117					14.5	9.5
1	33.249	31.770	30.291	2.309	1.479	0.317	11	16.8	10.4
1¼	41.910	40.431	28.952					19.1	12.7
1½	47.803	46.324	44.845					19.1	12.7
2	59.614	58.135	56.656					23.4	15.9
2½	75.184	73.705	72.226					26.7	17.5
3	87.884	86.405	84.926					29.8	20.6

附表4　55°非密封管螺纹（GB/T 7307—2001）

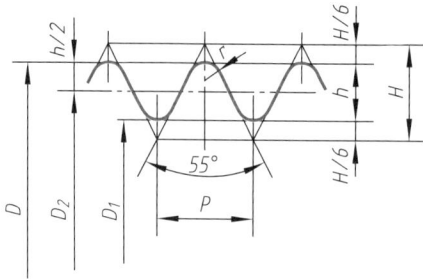

标记示例：
G1/2-LH （尺寸代号1/2,左旋内螺纹）
G1/2A （尺寸代号1/2,A级右旋外螺纹）
G1/2B-LH （尺寸代号1/2,B级左旋外螺纹）

尺寸代号	基面上的基本直径			螺距 P /mm	牙高 h/mm	圆弧半径 r/mm	每25.4 mm 内的牙数 n
	大径 $d=D$ /mm	中径 $d_2=D_2$ /mm	小径 $d_1=D_1$ /mm				
1/4	13.157	12.301	11.445	1.337	0.856	0.184	19
3/8	16.662	15.806	14.950				
1/2	20.955	19.793	18.631	1.814	1.162	0.249	14
5/8	22.911	21.749	20.587				
3/4	26.441	25.279	24.117				
7/8	30.201	29.039	27.877				
1	33.249	31.770	30.291	2.309	1.479	0.317	11
1⅛	37.897	36.418	34.939				
1¼	41.910	40.431	28.952				
1½	47.803	46.324	44.845				
1¾	53.746	52.267	50.788				
2	59.614	58.135	56.656				

附表5　梯形螺纹基本尺寸（GB/T 5796.2—2022 和 GB/T 5796.3—2022）　　mm

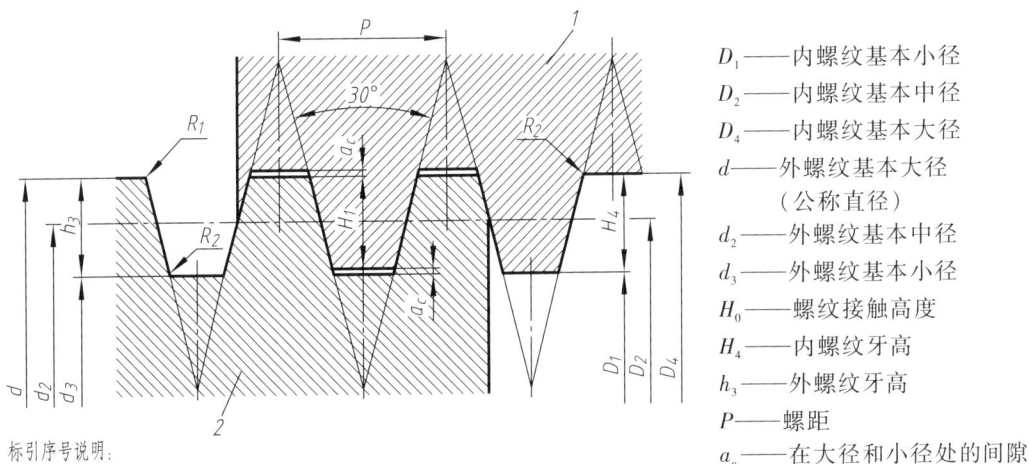

D_1——内螺纹基本小径

D_2——内螺纹基本中径

D_4——内螺纹基本大径

d——外螺纹基本大径
　（公称直径）

d_2——外螺纹基本中径

d_3——外螺纹基本小径

H_0——螺纹接触高度

H_4——内螺纹牙高

h_3——外螺纹牙高

P——螺距

a_c——在大径和小径处的间隙

标引序号说明：

1—内螺纹；

2—外螺纹。

标记示例：

Tr40×14（P7）LH-7H

（公称直径 $D = 40$、导程 $ph = 14$、螺距 $P = 7$、双线左旋梯形内螺纹、中径公差代号为 7H、中等旋合长度）

基本尺寸

公称直径（d）			螺距 P	中径 $d_2 = D_2$	大径 D_4	小径	
第1系列	第2系列	第3系列				d_3	D_1
8			1.5	7.250	8.300	6.200	6.500
	9		1.5	8.250	9.300	7.200	7.500
			2	8.000	9.500	6.500	7.000
10			1.5	9.250	10.300	8.200	8.500
			2	9.000	10.500	7.500	8.000
	11		2	10.000	11.500	8.500	9.000
			3	9.500	11.500	7.500	8.000
12			2	11.000	12.500	9.500	10.000
			3	10.500	12.500	8.500	9.000
	14		2	13.000	14.500	11.500	12.000
			3	12.500	14.500	10.500	11.000
16			2	15.000	16.500	13.500	14.000
			4	14.000	16.500	11.500	12.000

直径与螺距组合系列

公称直径(D,d)			螺距(P)																			
第1系列	第2系列	第3系列	44	40	36	32	28	24	22	20	18	16	14	12	10	9	8	7	6	5	4	3	2	1.5
8																							1.5
	9																					2	1.5
10																					2	1.5
		11																			3	2	
12																					3	2	
	14																				3	2	
16																				4		2	
	18																			4		2	
20																				4		2	
	22															8			5		3		
24																8			5		3		
	26															8			5		3		

注:梯形螺纹的公称直径与螺距组合系列应符合表中规定。表中,优先选用第1系列直径;其次选用第2系列直径;最后才选用第3系列直径。在新产品设计中,不应选用第3系列直径。选择与被选直径处于同一行内的螺距,优先选用粗黑框内的螺距。如果需要使用表中被选直径同一行以外的特殊螺距,宜选用表中为邻近直径所指定的螺距。

二、常用标准件

附表6　六角头螺栓 　　　　mm

六角头螺栓　C级(摘自 GB/T 5782—2016、GB/T 5785—2016)

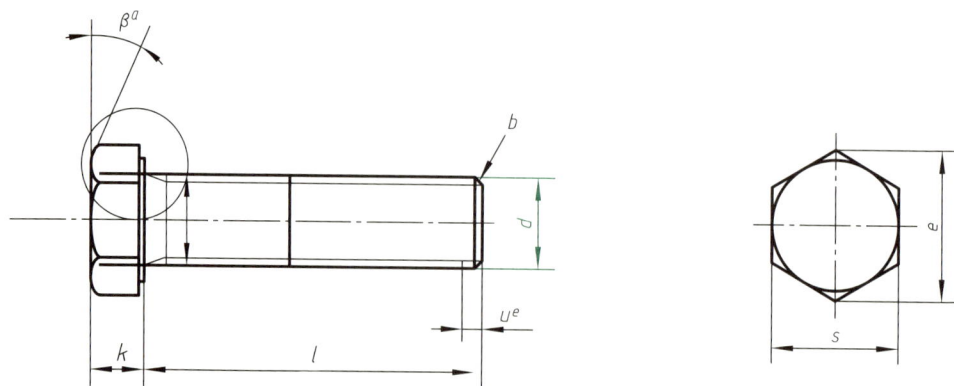

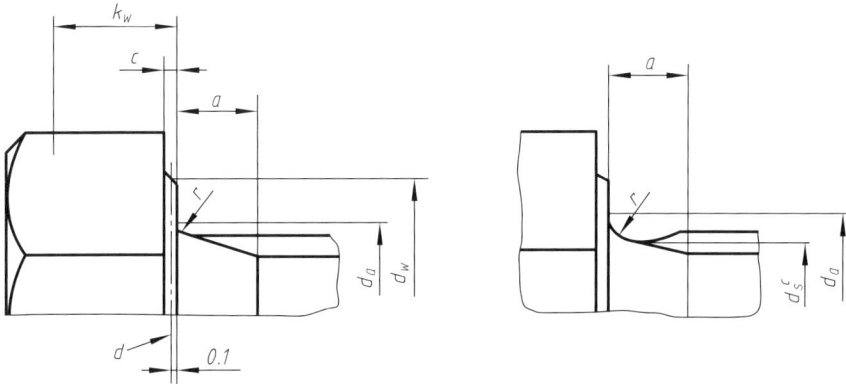

标记示例：

螺栓　GB/T 5780　M20×100 （螺纹规格 d = M20、公称长度 l = 100、性能等级为 4.8 级、不经表面处理、杆身半螺纹、产品等级为 C 级的六角头螺栓）

优选的螺纹规格

螺纹规格 d				M1.6	M2	M2.5	M3	M4	M5	M6
P				0.35	0.4	0.45	0.5	0.7	0.6	1
a			max	1.05	1.20	1.35	1.50	2.10	2.40	3.00
			min	0.35	0.40	0.45	0.50	0.70	0.80	1.00
c			max	0.25	0.25	0.25	0.40	0.40	0.50	0.50
			min	0.10	0.10	0.10	0.15	0.15	0.15	0.15
d_a			max	2.00	2.60	3.10	3.60	4.70	5.70	6.80
d_w	产品等级	A	min	2.27	3.07	4.07	4.57	5.88	6.88	8.88
		B		2.30	2.95	3.95	4.45	5.74	6.74	8.74
e	产品等级	A	min	3.41	4.32	5.45	6.01	7.66	8.79	11.05
		B		3.28	4.18	5.31	5.88	7.50	8.63	10.89
k		公称		1.1	1.4	1.7	2	2.8	3.5	4
	产品等级	A	max	1.225	1.525	1.825	2.125	2.925	3.65	4.15
			min	0.975	1.275	1.575	1.875	2.675	3.35	3.85
		B	max	1.30	1.60	1.90	2.20	3.00	3.74	4.24
			min	0.90	1.20	1.50	1.80	2.60	3.26	3.76
k_w^c	产品等级	A	min	0.68	0.89	1.10	1.31	1.87	2.35	2.70
		B		0.63	0.84	1.05	1.26	1.82	2.28	2.63
r			min	0.10	0.10	0.10	0.10	0.20	0.20	0.25
s		公称 =	max	3.2	4	5	5.5	7	8	10
	产品等级	A	min	3.02	3.82	4.82	5.32	6.78	7.78	9.78
		B		2.90	3.70	4.70	5.20	6.64	7.64	9.64

附表 7 双 头 螺 柱

GB/T 897—1988($b_m = 1d$) GB/T 898—1988($b_m = 1.25d$)

GB/T 899—1988($b_m = 1.5d$) GB/T 900—1988($b_m = 2d$) mm

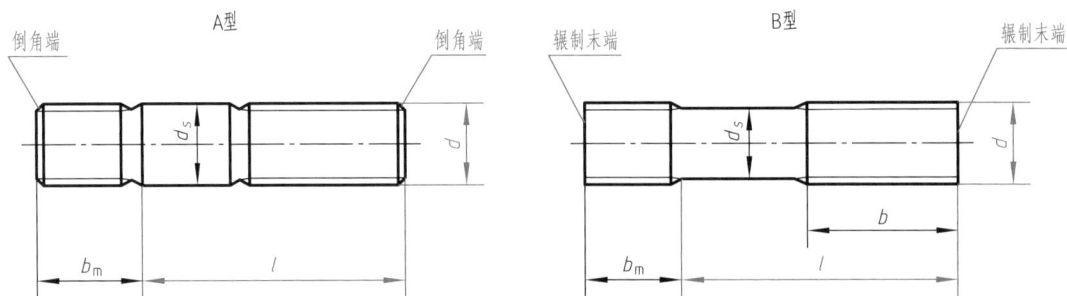

标记示例:

螺柱 GB/T 900 M10×50 (两端均为粗牙普通螺纹、d = M10、l = 50、性能等级为 4.8 级、不经表面处理、B 型、$b_m = 2d$ 的双头螺柱)

螺柱 GB/T 900 AM10-10×1×50 (旋入机体一端为粗牙普通螺纹、旋螺母端为螺距 $P = 1$ 的细牙普通螺纹、d = M10、l = 50、性能等级为 4.8 级、不经表面处理、A 型、$b_m = 2d$ 的双头螺柱)

螺纹规格 d	旋入机体端长度 b_m				螺柱长度/旋入螺母端长度 l/b
	GB/T 897	GB/T 898	GB/T 899	GB/T 900	
M3	—	—	4.5	6	（16～20）/6 ［（22）～40］/12
M4	—	—	6	8	［16～（22）］/8 （25～40）/14
M5	5	6	8	10	［16～（22）］/10 （25～50）/16
M6	6	8	10	12	［20～（22）］/10 （25～30）/14 ［（32）～（75）］/18
M8	8	10	12	16	［20～（22）］/12 （25～30）/16 ［（32）～（90）］/22
M10	10	12	15	20	［25～（28）］/14 ［30～（38）］/16 （40～120）/26 130/32
M12	12	15	18	24	（25～30）/16 ［（32）～40］/20 （45～120）/30 （130～180）/36
M16	16	20	24	32	［30～（38）］/20 ［40～（55）］/30 （60～120）/38 （130～200）/44
M20	20	25	30	40	（35～40）/25 ［45～（65）］/35 （70～120）/46 （130～200）/52
M24	24	30	36	48	（45～50）/30 ［（55）～（75）］/45 （80～120）/54 （130～200）/60
$l_{公称}$	12、16、20、25、30、35、40、45、50～260（10 进位）、280、300				

注:1. GB/T 897—1988 和 GB/T 898—1988 规定螺柱的螺纹规格 d = M5～M48,公称长度 l = 16～300mm;GB/T 899—1988 和 GB/T 900—1988 规定螺柱的螺纹规格 d = M2～M48,公称长度 l = 12～300mm。

2. 材料为钢的螺柱性能等级有 4.8、5.8、6.8、8.8、10.9、12.9 级,4.8 级为常用。

附表8　开槽螺钉　　　　　　　　mm

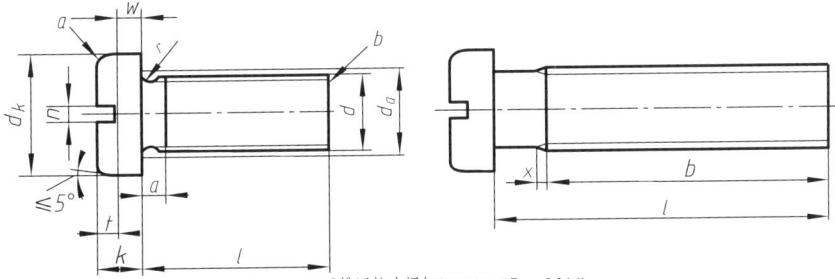

开槽圆柱头螺钉(GB/T 65—2016)

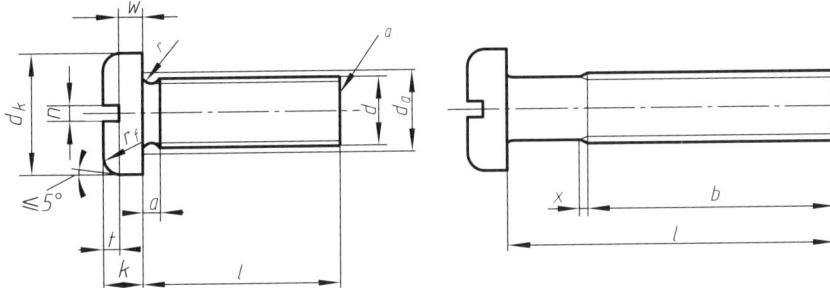

开槽盘头螺钉(GB/T 67—2016)

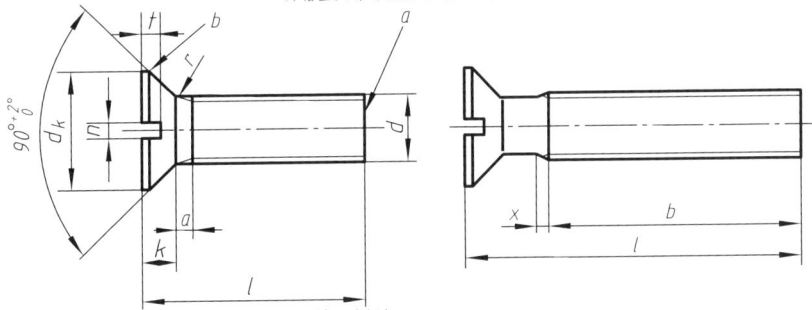

开槽沉头螺钉(GB/T 68—2016)

标记示例：

螺钉　GB/T 65　M5×20　（螺纹规格 d=M5、l=50、性能等级为4.8级、不经表面处理的开槽圆柱头螺钉）

螺纹规格 d			M1.6	M2	M2.5	M3	M3.5	M4	M5	M6	M8	M10
P			0.35	0.4	0.45	0.5	0.6	0.7	0.8	1	1.25	1.5
a		max	0.7	0.8	0.9	1.0	1.2	1.4	1.6	2.0	2.5	3.0
b		min	25	25	25	25	38	38	38	38	38	38
d_a		max	2.0	2.6	3.1	3.6	4.1	4.7	5.7	6.8	9.2	11.2
d_k	公称=	max	3.00	3.80	4.50	5.50	6.00	7.00	8.50	10.00	13.00	16.00
		min	2.86	3.62	4.32	5.32	5.82	6.78	8.28	9.78	12.73	15.73
k	公称=	max	1.10	1.40	1.80	2.00	2.40	2.60	3.30	3.9	5.0	6.0
		min	0.96	1.26	1.66	1.86	2.26	2.46	3.12	3.6	4.7	5.7
n		nom	0.4	0.5	0.6	0.8	1	1.2	1.2	1.6	2	2.5
		max	0.60	0.70	0.80	1.00	1.20	1.51	1.51	1.91	2.31	2.81
		min	0.46	0.56	0.66	0.86	1.06	1.26	1.26	1.66	2.06	2.56

螺纹规格 d		M1.6	M2	M2.5	M3	M3.5	M4	M5	M6	M8	M10
r	min	0.10	0.10	0.10	0.10	0.10	0.20	0.20	0.25	0.40	0.40
t	min	0.45	0.60	0.70	0.85	1.00	1.10	1.30	1.60	2.00	2.40
w	min	0.40	0.50	0.70	0.75	1.00	1.10	1.30	1.60	2.00	2.40
x	max	0.90	1.00	1.10	1.25	1.50	1.75	2.00	2.50	3.20	3.80

l			每 1 000 件钢螺钉的质量($\rho = 7.85$ kg/dm^3) $\approx$								
公称	min	max	kg								
2	1.80	2.20	0.07								
3	2.80	3.20	0.082	0.16	0.272						
4	3.76	4.24	0.094	0.179	0.302	0.515					
5	4.76	5.24	0.105	0.198	0.332	0.56	0.786	1.09			
6	5.76	6.24	0.117	0.217	0.362	0.604	0.845	1.17	2.06		
8	7.71	8.29	0.14	0.254	0.422	0.692	0.966	1.33	2.3	3.56	

附表 9　内六角圆柱头螺钉(GB/T 70.1—2008)　　　　　　　　　mm

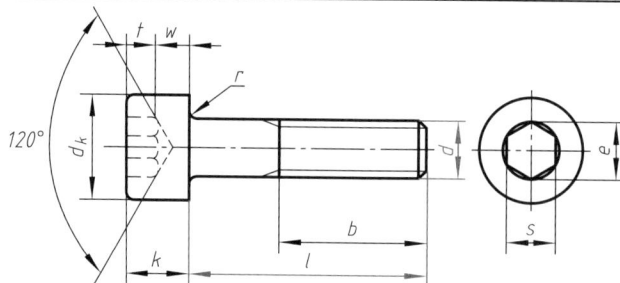

标注示例：

螺纹规格 d = M5、l = 20mm、性能等级为 8.8 级、表面氧化的 A 型内六角圆柱头螺钉,标记为螺钉
GB/T 70.1 M5×20

螺纹规格 d	M3	M4	M5	M6	M8	M10	M12	M16	M20	M24	M30	M36
$d_{k max}$	5.5	7	8.5	10	13	16	18	24	30	36	45	54
k_{max}	3	4	5	6	8	10	12	16	20	24	30	36
t_{min}	1.3	2	2.5	3	4	5	6	8	10	12	15.5	19
s	2.5	3	4	5	6	8	10	14	17	19	22	27
e	2.873	3.443	4.583	5.723	6.683	9.149	11.429	15.996	19.437	21.734	25.154	30.854
b	18	20	22	24	28	32	36	44	52	60	72	84
l	5~30	6~40	8~50	10~60	12~80	16~100	20~120	25~160	30~200	40~200	45~200	55~200

注：1. 标准规定螺钉规格 d = M1.6~M64。

2. 公称长度 l(系列)：2.5、3、4、5、6~12(2 进位)、16、20~65(5 进位)、70~160(10 进位)、180~300(20 进位)。

3. 材料为钢的性能等级有 8.8、10.9、12.9 级,8.8 级为常用。

附表 10　六 角 螺 母　　　　　　mm

1 型六角螺母 GB/T 6170—2015　2 型六角螺母 GB/T 6175—2016　六角薄螺母 GB/T 6172.1—2016

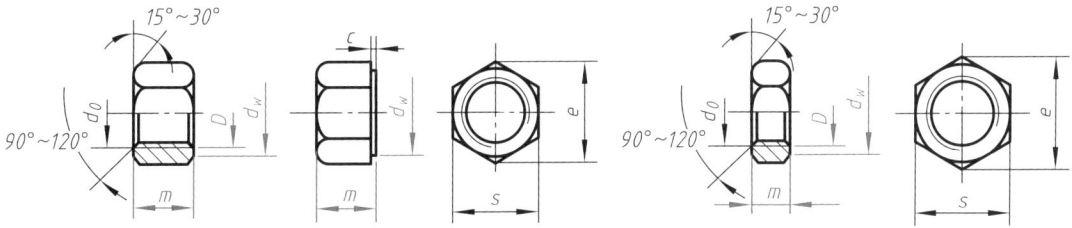

标注示例:

螺纹规格 $D=$ M10、性能等级为 8 级、不经表面处理、产品等级为 A 级的 1 型六角螺母,标记为螺母 GB/T 6170 M10

螺纹规格		M3	M4	M5	M6	M8	M10	M12	M16	M20	M24	M30
s_{max}		5.5	7	8	10	13	16	18	24	30	36	46
S_{min}		5.32	6.78	7.78	9.78	12.73	15.73	17.73	23.67	29.16	35	45
e_{min}		6.01	7.66	8.79	11.05	14.38	17.77	20.03	26.75	32.95	39.55	50.85
c_{max}		0.4	0.4	0.5	0.5	0.6	0.6	0.6	0.8	0.8	0.8	0.8
d_{wmin}		4.6	5.9	6.9	8.9	11.6	14.6	16.6	22.5	27.7	33.3	42.8
d_{wmax}		3.45	4.6	5.75	6.75	8.75	10.8	13	17.3	21.6	25.9	32.4
GB/T 6170 —2015	m_{max}	2.4	3.2	4.7	5.2	6.8	8.4	10.8	14.8	18	21.5	25.6
	m_{min}	2.15	2.9	4.4	4.9	6.44	8.04	10.37	14.1	16.9	20.2	24.3
GB/T 6172.1 —2016	m_{max}	1.8	2.2	2.7	3.2	4	5	6	8	10	12	15
	m_{min}	1.55	1.95	2.45	2.9	3.7	4.7	5.7	7.42	9.1	10.9	13.9
GB/T 6175 —2016	m_{max}	—	—	5.1	5.7	7.5	9.3	12	16.4	20.3	23.9	28.6
	m_{min}	—	—	4.8	5.4	7.14	8.94	11.57	15.7	19	22.6	27.3

注:1. GB/T 6170—2015 和 GB/T 6172.1—2016 的螺纹规格为 M1.6~M64;GB/T 6175—2016 的螺纹规格为 M5~M36。

2. 产品等级为 A、B 是由公差取值大小决定的,A 级公差数值小。A 级用于 $D \leqslant 16$ mm 的螺母,B 级用于 $D>16$ mm 的螺母。

3. 钢制 1 型和 2 型螺母用与之相配的螺栓性能等级最高的第一部分数值标记,1 型螺母的性能等级有 6、8、10 级,8 级为常用;2 型螺母的性能等级有 10、12 级,10 级为常用;薄螺母的性能等级有 04、05 级,04 级为常用。

附表 11　垫　　圈　　　　　　mm

小垫圈 A 级 GB/T 848—2002　平垫圈 A 级 GB/T 97.1—2002
平垫圈 倒角型 A 级 GB/T 97.2—2002

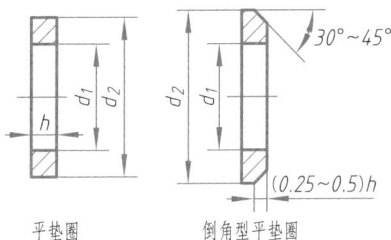

平垫圈　　倒角型平垫圈

标记示例:

公称尺寸 $d=10$ mm、性能等级为 140HV 级、不经表面处理的平垫圈,标记为垫圈 GB/T 97.1 10

续表

公称尺寸 d(螺纹规格)		3	4	5	6	8	10	12	16	20	24	30	36
d_1		3.2	4.3	5.3	6.4	8.4	10.5	13	17	21	25	31	37
GB/T 848—2002	d_2	6	8	9	11	15	18	20	28	34	39	50	60
	h	0.5	0.5	1	1.6	1.6	1.6	2	2.5	3	4	4	5
GB/T 97.1—2002	d_2	7	9	10	12	16	20	24	30	37	44	56	66
GB/T 97.2—2002*	h	0.5	0.8	1	1.6	1.6	2	2.5	3	3	4	4	5

注:1. *适用于规格为 M5~M36 的标准六角螺栓、螺钉、螺母。

2. 钢制垫圈性能等级有 200HV、300HV 级,200HV 级表示材料钢的维氏硬度。

3. 产品等级是由产品质量和公差取值大小决定的,A 级公差数值小。

附表 12　弹簧垫圈(GB/T 93—1987)　　　　　　　　　mm

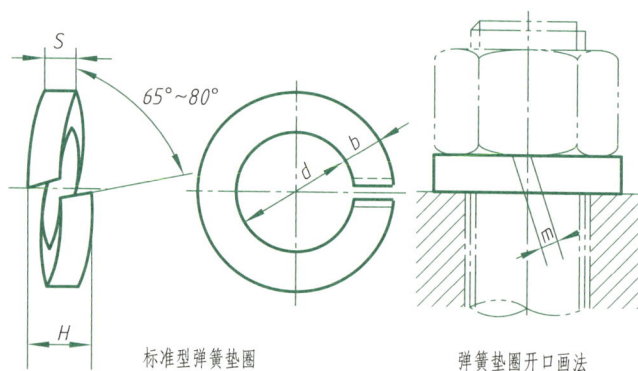

标准型弹簧垫圈　　　　　弹簧垫圈开口画法

标记示例:

规格 16 mm、材料为 65 Mn、表面氧化处理的标准型弹簧垫圈,标记为　垫圈 GB93—716

规格 (螺纹大径)	d		S(b)			H		m<
	min	max	公称	min	max	min	max	
2	2.1	2.35	0.5	0.42	0.58	1	1.25	0.25
2.5	2.6	2.85	0.65	0.57	0.73	1.3	1.63	0.33
3	3.1	3.4	0.8	0.7	0.9	1.6	2	0.4
4	4.1	4.4	1.1	1	1.2	2.2	2.75	0.55
5	5.1	5.4	1.3	1.2	1.4	2.6	3.25	0.65
6	6.1	6.68	1.6	1.5	1.7	3.2	4	0.8
8	8.1	8.68	2.1	2	2.2	4.2	5.25	1.05
10	10.2	10.9	2.6	2.45	2.75	5.2	6.5	1.3
12	12.2	12.9	3.1	2.95	3.25	6.2	7.75	1.55
(14)	14.2	14.9	3.6	3.4	3.8	7.2	9	1.8
16	16.2	16.9	4.1	3.9	4.3	8.2	10.25	2.05
(18)	18.2	19.04	4.5	4.3	4.7	9	11.25	2.25
20	20.2	21.04	5	4.8	5.2	10	12.5	2.5

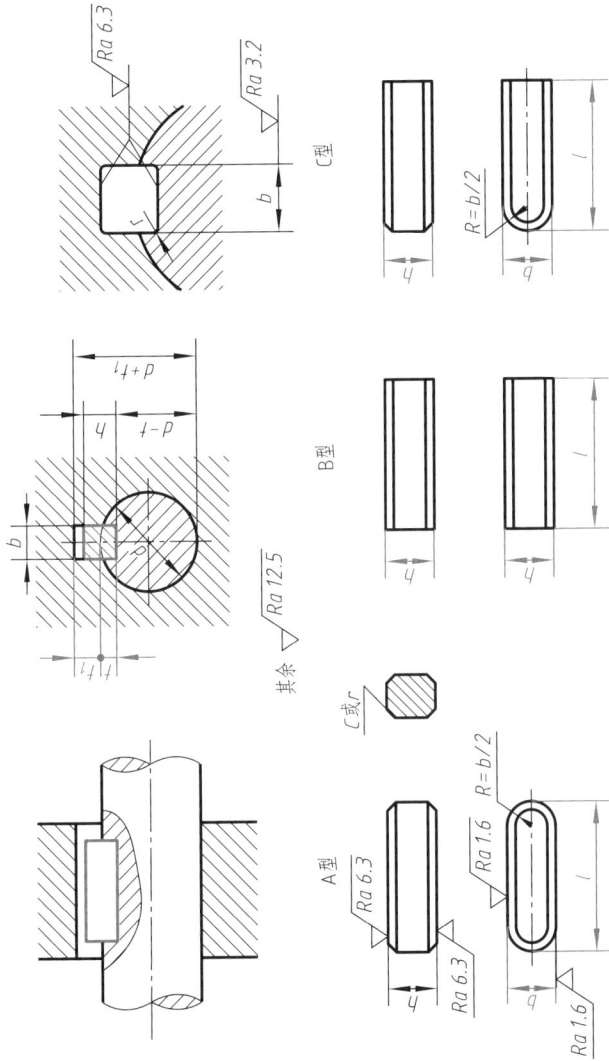

附表 13　平键及键槽各部尺寸（GB/T 1095—2003、GB/T 1096—2003）

标记示例：
圆头普通平键（A 型），$b=16$，$h=10$，$L=100$，标记为：GB/T 1096 键 16×10×100
方头普通平键（B 型），$b=16$，$h=10$，$L=100$，标记为：GB/T 1096 键 B16×10×100
单圆头普通平键（C 型），$b=16$，$h=10$，$L=100$，标记为：GB/T 1096 键 C16×10×100

续表

轴 公称直径 d	键 公称尺寸 b×h	键 长度 L	键槽 宽度 b 公称尺寸 b	较松键连接 轴H9	较松键连接 毂D10	一般键连接 轴N9	一般键连接 毂JS9	较紧键连接 轴和毂P9	深度 轴t 公称	深度 轴t 偏差	深度 毂t₁ 公称	深度 毂t₁ 偏差	半径 r 最大	半径 r 最小
>10~12	4×4	8~45	4	+0.030 / 0	+0.078 / +0.030	0 / -0.030	±0.015	-0.012 / -0.042	2.5	+0.1 / 0	1.8	+0.1 / 0	0.16	0.08
>12~17	5×5	10~56	5	+0.030 / 0	+0.078 / +0.030	0 / -0.030	±0.015	-0.012 / -0.042	3.0	+0.1 / 0	2.3	+0.1 / 0	0.25	0.16
>17~22	6×6	14~70	6	+0.030 / 0	+0.078 / +0.030	0 / -0.030	±0.015	-0.012 / -0.042	3.5	+0.1 / 0	2.8	+0.1 / 0	0.25	0.16
>22~30	8×7	18~90	8	+0.036 / 0	+0.098 / +0.040	0 / -0.036	±0.018	-0.015 / -0.051	4.0	+0.2 / 0	3.3	+0.2 / 0	0.25	0.16
>30~38	10×8	22~110	10	+0.036 / 0	+0.098 / +0.040	0 / -0.036	±0.018	-0.015 / -0.051	5.0	+0.2 / 0	3.3	+0.2 / 0	0.40	0.25
>38~44	12×8	28~140	12	+0.043 / 0	+0.120 / +0.050	0 / -0.043	±0.022	-0.018 / -0.061	5.0	+0.2 / 0	3.3	+0.2 / 0	0.40	0.25
>44~50	14×9	36~160	14	+0.043 / 0	+0.120 / +0.050	0 / -0.043	±0.022	-0.018 / -0.061	5.5	+0.2 / 0	3.8	+0.2 / 0	0.40	0.25
>50~58	16×10	45~180	16	+0.043 / 0	+0.120 / +0.050	0 / -0.043	±0.022	-0.018 / -0.061	6.0	+0.2 / 0	4.3	+0.2 / 0	0.40	0.25
>58~65	18×11	50~200	18	+0.043 / 0	+0.120 / +0.050	0 / -0.043	±0.022	-0.018 / -0.061	7.0	+0.2 / 0	4.4	+0.2 / 0	0.40	0.25
>65~75	20×12	56~220	20	+0.052 / 0	+0.149 / +0.065	0 / -0.052	±0.026	-0.022 / -0.074	7.5	+0.2 / 0	4.9	+0.2 / 0	0.60	0.40
>75~85	22×14	63~250	22	+0.052 / 0	+0.149 / +0.065	0 / -0.052	±0.026	-0.022 / -0.074	9.0	+0.2 / 0	5.4	+0.2 / 0	0.60	0.40
>85~95	25×14	70~280	25	+0.052 / 0	+0.149 / +0.065	0 / -0.052	±0.026	-0.022 / -0.074	9.0	+0.2 / 0	5.4	+0.2 / 0	0.60	0.40
>95~110	28×16	80~320	28	+0.052 / 0	+0.149 / +0.065	0 / -0.052	±0.026	-0.022 / -0.074	10	+0.2 / 0	6.4	+0.2 / 0	0.60	0.40

L系列：6~22（2 进位）、25,28,32,36,40,45,50,56,63,70,80,90,100,110,125,140,160,180,200,220,250,280,320,360,400,450,500

注：1. （$d-t$）和（$d+t_1$）两组组合尺寸的极限偏差按相应的 t 和 t_1 的极限偏差选取，但（$d-t$）极限偏差应取负号（-）。

2. 键 b 的极限偏差为 h9，键 h 的极限偏差为 h11，键长 L 的极限偏差为 h14。

附表 14　圆　柱　销

（不淬硬钢和奥氏体不锈钢 GB/T 119.1—2000，淬硬钢和马氏体不锈钢 GB/T 119.2—2000）

mm

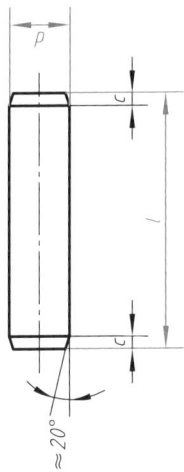

标记示例：

销　GB/T 119.1　10　m6×90　（公称直径 $d=10$，公差为 m6，公称长度 $l=90$，材料为钢，不经表面处理的圆柱销）

销　GB/T 119.1　10　m6×90-A1　（公称直径 $d=10$，公差为 m6，公称长度 $l=90$，材料为 A1 组奥氏体不锈钢，表面简单处理的圆柱销）

$d_{公称}$	3	4	5	6	8	10	12	16	20	25	30	40	50
$c\approx$	0.5	0.63	0.8	1.2	1.6	2.0	2.5	3.0	3.5	4.0	5.0	6.3	8.0
L 范围 GB/T 119.1—2000	8~30	8~40	10~50	12~60	14~80	18~95	22~140	26~180	35~200	50~200	60~200	80~200	95~200
L 范围 GB/T 119.2—2000	8~30	10~40	12~50	14~60	18~80	22~100	26~100	40~100	50~100	—	—	—	—
$l_{公称}$	2、3、4、5、6~32（2进位）、35~100（5进位）、120~200（20进位）（公称长度大于 200，按 20 递增）												

附表 15　圆锥销（GB/T 117—2000）

mm

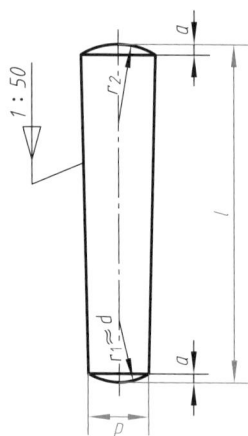

A 型（磨削）：锥面表面粗糙度 $Ra = 0.8$ μm
B 型（切削或冷镦）：锥面表面粗糙度 $Ra = 3.2$ μm

$$r_2 \approx \frac{a}{2} + d + \frac{(0.021)^2}{8a}$$

$d_{公称}$	2	2.5	3	4	5	6	8	10	12	16	20	25
$a \approx$	0.25	0.3	0.4	0.5	0.63	0.8	1.0	1.2	1.6	2.0	2.5	3.0
$l_{范围}$	10~35	10~35	12~45	14~55	18~60	22~90	22~120	26~160	32~180	40~200	45~200	50~200
$L_{公称}$	2、3、4、5、6~32（2 进位）、35~100（5 进位）、120~200（20 进位）（公称长度大于 200，按 20 递增）											

标记示例：

销 GB/T 117　6×30 （公称直径 $d=6$，公称长度 $l=30$，材料为 35 钢，热处理硬度 28~38HRC，表面氧化处理的 A 型圆锥销）

附表 16 滚 动 轴 承

mm

深沟球轴承（摘自 GB/T 276—2013）

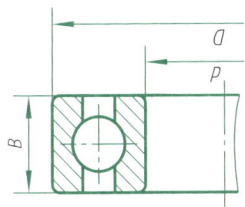

标记示例：
滚动轴承 6310 GB/T 276

轴承代号	尺寸		
	d	D	B
	尺寸系列 [（0）2]		
6202	15	35	11
6203	17	40	12
6204	20	47	14
6205	25	52	15
6206	30	62	16
6207	35	72	17
6208	40	80	18

圆锥滚子轴承（摘自 GB/T 297—2015）

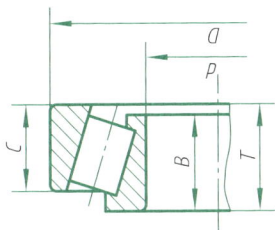

标记示例：
滚动轴承 30212 GB/T 297

轴承代号	尺寸				
	d	D	B	C	T
	尺寸系列 [02]				
30203	17	40	12	11	13.25
30204	20	47	14	12	15.25
30205	25	52	15	13	16.25
30206	30	62	16	14	17.25
30207	35	72	17	15	18.25
30208	40	80	18	16	19.75
30209	45	85	19	16	20.75

续表

轴承代号	尺寸 d	尺寸 D	尺寸 B
尺寸系列[（0）3]			
6302	15	42	13
6303	17	47	14
6304	20	52	15
6305	25	62	17
6306	30	72	19
6307	35	80	21
6308	40	90	23
尺寸系列[（0）4]			
6403	17	62	17
6404	20	72	19
6405	25	80	21
6406	30	90	23
6407	35	100	25
6408	40	110	27
6409	45	120	29

轴承代号	尺寸 d	尺寸 D	尺寸 B	尺寸 C	尺寸 T
尺寸系列[03]					
30302	15	42	13	11	14.25
30303	17	47	14	12	15.25
30304	20	52	15	13	16.25
30305	25	62	17	15	18.25
30306	30	72	19	16	20.75
30307	35	80	21	18	22.75
30308	40	90	23	20	25.25
尺寸系列[13]					
31305	25	62	17	13	18.25
31306	30	72	19	14	20.75
31307	35	80	21	15	22.75
31308	40	90	23	17	25.25
31309	45	100	25	18	27.25
31310	50	110	27	19	29.25
31311	55	120	29	21	31.50

注：圆括号中的尺寸系列代号在轴承型号中省略。

三、常用标准结构

附表 17　普通螺纹收尾、间距、退刀槽、倒角（GB/T 3—1997）

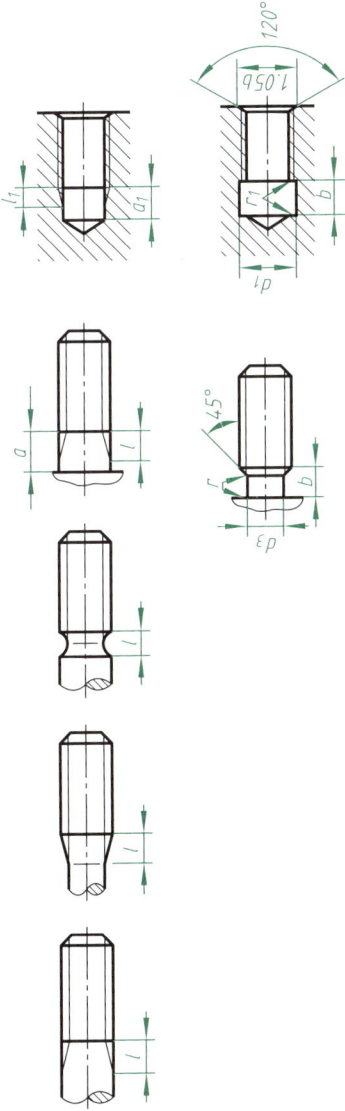

螺距 P	粗牙螺纹大径 d	外螺纹 螺纹收尾 l≤	间距 α≤	退刀槽 b	退刀槽 r	退刀槽 d₃	倒角 C	内螺纹 螺纹收尾 l₁≤	间距 α₁≤	退刀槽 b₂	退刀槽 r₁	退刀槽 d₃
0.2	—	0.5	0.6	—		—	0.2	0.8	1.2	—		$d+0.3$
0.25	1、1.2	0.6	0.75	0.75		$d-0.4$		1.0	1.5			
0.3	1.4	0.75	0.9	0.9		$d-0.5$		1.2	1.8			
0.35	1.6、1.8	0.9	1.05	1.05	$0.5P$	$d-0.6$	0.3	1.4	2.2		$0.5P$	
0.4	2	1	1.2	1.2		$d-0.7$		1.6	2.5			
0.45	2.2、2.5	1.1	1.35	1.35		$d-0.7$	0.4	1.8	2.8			
0.5	3	1.25	1.5	1.5		$d-0.8$	0.5	2	3	2		
0.6	3.5	1.5	1.8	1.8		$d-1$		2.4	3.2	2.4		

续表

螺距 P	粗牙螺纹大径 d	外螺纹 螺纹收尾 l≤	外螺纹 间距 a≤	外螺纹 退刀槽 b	外螺纹 退刀槽 r	外螺纹 退刀槽 d₃	倒角	内螺纹 螺纹收尾 l₁≤	内螺纹 间距 a₁≤	内螺纹 退刀槽 b₂	内螺纹 退刀槽 r₁	内螺纹 退刀槽 d₃
0.7	4	1.75	2.1	2.1		$d-1.1$	0.5	2.8	3.5	2.8		$d+0.3$
0.75	4.5	1.9	2.25	2.25		$d-1.2$		3	3.8	3		
0.8	5	2	2.4	2.4		$d-1.3$	0.8	3.2	4	3.2		
1	6.7	2.5	3	3		$d-1.6$	1	4	5	4		
1.25	8	3.2	4	3.75		$d-2$	1.2	5	6	5		
1.5	10	3.8	4.5	4.5	$0.5P$	$d-2.3$	1.5	6	7	6	$0.5P$	
1.75	12	4.3	5.3	5.25		$d-2.6$	2	7	9	7		
2	14、16	5	6	6		$d-3$		8	10	8		
2.5	18、20、22	6.3	7.5	7.5		$d-3.6$	2.5	10	12	10		$d+0.5$
3	24、27	7.5	9	9		$d-4.4$		12	14	12		
3.5	30、33	9	10.5	10.5		$d-5$	3	14	16	14		
4	35、39	10	12	12		$d-5.7$		16	18	16		
4.5	42、45	11	13.5	13.5		$d-6.4$	4	18	21	18		
5	48、53	12.5	15	15		$d-7$		20	23	20		
5.5	56、60	14	16.5	17.5		$d-7.7$	5	22	25	22		
6	64、66	15	18	18		$d-8.3$		24	28	24		

注:1. 本表只列入 l、a、b、l_1、a_1、b_1 的一般值。

2. 肩距 $a(a_1)$ 是螺纹收尾 $l(l_1)$ 加螺纹空白的总长。

3. 外螺纹倒角和退刀槽过渡角一般按 45°,也可按 60° 或 30°,当螺纹按 60° 或 30° 倒角时,倒角深度约等于螺纹深度,内螺纹倒角一般是 120° 锥角,也可以是 90° 锥角。

4. 细牙螺纹按本表螺距 P 选用。

附表18　回转面及端面砂轮越程槽的形成及尺寸

（GB/T 6403.5—2008） mm

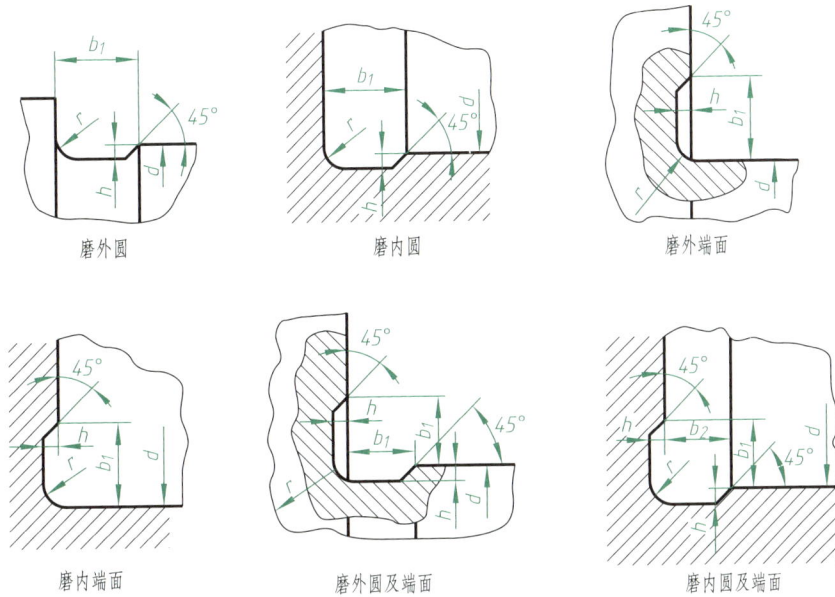

磨外圆　　　磨内圆　　　磨外端面

磨内端面　　　磨外圆及端面　　　磨内圆及端面

b_1	0.6	1.0	1.6	2.0	3.0	4.0	5.0	8.0	10
b_2	2.0	3.0		4.0		5.0		8.0	10
h	0.1	0.2		0.3	0.4		0.6	0.8	1.2
r	0.2	0.5		0.8	1.0		1.6	2.0	3.0
d	<10			10~50		50~100		>100	

附表19　与直径 d 或 D 相应的倒角 C、倒圆 R 的推荐值

（GB/T 6403.4—2008） mm

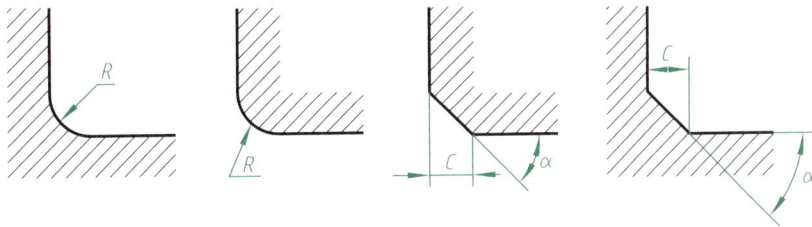

d 或 D	≤3	>3~6	>6~10	>10~18	>18~30	>30~50	>50~80	>80~120	>120~180
C 或 R	0.2	0.4	0.6	0.8	1.0	1.6	2.0	2.5	3.0
d 或 D	>180~250	>250~320	>320~400	>400~500	>500~630	>630~800	>800~1 000	>1 000~1 250	>1 250~1 600
C 或 R	4.0	5.0	6.0	8.0	10	12	16	20	25

四、技术要求

附表20   测量非周期性轮廓(如磨削轮廓)的 Ra、Rq、Rsk、Rka、$R\triangle q$ 值及曲线
和相关参数的粗糙度取样长度
（GB/T 10610—2009）

$Ra/\mu m$	粗糙度取样长度 lr/mm	粗糙度评定长度 ln/mm
≥0.006~0.02	0.08	0.4
>0.02~0.1	0.25	1.25
>0.1~2	0.8	4
>2~10	2.5	12.5
>10~80	8	40

附表21   测量非周期性轮廓(如磨削轮廓)的 Rz、Rv、Rp、Rc、Rt 值的粗糙度取样长度
（GB/T 10610—2009）

Rz、$Rz_{1max}/\mu m$	粗糙度取样长度 lr/mm	粗糙度评定长度 ln/mm
≥0.025~0.1	0.08	0.4
>0.1~0.5	0.25	1.25
>0.5~10	0.8	4
>10~50	2.5	12.5
>50~200	8	40

注:Rz 是在测量 Rz、Rv、Rp、Rc、Rt 时使用,Rz_{1max} 仅在测量 Rz_{1max}、Rv_{1max}、Rp_{1max}、Rt_{1max} 时使用。

附表 22　基本尺寸至 500mm 的标准公差值
（GB/T 1800.1—2020）

基本尺寸 /mm		标准公差等级																			
大于	至	IT01	IT0	IT1	IT2	IT3	IT4	IT5	IT6	IT7	IT8	IT9	IT10	IT11	IT12	IT13	IT14	IT15	IT16	IT17	IT18
								/μm							/mm						
—	3	0.3	0.5	0.8	1.2	2	3	4	6	10	14	25	40	60	0.1	0.14	0.25	0.4	0.6	1	1.4
3	6	0.4	0.6	1	1.5	2.5	4	5	8	12	18	30	48	75	0.12	0.18	0.3	0.48	0.75	1.2	1.8
6	10	0.4	0.6	1	1.5	2.5	4	6	9	15	22	36	58	90	0.15	0.22	0.36	0.58	0.9	1.5	2.2
10	18	0.5	0.8	1.2	2	3	5	8	11	18	27	43	70	110	0.18	0.27	0.43	0.7	1.1	1.8	2.7
18	30	0.6	1	1.5	2.5	4	6	9	13	21	33	52	84	130	0.21	0.33	0.52	0.84	1.3	2.1	3.3
30	50	0.6	1	1.5	2.5	4	7	11	16	25	39	62	100	160	0.25	0.39	0.62	1	1.6	2.5	3.9
50	80	0.8	1.2	2	3	5	8	13	19	30	46	74	120	190	0.3	0.46	0.74	1.2	1.9	3	4.6
80	120	1	1.5	2.5	4	6	10	15	22	35	54	87	140	220	0.35	0.54	0.87	1.4	2.2	3.5	5.4
120	180	1.2	2	3.5	5	8	12	18	25	40	63	100	160	250	0.4	0.63	1	1.6	2.5	4	6.3
180	250	2	3	4.5	7	10	14	20	29	46	72	115	185	290	0.46	0.72	1.15	1.85	2.9	4.6	7.2
250	315	2.5	4	6	8	12	16	23	32	52	81	130	210	320	0.52	0.81	1.3	2.1	3.2	5.2	8.1
315	400	3	5	7	9	13	18	25	36	57	89	140	230	360	0.57	0.89	1.4	2.3	3.6	5.7	8.9
400	500	4	6	8	10	15	20	27	40	63	97	155	250	400	0.63	0.97	1.55	2.5	4	6.3	9.7

附表 23　轴的

（GB/T 1800.1

基本尺寸 /mm		上偏差 es											基本偏		
大于	至	所有标准公差等级											IT5 和 IT6	IT7	IT8
		a	b	c	cd	d	e	ef	f	fg	g	h	js	j	
—	3	−270	−140	−60	−34	−20	−14	−10	−6	−4	−2	0		−2	−4	−6
3	6	−270	−140	−70	−46	−30	−20	−14	−10	−6	−4	0		−2	−4	—
6	10	−280	−150	−80	−56	−40	−25	−18	−13	−8	−5	0		−2	−5	—
10	14	−290	−150	−95	−70	−50	−32	−23	−16	−10	−6	0		−3	−6	—
14	18															
18	24	−300	−160	−110	−85	−65	−40	−25	−20	−12	−7	0		−4	−8	—
24	30															
30	40	−310	−170	−120	−100	−80	−50	−35	−25	−15	−9	0		−5	−10	—
40	50	−320	−180	−130												
50	65	−340	−190	−140	—	−100	−60	—	−30	—	−10	0		−7	−12	—
65	80	−360	−200	−150												
80	100	−380	−220	−170	—	−120	−72	—	−36	—	−12	0		−9	−15	—
100	120	−410	−240	−180												
120	140	−460	−260	−200	—	−145	−85	—	−43	—	−14	0		−11	−18	—
140	160	−520	−280	−210												
160	180	−580	−310	−230												
180	200	−660	−340	−240	—	−170	−100	—	−50	—	−15	0		−13	−21	—
200	225	−740	−380	−260												
225	250	−820	−420	−280												
250	280	−920	−480	−300	—	−190	−110	—	−56	—	−17	0		−16	−26	—
280	315	−1050	−540	−330												
315	355	−1200	−600	−360	—	−210	−125	—	−62	—	−18	0		−18	−28	—
355	400	−1350	−680	−400												
400	450	−1500	−760	−440	—	−230	−135	—	−68	—	−20	0		−20	−32	—
450	500	−1650	−840	−480												

js 偏差 = ±(ITn)/2，式中 ITn 是 IT 值数

注：1. 基本尺寸小于或等于 1 时，基本偏差 a 和 b 均不采用。

2. 公差带 js7 至 js11，若 ITn 值是奇数，则取偏差 = ±(ITn−1)/2。

基本偏差数值
—2020）

差数值

下偏差 ei

所有标准公差等级

IT4 至 IT7	≤IT3 >IT7	m	n	p	r	s	t	u	v	x	y	z	za	zb	zc
k															
0	0	+2	+4	+6	+10	+14	—	+18	—	+20	—	+26	+32	+40	+60
+1	0	+4	+8	+12	+15	+19	—	+23	—	+28	—	+35	+42	+50	+80
+1	0	+6	+10	+15	+19	+23	—	+28	—	+34	—	+42	+52	+67	+97
+1	0	+7	+12	+18	+23	+28	—	+33	—	+40	—	+50	+64	+90	+130
									+39	+45	—	+60	+77	+108	+150
+2	0	+8	+15	+22	+28	+35	—	+41	+47	+54	+63	+73	+98	+136	+188
							+41	+48	+55	+64	+75	+88	+118	+160	+218
+2	0	+9	+17	+26	+34	+43	+48	+60	+68	+80	+94	+112	+148	+200	+274
							+54	+70	+81	+97	+114	+136	+180	+242	+325
+2	0	+11	+20	+32	+41	+53	+66	+87	+102	+122	+144	+172	+226	+300	+405
					+43	+59	+75	+102	+120	+146	+174	+210	+274	+360	+480
+3	0	+13	+23	+37	+51	+71	+91	+124	+146	+178	+214	+258	+335	+445	+585
					+54	+79	+104	+144	+172	+210	+254	+310	+400	+525	+690
+3	0	+15	+27	+43	+63	+92	+122	+170	+202	+248	+300	+365	+470	+620	+800
					+65	+100	+134	+190	+228	+280	+340	+415	+535	+700	+900
					+68	+108	+146	+210	+252	+310	+380	+465	+600	+780	+1000
+4	0	+17	+31	+50	+77	+122	+166	+236	+284	+350	+425	+520	+670	+880	+1150
					+80	+130	+180	+258	+310	+385	+470	+575	+740	+960	+1250
					+84	+140	+196	+284	+340	+425	+520	+640	+820	+1050	+1350
+4	0	+20	+34	+56	+94	+158	+218	+315	+385	+475	+580	+710	+920	+1200	+1550
					+98	+170	+240	+350	+425	+525	+650	+790	+1000	+1300	+1700
+4	0	+21	+37	+62	+108	+190	+268	+390	+475	+590	+730	+900	+1150	+1500	+1900
					+114	+208	+294	+435	+530	+660	+820	+1000	+1300	+1650	+2100
+5	0	+23	+40	+68	+126	+232	+330	+490	+595	+740	+920	+1100	+1450	+1850	+2400
					+132	+252	+360	+540	+660	+820	+1000	+1250	+1600	+2100	+2600

基本尺寸/mm		下偏差 EI 所有标准公差等级											基本偏							
														IT6	IT7	IT8	≤IT8	>IT8	≤IT8	>IT8
大于	至	A	B	C	CD	D	E	EF	F	FG	G	H	JS	J	J	J	K^{e,d}		M^{b,c,d}	
—	3	+270	+140	+60	+34	+20	+14	+10	+6	+4	+2	0	偏差=±(ITn)/2,式中 ITn 是 IT 值数	+2	+4	+6	0	0	-2	-2
3	6	+270	+140	+70	+46	+30	+20	+14	+10	+6	+4	0		+5	+6	+10	-1+Δ	—	-4+Δ	-4
6	10	+280	+150	+80	+56	+40	+25	+18	+13	+8	+5	0		+5	+8	+12	-1+Δ	—	-6+Δ	-6
10	14	+290	+150	+95	+70	+50	+32	+23	+16	+10	+6	0		+6	+10	+15	-1+Δ	—	-7+Δ	-7
14	18	+290	+150	+95	+70	+50	+32	+23	+16	+10	+6	0		+6	+10	+15	-1+Δ	—	-7+Δ	-7
18	24	+300	+160	+110	+85	+65	+40	+28	+20	+12	+7	0		+8	+12	+20	-2+Δ	—	-8+Δ	-8
24	30	+300	+160	+110	+85	+65	+40	+28	+20	+12	+7	0		+8	+12	+20	-2+Δ	—	-8+Δ	-8
30	40	+310	+170	+120	+100	+80	+50	+35	+25	+15	+9	0		+10	+14	+24	-2+Δ	—	-9+Δ	-9
40	50	+320	+180	+130	+100	+80	+50	+35	+25	+15	+9	0		+10	+14	+24	-2+Δ	—	-9+Δ	-9
50	65	+340	+190	+140	—	+100	+60	—	+30	—	+10	0		+13	+18	+28	-2+Δ	—	-11+Δ	-11
65	80	+360	+200	+150	—	+100	+60	—	+30	—	+10	0		+13	+18	+28	-2+Δ	—	-11+Δ	-11
80	100	+380	+220	+170	—	+120	+72	—	+36	—	+12	0		+16	+22	+34	-3+Δ	—	-13+Δ	-13
100	120	+410	+240	+180	—	+120	+72	—	+36	—	+12	0		+16	+22	+34	-3+Δ	—	-13+Δ	-13
120	140	+460	+260	+200	—	+145	+85	—	+43	—	+14	0		+18	+26	+41	-3+Δ	—	-15+Δ	-15
140	160	+520	+280	+210	—	+145	+85	—	+43	—	+14	0		+18	+26	+41	-3+Δ	—	-15+Δ	-15
160	180	+580	+310	+230	—	+145	+85	—	+43	—	+14	0		+18	+26	+41	-3+Δ	—	-15+Δ	-15
180	200	+660	+340	+240	—	+170	+100	—	+50	—	+15	0		+22	+30	+47	-4+Δ	—	-17+Δ	-17
200	225	+740	+380	+260	—	+170	+100	—	+50	—	+15	0		+22	+30	+47	-4+Δ	—	-17+Δ	-17
225	250	+820	+420	+280	—	+170	+100	—	+50	—	+15	0		+22	+30	+47	-4+Δ	—	-17+Δ	-17
250	280	+920	+480	+300	—	+190	+110	—	+56	—	+17	0		+25	+36	+55	-4+Δ	—	-20+Δ	-20
280	315	+1050	+540	+330	—	+190	+110	—	+56	—	+17	0		+25	+36	+55	-4+Δ	—	-20+Δ	-20
315	355	+1200	+600	+360	—	+210	+125	—	+62	—	+18	0		+29	+39	+60	-4+Δ	—	-21+Δ	-21
355	400	+1350	+680	+400	—	+210	+125	—	+62	—	+18	0		+29	+39	+60	-4+Δ	—	-21+Δ	-21
400	450	+1500	+760	+440	—	+230	+135	—	+68	—	+20	0		+33	+43	+66	-5+Δ	—	-23+Δ	-23
450	500	+1650	+840	+480	—	+230	+135	—	+68	—	+20	0		+33	+43	+66	-5+Δ	—	-23+Δ	-23

注:1. 基本尺寸小于或等于 1 时,基本偏差 A 和 B 不采用。

2. 公差带 JS11,若 ITn 值数是奇数,则取偏差 =±(ITn-1)/2。

3. 对小于或等于 IT8 的 K、M、N 和小于或等于 IT7 的 P 至 ZC,所需 Δ 值从表内右侧选取。例如:18 至 30 段的 K7:

4. 特殊情况:250 至 315 段的 M6,ES=-9μm(代替-11μm)。

（GB/T 1800.1—2020）

差数值 / Δ 值

上偏差 ES

≤IT8	>IT8	>IT8	≤IT7	标准公差等级大于IT7											标准公差等级					
N	N	P至ZC	P	R	S	T	U	V	X	Y	Z	ZA	ZB	ZC	IT3	IT4	IT5	IT6	IT7	IT8
-4	-4		-6	-10	-14	—	-18	—	-20	—	-26	-32	-40	-60	0	0	0	0	0	0
-8+Δ	0		-12	-15	-19	—	-23	—	-28	—	-35	-42	-50	-80	1	1.5	1	3	4	6
-10+Δ	0		-15	-19	-23	—	-28	—	-34	—	-42	-52	-67	-97	1	1.5	2	3	6	7
-12+Δ	0	在大于IT7的相应数值上增加一个Δ值	-18	-23	-28	—	-33	—	-40	—	-50	-64	-90	-130	1	2	3	3	7	9
								-39	-45	—	-60	-77	-108	-150						
-15+Δ	0		-22	-28	-35	—	-41	-47	-54	-63	-73	-98	-136	-188	1.5	2	3	4	8	12
						-41	-48	-55	-64	-75	-88	-118	-160	-218						
-17+Δ	0		-26	-34	-43	-48	-60	-68	-80	-94	-112	-148	-200	-274	1.5	3	4	5	9	14
						-54	-70	-81	-97	-114	-136	-180	-242	-325						
-20+Δ	0		-32	-41	-53	-66	-87	-102	-122	-144	-172	-226	-300	-405	2	3	5	6	11	16
				-43	-59	-75	-102	-120	-146	-174	-210	-274	-360	-480						
-23+Δ	0		-37	-51	-71	-91	-124	-146	-178	-214	-258	-335	-445	-585	2	4	5	7	13	19
				-54	-79	-104	-144	-172	-210	-254	-310	-400	-525	-690						
-27+Δ	0		-43	-63	-92	-122	-170	-202	-248	-300	-365	-470	-620	-800	3	4	6	7	15	23
				-65	-100	-134	-190	-228	-280	-340	-415	-535	-700	-900						
				-68	-108	-146	-210	-252	-310	-380	-465	-600	-780	-1000						
-31+Δ	0		-50	-77	-122	-166	-236	-284	-350	-425	-520	-670	-880	-1150	3	4	6	9	17	26
				-80	-130	-180	-258	-310	-385	-470	-575	-740	-960	-1250						
				-84	-140	-196	-284	-340	-425	-520	-640	-820	-1050	-1350						
-34+Δ	0		-56	-94	-158	-218	-315	-385	-475	-580	-710	-920	-1200	-1550	4	4	7	9	20	29
				-98	-170	-240	-350	-425	-525	-650	-790	-1000	-1300	-1700						
-37+Δ	0		-62	-108	-190	-268	-390	-475	-590	-730	-900	-1150	-1500	-1900	4	5	7	11	21	32
				-114	-208	-294	-435	-530	-660	-820	-1000	-1300	-1650	-2100						
-40+Δ	0		-68	-126	-232	-330	-490	-595	-740	-920	-1100	-1450	-1850	-2400	5	5	7	13	23	34
				-132	-252	-360	-540	-660	-820	-1000	-1250	-1600	-2100	-2600						

$\Delta = 8~\mu m$，所以 $ES = -2+8\Delta = +6~\mu m$；至 30 段的 S6：$\Delta = 4~\mu m$，所以 $ES = -35+4 = -31~\mu m$。

参考文献

［1］刘力，王冰等.机械制图［M］.5版.北京:高等教育出版社,2020.

［2］王晨曦.机械制图［M］.2版.北京:北京邮电大学出版社,2022.

［3］张云辉,朱玉祥.机械制图［M］.吉林:吉林大学出版社,2010.

［4］陈世芳.机械制图［M］.北京:北京大学出版社,2016.

［5］王槐德.机械制图新旧标准代换教程［M］.3版.北京:中国标准出版社,2017.

［6］王槐德.机械制图课教学参考书.［M］.北京:中国劳动社会保障出版社,2011.

［7］徐连孝,郑睿,袁淑玲.机械制图——基于工作过程［M］.3版.北京:北京大学出版社,2021.

郑重声明

读者意见反馈

为收集对教材的意见建议，进一步完善教材编写并做好服务工作，读者可将对本教材的意见建议通过如下渠道反馈至我社。

咨询电话　400-810-0598

反馈邮箱　gjdzfwb@ pub.hep.cn

通信地址　北京市朝阳区惠新东街4号富盛大厦1座

　　　　　高等教育出版社总编辑办公室

邮政编码　100029

授课教师如需获得本书配套教辅资源，请登录"高等教育出版社产品信息检索系统"（https://xuanshu.hep.com.cn/）搜索下载，首次使用本系统的用户，请先进行注册并完成教师资格认证。